reinhardt

IMPRESSUM

Bemerkungen

Autor:
Kurt Gerber (*1943)
lebt in Basel und ist Autor,
Journalist und Redaktor.

**Gesamtkoordination/
Redaktion:**
Judith Belser

Lektorat:
Monika Schib Stirnimann

Layout:
Werner Mayr

Wir weisen darauf hin, dass dieser Kantonsführer möglichst umfassend informieren und zu Entdeckungstouren anregen will. Wir sind uns aber gleichzeitig bewusst, dass wir nicht alles und jeden berücksichtigen können. Das würde den Rahmen eines solchen Buches schlicht sprengen. Unser Autor hat nach bestem Wissen recherchiert. Trotzdem schleichen sich manchmal Fehler ein, für die der Verlag keine Haftung übernehmen kann.
Wir möchten Sie zusätzlich darauf aufmerksam machen, dass der Baselbieter Kantonsführer regelmässig aktualisiert wird. Wir freuen uns deshalb, wenn Sie uns Änderungen bekannt geben, die Ihre Firma oder Institution betreffen. Wir sind ebenfalls dankbar, wenn Sie uns interessantes Neues aus dem Baselbiet mitteilen, das wir vielleicht übersehen könnten, und uns auf Fehler aufmerksam machen, damit wir sie in der nächsten Auflage korrigieren können.
Ihre Hinweise und Anregungen nehmen wir gerne unter der folgenden E-Mail-Adresse entgegen:
verlag@reinhardt.ch

Dank

Wir danken den Gemeinden für die Unterstützung bei den Gemeindeseiten.
Bei allen Fotografen bedanken wir uns herzlich für die Bereitschaft und engagierte Mithilfe.

Diese Publikation konnte dank der grosszügigen Unterstützung folgender Institutionen herausgegeben werden:

Rheinstrasse 7, 4410 Liestal
blkb serviceline +41 61 925 94 94
www.blkb.ch

Alle Rechte vorbehalten
© 2003 Friedrich Reinhardt Verlag, Basel
Druck: Reinhardt Druck Basel
ISBN 3-7245-1213-9

s Baselbiet · erfassen – erleben – geniessen

**Baselbieter
Kantonsführer**

INFORMATIONEN VON A–Z

Inhalt

Allgemeine Infos	12
An-/Abreise	14
Auto	15
Bahn	17
Banken/Geld	18
Behinderte	19
Bücher/Karten	20
Diebstahl	21
Fahrrad	22
Feiertage	22
Frauen	22
Fundbüros	23
Internet	24
Konsulate	24
Notruf	25
Öffentl. Verkehrsmittel	26
Orientierung	30
Polizei	30
Post	31
Taxi	31
Telefonieren	33
Trinkgeld	35
Zollbestimmungen	36

Einführung	7
Statements	8
s Baselbiet erfassen • Praktisch und typisch	11
Bevölkerung Die Bewohner statistisch gesehen	12
Dialekt Wie der Baselbieter spricht	13
Geschichte Die Entstehung des Kantons	14
Gewässer Das Baselbiet als Quelle der Nordsee	20
Kantonswappen Sieben Landvogteien oder sieben Anführer	22
Kultur Hoch stehend, vielfältig, innovativ	23
Lage und Klima Die (fast) nebelfreie Nordwestschweiz	24
Landschaften Von Hügeln und Ebenen	25
Landwirtschaft Von Posamenterei zu Ackerbau	27
Medien Informationen auf allen Ebenen	28
Mentalität «Me seit vom Baaselbieter ...»	29
Natur und Umwelt Erlebniswelten ohne Strom	30
Politik Parteien und Gliederung	32
Regio Basel Zusammenspiel der Grenzen	33
Wirtschaft Zweitstärkste Wirtschaftsregion	35
Wissenschaft und Forschung Tradition und Zukunft	36
Gemeinden 86 Orte in 5 Verwaltungsbezirken	37
Übersichtskarte Der Kanton auf einen Blick	38
Bezirk Arlesheim	40
Bezirk Laufen	55
Bezirk Liestal	68
Bezirk Sissach	84
Bezirk Waldenburg	113
s Baselbiet erleben • Erlebnisse von A–Z	129
Architektur Zweck und Ästhetik Hand in Hand	130
Augusta Raurica Geschichte zum Anfassen	135
Bäder Baden im Wandel der Zeit	137
Bars Theken, Treffs, Unterhaltung	141
Bibliotheken Bildung, Forschung und Musse	145
Botanische Gärten Für Studien und Erholung	148
Bräuche/Feste/Feiern Verbreitete und seltene Feste	150
Brunnen Zweck- und Zierbrunnen	155

Cafés Orte der süssen Verführung	160
Denkmäler Ehrungen und Erinnerungshilfen	162
Einkaufen Alles, was das Herz begehrt	167
Fasnacht Witzig, malerisch und manchmal laut	176
Hotels Viel mehr als nur ein Schlafplatz	184
Jugend Die Suche nach Erlebnissen	190
Kinder Leuchtende Augen garantiert	191
Kinos Klein, aber fein	194
Kirchen Sakralbauten aus vielen Epochen	196
Kulturzentren Von hoher bis zu Sub-Kultur	204
Kunst Plastiken und Fresken	209
Literatur Lesen und hören	223
Märkte Waren und Vieh	224
Museen Staunen und lernen	227
Musik Wo musiziert und getanzt wird	240
Nachtleben Lokale für lange Nächte	246
Natursehenswürdigkeiten Unverfälschte Schönheit à discrétion	249
Region Highlights ausserhalb	251
Restaurants Prämiert, gut bürgerlich, speziell	256
Sehenswürdigkeiten Ortsbilder und Einzelobjekte	269
Sport und Spiel Aktiv sein und den Aktiven zusehen	274
Theater Von Klassik bis zum Schwank	278
Top/Rekorde Was nicht alle haben	280
Versteckt Abgelegen oder unauffällig	283
Wandern Nicht allzu hoch hinaus	286

s Baselbiet geniessen •
Ausflüge für jeden Geschmack 291

Für Aktive Eigenleistung ist gefragt	292
Für Eilige Schnell, aber typisch	294
Für Familien Was Kindern gefällt	297
Für Frühaufsteher Morgenstund im Wiesengrund	299
Für Lebenskünstler Leben, wie es kommt	300
Für Musische Tour de culture	302
Für Neugierige In den Nebentälern	304
Für Trendige Auf der Höhe der Zeit	306
Im Frühling Neues Leben erwacht	307
Im Sommer Heisse Tage, laue Nächte	308
Im Herbst Gaumen- und Augenweide	309
Im Winter Von Weihnachten, Sport und Narren	311

Orts- und Sachregister	312
Personenregister	316
Textquellen und Bildnachweis	319
TNW-Linienplan	321

Bildlegenden

Die Bildlegenden zu den einzelnen Bildern sind auf jeder Seite jeweils von oben nach unten und von links nach rechts durchnummeriert.
(1 = Bild 1; 2 = Bild 2 usw.)

Pfeil

→ = *Verweis zu Kapitel, die auch Informationen zum behandelten Thema enthalten.*

Einführung

Der Halbkanton Basel-Landschaft entstand im Jahr 1833 und umfasst heute 86 Gemeinden. Im Laufe von knapp zwei Jahrhunderten hat das Baselbiet in der Region Nordwestschweiz grosse kulturelle, politische und wirtschaftliche Bedeutung erlangt.

Mit diesem ersten umfassenden, 323 Seiten starken Führer durch das Baselbiet ist eine längst fällige Lücke geschlossen worden. Touristen, Einheimischen und Bewohnern der Agglomeration soll der Kanton, seine Vielfältigkeit und seine Besonderheiten näher gebracht werden, wobei der Herausgeber bewusst Schwerpunkte gesetzt hat. Selbstverständlich finden Sie alle wichtigen Informationen über den Kanton, die Gemeinden, die Sehenswürdigkeiten und vieles mehr.
Wenn Sie den Baselbiet-Führer zur Hand nehmen, werden Sie Ortschaften, Winkel, Museen, Restaurants und Eigenheiten eines Kantons kennen lernen, die einen Besuch wert sind!

Das Buch gliedert sich in drei Teile. Im Kapitel «s Baselbiet erfassen» steigen wir mit geschichtlichen, geografischen, kulturellen und wissenschaftlichen Fakten in den Kanton ein. Im Kapitel «s Baselbiet erleben» bringen wir Sie auf den Geschmack, damit Sie im letzten Kapitel «s Baselbiet aus vollen Zügen geniessen» können.

*Wenn Sie mit unserem Buch durch das Baselbiet fahren oder, noch besser, durchs Baselbiet wandern, sich an einem entlegenen Ort von den Strapazen des Alltags erholen und irgendetwas **erfassen, erleben** oder **geniessen**, worüber unser Führer nicht berichtet, dann teilen Sie uns dies doch bitte mit. Denn nur so können wir das umfassende Nachschlagewerk über den Kanton Basel-Landschaft vervollständigen und aktualisieren – in der hoffentlich baldigen Neuauflage.*

Freddy Rüdisühli

Statements

Paul Nyffeler

Wirtschaftlich ist das Baselbiet ein ausgezeichneter Standort in bester Verkehrslage, mit erstklassigen Bildungs- und Gesundheitssystemen und einer effizienten kantonalen und kommunalen Verwaltung. Die Wirtschaft ist gesund, wettbewerbsfähig und offen; sie hat sich auch im Weltmarkt bestens positioniert. Politisch ist das Baselbiet ein Vorbild für den Willen zu Unabhängigkeit und Selbstbestimmung. Der Kanton hat in seiner Geschichte für diese Grundwerte immer gekämpft und sie als Herausforderungen angenommen und auch gemeistert.
Von meinem Herzen aus: Im Baselbiet als Teil einer wunderschönen Region bin ich aufgewachsen; hier lebe ich und hier fühle ich mich wohl.

Paul Nyffeler ist Präsident der Geschäftsleitung der Basellandschaftlichen Kantonalbank.

Elsbeth Schneider-Kenel

Das Baselbiet ist für mich ein Glücksfall, weil mir in meinem Leben hier viel Glück zugefallen ist. Von meinem Mann beispielsweise, der mich als Reinacher ins Baselbiet, zuerst nach Gelterkinden, gelockt hat. Von unseren beiden Kindern, die in Reinach gross geworden sind und die dem Kanton verbunden geblieben sind. Von meiner beruflichen Tätigkeit für eine Krankenkasse, die mir breite Kontaktmöglichkeiten geöffnet hat. Von meiner politischen Aktivität, die mich über Vereine und Einwohnerrat und Landrat zum Regierungsrat geführt hat. Von den vielen persönlichen Begegnungen her, die für das Wohlsein so wichtig sind.
Das Baselbiet liegt gut. Man ist rundum eingebettet in eine überaus liebliche Landschaft, die sich auch einmal zu einem richtigen Berg auftürmen kann. Das Auge streift über Wälder, Felsen, Wiesen und Bäche, über Siedlungen und Dörfer, die wie ein Bilderbuch daliegen, aber auch über aktive und hektische Zonen. Über Kamine und Fabriken, über Büros und Geleiseanlagen und Rheinschiffe und über Strassen- und Eisenbahnverbindungen in alle Welt. Beschaulichkeit und Aktivitäten liegen so nahe beieinander. Die Stadt Basel gehört nicht zu uns und ist doch ein Teil von uns. Das nahe

Elsass und Südbaden gehören nicht zu uns und sind doch Bestandteil unseres Lebens. Das Schwarzbubenland und das Fricktal sind eng mit uns verwoben. Das Baselbiet ist für mich eine offene Landschaft in jeder Beziehung. Zu schön und zu vielfältig, als dass man sich als ehemalige Schwyzerin wieder nach der Heimat zurücksehnen müsste. Zu interessant und zu stark mit der Zukunft verbunden, als dass man die Vergangenheit zurückholen möchte. In dieser spannungsvollen Kombination von bewahrenden, schönen Elementen und einer herzlichen Offenheit liegt seine Kraft.

Elsbeth Schneider-Kenel ist als Regierungsrätin der CVP Vorsteherin der Bau- und Umweltschutzdirektion.

Hans Rudolf Gysin

Mein Herz fürs Baselbiet schlägt in unterschiedlichen Takten: Zum einen ist es meine Heimat. Hier bin ich geboren und aufgewachsen. Ich lebe hier mit meiner Familie, pflege meine Freundschaften und Passionen, und im Baselbiet liegt auch mein berufliches Wirkungsfeld. Zum anderen «streite» ich mich hier mit meinen politischen Herausforderern. Ich liebe dabei das eher zurückhaltende Naturell der Baselbieterinnen und Baselbieter, hinter dem allerdings ein sehr aufmerksamer und wacher Geist steckt. Ich schätze die klare, schnörkellose Sprache und das «offene Visier», mit dem Meinungsverschiedenheiten «z Bode» geredet werden. Und ich lasse mich immer wieder vom milden, sonnigen Klima und von der hügeligen Landschaft beeindrucken, die doch den Weitblick über die Kantons- und die nahe Landesgrenzen hinaus erlaubt. Wenn es das Baselbiet nicht gäbe: Man müsste es unbedingt erfinden!

Hans Rudolf Gysin ist Nationalrat und Direktor der Wirtschaftskammer Baselland.

Cécile Meschberger

Das Baselbiet ist meine Heimat. Ich bin in Liestal geboren und in Birsfelden aufgewachsen. Zu Liestal, meinem Heimatort, habe ich eine besondere Beziehung: Hier feierte ich meine beiden grossen internationalen Erfolge mit dem Rhönrad. An den Weltmeisterschaften 2001 gewann ich die Bronzemedaille im Spirale- und die Goldmedaille im Gerade-Turnen. Mit dem Baselbiet verbinde ich deshalb Kindheit, Jugend und sportliche Erfolge.

Cécile Meschberger ist Rhönrad-Weltmeisterin.

s Baselbiet erfassen · Praktisch und typisch

ALLGEMEINE INFOS

Bevölkerung
Die Bewohner statistisch gesehen

Baselland Tourismus

Baselland Tourismus
Haus der Wirtschaft
Altmarktstrasse 96
4410 Liestal
T 061 927 64 64
F 061 927 65 50
info@baselland-tourismus.ch
www.baselland-tourismus.ch

Tourismus-Information für:

Arlesheim
Verkehrsverein
Schöngrundweg 6
T 061 701 55 92
F 061 703 14 18

Frenkendorf
Verkehrs- und
Verschönerungsverein
Schulstrasse 10a
T 061 901 87 27

Füllinsdorf
Verkehrs- und
Verschönerungsverein
Mühlerain 1
T 061 901 88 10 oder
T 061 901 35 68

Wohnbevölkerung im Jahr 2001	
Bezirk	
Arlesheim	142 826
Laufen	17 759
Liestal	55 332
Sissach	31 695
Waldenburg	15 322
Total	262 934

Aktuelle Zahlen werden jeweils unter www.bl.ch, Statistisches Amt, bekannt gegeben.

Nach dem Zweiten Weltkrieg nahm im Kanton Basel-Landschaft die Bevölkerungszahl stark zu. Lebten im Jahr 1950 im Baselbiet noch 107 549 Personen, waren es 1960 bereits 145 583. Und Ende 2001 wohnten im Kanton Basel-Landschaft 262 934 Menschen, davon 47 169 Ausländer (17,9 %). Von der Altersstruktur her lagen die Anteile der 0- bis 14-Jährigen bei 15,9 %, die der 15- bis 64-Jährigen bei 68,0 % und über 65 waren 16,1 % der Einwohner. In jüngster Zeit entwickelt sich das Bevölkerungswachstum geringer. Bei gleich bleibenden Geburtenzahlen wird die Zahl der jüngeren Kantonseinwohner weiter abnehmen. Hingegen wird die Zahl der über 65-Jährigen massiv ansteigen. Dies bedeutet, dass in einigen Jahren jeder Fünfte, vielleicht sogar jeder Vierte, 65 Jahre und älter sein wird.

Im Jahr 2000 gehörten noch 109 118 Personen der evangelisch-reformierten Kirche und 85 502 Personen der römisch-katholischen Kirche an. Hier lässt sich, wie in anderen Kantonen der Schweiz auch, ein eindeutiger Trend zum Kirchenaustritt ausmachen. 66 475 Bewohner des Kantons Basel-Landschaft gehörten anderen religiösen Vereinigungen an bzw. machten keine Angaben zu ihrem religiösen Bezug.

In der Zeit vor der Industrialisierung war das Baselbiet relativ gleichmässig besiedelt. Heute leben inzwischen zwei von drei Baselbietern unterhalb der Hülftenschanze, fast 60 % allein im Bezirk Arlesheim.

1: Ausblick auf Aesch.

Dialekt
Wie der Baselbieter spricht

Der Dialekt des Baselbiets lässt sich nicht als Einheit beschreiben. Historisch bedingt durch das katholische Birseck und die eher reformierte ehemalige Basler Landschaft, gibt es eine sprachliche Zweiteilung. Zusätzlich kommt es in einzelnen Gemeinden oder Ortsgruppen zu Eigenentwicklungen. Zur Zeit der Gegenreformation wurde das Birseck völlig gegen die Basler Landschaft abgeriegelt. Und diese, insbesondere das untere Baselbiet, stand unter dem Spracheinfluss der Stadt Basel.
Demzufolge gibt es grosse sprachliche Unterschiede zwischen dem unteren und dem oberen Baselbiet, sowohl auf lautlicher Ebene wie auch im verbalen und lexikalischen Bereich. So lässt sich innerhalb des oberen Baselbiets das an der Grenze zum Kanton Aargau liegende Dreieck Wenslingen-Anwil-Oltingen als kleines Untergebiet mit systematischen sprachlichen Abweichungen bezeichnen. Während die Ortssprachen von Liestal und Arlesheim Einflüsse des Stadtbasler Dialekts aufweisen, zeigen die beiden Orte Biel-Benken und Schönenbuch Merkmale, die sich aus ihrer Randlage gegen den angrenzenden Sundgau hin erklären lassen.
Grundsätzlich richtet sich die Schreibweise nach den Regeln, die Eugen Dieth 1986 aufgestellt hat. Das Prinzip besteht darin, dass die Wörter so geschrieben werden, wie man sie hört oder spricht.

Kannst du es?	Chasch s?
Zu früh	Z früe

Eine Auswahl von Worten:

Enkel	Änkchel
Krönung	Chröönig
Feierabend	Füüroobe
Spass, Scherz	Gspass
Skifahrer	Schyyfaarer

ALLGEMEINE INFOS

Langenbruck

Touristikinformation
T 062 390 17 77
Schnee-, Pisten- und Loipenberichte:
Obere Wanne
T 062 390 16 66
Untere Wanne
T 062 390 16 67
Bärenwil
T 062 390 12 42

Laufen

Verkehrsverein
Bahnhofstrasse 3
T 061 761 30 33

Liestal

Rathausstrasse 36
T 061 921 58 07
F 061 921 58 57

Muttenz

Verkehrsverein
Sevogelstrasse 35
T 061 461 39 46

Reigoldswil-Wasserfallen

Luftseilbahn
Oberbiel 62
Auskünfte/
Gruppenmeldungen:
T 061 941 18 20
Autom. Wetter- und Infodienst:
T 061 941 18 81
F 061 943 00 89

Andere Gemeinden

Die Gemeindeverwaltung hilft gerne weiter. Auch die Internetseiten der Gemeinden geben wertvolle Informationen.
→ GEMEINDEN

Stadt Basel

Basel Tourismus
Schifflände 5
T 061 268 68 68
info@baseltourismus.ch
www.baseltourismus.ch
Buch:
BASEL – erfassen, erleben, geniessen
(Pendant zu diesem Führer)
Friedrich Reinhardt Verlag
Erhältlich im Buchhandel

AN-/ABREISE

Das Baselbiet umfasst vor allem das Gebiet von der südlichen bis zur östlichen Fortsetzung ausserhalb der Stadt Basel. Die Stadt ist verkehrstechnisch in jedem Fall problemlos zu erreichen.

Mit dem Auto

Die Verbindung zu **Deutschland** bildet die Autobahn A5/E35 Freiburg–Karlsruhe über das Zollamt Basel/Weil. Östlichere Teile des Baselbiets erreicht man auch via den Grenzübergang beim aargauischen Rheinfelden. Mit **Frankreich** verbindet Basel die Autobahn in Flughafennähe (A35/E25/E60) Richtung Mulhouse, wo neue Verzweigungen in diverse Richtungen führen.

Andere Zufahrten

Verträumt-romantisch ist die Zufahrt aus dem südlichen Sundgau auf der «Route Internationale» über Lucelle nach Laufen. Auch über Delémont gelangt man nach Laufen. Vom Mittelland her stehen in Balsthal zwei Wege offen: ins Laufental über den Passwang oder ins obere Baselbiet über den Oberen Hauenstein. Auf der Autobahn vom Mittelland (Verzweigung bei Härkingen/Egerkingen) gelangt man auf der Nordseite des Belchentunnels ins Baselbiet. Von Olten her bietet sich auch der Untere Hauenstein über Läufelfingen an. Von Aarau und Umgebung führt die Salhöhe über Anwil nach Gelterkinden und ganz von Osten her ist der Kanton durch die Autobahn von Zürich her über Rheinfelden und die Verzweigung im Bereich Augst/Pratteln zu erreichen.

Geschichte

Die Entstehung des Kantons

Bis ins 18. Jh. wurde das Baselbiet von der Stadt Basel geprägt und dominiert. Basel hatte seine Herrschaft über die Landbevölkerung zielstrebig ausgebaut. Das Untertanengebiet der Stadt wurde in sieben Ämter (Verwaltungsbezirke) eingeteilt, denen jeweils ein Obervogt oder Landvogt vorstand. In den Dörfern regierten vom Basler «Kleinen Rat» eingesetzte Untervögte. Die Haupterwerbsquelle der Baselbieter war die Landwirtschaft. Über vier Fünftel der Arbeiter waren entweder Tauner (Kleinbauern und Taglöhner) oder Handwerker und Heimarbeiter (Posamenter), die im Dienst der städtischen Seidenbandherren standen.

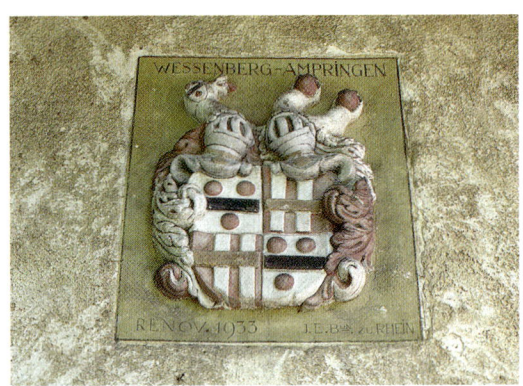

Eine neue Epoche wurde mit der Französischen Revolution und der damit eingesetzten Helvetischen Republik eingeläutet. Die alte Obrigkeit wurde abgeschafft, die Schlösser Farnsburg, Homburg und Waldenburg verbrannt. Aus Untertanen wurden gleichberechtigte «freie Schweizer». Die Baselbieter setzten grosse Hoffnungen in dieses moderne Staatssystem. Die Erwartungen, weniger Abgaben leisten zu müssen, wurden jedoch nicht erfüllt. Bereits nach fünf Jahren brach die Helvetische Republik zusammen.

In der folgenden Zeit der Mediation (1803–1814) erhielten die Kantone ihre alte Unabhängigkeit weitgehend wieder zurück. Die Restauration (1814–1830) brachte einen Rückschritt zu den Zuständen vor 1798, die Stadt gewann erneut die Vorherrschaft über die Landbevölkerung. 1815, nach dem Wiener Kongress, fielen auch die neun birseckischen Gemeinden an Basel. Die Birsecker

1: Gemauertes Ritterwappen in Burg im Leimental.

fühlten sich in ihrem neuen Staatswesen aber nicht sofort heimisch. Und aus dem Birseck kamen denn auch knapp 20 Jahre später die wichtigsten Anführer der Baselbieter in den Trennungswirren: Stephan Gutzwiller, Anton und Jakob von Blarer.

Die Julirevolution in Frankreich (1830) gab auch den liberalen Kräften in unserer Gegend Auftrieb. Am 18. Oktober 1830 wurde von einer Versammlung im Bad Bubendorf unter der Führung von Stephan Gutzwiller dem Basler Grossen Rat eine Petition für eine Verfassungsrevision eingereicht. Als das städtische Parlament bei der Verminderung der Steuerlast nicht genügend Kompromissbereitschaft zeigte, wurde am 6. Januar 1831 auf der Landschaft eine provisorische Regierung eingesetzt. Um diese aufzulösen und um die vielen stadttreuen Gemeinden zu beschützen, marschierten städtische Truppen auf, welche die Führer der Unabhängigkeitsbewegung in die Flucht trieben.

Damit begann ein politisches Hin und Her, dem auch die Gesandten der eidgenössischen Tagsatzung nicht beikamen. Letztendlich gründeten 46 trennungswillige Gemeinden am 17. März 1832 den neuen Kanton Basel-Landschaft. Schon am 4. Mai wurde vom Volk die Verfassung angenommen und bereits drei Wochen später der erste Landrat gewählt. Am 3. August 1833 endete ein militärischer Versuch der Stadt, die zahlreichen stadttreuen Gemeinden zu beschützen, mit einer vernichtenden Niederlage. Die städtischen Truppen wurden bei der Hülftenschanze zwischen Pratteln und Frenkendorf in die Flucht geschlagen. Damit war die Trennung faktisch vollzogen. Am 26. August 1833 stimmte die Tagsatzung der Trennung des Kantons in zwei Halbkantone zu, unter dem Vorbehalt der Möglichkeit einer freiwilligen Wiedervereinigung.

1: Bad Bubendorf.

AN-/ABREISE

Mit der Bahn
Basel SBB gilt als Destination für die Feinverteilung (→ Öffentliche Verkehrsmittel S. 26).
Je nach Zielort, Zugshalt vorbehalten, muss man nicht ganz bis Basel fahren aus Richtung Delémont, Olten oder Brugg.

Mit dem Flugzeug
Der nächstgelegene Flughafen ist der EuroAirport Basel-Mulhouse-Freiburg, mit der Stadt Basel verbunden durch Taxis oder die Buslinien 30 (ca. 20 Min. ohne Zuschlag) und 50 (ca. 15 Min. mit Zuschlag) nach Basel SBB.
Vom Flughafen Unique Zürich-Kloten aus verkehren Züge direkt nach Basel. Oft ist jedoch eine Verbindung über Zürich Hauptbahnhof (mit Umsteigen) schneller.
→ Bahn S. 17
→ Öffentliche Verkehrsmittel S. 26

AUTO

In der Schweiz fährt man im Rechtsverkehr.
Eine Vignette berechtigt zur Benützung der Autobahnen. Erhältlich ist sie bei Zoll- und Postämtern für CHF 40.–.
Angurten ist obligatorisch.
Höchstgeschwindigkeit
120 km/h auf Autobahnen
80 km/h auf Landstrassen
50 km/h in Ortschaften
30 km/h in Wohnzonen
(bei Ein- und Ausfahrt beschildert)
Pannenhilfe T 140
Strassenzustand T 163

AUTO *Die wichtigsten Daten im Überblick*

Autovermietung

Vermieter findet man im Baselbiet in: Biel-Benken, Frenkendorf, Gelterkinden, Laufen, Muttenz, Oberwil, Pratteln und Reinach.

Parken

Blaue Markierung der Parkfelder bedeutet: maximale Parkdauer 90 Minuten (Parkscheibenpflicht). *Parkhäuser* hat Liestal vier in unmittelbarer Nähe des Zentrums (Engel, Büchi, Basellandschaftliche Kantonalbank und Fischmarkt). Im Umfeld der Stadt Basel gibt es mehrere Parkhäuser. Die Stadt besucht man besser ohne Wagen. Lässt man sein Auto in einem der peripheren Parkhäuser, ist man mit der Tageskarte des öffentlichen Verkehrs im Nahbereich (CHF 8.–) genügend mobil und erreicht zentrale Ziele ohne Parkprobleme. Laufen verfügt über kein Parkhaus, aber in Bahnhofsnähe über eine Park-and-ride-Möglichkeit sowie über ein grosses Parkplatzareal im Nordbereich der Stadt (beide gebührenpflichtig).

6.–1. Jh. v. Chr. Die Rauriker, ein Keltenstamm, lassen sich im Baselbiet nieder.

58 v. Chr. Auswanderung der Rauriker mit den Helvetiern nach Südfrankreich. Niederlage bei Bibrakte. Rückkehr in ihre Heimat.

44 v. Chr. Munatius Plancus gründet die römische Kolonie Augusta Raurica.

Um 260 Raubzüge der Alemannen über den Rhein. Zerstörung Augusta Rauricas.

290–300 Bau neuer römischer Festungen in Augst und Basel.

Um 400 Abzug der römischen Truppen nach Italien. Das Ende der römischen Herrschaft wird damit eingeleitet.

Um 620 Ragnacharius wird Bischof von Basel und Augst und damit Herrscher über das Gebiet.

999 König Rudolf III. von Burgund schenkt dem Bischof von Basel die Abtei Moutier-Grandval mit ihren Besitzungen. Damit beginnt der Aufbau der weltlichen Herrschaft der Bischöfe von Basel ausserhalb der Stadt.

1356, 18. Oktober Das stärkste bekannte Erdbeben in der Basler Gegend richtet grosse Zerstörungen an.

1400 Bischof Humbert von Neuenburg, der sich in Geldnöten befindet, verkauft der Stadt, unter Vorbehalt des Rückkaufsrechts, die Ämter Liestal, Waldenburg und Homburg. Basel sichert sich so den Übergang über die beiden Hauensteine.

1444 Die Eidgenossen belagern die Farnsburg. Sie ziehen von dort gegen Basel und unterliegen mit 200 Baselbietern in der Schlacht bei St. Jakob an der Birs den Armagnaken. Die Leute des Bischofs von Basel und die Herren von Ramstein sind am Blauen auf der Wacht, um die Armagnaken vom Einmarsch ins Laufental abzuhalten.

1490–92 In der «Kappeler Fehde» und im

1499 Schwabenkrieg leidet die Bevölkerung unter Solothurn, das dem Bischof die Herrschaft im Laufental streitig macht.

1501, 13. Juli Die Stadt und die Landschaft Basel werden als 11. Ort in den Bund der Eidgenossen aufgenommen.

1525 Bauern plündern den Olsbergerhof in Liestal sowie die Klöster Engental und Rothaus bei Muttenz und Schönthal bei Langenbruck.

1529 Basel tritt zum reformierten Glauben über.

1585/1589 Nach dem Verzicht Basels auf das 1525 geschlossene Burgrecht kehren die Vogteien Zwingen, Birseck und Pfeffingen zur katholischen Konfession zurück.

1594 Aufstand der Baselbieter wegen Erhöhung der Steuern. Der so genannte Rappenkrieg wird von Andreas Ryff gütlich beigelegt.

1618–1648 Im Dreissigjährigen Krieg werden die Grenzgebiete und das Birstal durch die Streifzüge kaiserlicher und schwedischer Truppen in Mitleidenschaft gezogen.

1653 Die Bauern der Landschaft und mit ihnen auch die Liestaler nehmen am schweizerischen Bauernkrieg teil. Die Bauern unterliegen, aber das geistige Oberhaupt der Bauernschaft, Isaak Bowe, kann fliehen. Sieben weitere Anführer werden in Basel hingerichtet. Die Stadt Liestal verliert ihre Vorrechte.

1730–1740 Die Untertanen im Laufental erheben sich während der «Troubles» gegen den Landesherrn. Die durch den Fürstbischof gerufenen Soldaten Ludwigs XV. schlagen im Frühjahr 1740 den Aufstand nieder. Der Anführer der Aufständischen aus dem Laufental, Hans Tschäni, wird zum Tode verurteilt, später aber begnadigt.

1750–1770 Erster Höhepunkt der Baselbieter Posamenterei.

1767–1780 Auf Anordnung des Fürstbischofs wird die Herrschaft Zwingen mit ihren neun Gemeinden vermessen. Es entstehen die «Brunnerschen Pläne».

1790 Der Grosse Rat von Basel hebt die Leibeigenschaft auf.

1792 Französische Truppen besetzen das Birseck sowie die Herrschaften Burg, Pfeffingen und Zwingen. Zunächst wird eine Rauracische Republik ausgerufen. Nach drei Monaten wird das Gebiet durch Annexion zum französischen Departement Mont-Terrible.

1798 Die Französische Revolution erfasst das Baselbiet.

1800 Das Birseck wird dem Departement Haut-Rhin zugeschlagen.

1803 Napoleon auferlegt der Schweiz die Mediationsverfassung. Im neuen Grossen Rat bilden die Baselbieter nun zwar die Mehrheit, allerdings entspricht ihre Vertretung nicht ihrem Bevölkerungsanteil.

1814, 4. März Der Grosse Rat genehmigt eine neue Verfassung. Die Baselbieter Vertretung im Grossen Rat wird prozentual verkleinert.

1815 Der Wiener Kongress teilt das Gebiet des ehemaligen Fürstbistums der Eidgenossenschaft zu. Neun Gemeinden im Birseck werden Basel zugeordnet.

1830 An zwei Volksversammlungen beim Bad Bubendorf wird eine beförderliche Revision der Staatsverfassung verlangt.

1831 Da die Verfassungsrevision nur schleppend vorwärts geht, beschliesst eine Volksversammlung in Liestal die Ernennung einer provisorischen Regierung.

1832, 22. Februar Der Grosse Rat beschliesst, den 46 Gemeinden, die sich im November 1831 nicht ausdrücklich gegen die Trennung ausgesprochen hatten, die Verwaltung auf den 15. März zu entziehen.

1832, 17. März Die Ausschüsse der aus dem Staatsverband ausgestossenen Gemeinden beschliessen die Gründung eines Kantons Basel-Landschaft und die Wahl eines Verfassungsrates.

BAHN

SBB CFF FFS

Die SBB bieten diverse Vergünstigungen. Kinder unter 16 Jahren reisen zum halben Preis, unter sechs Jahren in Begleitung Erwachsener gratis.

Halbtax-Abonnement

Halber Preis auf dem gesamten Streckennetz, dem Postautonetz, auf den meisten Schifffahrtslinien sowie vielen Privat- und Bergbahnen (CHF 150.–/Jahr)

Generalabonnement (GA)

Die Karte berechtigt zum Benützen des ganzen Schweizer Bahn- und Postautonetzes während eines Jahres.
Diverse Preise: 1. und 2. Klasse, Erwachsene, Senioren, Junioren, Behinderte

Billette und Abonnemente

An den Schaltern bedienter Bahnhöfe erhältlich, die Öffnungszeiten variieren. Umfassender Service kann auch am Bahnhof SBB der Stadt Basel in Anspruch genommen werden:
täglich 5.30–22 h

Rail Service

T 0900 300 300 (CHF 1.19/Min.) für Information, Fahrkartenbestellung, Platzreservation, täglich 24 Stunden

GESCHICHTE

BANKEN/GELD

blkb serviceline
für Auskünfte, Bestellungen und sämtliche Niederlassungen + 41 61 925 94 94
blkb cantophone
der direkte Draht zu Ihrem Konto + 41 61 925 95 95
www.blkb.ch

Aesch, Hauptstrasse 109
Allschwil, Baslerstrasse 172
Allschwil/Neuallschwil, Baslerstrasse 339
Arlesheim, Hauptstrasse 25
Augst (Post Pratteln) Frenkendörferstrasse 35
Binningen, Baslerstrasse 33
Birsfelden, Hauptstrasse 77
Breitenbach, Laufenstrasse 2
Bruderholzspital
Bubendorf, Gewerbestrasse 3
Ettingen, Hauptstrasse 23
Füllinsdorf, EKZ Schönthal, Mühlerainstrasse 17
Gelterkinden, Poststrasse 2
Grellingen, Baselstrasse 1
Hölstein, Hauptstrasse 73
Läufelfingen, Hauptstrasse 17
Laufen, EKZ Birs Center, Bahnhofstrasse 6
Lausen, Grammontstrasse 1
Liestal, Rheinstrasse 7
Münchenstein, EKZ Gartenstadt, Stöckackerstrasse 6
Muttenz, St. Jakobs-Strasse 2
Muttenz, EKZ Lutzert, Lutzertstrasse 36
Oberdorf, Uli Schadweg 1
Oberwil, Hauptstrasse 15
Oberwil, EKZ Mühlematt, Mühlemattstrasse 22
Pratteln, Bahnhofstrasse 16
Reigoldswil, Dorfplatz 2
Reinach, Hauptstrasse 3
Rünenberg, Hauptstrasse 11
Sissach, Hauptstrasse 44
Therwil, Bahnhofstrasse 9
Waldenburg, Hauptstrasse 12
Wenslingen

Auch andere Banken haben Niederlassungen im Kanton, wie z. B. UBS, Crédit Suisse, Raiffeisen, Migros Bank usw.

1833, 3. August Die Basler rücken aus, um den noch stadttreuen Gemeinden um Gelterkinden und im Reigoldswilertal Hilfe zu leisten. Nach einem kurzen, aber heftigen Gefecht bei der Hülftenschanze zwischen Pratteln und Frenkendorf ziehen sie sich geschlagen zurück.
1833, 26. August Die Tagsatzung beschliesst die Totaltrennung des Kantons Basel unter Vorbehalt einer freiwilligen Wiedervereinigung.
1835 Der Landrat erlässt Gesetze über die Organisation des Schulwesens.
1836 Die vier Bezirksschulen werden eröffnet. Im gleichen Jahr werden die Salzlager bei der Schweizerhalle entdeckt.
1836 Nach dem Ausbruch religiöser Unruhen wird der Nordjura mit zwölf Bataillonen besetzt. Auch das Laufental erhält «Exekutionstruppen».
1838 Die Verfassung von 1832 wird revidiert.
1846 Die zwölf Laufentaler Gemeinden werden vom Bezirk Delémont abgetrennt und bilden fortan einen eigenen Amtsbezirk.
1849 Die Hypothekenbank wird gegründet.
1850 Mit der neuen Verfassung wird das Direktorialsystem eingeführt. Alle fünf Regierungsräte sind nun vollamtlich tätig.
1855/1858 Die Linie der Schweizerischen Centralbahn von Basel über Sissach und Läufelfingen nach Olten wird in Betrieb genommen.
1863 Die von Christoph Rolle durchgesetzte Verfassungsrevision bringt die Einführung der direkten Demokratie mit der Volkswahl der Regierungsräte und dem obligatorischen Gesetzesreferendum.
1864 Die Basellandschaftliche Kantonalbank wird gegründet.
1875 Die Jura-Bahn von Basel nach Delémont wird in Betrieb genommen.
1890 Emil Frey-Kloss (1832–1922) wird zum ersten Baselbieter Bundesrat gewählt.
1892 Die Verfassung von 1892 enthält in den Übergangsbestimmungen die Grundlagen für eine geordnete Steuergesetzgebung.
1914–1918 Grenzbesetzung im Ersten Weltkrieg. Bau grosser Befestigungen am Hauenstein und im Birstal.
1919 Im neuen Wahlgesetz wird die Verwendung von Stimmurnen obligatorisch erklärt. Für die Landratswahlen wird das Proportionalwahlverfahren eingeführt.
1926 Die Verfassung von 1892 wird erstmals teilweise revidiert.
1932 Volk und Behörden feiern das hundertjährige Bestehen des Kantons.
1936 Die 1933 eingereichte Wiedervereinigungsinitiative wird in beiden Halbkantonen angenommen.

1939–1945 Grenzbesetzung während des Zweiten Weltkriegs.
1947 Die «Affaire Möckli» führt im Jura zu einer neuen Separationsbewegung.
1948 Die Eidgenössischen Räte verweigern der Verfassungsrevision (Wiedervereinigung) die Gewährleistung.
1958 Eine neue Wiedervereinigungsinitiative wird vom Volk angenommen.
1960–1969 Ein Verfassungsrat beider Basel arbeitet die Verfassung für einen Kanton Basel aus.
1967/1968 Die Frauen werden in kantonalen Angelegenheiten stimm- und wahlberechtigt.
1969 Die Verfassung für den Kanton Basel (Wiedervereinigung) wird deutlich abgelehnt.
1978 Die Laufentaler stimmen mit Zweidrittelmehrheit für die Einleitung des Anschlusses an einen Nachbarkanton.
1980, 16. März Die Laufentaler sprechen sich mit grossem Mehr für Anschlussverhandlungen mit dem Kanton Basel-Landschaft aus.
1982/1983 Der Kanton Basel-Landschaft wird 150-jährig.
1983 Der Vertrag für die Aufnahme des Laufentals in den Kanton Basel-Landschaft wird im September von den Laufentalern abgelehnt, im Baselbiet aber mit grosser Mehrheit gutgeheissen.
1985 Es wird bekannt, dass die Regierung des Kantons Bern 1983 Zahlungen an die berntreuen Laufentaler geleistet hat.
1986, 1. November Chemiekatastrophe der Firma Sandoz in Muttenz/Schweizerhalle.
1988 Das Bundesgericht erklärt die Abstimmung über das Laufental von 1983 für ungültig.
1989, 11. November Eine Mehrheit der Laufentalerinnen und Laufentaler spricht sich für den Anschluss ans Baselbiet aus.
1994, 1. Januar Das Laufental wird fünfter Bezirk des Kantons Basel-Landschaft.
1996 Fusion von Sandoz und Ciba-Geigy zum Grosskonzern Novartis.
2001, 13. Juli Feier zur Aufnahme von Basel als 11. Ort in den Bund der Eidgenossenschaft vor 500 Jahren.
2002 Das 73. Eidgenössische Turnfest findet im Baselbiet statt.

BANKEN/GELD

Stückelung

In der Schweiz gibt es Noten zu 1000, 200, 100, 50, 20, 10 Franken und Münzen zu 5, 2, 1 Franken sowie zu 50, 20, 10 und 5 Rappen.
100 Rappen = 1 Franken.
Annähernde, grobe Umrechnung Anfang 2003:
Der Wert in Euro liegt bei etwa $^2/_3$ des Wertes in Franken.
1.50 Franken = 1 Euro
300 Franken = 200 Euro
(Kursänderungen vorbehalten)

BEHINDERTE

Behinderten-Transporte

Hofmeier AG, Liestal
T 061 921 22 24
Behindertenfahrten KBB Koordinationsstelle beider Basel, Liestal
T 061 926 98 82
IVB beider Basel, Binningen
T 061 426 98 00
22er-Taxi, Basel
T 061 271 22 22
Jeweils mindestens einen Tag im Voraus bestellen

Mit der Bahn

Schnellzüge der SBB haben in den Wagen 2. Klasse ein markiertes Rollstuhlabteil. Reisende im Rollstuhl spätestens eine Stunde vor Abfahrt am Gepäckschalter der Schnellzugsstation anmelden
T 0900 300 300

Hilfreiche Informationen

SIV Schweizerischer Invalidenverband, Sektion Baselland
T 061 821 04 81
Blinden- und Sehbehindertenverband Nordwestschweiz
T 061 307 91 00

BÜCHER/KARTEN

Interessante und aufschlussreiche Bücher zum Baselbiet (im Buchhandel erhältlich):

Verlag des Kantons Basel-Landschaft:

Nah dran, weit weg.

Geschichte des Kantons Basel-Landschaft, 6 Bände, CHF 70.– pro Doppelband

Baselbieter Heimatbücher

CHF 40.– pro Band

S Baselbiet

CHF 17.80

Augen-Blicke

von Karl Martin Tanner
Bilder zum Landschaftswandel im Baselbiet, CHF 49.–

Verlag Dietschi AG:
Grüsse aus dem Baselbiet

von Eugen Schwarz
mit alten Postkartenmotiven und Ortsansichten, CHF 48.–

Christoph Merian Verlag:
Baselbieter Wörterbuch

von Hans Peter Muster und Beatrice Bürkli Flaig, CHF 49.–

Eigenverlag Peter Rüfenacht:
Baselbieter Chuchi

Kochrezepte aus dem Baselbiet, 2 Bände, je CHF 28.–

Karten

Schweiz. Landestopographie
Massstab 1:50 000

Heimatbücher über einzelne Gemeinden → GEMEINDEN S. 40

Wanderbücher
→ WANDERN S. 286

Gewässer

Das Baselbiet als Quelle der Nordsee

Stehende Gewässer grösseren Ausmasses gibt es im Baselbiet nicht. Die paar Weiher und Teiche sind eher als Naturschönheiten oder Biotope von Bedeutung denn als Gewässer. Windsurfer und Strandgäste können hier nicht ein Paradies für ihre speziellen Vorlieben erhoffen. In der Baselbieter Gewässerwelt bietet sich für den Gast eine andere Betrachtungsweise an.

Alles dem Baselbiet entspringende Wasser, soweit es seinen natürlichen Läufen folgt, strebt auf direktem oder verschlungenem Weg über fünf Nebenflüsse des Rheins der Stadt Basel und schliesslich der Nordsee entgegen.

Rhein

Der Rhein bildet auf einer Länge von ca. 8 $^1/_2$ km die Nordgrenze des Baselbiets.

Unter dem Aspekt der Nutzung des Gewässers als Lebensader ist diese Rheinpartie höchst interessant. Im Bereich des Hardwaldes liegt der Auhafen, nur wenig flussabwärts der Birsfelder Hafen, beides bedeutende Schweizer Umschlagplätze für die Güterschifffahrt. Vornehmlich Heizöl und Treibstoffe gelangen über die riesigen Tankanlagen des Birsfelder Hafens in die Schweiz.

Unmittelbar bevor der Rhein die Stadt Basel erreicht, passiert er das Kraftwerk Birsfelden mit seinen beiden zwölf Meter breiten und 190 Meter langen Schleusen. Einzigartig für Europa ist bei diesem Kraftwerk die transparente Architektur von Maschinenraum und Wehr.

1: Gewässer bei Münchenstein.

Seit 1985 wird auch das ausfliessende Kühlwasser aus Generatoren, Turbinen und Transformatoren zur Erzeugung von Alternativenergie genutzt. Ein Lehrpfad informiert anhand von elf Tafeln über Landschaft, Schifffahrt und technische Anlagen.

Nebenflüsse

Im Westen ist es der *Birsig*, der auf seinem Weg durch das sundgauisch geprägte Vorland der Blauenkette einige Nebenadern aufnimmt und als grösserer Bach im Bereich des Zoologischen Gartens die Stadt Basel erreicht. Von Natur aus wäre der Birsig der Fluss, an dem die Grossbasler Innenstadt liegt. Dort fliesst er jedoch unterirdisch bis zur Schifflände, wo er den Rhein erreicht.
Weiter östlich, beim «Birskopf» an der Stadtgrenze, mündet die *Birs*. Sie kommt als bereits stattlicher Fluss aus dem Kanton Jura beim Liesberger Riederwald ins Baselbiet. Im Kantonsgebiet wird sie vor allem im Bereich von Laufen zusätzlich gespeist von der Lüssel aus dem Osten vom Passwanggebiet her, im Westen von der Lützel. In Laufen selbst bildet der Fluss einen Wasserfall, der als verbliebene Naturschönheit in der Bauzone beachtlich ist. Bei der Einmündung des romantischen Kaltbrunnentals (→ NATUR) an einer kleinen Flusswindung beim bewaldeten Chessliloch ist sie Teil der natürlichen Kulisse für die Wappenfelsanlage. Bei der Ruine Angenstein tritt die Birs aus dem engen Tal heraus in die offenen Auen der Oberrheinischen Tiefebene.
Zentrale Wasserader des Oberbaselbiets ist die *Ergolz*. Etwa drei Kilometer unterhalb ihrer Quelle bei Oltingen bildet sie am Talweiher (→ NATUR) bei Anwil eine bemerkenswerte Naturschönheit. Ab Rothenfluh bis Liestal schneidet sich das Tal der Ergolz in einer nahezu geraden Ost-West-Linie durch die Juralandschaft und bildet die natürliche Grenze der gemächlich absinkenden Süd-Nord-Zungen des Tafeljuras. Fast ausschliesslich aus dieser Landschaft wird die Ergolz mit Nebenflüssen gespeist.
Der vierte Nebenfluss des Rheins mit Baselbieter Wasser ist der *Magdener Bach* bei Rheinfelden. Wohl ist man geneigt, ihn als Aargauer Fluss aufzufassen. Seine hauptsächlichen Zubringer sind jedoch Bäche, die im Baselbiet entspringen.

DIEBSTAHL

Das Delikt des Diebstahls spielt glücklicherweise im Baselbiet keine vorrangige Rolle. Trotzdem darf man nicht ausschliessen, dass es doch ab und zu vorkommt. Besondere Vorsicht ist geboten bei jeglicher Art grösserer Menschenansammlungen.
Wachsamkeit empfiehlt sich bei übertriebener Hilfsbereitschaft von Unbekannten. Tragen Sie die Handtasche möglichst am Schultergurt und klemmen Sie sie unter den Arm, welcher der Strassenseite entgegengesetzt ist (Entreissdiebstähle). Geld, Schlüssel oder Wertsachen nie in offenen Einkaufstaschen oder Körben ablegen. In Gaststätten teure Mäntel vorzugsweise nicht an unbeaufsichtigte Garderoben hängen. Der Wirt kann für Verluste nicht haftbar gemacht werden. Folglich auch nichts in den Taschen der Kleidungsstücke zurücklassen, was für Sie von Wert ist.
Im Hotel Wertsachen immer in einem Hotelsafe deponieren.
Im Notfall Telefon 117 (Polizei) alarmieren. Der Anruf ist kostenlos und ohne Taxkarte möglich.

1: Schweizerhalle.

FAHRRAD

Das Fahrrad wird in der Schweiz Velo genannt.

Fahrradmiete

An vielen Schweizer Bahnhöfen können Fahrräder gemietet werden. Leider nicht im Baselbiet. Die nächstgelegenen Bahnhöfe mit Fahrradverleih sind Basel SBB oder Olten.
Selbstverlad und Verschicken von Fahrrädern ist in den meisten Zügen möglich. Information bei Rail Service:
T 0900 300 300

Karte und Literatur

Karte: «Velotouren im Baselbiet», Verlag des Kantons Basel-Landschaft, CHF 7.50.
Literatur: «Velofahren mit dem U-Abo», Reto Locher, Friedrich Reinhardt Verlag, CHF 19.80.

FEIERTAGE

An folgenden Tagen sind die Geschäfte geschlossen

Neujahr (1. Jan.)
Karfreitag
Ostermontag
Tag der Arbeit (1. Mai)
Auffahrt (Himmelfahrtstag)
Pfingstmontag
Bundesfeiertag (1. Aug.)
Weihnachtstag (25. Dez.)
Stephanstag (26. Dez.)

FRAUEN

Nützliche Adressen
für Frauen:
Evangelische Frauenhilfe Baselland und Compagna
Rosengasse 1, 4410 Liestal
T 061 921 57 32
Frauenzentrale Baselland
Sekretariat und Rechtsberatung
Büchelistrasse 6,
4410 Liestal
T 061 921 60 20

Kantonswappen
Sieben Landvogteien oder sieben Anführer

Wappen entstanden im 12. Jh. damit die Krieger in ihren Rüstungen Freund und Feind unterscheiden konnten. Ausserdem waren Wappen die Ehrenzeichen von Adligen. Obwohl die Gemeinden über grosse Eigenständigkeit verfügten, führten nur wenige ein eigenes Wappen ein. Als 1832 der Kanton Basel-Landschaft gegründet wurde, fehlte das geeignete Hoheitszeichen. Deshalb übernahm der junge Kanton den Stab seines Hauptortes Basel, allerdings mit der Krümmung auf die entgegengesetzte Seite. Der rote Stab geht auf den Hirten- und Bischofsstab zurück, weil das Gebiet seit 1041 zum Fürstbistum Basel gehört hatte. Dessen Wappen war der rote Bischofsstab auf weissem (silbernem) Grund gewesen.

Am 10. Mai 1832 wurden die Bezirke des neuen Kantons angewiesen, den Baslerstab zu entfernen. Die Behörden folgten jedoch nicht immer dieser Anordnung. Erst seit Sommer 1834 ziert der Bischofsstab das Titelblatt des Amtsblattes. Und schliesslich beschloss der Regierungsrat am 9. März 1948: «Das Kantonswappen besteht aus einem vom Standpunkt des Beschauers aus betrachtet sich nach rechts wendenden roten Bischofsstab mit sieben Krabben am gebogenen Knauf. Der Stab liegt auf silbernem Grund und ist schwarz eingefasst.»
Das seit 1948 genau ausgemessene, offizielle Kantonswappen ist in den Standesfarben Weiss-Rot. Die sieben Kugeln am Knauf des Baselbieter Stabs (die so genannten Krabben) haben in der Bevölkerung schon zu vielen Spekulationen Anlass gegeben. Die einen sehen darin die sieben Landvogteien der Alten Landschaft Basel, andere die sieben Anführer des Bauernkriegs von 1653, die hingerichtet wurden. Tatsächlich handelt es sich bei den Krabben um stilisierte gotische Verzierungen, deren Anzahl eher willkürlich sein dürfte.

1: Fels mit Wappen bei Grellingen.

Kultur
Hoch stehend, vielfältig, innovativ

Im Baselbiet hat sich in den vergangenen Jahren eine eigenständige Kulturszene aufgebaut. Diese bereichert und ergänzt das baselstädtische Angebot. In Liestal findet man eines der ältesten Museen der Schweiz, das 1837 gegründete Kantonsmuseum. Und nur einige Schritte davon entfernt wird man im Dichter- und Stadtmuseum beim Liestaler Rathaus an das Leben und Werk von Schriftstellern erinnert. Im Römerhaus in Augst (Augusta Raurica) wird eindrucksvoll das Wirken und Wohnen der Römer vor fast 2000 Jahren dargestellt. Und schliesslich kann sich das Heimatmuseum in Sissach damit rühmen, 1922 als erstes Baselbieter Museum seiner Art gegründet worden zu sein.

Viele Galerien widmen sich der Kunstvermittlung. Vor allem im Unterbaselbiet sind private Galerien aktiv, die vornehmlich lokale Kunst einem breiten Publikum zugänglich machen. Als Beispiele seien das Allschwiler Kunst-Zentrum, die Galerie Schlossmatt in Binningen oder das Spritzehüüsli in Oberwil genannt. International bekannte Künstler findet man im Kulturhaus Palazzo in Liestal und in der Baselbieter Kunsthalle beim St. Jakob-Park in Muttenz.

In den 86 Gemeinden des Baselbiets gibt es zudem viele lokale Kleinkunst- und Theater-Veranstalter. Das rege Kulturleben im Kanton Basel-Landschaft bildet eine grossartige Ergänzung zu den bedeutenden Events, die in der benachbarten Stadt Basel stattfinden (→ AUGUSTA RAURICA, KULTURZENTREN, MUSEEN, MUSIK).

1: Kultur im Jundt-Huus in Gelterkinden.

FRAUEN

Professionelle Kontaktstelle
Frau + Arbeit
Rathausstrasse 35,
4410 Liestal
T 061 921 55 55

FUNDBÜROS

Im Baselbiet kommt dem Polizeiposten gleichzeitig die Rolle des Fundbüros zu:

Stadtpolizei

Rathausstrasse 36, Liestal
T 061 927 52 10

Unabhängig von der Polizei:

SBB Fundzentrale

Wiedenhofstrasse 2, Liestal
T 051 229 37 28
mit Kontakt zu allen Fundbüros der SBB

Fundbüro der Autobus AG

Liestal, T 061 906 71 11

Römerstadt Augusta Raurica

Fundabteilung
T 061 816 22 15

Bei Verlusten in Basel oder im öffentlichen Verkehrsmittel auf Linien von oder nach **Basel** kommen in Frage:

Fundbüro Bahnhof SBB

T 051 229 24 67
mit Kontakt zu allen Fundbüros der SBB

Fundbüro der Stadt und der Basler Verkehrsbetriebe (BVB)

St. Johanns-Vorstadt 51
T 061 267 70 34

Badischer Bahnhof

T 061 690 12 32 (24 Std.)

Transport AG (BLT)

(Tramlinien 10, 11 und 17)
Steinentorstrasse 30
T 061 281 77 41

INTERNET

www.bl.ch

ist die zentrale Adresse für eine Fülle von Informationen über das Baselbiet. Zahlreiche Links zu Sachgebieten und allen Gemeinden.

www.basellandtourismus.ch

ist die offizielle Adresse von Baselland Tourismus.

KONSULATE

Belgien
Gerbergasse 1, Basel
T 061 264 44 00
Dänemark
Spalenring 16, Basel
T 061 271 88 11
Deutschland
Schwarzwaldallee 200, Basel
T 061 693 33 03
Finnland
Lichtstrasse 35, Basel
T 061 696 48 14
Frankreich
Aeschengraben 26, Basel
T 061 276 52 45
Grossbritannien
Gewerbestrasse 14, Allschwil
T 061 483 09 77
Italien
Schaffhauserrheinweg 5, Basel
T 061 689 96 26
Luxemburg
Steinengraben 28, Basel
T 061 206 91 01
Niederlande
Aeschengraben 9, Basel
T 061 206 31 00
Norwegen
Peter Merian-Strasse 45, Basel
T 061 205 33 33
Österreich
Lange Gasse 37, Basel
T 061 271 35 35
Schweden
Neubadstrasse 7, Basel
T 061 281 00 42
Spanien
Steinenring 42, Basel
T 061 281 04 54

Lage und Klima
Die (fast) nebelfreie Nordwestschweiz

Das Baselbiet ist landschaftlich ein sehr vielfältiger Kanton. Tafeljura im Norden und Kettenjura im Süden werden ergänzt von Teilen des Sundgauer Hügellandes, des Hochrheintales und der Oberrheinischen Tiefebene. Das Höhenprofil reicht von 246 bis 1169 m ü.d.M. Die tieferen Regionen gehören mit nur 800 mm Jahresniederschlag zu den wärmsten und trockensten Regionen der Schweiz. In den Gipfellagen des Kettenjuras werden hingegen bis zu 1300 mm Niederschlag gemessen.

Der höchste Punkt im Baselbiet ist die Hinteri Egg in der Gemeinde Waldenburg mit 1169 m ü.M., der tiefste Punkt liegt bei der Birsmündung in Birsfelden mit 246 m ü.d.M. Die höchstgelegene Gemeinde ist Langenbruck,

die tiefstgelegene Birsfelden. Die Gesamtlänge der Kantonsgrenze beträgt 231,9 km. Das Baselbiet grenzt an die benachbarten Staaten Deutschland und Frankreich sowie an die Schweizer Kantone Basel-Stadt, Aargau, Solothurn und Jura.

Die Durchschnittstemperatur betrug im Jahr 2001 im Jahresmittel 10,7 Grad. Die tiefste Temperatur wurde mit −12,5 Grad, die höchste mit 34,2 Grad gemessen. Im Kantonsdurchschnitt fielen 1058 mm Regen. Und die Sonnenscheindauer lag im Jahr 2001 bei 1767 Stunden.

Von grosser Bedeutung für das Baselbiet sind seine Flüsse. Der grösste Teil des Oberbaselbiets wird von der Ergolz und ihren Zuflüssen bestimmt. Die meisten ihrer Quellen entspringen im Kettenjura. Im unteren Baselbiet durchfliesst die Birs das Laufental und die Blauenkette in der Klus von Angenstein. Bei Münchenstein führt sie im Durchschnitt jede Sekunde 15 Tonnen Wasser, die Ergolz bei Liestal 3,6 Tonnen.

1: Hügellandschaft bei Rickenbach.

Landschaften
Von Hügeln und Ebenen

Das Baselbiet kann man sich vorstellen als einen riesigen Block, der auf der Nordseite des Ketten- oder Faltenjuras über den Tafeljura hinunter in die Ebene führt. Dieser wird jedoch durchbrochen und in zwei ungleich grosse Teile gegliedert, weil sich vom Passwang her mit den Bezirken Thierstein und Dorneck ein langer, solothurnischer Gürtel in diese abfallende Landschaft hineinzieht.

Der Faltenjura verläuft als imposante Bergkette von Westen nach Osten und verbindet über weite Strecken die natürliche, waldreiche Südgrenze des Kantons. Doch wie ein Haken, an dem das Baselbiet an der Jurawand «aufgehängt» wurde, greift bei Langenbruck ein Zipfel über die Krete hinweg in den Jurasüdhang hinüber.

Gegen Norden senkt sich das Gelände steil ab gegen die Täler und etwas moderater gegen die Anhöhen des Tafeljuras. In diesem Bereich verlaufen die Flusstäler, und dadurch gezwungenermassen auch die Höhenzüge, von Süden nach Norden. Sehr eindrücklich erlebt diese Topografie, wer nicht auf dem schnellen Weg der Hauptstrassen fährt, sondern auf den allenthalben vorhandenen Direktverbindungen von Tal zu Tal das Baselbiet von Ost nach West durchquert oder umgekehrt. Er wird sich förmlich auf einer Berg- und Talbahn wähnen, die ihm stetig abwechselnde, reizvolle Ausblicke eröffnet.

Das Sammelbecken für all diese Seitentäler bildet das Tal der Ergolz mit seinem annähernden Ost-West-Verlauf. Es ist noch immer beidseits von Höhen umsäumt, erhält jedoch keinen namhaften Zufluss von rechts. Erst kurz vor der Mündung in den Rhein bei Augst erreicht die Ergolz offenes Land. Hier hat das Baselbiet Anteil am Oberrheintal. Rheinabwärts, hinter dem Hardwald, wechselt die Landschaftsform abermals. Folgt man der Birs

1. Typische Hügellandschaft im oberen Baselbiet.

KONSULATE

Tschechische Republik
Unterwartweg 15, Muttenz
T 061 462 00 01 oder
T 061 712 00 70
Ungarn
Hirzbodenweg 103, Basel
T 061 319 51 48
USA
Jubiläumsstrasse 93, Bern
T 031 357 70 11

NOTRUF

Ärztlicher Notfalldienst
T 061 261 15 15
Rettungsflugwacht (Rega)
T 1414
Apotheken, Notfalldienst
T 061 261 15 15
Autopanne, Strassenhilfe
T 140
Feuerwehr
T 118 (Taxkarte nicht nötig)
Kreditkarten
American Express
T 0800 55 01 00
Diners Club T 01 835 44 44
Mastercard/Eurocard
T 01 271 15 50
Visa SOS T 01 828 31 11
Notärzte, SOS Ärzte
T 061 301 08 00
Polizeinotruf
T 117 (Taxkarte nicht nötig)
Sanitätsnotruf (Ambulanz)
T 144 (Taxkarte nicht nötig)
Telefonseelsorge
T 143
Vergiftungsnotfälle
T 01 251 51 51
Zahnärztlicher Notfalldienst
061 261 15 15

ÖFFENTLICHE VERKEHRSMITTEL

Das Baselbiet ist erschlossen durch Züge, in der näheren Umgebung der Stadt Basel mit Strassenbahnen (hier Trams genannt) und mit Buslinien. Siehe auch Netzplan auf den letzten Seiten.

Fahrkarten erhält man an bedienten Bahnhöfen am Schalter. Auf den Buslinien der Post kann man direkt beim Fahrer bezahlen. Ansonsten stehen Automaten an den Haltestellen. Erhältlich sind Einzelfahrkarten, Mehrfahrtenkarten (nur an grösseren Automaten) oder Tageskarten. Es ist von Vorteil, Kleingeld zur Hand zu haben.

Wer einen Tag lang mit Bahn und Bus (evtl. auch Tram) das Baselbiet erkunden möchte, besorgt sich am besten eine **Tageskarte** CHF 19.–/Person, CHF 9.50 für Kinder bis 16 Jahren.

Das schweizerische Generalabonnement ist auf dem ganzen Netz des TNW gültig. *Fahrpläne* mit genauen Abfahrtszeiten sind an Bahnhöfen und Haltestellen ausgehängt.

Bahnen

Schweizerische Bundesbahnen (SBB)
Die Hauptlinien durch den Kanton sind jene, die Basel mit der übrigen Schweiz verbinden: über Liestal nach Olten in diverse Richtungen, über Rheinfelden nach Baden, Zürich oder über Laufen, Delémont in Richtung Westschweiz. Auf diesen Linien verkehren sowohl Regionalzüge mit Halt an allen Stationen als auch Schnellzüge ohne Halt im Baselbiet oder mit Halt an grösseren Orten.

flussaufwärts ins Birseck bis zur Klus bei Angenstein, so erkennt man hier den südlichen Ansatz der Oberrheinischen Tiefebene. Besonders deutlich zeigt sich dieses veränderte Bild in den ausgedehnten Flächen von Aesch über Reinach und Arlesheim nach Münchenstein.

Überaus breit kann sich allerdings auch diese Tiefebene nicht entfalten, denn schon auf der Achse vom Bruderholz zur Klus von Aesch liegt der Übergang ins Sundgauer Hügelland, was auch an der Architektur sichtbar wird. Mit der Oberrheinischen Tiefebene und dem Sundgauer Hügelland liegen aber im Baselbiet die Ansätze von zwei typischen Landschaftsformen, die man gemeinhin eher mit dem Ausland in Verbindung bringt, weil sie dort grossflächig auftreten.

Der Sundgau wird begrenzt durch die Blauenkette, den letzten Ausläufer des Juras im Birstal gegen Nordwesten hin. Augenfällig wird dieser Übergang besonders beim Dorf Burg im Leimental, das wie ein verlorener Sohn zum Elsass hin gerichtet im Hang liegt. Verlassen die Einwohner von Burg ihr Dorf mit dem Auto, so sind sie in jedem Fall gezwungen, zunächst auch das Baselbiet zu verlassen, entweder über das solothurnische Metzerlen oder sogar über Frankreich. Der Südhang des Blauen führt hinunter ins Birstal, wo das Baselbiet schon ab Dornach auf der Ostseite schnell an jenen schon erwähnten Solothurner Gürtel anstösst. Das «Westend» des Kantons bildet seit der Angliederung des Laufentals, einem traditionellen Lied zum Trotz, die Gemeinde Roggenburg. Sie wiederum liegt in einer Übergangslandschaft zum Jura welscher oder französischer Prägung, wo die Hügel etwas sanfter werden und wieder vermehrt Weideland auftritt. Den Rest des Kantons berührt Roggenburg allein an einem Kreuzungspunkt von vier Gemeinden auf einem Bergweg, wobei das Baselbieter Liesberg genau gegenüber liegt.

1. Bei Binningen.

Landwirtschaft
Von Posamenterei zum Ackerbau

Die Baselbieter Landwirtschaft ist historisch gesehen eine Geschichte der Selbstversorgung. Die Landwirte bauten bis weit ins 18. Jh. hinein vor allem Getreide an, und zwar nach der Methode der so genannten Dreifelderwirtschaft (Sommergetreide, Wintergetreide und Brache). Im späten 18. Jh. begann man auch die Brache zu nutzen und pflanzte dort Kartoffeln an. Im 19. Jh. wurde dann zusätzlich zum Ackerbau die Viehzucht gefördert. Mitte des 19. Jh., als Basel ans Eisenbahnnetz angeschlossen wurde und dadurch leichter Getreide importieren konnte, kam es zu einer ersten Agrarkrise. Eine zweite Krise wurde in den 1930er-Jahren ausgelöst durch das Wegfallen der Posamenterei. Die meisten Posamenter (Heimarbeiter für die Basler Seidenindustrie) waren Kleinbauern, die vom Ertrag ihres kleinen Landwirtschaftbetriebes nicht leben konnten.

Heute wird knapp die Hälfte des Kantonsgebietes noch landwirtschaftlich genutzt. Dabei dominieren in erster Linie Wiesen und Weiden. Der Ackerbau prägt das Landschaftsbild vor allem im Tafeljura und im Sundgauer Hügelland. Zwei Drittel aller Milchproduzenten sind in der voralpinen Hügelzone oder der Bergzone zuhause. Stark rückläufig ist der Getreide- und Gemüseanbau, der nur noch rund 5 % der Erträge erwirtschaftet. Ein nicht zu unterschätzender Faktor ist der Weinbau. Die Qualität der Weine (zum Beispiel des Anbaugebietes Klus bei Aesch) ist weit über die Grenzen des Kantons hinaus bekannt. Im Baselbiet gab es im Jahr 2000 noch 1199 landwirtschaftliche Betriebe mit rund 4000 Beschäftigten.

1: Anbau bei Biel-Benken.
2: Prämierung von Kühen.

ÖFFENTLICHE VERKEHRSMITTEL

Waldenburger Bahn (WB)
Die Linie verbindet, mit Halt an allen Stationen, Liestal mit Waldenburg. Von dort gelangt man mit einem Anschlussbus nach Langenbruck. Auf der Strecke der WB werden Nostalgiefahrten in alten Dampfzügen angeboten.
→ BRÄUCHE/FESTE/FEIERN S. 154

Strassenbahn (Tram)
In der näheren Umgebung der Stadt Basel, und immer mit der Stadt verbunden, wird auch das Baselbiet durch Trams bedient. Zwei Gesellschaften decken diese Dienstleistung ab: die Basler Verkehrsbetriebe (BVB) mit grünen Strassenbahnen, die Baselland Transport AG (BLT) mit gelben. Dank des Tarifverbunds sind die Fahrkarten bei beiden Gesellschaften gültig.

Die Linien sind:
2 Basel–Binningen
3 Basel–Birsfelden
6 Riehen–Basel–Allschwil
8 zwar ganz in Basel, doch an den Rand von Binningen und Allschwil
10 Dornach–Rodersdorf über Birseck und das Leimental
11 Basel–Aesch
14 Basel–Pratteln
17 Basel–Ettingen

ÖFFENTLICHE VERKEHRSMITTEL

Medien
Informationen auf allen Ebenen

Buslinien
Zu den Gesellschaften mit Trambetrieb kommen hier noch die Autobus AG und die Schweizerische Post dazu. Der Tarifverbund gilt jedoch auch hier. Man kann also mit einer einzigen Fahrkarte in der Region jedes öffentliche Verkehrsmittel benützen.
Die Verbindung Stadt/Land schaffen die Linien:
34 Riehen–Basel–Bottmingen
38 Basel–Allschwil
70 Basel–Reigoldswil über Augst–Liestal
80 Basel–Liestal mit Einbezug von Pratteln

Bergbahn
Ins Wander- und Sportgebiet Wasserfallen führt die Luftseilbahn Reigoldswil-Wasserfallen.

Nachtverbindungen von Basel ins Baselbiet
Regio-S-Bahn: BlueNite
Nächte Freitag/Samstag und Samstag/Sonntag
1.30 h Basel–Laufen mit Halt an allen Stationen
2.30 h Basel–Olten ohne Halt in Tecknau

Bei den Unabhängigkeitswirren der Jahre 1830 bis 1833, die schliesslich zur Trennung des Kantons Basel in zwei Halbkantone führten, spielte die Presse eine tragende Rolle. 1832 erwarb der Zeichnungslehrer Benedikt Banga in Zofingen eine kleine Druckpresse für den Kanton Basel-Landschaft. Am 1. Juli erschien die erste kantonale Zeitung, der «Rauracher».
Heute ist jedoch nicht die «Basellandschaftliche Zeitung» (bz) die meistgelesene Tageszeitung, sondern die «Basler Zeitung» (BaZ). Im oberen Baselbiet ist die dreimal wöchentlich erscheinende «Volksstimme» auch wichtiger Informationslieferant.
In allen Bezirken erfreuen sich die lokalen, wöchentlich erscheinenden Anzeiger, die in den 1970er- und 1980er-Jahren als offizielle Orientierungsmittel der Gemeinden eingeführt wurden, grosser Beliebtheit. Im unteren Baselbiet sind dies der «Birsigtal-Bote» (Bibo) für das Leimental, das «Wochenblatt» für das Birseck und Dorneck, das «Wochenblatt – Anzeiger für das Schwarzbubenland und das Laufental», die «Reinacher Zeitung», das «Allschwiler Wochenblatt», der «Binninger Anzeiger», der «Birsfelder Anzeiger», der «Muttenzer Amtsanzeiger» und der «Pratteler Anzeiger». Im oberen Baselbiet ist es die «Oberbaselbieter Zeitung» als Zusammenschluss der Gelterkinder und Waldenburger Anzeiger. Im Laufental schliesslich «s Blettli für d Region Laufe».
Für den ganzen Kanton erscheinen zudem die «Basellandpost» und das «Regio Magazin».
Der bedeutendste Buchverlag im Kanton ist der staatliche Verlag des Kantons Basel-Landschaft. Er stellt in erster Linie Schulmaterialien her und ist der Verleger der Baselbieter Heimatkundepublikationen über die einzelnen → GEMEINDEN.
Im Lokalfernsehbereich wird das Baselbiet vom städtischen «Telebasel» abgedeckt. «Radio Edelweiss» (FM 101,7) ist die einzige Lokalradiostation im Kanton, wird jedoch durch «Radio Basilisk» (FM 107,6) aus Basel konkurrenziert.

Mentalität
«Me seit vom Baaselbieter ...»

Ein Kanton wie das Baselbiet, in dem sich die Bevölkerung zwischen 1950 und 1980 mehr als verdoppelt hat, und dies praktisch nur durch Zuwanderung, ist darauf angewiesen, dass alle Gesellschaftsschichten äusserst anpassungsfähig sind. Die Weltoffenheit der Baselbieter hat bereits der deutsche Schriftsteller Wilhelm Hamm 1848 geschildert:
«Höchst anerkennenswert ist, dass im Baselbiet der Fremdenhass, der den Deutschen so oft anderswo in der Schweiz verbittert, nicht existiert.»
Während im unteren Baselbiet in den grösseren Ortschaften, die man zur städtischen Agglomeration zählen darf, der Kontakt zu den Nachbarn eher eingeschränkt ist, kennen die dörflichen Gemeinden nach wie vor ein sehr intaktes Gemeinschaftsleben. In den meisten Orten gibt es eine Vielzahl von Vereinen, die das gesellige Beisammensein pflegen und für Neuzuzüger die Kontaktaufnahme mit der Bevölkerung erleichtern.
Der Baselbieter gilt als weltoffen, wobei er aber eher zurückhaltend sei. Er habe, im Gegensatz zum Stadtbasler, einen weniger bissigen Humor. Zudem sei er auch geselliger als der Basler; dies ist sicher auch bedingt dadurch, dass die Gemeinden im Baselbiet überschaubar sind und sich die Leute oft mit Namen kennen.
Vielleicht ist das eine Erklärung dafür, dass das Baselbiet immer noch eine grosse Anziehungskraft auf Zuwanderer hat. Neuzuzüger aus dem In- und Ausland fühlen sich in der Regel schon bald einmal sehr wohl hier. Ein weiterer Anreiz für die Wohnsitznahme im Kanton ist die liberale Einbürgerungspraxis der meisten Gemeinden gegenüber Ausländern, die lange genug im Baselbiet gelebt haben. Die Bedingungen für die Einbürgerung sind jedoch von Gemeinde zu Gemeinde unterschiedlich.
Auch im Baselbieterlied «Vo Schönebuech bis Ammel ...» wird die Baselbieter Mentalität beschrieben. Die Menschen seien ein arbeitsames und fröhliches Volk und trotz ihrer vielen Arbeit, wenn immer möglich lustig auf der Welt. In der letzten Strophe wird der Baselbieter als unschlüssig in Entscheidungen beschrieben. Doch ginge es darum, für das Recht einzustehen, dann könne er laut und deutlich sagen: «Jo!»

ÖFFENTLICHE VERKEHRSMITTEL

Buslinien
Nacht Samstag/Sonntag, alle um 02.30 h ab **Basel-Barfüsserplatz** in Richtung:
Linie E: Heuwaage–Reinach–Aesch–Dornach–Arlesheim–Münchenstein
Linie F: Breite–Birsfelden–Muttenz–Pratteln–Frenkendorf–Kaiseraugst
Linie G: Heuwaage–Binningen–Bottmingen–Oberwil–Therwil–Ettingen–Witterswil–Bättwil–Benken–Biel Dorf
Linie H: Heuwaage–Allschwil–Schönenbuch

Partner im Tafrifverbund Nordwestschweiz

www.tnw.ch
AAG Autobus AG Liestal und *BBR Busbetriebe Rheinfelden*
Industriestrasse 11
4410 Liestal
T 061 906 71 11
F 061 906 71 12
info@aagl.ch
www.aagl.ch
BVB Basler Verkehrs-Betriebe
Claragraben 55
4005 Basel
T 061 685 12 12
F 061 685 12 48
info@bvb-basel.ch
www.bvb-basel.ch
BLT Baselland Transport AG
Grenzweg 1
4104 Oberwil
T 061 406 11 11
F 061 406 11 22
info@blt.ch
www.blt.ch
Auskunft: T 061 281 77 41
Postauto Nordwestschweiz
Post-Passage 5
4002 Basel
T 061 205 51 11
F 061 205 51 12
postautonwch@post.ch

ÖFFENTLICHE VERKEHRSMITTEL

WB Waldenburgerbahn AG
Hauptstrasse 12
4437 Waldenburg
T 061 965 94 94
F 061 965 94 99
SBB Schweizerische Bundesbahnen Personenverkehr
Centralbahnstrasse 20
4051 Basel
T 0900 300 300,
täglich 24 Stunden
railservice.basel@sbb.ch
www.sbb.ch

ORIENTIERUNG

An vielen Orten sind Ortspläne auf der Gemeindeverwaltung erhältlich. Sind sie öffentlich ausgehängt, findet man sie in der Regel an besonders belebten Stellen wie Bahnhof, Tram- oder Bushaltestelle, Dorfplatz, beim Gemeindehaus usw. Wo eigens eine Touristikinformation oder ein Verkehrsbüro besteht, wird man sicher mit dem Notwendigen ausgerüstet. An anderen Orten helfen auch Gemeinde oder Polizei gerne weiter.

POLIZEI

Posten der Kantons- oder Gemeindepolizei finden sich an den meisten grösseren Orten im Kanton.
Wer an Orten ohne eigenen Posten auf die Polizei angewiesen ist, wird sicher von der Gemeindeverwaltung über die korrekten Verbindungswege informiert. Zudem kann der Besucher davon ausgehen, dass ihm die ortsansässige Bevölkerung die zuständige Polizeistelle nennen kann.
Für den kostenlosen Notruf (ohne Taxkarte) an die Polizei wählt man T 117.

Natur und Umwelt
Erlebniswelten ohne Strom

Über Jahrhunderte hinweg entstand in Zusammenspiel von Mensch und Natur das, was man im Kanton als die unverkennbare Baselbieter Kulturlandschaft bezeichnet. Das Baselbiet verfügt über eine bemerkenswerte Tier- und Pflanzenwelt. Allein die Zahl der Tierarten wird auf weit über 10 000 geschätzt. Zahlreiche Arten kommen ausser im Baselbiet nur noch in wenigen Kantonen der Schweiz vor.

Das starke Bevölkerungswachstum in Verbindung mit dem Wirtschaftsaufschwung der vergangenen Jahrzehnte veränderte teilweise die Landschaft und stellt die Naturschützer und Landschaftsplaner vor grosse Probleme. Dichtere Besiedlung und intensivere Landnutzung liessen naturnahe Lebensräume und die darin lebenden Pflanzen und Tiere verschwinden. Der Verlust einer Vielzahl von Pflanzen führte dazu, dass es zu Störungen im Ökosystem des Baselbieter Naturhaushaltes kam.
Durch eine klar definierte Rechtsgrundlage wurde dem entgegengesteuert. Im Zuge der Landschaftsplanung wurden in diversen Gemeinden zahlreiche Lebensräume von Tieren und Pflanzen langfristig gesichert. Die für den Schutz zuständige Abteilung Natur- und Landschaftsschutz fördert seit einigen Jahren die fachgerechte Pflege bestehender, aber auch neu angelegter Lebensräume, mit finanziellen Beiträgen. Dadurch konnte der Artenschwund gestoppt werden und der Kanton Basel-Landschaft ist zu einer Erlebniswelt der Natur geworden. In Bezug auf den Umgang mit den natürlichen Ressourcen Luft, Wasser und Boden markiert das Baselbieter Umweltschutzgesetz von 1992 eine Wende. Nicht zuletzt der Chemiebrand vom 1. November 1986, der weltweit

1: Bei Tecknau.

für Schlagzeilen sorgte, rüttelte die Bevölkerung auf. Die Schaffung einer Bau- und Umweltschutzdirektion, eines Amtes für Bevölkerungsschutz und eines Sicherheitsinspektorats zeigen auf, dass der Kanton Basel-Landschaft diesen Fragen grosse Bedeutung zumisst.

Eine wichtige Veränderung der letzten Jahre ist die Verbesserung der Luftqualität. Dazu haben insbesondere Industrie und Gewerbe beigetragen, die ihre Anlagen unter Einsatz von grossen finanziellen Mitteln lufthygienisch saniert haben. Die Stickoxid- und die Ozonbelastung sind jedoch an den grossen Verkehrsachsen noch immer zu hoch. Die Aufklärung der Bevölkerung bezüglich Entsorgung von Abfällen zeigte ebenfalls gute Wirkung.

Besondere Aufmerksamkeit widmet das Baselbiet dem Naturschutz und der damit verbundenen Reinhaltung der Gewässer. Die Abwasserreinigungsanlagen haben in den vergangenen zehn Jahren einen Höchststand erreicht. Durch den Ausbau der Kanalisationen und der Kläranlagen ist die Wasserqualität der Flüsse deutlich verbessert worden. Mit dem Gewässerschutzgesetz von 1994 wird angestrebt, den Wasserverbrauch zu reduzieren und Regenwasser durch Versickern aufzubereiten, damit es in guter Qualität wiederverwendet werden kann.

1: Wasserfallen bei Reigoldswil.

POST

Die meisten Baselbieter Orte verfügen über mindestens eine Poststelle. Ausnahmen:
Anwil, Arboldswil, Bennwil, Burg, Häfelfingen, Lampenberg, Liedertswil, Nusshof, Rickenbach, Rümlingen, Titterten und Wintersingen.

Die Schweizerische Post sieht sich gezwungen, zeitweilig den Poststellenbetrieb zu straffen. Schliessungen besonders an kleineren Orten sind daher auch in Zukunft möglich.

TAXIS

Im Baselbiet trifft man weniger fixe Taxistandplätze als in einer Grossstadt. In der Regel besorgt man sich ein Taxi per Telefonanruf. Zuweilen verkehren Taxis unter verschiedenen Namen, obwohl sie unter derselben Nummer zu erreichen sind. Taxis findet man in:

Aesch
Aescher T 061 751 26 26
Hartmann T 061 751 81 00
Rutschmann T 061 751 81 00
Allschwil
Allschwiler T 061 482 21 21
Taxi-Zentrale T 061 482 07 11
Arlesheim
Faller T 061 701 11 11
Binningen
Binninger T 061 425 66 66
Bottminger T 061 422 19 99
Hartmann T 061 421 07 07
Taxi-Zentrale T 061 422 00 00
Birsfelden
Schaufelberger
T 061 311 88 83
Bottmingen
Bottminger T 061 422 19 99
Buus
Michi T 061 841 16 16
Ettingen
Rutschmann T 061 722 11 00
Füllinsdorf
A-Taxi T 061 902 00 00

TAXIS

Hölstein
ABC-Taxi T 061 941 11 11
Laufen
Paramedic T 061 766 44 77
(auch Krankentransport)
Liestal
Standplätze Bahnhof und
Bereich Allee, sonst Balmer
T 061 921 22 22
Münchenstein
Taxi-Tentrale T 061 411 07 00
Niederdorf
Lägeler T 061 961 07 77
Oberwil
André T 061 402 15 15
Oberwiler T 061 401 07 07
Rutschmann T 061 401 00 00
Pfeffingen
Hartmann T 061 251 81 00
Pratteln
Eglin T 061 821 07 77
Neue Taxi T 061 821 12 12
Reinach
Alfa T 061 711 11 11
Bieri T 061 712 24 43
Reinacher T 061 711 66 66
Super-Mini T 061 713 13 13
Taxi-Zentrale T 0800 801 802
Uno-Mini T 061 701 00 00
Werni T 061 711 77 77
Wahlen
Regio T 079 222 46 88
Zwingen
Anlas T 061 761 80 80

Politik
Parteien und Gliederung

Die beiden grössten Parteien sind die Sozialdemokratische (SP) und die Freisinnig-demokratische Partei (FDP) mit je einem Wähleranteil von über 25%. Die Sozialdemokraten delegieren traditionsgemäss die meisten Mitglieder in den Landrat. Diesen Parteien folgen die Christlich-demokratische Volkspartei (CVP) und die Schweizerische Volkspartei (SVP) mit je rund 15% Stimmenanteil. Die übrigen Parteien von der Evangelischen Volkspartei (EVP) über die Schweizer Demokraten bis hin zu der Grünen Partei teilen sich den Rest der Sitze. Im Landrat der Jahre 1999–2003 verteilen sich die total 90 Sitze wie folgt auf die Parteien: SP 25, FDP 22, SVP 14, CVP 12, SD 9, Grüne 5, EVP 3.

Der Regierungsrat, die leitende Instanz und die oberste vollziehende Behörde des Kantons, besteht aus fünf Personen. Zwei von ihnen sind Mitglieder der FDP, die übrigen drei kommen aus der SP, der CVP und der SVP. Auf kantonaler Ebene stellen der die vier traditionellen Parteien seit 1959 die fünf Regierungsräte. Auf Gemeindeebene treten jedoch seit den 1970er-Jahren immer wieder unabhängige Bewegungen, oft auch Einzelpersonen, die keiner Partei angehören, mit Erfolg auf.

Der Landrat wird nach dem Proporzsystem in vier Wahlregionen und zwölf Wahlkreisen alle vier Jahre gewählt. Als Legislative erlässt das Kantonsparlament Gesetze, die dem Volk obligatorisch zur Abstimmung unterbreitet werden müssen. Der Landrat tritt in regelmässigen Abständen zusammen und ist kein hauptamtlich tätiges Parlament.

Für die Gerichtsbarkeit sind die Bezirkshauptorte zuständig (Arlesheim, Laufen, Liestal, Sissach, Gelterkinden und Waldenburg).

1: Das Regierungsgebäude in Liestal.

Regio Basel
Zusammenspiel der Grenzen

Unter dem Sammelbegriff Regio wird heute, nach über 30 Jahren entsprechender Aktivitäten, das grenzüberschreitende, deutsch-französisch-schweizerische Umland von Basel verstanden. Zwischen den Vogesen im Westen, dem Schwarzwald im Osten und dem Jura im Süden unterscheidet man dabei die grossräumige EuroRegion Oberrhein mit den Oberzentren Basel, Strasbourg und Karlsruhe, die RegioTriRhena als südliche Hälfte der EuroRegion sowie als Spezialphänomen die Dreiländer-Agglomeration Basel.

Diese oberrheinische Regio erweist sich nicht nur als homogener Naturraum. Sie ist auch trotz der nationalen Grenzen seit Jahrhunderten durch eine gemeinsame kulturelle Identität geprägt.

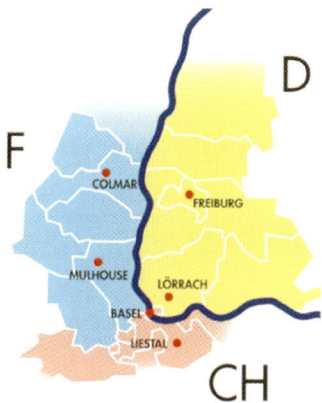

Der Impuls für die gemeinsame Entwicklung mittels Aufbau eines grenzüberschreitenden Kooperationsnetzes kam 1963 aus Basel, durch Gründung des Vereins Regio Basiliensis. Schon in den 1970er-Jahren beteiligten sich die beiden Basler Kantone, sodass auf staatlicher Ebene die deutsch-französisch-schweizerische Oberrheinkonferenz für das ganze Gebiet der EuroRegion eingerichtet werden konnte. Auf der kommunalen und wirtschaftlichen Ebene schuf die Regio Basiliensis zudem 1995 zusammen mit ihren Schwestervereinen Regio du Haut-Rhin und Freiburger Regio den Rat der RegioTriRhena. Der Übergang von der Deklarationen zur Umsetzungsphase der handfesten Projekte wurde 1989 durch

1: Veranschaulichung des Dreiländerecks.

TELEFONIEREN

Vom Ausland in die ganze Schweiz
Landesvorwahl Schweiz 0041
Bei Anrufen aus dem Ausland fällt nach der Landesvorwahl die einleitende 0 (Null) bei den Schweizer Telefonnummern weg.
Bei Anrufen innerhalb der Schweiz bedarf es keiner Landesvorwahl, jedoch muss die einleitende Null zwingend gewählt werden.
Wer nicht mit einem Mobiltelefon ausgerüstet ist, kann aus öffentlichen Telefonzellen weltweit telefonieren. In diversen neuen Kabinen kann auch ein Kurzfax oder eine E-Mail gesandt werden. Meistens benötigt man für die Verbindung eine Taxkarte. Die Apparate mit Münzenspeisung werden zunehmend aus dem Betrieb gezogen. Taxkarten werden in Swisscom-Geschäften, an Kiosken oder in Poststellen verkauft. Möglicherweise hat auch Ihr Hotel welche.
Telefonzellen sind in grösseren Orten gestreut verteilt. In kleineren findet man sie hauptsächlich bei der Post oder an belebten Punkten wie Dorfplatz, evtl. Bahnhof oder Haltestellen des öffentlichen Verkehrs.

TELEFONIEREN

Nützliche Nummern
Auskunft Schweiz
T 111
Auskunft Deutschland
T 1152
Auskunft Frankreich
T 1153
Auskunft Italien
T 1154
Auskunft Österreich
T 1151
Auskunft übrige Länder
T 1159
Internationale Vermittlung
T 1141

Landesvorwahlen
Deutschland 0049
Frankreich 0033
Italien 0039
Österreich 0043
USA 001

das anerkennende Gipfeltreffen der drei Staatschefs in Basel akzentuiert. Aus der Fülle der mittlerweile über 100 bi- und trinationalen Projekte seien hier nur einige besonders genannt: EuroAirport Basel-Mulhouse-Freiburg, die Regio-S-Bahn im südlichen Dreiländereck, das grossräumige Klimaprojekt, der Zusammenschluss Europäische Konföderation der Universitäten am Oberrhein (EUCOR) mit Regio-Studentenausweis und gemeinsamen Lehrgängen, die trinationale Informations- und Beratungsstelle INFOBEST Palmrain (in einer ehemaligen Zollplattform nördlich von Basel), der Oberrheinische Museums-Pass, der Schüler- und Lehreraustausch mit dem zweisprachigen Lehrmittel *Leben am Oberrhein – Lehrwerk für ein Europa ohne Grenzen* usw.

1: Ausblick Richtung Deutschland.

Wirtschaft
Zweitstärkste Wirtschaftsregion

Der bedeutendste Wirtschaftsfaktor des Baselbiets ist die chemische Industrie. Viele Firmen aus anderen Branchen sind direkt oder indirekt von der chemischen Industrie abhängig. Rund 60% der Wertschöpfung wird von der Industrie erarbeitet, 25% vom Sektor Dienstleistungen, 5% vom Gewerbe und der Rest von übrigen Betrieben. Der weitaus grösste Teil der Gewerbefirmen und des Dienstleistungssektors sind Zulieferer und Anbieter für exportorientierte Unternehmen.

WIRTSCHAFTSKAMMER BASELLAND

Die Wirtschaftskammer Baselland mit ihren rund 6000 Mitgliedern ist die wichtigste Wirtschaftsorganisation im Kanton. Aktuelle Themen wie die wirtschaftlich schwierige Situation und die Arbeitslosenquoten sind die vordringlichen Probleme, die der Verband zu lösen hat. Kleine und mittlere Unternehmen sind nebst der chemischen Industrie das wichtigste wirtschaftliche Standbein der Baselbieter Volkswirtschaft. Um vorhandene Arbeitsplätze zu sichern und neue zu schaffen, müssen bestehende Stärken ausgebaut und neue Chancen genutzt werden. Die Wirtschaftskammer unterstützt auch die Arbeitslosen mit Projekten zur Umschulung oder zur Wiedereingliederung.

TRINKGELD

Das Trinkgeld ist in den Hotel-, Restaurant- und Taxipreisen generell inbegriffen. Wer einen guten Service zusätzlich honorieren will, darf dies natürlich tun.

Wissenschaft und Forschung
Tradition und Zukunft

ZOLLBESTIMMUNGEN

Reisedokumente
Zur Einreise benötigt man ein gültiges Reisedokument (Pass oder Identitätskarte).

Waren
Die Schweiz gehört nicht der Europäischen Union an. Bei der Einreise sind zollfrei:
- Reisegut, das man zum Gebrauch mitführt und wieder nach Hause mitnimmt (Pflegeartikel, Kleider, Sportgeräte, Musikinstrumente, Kameras usw.)
- Proviant: Genussfertige Nahrungsmittel und alkoholfreie Getränke für den Reisetag
- Tabakwaren (bis zu 200 Zigaretten oder 50 Zigarren oder 250 Gramm Pfeifentabak)
- Alkoholika (bis 2 Liter unter 15 % Vol. und 1 Liter über 15 % Vol.)

Seit März 2002 gelten für Reisen im Grenzverkehr und solche über längere Distanzen die gleichen Zollbestimmungen.
Detaillierte Merkblätter sind bei den Zollposten erhältlich.

Die Baselbieter Wissenschaft und Forschung ist eng mit derjenigen der Stadt Basel vernetzt. Das rasche Wachstum und die Kostenexplosion im Forschungsbereich hat dazu geführt, dass die beiden Halbkantone eng zusammenarbeiten. Ausserdem stieg die Studentenzahl aus dem Baselbiet an der Universität Basel in den letzten Jahrzehnten stetig an. Deshalb beteiligt sich der Kanton Basel-Landschaft seit den 1970er-Jahren an diversen Institutionen, die ihren Sitz im Stadtkanton haben.

Die Bedeutung der Wissenschaft für die Region Basel belegt die Präsenz von Fachhochschulen, etwa die Fachhochschule beider Basel (FHBB) in Muttenz (Technik) und Basel (Wirtschaft und Gestaltung), von Forschungseinrichtungen und Entwicklungsabteilungen der Industrie. Vor allem die biologische Grundlagenforschung geniesst internationale Anerkennung. Sie konzentriert sich an der Universität Basel auf die Gebiete der Zell- und Molekularbiologie am Biozentrum und auf die Biodiversität. Gleichzeitig hat sie in zwei Forschungsinstituten der weltweit tätigen Pharma-Industrie eine herausragende Bedeutung.

1 + 2: FHBB Muttenz.

Gemeinden
86 Orte in 5 Verwaltungsbezirken

Der Kanton Basel-Landschaft ist in fünf Verwaltungsbezirke aufgeteilt. Diese haben kein politisches Eigenleben, sondern sind rein praktischer Natur. Die Bewohnerinnen und Bewohner in den verschiedenen Gebieten sollen über kantonale Behörden verfügen, die sich in ihrer Nähe befinden (z.B. Polizei, Gericht usw.).
Seit der Gründung des Kantons 1833 bestehen die vier Bezirke Arlesheim, Liestal, Sissach und Waldenburg. Die Bezirksaufteilung geht zurück auf die Besetzung durch französische Truppen von 1798 bis 1803 und der damit verbundenen Gründung der Helvetischen Republik. Im Jahr 1994 kam nach zwei Volksabstimmungen mit dem bernischen Laufen ein fünfter Bezirk hinzu.
In den fünf Verwaltungsbezirken sind insgesamt 86 Gemeinden, die den Kanton Basel-Landschaft bilden. Die meisten Einwohner hat Reinach mit rund 18 600 Personen. Nur knapp 100 Menschen leben im Oberbaselbieter Ort Kilchberg.
Langenbruck liegt auf 703 m ü.d.M. und ist somit die am höchsten gelegene Gemeinde. Der höchste Punkt jedoch ist in Waldenburg zu finden; die «Hinteri Egg» erreicht 1169 m ü.d.M. Birsfelden liegt am tiefsten (259 m ü.d.M.). Dort ist auch der tiefste Punkt bei der Birsmündung mit 246 m ü.d.M.
Jede Gemeinde hat ein eigenes Wappen. Die meisten dieser Hoheitszeichen wurden in den Jahren zwischen 1937 und 1949 gestaltet. Die Entwürfe wurden von einer Fachkommission unter der Leitung von Dr. Paul Suter zusammen mit Kunstmalern erarbeit und den Gemeindeverantwortlichen unterbreitet. Es handelt sich dabei um sehr vielseitige Motive. Sie gehen von Wappen ehemaliger Edelsgeschlechter, die in der Gemeinde ihren Sitz hatten, über kirchliche Symbole und geografische Besonderheiten bis hin zur Verbildlichung der Ortsnamen.
Am 28. Oktober 1952 wurden alle Baselbieter Gemeindewappen vom Regierungsrat als rechtmässige Hoheitszeichen der Gemeinden bestätigt. Die Wappen des Bezirks Laufen wurden 1943 bis 1946 offiziell festgelegt und vom bernischen Regierungsrat bewilligt.

Übersichtskarte
Der Kanton auf einen Blick

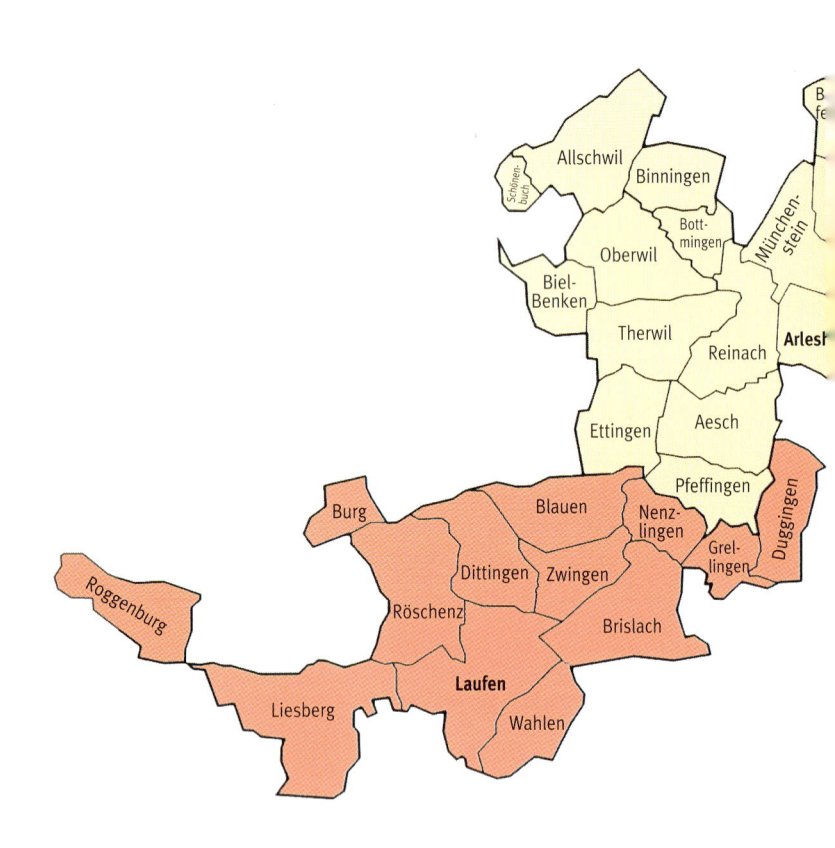

- Bezirk Arlesheim
- Bezirk Laufen
- Bezirk Liestal
- Bezirk Sissach
- Bezirk Waldenburg

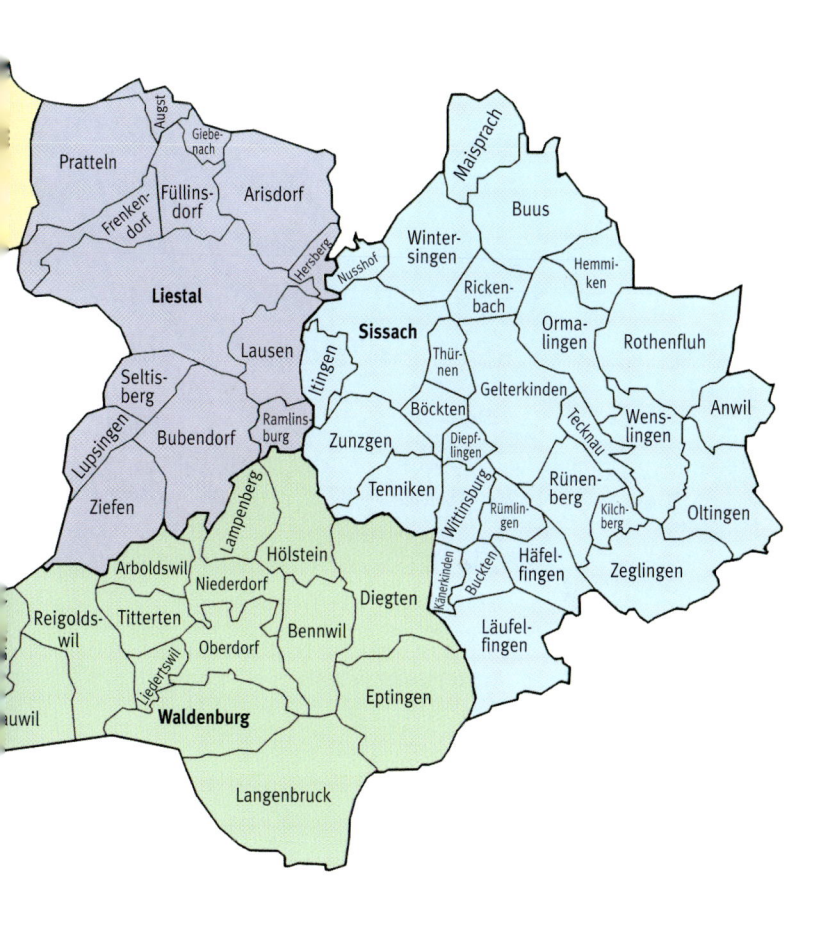

ÜBERSICHTSKARTE

BEZIRK ARLESHEIM

Aesch

Fasnacht → S. 176

Hotels → S. 184
Domaine Nussbaumer
zur Sonne

Kunst → S. 209
Jacques Düblin
Jakob Engler
Hans Stocker

Museen → S. 227
Heimatmuseum

Musik → S. 242
Jazz

Nachtleben → S. 246
Jackson's Disco-Dancing

Restaurants → S. 256
Landgasthof Klus

Sport und Spiel → S. 276

Heimatkunde
333 S., farbig illustriert
1985 im Verlag des Kantons
Basel-Landschaft

Basellandschaftliche Kantonalbank

Gemeindeverwaltung
Hauptstrasse 23, 4147 Aesch
T 061 756 77 77, F 061 756 77 69
gemeindeverwaltung@aesch.ch
www.aesch.ch
Einwohnerzahl: 10 000

Aesch ist eine stark wachsende Gemeinde. Der östliche Teil ist weitgehend durch Wohn- und Gewerbehäuser überbaut. Während im Westen fruchtbares Acker- und Wiesland liegt, befinden sich südlich davon, am sonnenseitigen Abhang des Klustales, grosse Rebberge. Aesch ist mit 20 ha Anbaufläche der grösste Weinproduzent im Kanton Basel-Landschaft.

Sage: Die Herkunft des Namens Aesch
Als die Rauracher im Jahre 58 v.Chr. die Heimat verliessen, um im südwestlichen Gallien neue Wohnsitze zu suchen, zündeten sie ihre Dörfer an. So blieb auch von dem Ort, wo heute Aesch steht, nichts übrig als ein grosser Aschenhaufen. Zur Erinnerung daran nannten die neuen Ansiedler ihr Dorf Aesch.

1: Idyllische Ansicht.
2: Wegkapelle.
3: Tramhaltestelle im Zentrum.

Allschwil

Gemeindeverwaltung
Baslerstrasse 1, 4123 Allschwil 1
T 061 486 25 25, F 061 486 25 48
gemeinde@allschwil.bl.ch
www.allschwil.ch
Einwohnerzahl: 18 125

Allschwil als ehemaliges Sundgauer Bauerndorf ist heute eine städtische Vorortsgemeinde und ein beliebter Wohnort. Der historische Dorfkern mit seinen gut erhaltenen Riegelbauten, die schmalen Gässchen und die zahlreichen stillen Winkel lassen das benachbarte Elsass deutlich spürbar werden. Die Gemeinde ist ein attraktiver Wirtschaftsstandort. Über 600 Unternehmen bieten rund 11000 Arbeitsplätze mit den Schwerpunkten Baugewerbe, Beratungssektor, Detailhandel, Gastgewerbe und Informatik an.

Sage: Vom Drachenbrunnen
In der Nähe des Drachenbrünnli stand in alter Zeit ein Schloss, das von einem Herzog mit seiner Familie bewohnt war. Es war aber eine schlimme Zeit, denn im nahen Allschwilerwalde hauste ein Drache. Tag um Tag zog er auf Raub aus und war erst zufrieden, wenn ihm Bürger der nahen Stadt ein Schaf zum Frasse hingeworfen hatten. Diesem Drachen fiel der Herzog zum Opfer, als er vom Wasser des Brunnens trinken wollte. Als nachher seine Tochter dort für ihre kranke Mutter einen Labetrunk holen wollte, drohte ihr das gleiche Schicksal. Da stand ihr in höchster Not ein Ritter bei, der im Walde jagte. Er erlegte den Drachen, und zum Dank ehrten die Basler die mutige Tat, indem sie ein Standbild des Ritters am Münster anbringen liessen.

1: Dorfplatz mit Tram.

BEZIRK ARLESHEIM

Bars → S. 141
Switch

Brunnen → S. 155
Tränkebrunnen

Cafés → S. 160
Gürtler

Einkaufen → S. 175

Fasnacht → S. 177

Hotels → S. 185
Schlüssel

Kunst → S. 209
Francis Béboux
Theo Lauritzen
Peter Molliet

Märkte → S. 224

Museen → S. 227
Heimatmuseum
Sammlung Dr. H. Augustin

Musik → S. 245
Openairs

Nachtleben → S. 247
Switch

Restaurants → S. 256
Eintracht
Landhus
Taverna Morandi
Zic-Zac Rockgarden

Sehenswürdigkeiten
→ S. 269
Ortsbild
Hostienmühle
Schmiede

Sport und Spiel
→ S. 274/275

Basellandschaftliche Kantonalbank

BEZIRK ARLESHEIM

Arlesheim

Architektur → S. 130
Villen «zum wisse Segel»
Wohnanlage «Obere Widen»

Botanische Gärten
→ S. 148

Bräuche/Feste/Feiern
→ S. 153

Fasnacht → S. 178

Hotels → S. 185
zum Ochsen
Eremitage

Kirchen → S. 197
Dom

Kunst → S. 210
Otto Plattner

Märkte → S. 224

Museen → S. 227
Ortsmuseum Trotte

Restaurants → S. 257
Domstübli

Sehenswürdigkeiten
→ S. 269
Dorfkern
Stiftskirche
Domherrenhäuser

Basellandschaftliche Kantonalbank

Gemeindeverwaltung
Domplatz 8, 4144 Arlesheim
T 061 706 95 55, F 061 706 95 65
gemeinde@arlesheim.bl.ch
www.arlesheim.ch
Einwohnerzahl: 8900

Seit der Gründung des Kantons ist das Dorf Bezirkshauptort. In den letzten hundert Jahren liessen sich neben der Industrie vor allem begüterte Bürger hier nieder. Die Fabrikationsanlagen wurden im Tal, die Villen an den Hügeln gebaut. Auf dem Domplatz befinden sich in den Domherrenhäusern das Bezirksgericht, die Bezirksschreiberei und das Bezirksstatthalteramt. Arlesheim liegt im Einflussbereich des von Rudolf Steiner gegründeten anthroposophischen Weltzentrums Goetheanum im benachbarten Dornach und beherbergt die anthroposophischen Spitäler Ita-Wegman-Klinik und Lukas-Klinik.

Sage: Geister im Spitalwald
In früheren Zeiten soll es im Spitalwald nicht geheuer gewesen sein. Man erzählte im Winter anlässlich der Spinneten, dass die Geister im Spitalwald ihre Sitzungen abhielten, und eine Person behauptete, die Stühle gesehen zu haben, auf welche sich die Geister setzten. Im Spitalwald (ob der Kreuzmatte) hatte sich ein Mann gehenkt, und dieser Umstand mag diesen Geistergeschichten Nahrung gegeben haben.

1: Dom mit Domherrenhäuser.
2: Ruine Reichenstein.
3: Statthalteramt Arlesheim.

Biel-Benken

BEZIRK ARLESHEIM

Gemeindeverwaltung
Kirchgasse 9, 4105 Biel-Benken
T 061 726 82 82, F 061 726 82 80
gemeinde@biel-benken.bl.ch
Einwohnerzahl: 2845

Biel-Benken ist trotz intensiver Bautätigkeit und der starken Zuwanderung in den letzten Jahren immer noch ein Dorf mit einem gesunden Bauernstand geblieben. Die Bauernhöfe mit ihren Gemüseständen prägen auch heute noch die beiden Dorfkerne Biel und Benken. Die geschützten Rebberge eignen sich hervorragend für den Rebbau. Die weiten, das Dorf umgebenden Grünflächen verschaffen der Gemeinde den Ruf einer beliebten Wohngemeinde.

Architektur → S. 131
Wohnsiedlung Spittelhof

Bräuche/Feste/Feiern
→ S. 150

Brunnen → S. 155
Sodbrunnen
Brunnen von
Niklaus Erdmann

Denkmäler → S. 162
Friedrich Oser

Fasnacht → S. 178

Kunst → S. 210
Peter Moilliet

Musik → S. 241
klassische und E-Musik
Jazz

Restaurants → S. 257
Heyer
Zihlmann

Top/Rekorde → S. 280
Kirchenglocke

Heimatkunde
304 S., farbig illustriert, gebunden
1993 im Verlag des Kantons Basel-Landschaft

Sage: D Stägstregger
In früheren Jahren wollte man einmal einen Steg über den Birsig erstellen. Er geriet zu kurz, und die Bieler versuchten vergeblich, ihn mit Pferdezug in die Länge zu ziehen. Das Schildbürgerstücklein trug ihnen den Necknamen Stägstregger ein.

1+2: Idylle im Dorfkern.
3: Gemeindeverwaltung.

BEZIRK ARLESHEIM

Binningen

Architektur → S. 131
Sozialversicherungsanstalt Basel-Landschaft

Bäder → S. 137
Neubad

Bars → S. 141
Highspeed

Bibliotheken → S. 147

Cafés → S. 160
Highspeed

Hotels → S. 185
Neubad

Kirchen → S. 197
ref. Kirche St. Margarethen

Kunst → S. 210
Jakob Engler
Peter Moilliet
Claire Ochsner

Märkte → S. 224

Museen → S. 228
Monteverdi Car Collection
Ortsmuseum

Restaurants → S. 257
Alte Waage (Chez Armin)
Krone
Schloss Binningen
The Boomerang
The Castle

Sehenswürdigkeiten
→ S. 269
Sternwarte

Sport und Spiel → S. 275

Basellandschaftliche Kantonalbank

Gemeindeverwaltung
Curt-Goetz-Strasse 1, 4102 Binningen
T 061 425 51 51, F 061 425 52 08
info@binningen.bl.ch
www.binningen.ch
Einwohnerzahl: 14 270

Binningen liegt am Eingang zum Birsigtal zwischen den Anhöhen des Sundgauer Hügellandes im Westen und dem Hügelzug des Bruderholzes im Osten. Aus dem kleinen Bauerndorf im 18. Jh. wurde die grösste Gemeinde im Leimental. Über 70% der Beschäftigten arbeiten in der Stadt Basel. Binningen ist ein beliebter Wohnort mit einem interessanten Freizeit- und Kulturangebot.

Sage: Von der Schloss-Schäferei
Das Schlossgut hatte früher eine eigene Schäferei. Einmal soll einer der Schlossherren sehr viel Wolle auf dem Estrich aufbewahrt haben. Da nisteten sich die Schaben in diese ein und zerfrassen sie. Es blieb nichts anderes übrig, als ganze Wagenladungen davon aufs Bruderholz zu führen, wo sie zur Düngung der Äcker verwendet wurden.

1: Einfahrt ins Dorf.
2: Hofgut St. Margrethen.

Birsfelden

BEZIRK ARLESHEIM

Gemeindeverwaltung
Hardstrasse 21, 4127 Birsfelden
T 317 33 33, F 317 33 14
gemeindeverwaltung@birsfelden.bl.ch
www.birsfelden.ch
Einwohnerzahl: 10 339

Birsfelden ist die jüngste Gemeinde des Baselbiets. Nur durch die Birs von der Stadt getrennt, gliedert sich die Ortschaft in drei Teile: die Rheinterrasse – den so genannten Hardhügel – mit mehrheitlich Einfamilienhäusern, die Birsebene – Hagnau und Birsmatt – mit zahlreichen Mehrfamilienhäusern und vielen Familiengärten und das ehemalige Flughafengelände Sternenfeld mit seinen Hochhäusern und der Industrie. Der Birsfelder Hafen ist mit rund 370 Betrieben das Wirtschaftszentrum der Ortschaft.

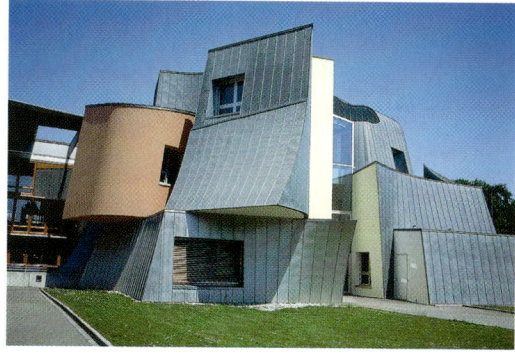

Architektur → S. 131
Kraftwerk
Vitra-Center

Fasnacht → S. 178

Hotels → S. 185
Waldhaus

Kirchen → S. 198
röm.-kath. Bruder Klaus-Kirche

Kulturzentren → S. 204
Roxy

Kunst → S. 211
Fritz Bürgin
Jakob Engler

Märkte → S. 225

Museen → S. 228
Birsfelder Museum
Lehrpfad

Musik → S. 241/244
klassische und E-Musik
Jazz
Konzerte

Restaurants → S. 258
Waldhaus

Sport und Spiel → S. 275

Theater → S. 278
Roxy

Heimatkunde
206 S., illustriert, broschiert
1976 im Verlag des Kantons Basel-Landschaft

Sage: Spuk in der Hard
(Es wurde erzählt, beim Landjägerhäuschen in der Hard spuke es.) ... Der eine behauptete, auf einer Stelle eben beim Häuschen seien ihm plötzlich seine Pferde stillgestanden und hätten auf wiederholtes Schlagen nicht mehr fort gewollt. Erst gegen zwei Uhr Morgens hätten sie wieder angezogen. Ein anderer gab vor, ein schwarzer Hund sei an der Strasse gelegen, wodurch die Pferde durchgingen; als er beim Nachspringen sich zufällig umsah, sei der Hund zu einem furchtbar grossen Thiere angewachsen und im Gebüsch verschwunden ...

Basellandschaftliche Kantonalbank

1: Vitra-Center.
2+3: Kraftwerk und Schleuse am Rhein.

BEZIRK ARLESHEIM

Bottmingen

Architektur → S. 132
Wohn- und Beschäftigungsheim «Am Birsig»

Kinos → S. 194
cinémobile

Kunst → S. 211
Jacques Düblin
Claire Ochsner

Märkte → S. 225

Museen → S. 229
Dorfmuseum

Restaurants → S. 259
Weiherschloss Bottmingen

Sehenswürdigkeiten
→ S. 270
Weiherschloss

Sport und Spiel → S. 275

Heimatkunde
591 S., farbig illustriert, gebunden
1996 im Verlag des Kantons Basel-Landschaft

Gemeindeverwaltung
Schulstrasse 1, 4103 Bottmingen
T 061 426 10 10, F 061 426 10 15
gemeinde@bottmingen.bl.ch
www.bottmingen.ch
Einwohnerzahl: 5600

Bottmingen liegt am Unterlauf des Birsig. Der alte Dorfkern breitet sich haufenförmig am Ausgang eines vom Bruderholz mündenden Tälchens aus. Die Gemeinde ist eine bevorzugte Wohngegend. Der grösste Teil der Erwerbstätigen arbeitet in Basel. Bottmingen verfügt über eine sehr gute Infrastruktur im Ausbildungsbereich. Und die mehr als hundert Gewerbebetriebe bieten vielfältige Einkaufsmöglichkeiten.

Sage: Der Schimmelreiter
Einst soll im Bottminger Schloss ein Ritter gehaust haben, der die Leute auf alle mögliche Art plagte. Er ritt einen Schimmel mit hellklingenden Glöckchen. Seit seinem gewaltsamen Tode soll er in gewissen Nächten um Mitternacht im Schlossgarten herumgaloppieren, da er keine Ruhe finden kann.

1: Bottminger Schloss.
2: Reformierte Kirche.

Ettingen

Gemeindeverwaltung
Kirchgasse 13, 4107 Ettingen
T 061 726 89 89, F 061 726 89 88
gemeindeverwaltung@ettingen.bl.ch
www.ettingen.ch
Einwohnerzahl: 4874

Das in die Länge gezogene Dorf dehnt sich entlang dem Marchbach aus. In den vergangenen Jahrzehnten kam es zu einem rasanten Bevölkerungswachstum. Die meisten Erwerbstätigen arbeiten in Basel. In jüngster Zeit legt Ettingen grossen Wert auf die Dorfbildgestaltung, die Raumplanung, den Umweltschutz sowie die Pflege von Gewerbe und Kultur, damit es ein «Dorf mit Charakter» bleibt.

Sage: Das Nebbengrabentier
In der Nähe des Dorfes Ettingen hauste einst das Nebbengrabentier. Es hielt sich in einem Graben an der Strasse gegen Hofstetten auf. Nachts liess es ein schauerliches Quaken hören oder plätscherte im Wasser. Es konnte verschiedene Gestalten annehmen, war bald Fuchs, bald Esel, bald Kalb oder gar Mensch. Oft verliess es seinen Graben, besonders zu mitternächtlicher Stunde, und ging in der Gegend umher. Niemand getraute sich dann über den Nebbengrabenweg.

1+2: Stimmungen in Ettingen.

BEZIRK ARLESHEIM

Bäder → S. 139
Ettingen-les-Bains

Bars → S. 141
Pub «zum scharfen Egg»

Bräuche/Feste/Feiern → S. 152

Fasnacht → S. 178

Kunst → S. 212
Jacques Düblin

Märkte → S. 225

Museen → S. 230
Dorfmuseum

Musik → S. 242
klassische und E-Musik
Jazz

Restaurants → S. 261
Altane

Sport und Spiel → S. 277

Top/Rekorde → S. 280
Solarstromproduktion

Heimatkunde

3 Bände, total 472 S.,
farbig illustriert,
gebunden
1993 im Verlag des Kantons
Basel-Landschaft

Basellandschaftliche Kantonalbank

BEZIRK ARLESHEIM

Münchenstein

Bars → S. 143
Bar Restaurant Double-In

Botanische Gärten
→ S. 149

Cafés → S. 161
Merian

Hotels → S. 188
Hofmatt

Kinder → S. 192

Kulturzentren → S. 207
Kultur in Brüglingen
Seegarten Brüglingen

Kunst → S. 218
Lorenz Balmer
Tony Cragg
Enzo Cucchi
Franz Eggenschwiler
Jakob Engler
Luciano Fabro
René Küng
Peter Moilliet
Markus Raetz

Märkte → S. 226

Museen → S. 234
Elektrizitätsmuseum;
Froschmuseum; Kutschen-
und Schlittensammlung;
Mühlenmuseum

Musik → S. 243
Jazz; Konzerte; Openairs

Restaurants → S. 264
Griechische Taverne
Hofmatt

Sport und Spiel → S. 274

Theater → S. 279
Freilichtaufführungen

Heimatkunde
532 S., farbig illustriert,
gebunden
1995 im Verlag des Kantons
Basel-Landschaft

Basellandschaftliche Kantonalbank

Gemeindeverwaltung
Schulackerstrasse 4, 4142 Münchenstein
T 061 416 11 00, F 061 416 11 99
gemeindeverwaltung@muenchenstein.bl.ch
www.muenchenstein.ch
Einwohnerzahl: 11540

Münchenstein ist eine lebendige, abwechslungsreiche Gemeinde, die für alle etwas zu bieten hat. Ein vielfältiges Schulangebot – bis hin zu einem kantonalen Gymnasium –, eine solide Industrie, ein mannigfaltiges Gewerbe und vieles mehr machen Münchenstein zu einem attraktiven Wohn- und Arbeitsort. Nach Feierabend kann man sich in allen möglichen Vereinen entspannen: von der Trachtengruppe über den Schachclub bis hin zu vielen anderen kulturellen Institutionen. Und wer sich ganz einfach erholen will, besucht die Stiftung im Grünen mit dem grössten See im Baselbiet.

Es war einmal …
… nichts. Es war so lange nichts, bis … ja, bis vor langer, langer Zeit ein schreckliches Unwetter über dem Birseck niederging und das kleine Kloster beim dortigen Schloss völlig zerstörte. Das Unwetter war so stark, dass Mann und Maus ertranken. Nur ein einziger Mönch konnte sich an einem Balken festklammern. Mit diesem trieb er in den tosenden Fluten das Tal hinunter, bis zu der Stelle, wo das heutige Münchenstein steht. Dort gelang es ihm, sich an einem Felsvorsprung festzuhalten und das rettende Ufer zu erreichen. Und weil ihm die Gegend gefiel, kehrte er nicht mehr zu seinem zerstörten Kloster zurück. Ganz in der Nähe baute er sich deshalb eine Unterkunft. Von da an nannten die Leute diese Stelle Münchenstein.

1: Stadtmauer.

Muttenz

Gemeindeverwaltung
Kirchplatz 3, 4132 Muttenz
T 061 466 62 62, F 061 466 62 88
muttenz@muttenz.bl.ch
www.muttenz.ch
Einwohnerzahl: 16 800

«Muttenz – Dorf und Stadt zugleich», so wurde Muttenz im Buch porträtiert, das zum 1200-Jahr-Jubiläum der erstmaligen Ortserwähnung erschien. Es zeigt eine Gemeinde mit historischem Dorfkern und gesuchter Wohnlage in Verbindung mit einem bedeutenden Industriegebiet. Die Einwohner schätzen die vielfältigen Angebote zu Arbeit, Schulung, Freizeit, Erholung und Sport. Nahe Basel gelegen, ist die Gemeinde bestrebt, mit eigenständiger Kultur die traditionellen Werte des Dorfes mit den Anforderungen an eine Stadtgemeinde in Einklang zu bringen.

Sage: Vom heiligen Arbogast
Arbogast, der später Patron der Kirche von Muttenz wurde, war ein grosser Wohltäter der Gemeinde. Einmal betete er am Abhang des Wartenbergs und erflehte für die Gemeinde einen besonderen Segen. Im Schlaf hörte er eine Stimme sagen, sein Gebet sei erhört, und als er aufwachte, sah er an der Stelle eine Quelle hervorspringen …

1: Reben.
2: Zentrum mit Tramhaltestelle «Muttenz-Dorf».

BEZIRK ARLESHEIM

Architektur → S. 133
Coop Center
Siedlung Freidorf

Bars → S. 143
Reize's Weinstube
Scotch Club

Brunnen → S. 157
beim Schulhaus Gründen

Cafés → S. 161
Bajazzo

Fasnacht → S. 181

Hotels → S. 188
Baslertor
Mittenza

Kinder → S. 193

Kirchen → S. 201
ref. Pfarrkirche St. Arbogast

Kunst → S. 219
Fritz Bürgin
Lukas Düblin
Reinhold Meyer
Stefan Mesmer
Peter Moilliet
Rebecca Sala
Andreas Spitteler
Walter Suter

Märkte → S. 226

Museen → S. 236
Bauernhausmuseum
Kunsthaus Baselland
Ortsmuseum und Karl-Jauslin-Stiftung

Musik → S. 241/243
Baselbieter Konzerte
Openairs

Nachtleben → S. 248
Mittenza
Pirhana Tropical Club

Restaurants → S. 264
Römerburg

Sport und Spiel → S. 274

Basellandschaftliche Kantonalbank

BEZIRK ARLESHEIM

Oberwil

Bars → S. 144
Schickeria Bar

Einkaufen → S. 175

Fasnacht → S. 181

Kunst → S. 220
Lorenz Balmer
Jakob Engler
Claire Ochsner

Märkte → S. 226

Musik → S. 242/243
klassische und E-Musik
Jazz

Natursehenswürdigkeiten → S. 250
Feuchtbiotop Kuhgraben

Restaurants → S. 265
Ochsen
zum Rössli

Basellandschaftliche Kantonalbank

Gemeindeverwaltung
Hauptstrasse 24, 4104 Oberwil
T 061 405 44 44, F 061 405 42 14
gemeinde@oberwil.ch
www.oberwil.ch
Einwohnerzahl: 9500

Von seiner Geschichte und seiner Lage her, inmitten des Leimentals im Grenzgebiet zu Frankreich, ist Oberwil ursprünglich dem ländlichen Sundgau verhaftet. Die Sozialentwicklung der letzten Jahrzehnte liess die Einwohnerzahl jedoch sprunghaft anwachsen und die Gemeinde zu einem Teil der Agglomeration Basels werden. Gute Verkehrsverbindungen, vielfältige Dienstleistungsbetriebe und ein umfassendes Schulangebot haben Oberwil zum Zentrum des Leimentals gemacht. Gleichzeitig weist die Gemeinde die grösste landwirtschaftliche Nutzfläche im Bezirk Arlesheim mit stattlichen Bauernbetrieben auf. Oberwil verbindet in idealer Weise Stadtnähe und ländliche Beschaulichkeit.

Sage: Der entführte Jäger
Ein Jäger, der im Oberwiler Walde jagte, stiess einst auf einen schönen weissen Hirsch. Lange jagte er ihm nach, ohne ihn erlegen zu können. Da begegnete ihm eine schöne Frau. Sie hiess ihn willkommen und er folgte ihr. Auf einmal begann es zu brausen und zu tosen. Jäger, Frau und Hunde wuchsen zu Riesen – und verschwunden waren sie. Wenn der Sturmwind über den Wald fährt, kann man das Brausen dieser Jagd in der Hochen Eichen hören.

1: Dorfbrunnen.
2: Dorfansicht.
3: Riegelhaus.

Pfeffingen

Gemeindeverwaltung
Hauptstrasse 63, 4148 Pfeffingen
T 061 751 11 20, F 061 751 72 76
gemeinde@pfeffingen.bl.ch
www.pfeffingen.ch
Einwohnerzahl: 2130

Die Hanglage am Blauen mit herrlicher Aussicht ins untere Birstal bis hin in den Schwarzwald und die Vogesen macht das Dorf zu einem beliebten Wohn- und Ausflugsort. Nebst der Burgruine sind noch die Pfarrkirche und das neubarocke Schlossgut erwähnenswert. Und dann ist da noch die «Pfeffinger-Krankheit», eine Virusinfektion, welche die Kirschbäume langsam absterben lässt; sie hat das Dorf über die Landesgrenze hinaus bekannt gemacht, vor allem bei den Agronomen und Landwirten.

BEZIRK ARLESHEIM

Bars → S. 144
Blume

Museen → S. 237
Wechselausstellungen

Restaurants → S. 265
Blume (Witwe Bolte-Stube)

Heimatkunde
156 S., illustriert, broschiert
1989 im Verlag des Kantons Basel-Landschaft

Sage: Ein unterirdischer Gang
Wie alte Leute erzählen, soll vom Pfeffinger Schloss ein unterirdischer Gang bis zum Schloss Fürstenstein führen, der früher in Kriegszeiten benützt wurde.

1: Dorfansicht.
2: Ehemaliges Schloss.
3: Ruine Pfeffingen.

BEZIRK ARLESHEIM

Reinach

Architektur → S. 134
Handelsschule des Kaufmännischen Vereins

Bars → S. 144
Havanna-Bar

Einkaufen → S. 175

Hotels → S. 189
Rebmesser
Reinacherhof

Kinder → S. 193

Kunst → S. 221
Claire Ochsner

Märkte → S. 226

Museen → S. 237
Heimatmuseum

Musik → S. 243/244
klassische und E-Musik
Jazz
Konzerte

Restaurants → S. 266
Rynacherheid Häxehüüsli
Schlüssel
Wacker

Sport und Spiel → S. 277

Basellandschaftliche Kantonalbank

Gemeindeverwaltung
Hauptstrasse 10, 4153 Reinach
T 061 716 44 44, F 061 716 43 12
info@reinach-bl.ch
www.reinach-bl.ch
Einwohnerzahl: 18 600

Reinach ist seit kurzem die bevölkerungsreichste Gemeinde im Baselbiet. Sie ist in den letzten Jahren aber auch zu einem wichtigen Wirtschaftsstandort geworden. Das Gemeindegebiet reicht vom Bruderholzhügel im Westen bis zur Birs im Osten. Umrahmt sind die Wohn- und Industriegebiete von einem Grüngürtel mit Wäldern, Wiesen und Biotopen von grossem Erholungswert. Die Bevölkerung schätzt die Wohnqualität; diese weiter auszubauen, ist das Hauptanliegen für die Zukunft.

Sage: Büssende Marksteinversetzer
Kaum einige Schritte vom Habsenloch entfernt steht ein alter Grenzstein, der die Bänne Reinach und Therwil scheidet. Dieser soll ursprünglich eine Viertelstunde weiter westlich (gegen Therwil) gestanden haben, im sogenannten Pantel. In Kriegszeiten aber hätten ihn Gescheidsmänner von Therwil an die jetzige Stelle versetzt und so die Reinacher um den schönsten Wald betrogen. Zur Strafe müssen sie nachts bei dem Steine herumwandeln und soll man da ein Teufelsgejäge (teuflisches Hin- und Herrennen) hören.

1: Dorfansicht.
2: Kirche St. Niklaus.
3: Industrie.

Schönenbuch

BEZIRK ARLESHEIM

Gemeindeverwaltung
Neuweilerstrasse 10, 4124 Schönenbuch
T 061 481 31 55, F 061 481 31 14
verwaltung@schoenenbuch.ch
www.schoenenbuch.ch
Einwohnerzahl: 1300

Restaurants → S. 268
Bad Schönenbuch

Heimatkunde
239 S., farbig illustriert, gebunden
1994 im Verlag des Kantons Basel-Landschaft

Das Augenfälligste im nordwestlichsten Dorf des Baselbiets ist die rege Bautätigkeit im vollständig erschlossenen Baugebiet der Gemeinde. Die ursprünglichen Landwirtschaftsparzellen sind in Bauparzellen umgelegt worden. Durch die konstant steigende Bevölkerungszahl wurde in den letzten Jahren auch die Infrastruktur im Schulwesen und in der Verkehrsplanung laufend ausgebaut. Abgerundet wird das Angebot der Gemeinde durch festliche Aktivitäten, die in den verschiedenen Vereinen stattfinden. Schönenbuch ist vom Bauerndorf zum begehrten Wohnort geworden.

Sage: Erklärung des Ortsnamens
Ein Hof, der aus dem Wohnhaus und zwei Nebengebäuden bestand, war von einem Wäldchen schöner Eichen und Buchen umgeben. An der schönsten und grössten Buche war ein Bild der Maria befestigt, und die Leute aus der Umgebung kamen, um dort zu beten. Die schöne Buche soll an der Stelle der jetzigen Kirche gestanden haben. Sie hat dem Hof und später dem Dorf den Namen gegeben.

1+2: Dorfansichten.

BEZIRK ARLESHEIM

Therwil

Bars → S. 144
Hardy's Bar

Denkmäler → S. 166
Stephan Gutzwiller

Fasnacht → S. 183

Kirchen → S. 203
Pfarrkirche St. Stephan

Kunst → S. 222
Jakob Engler

Museen → S. 239
Dorfmuseum

Musik → S. 243
Jazz

Restaurants → S. 268
Schüre

Sport und Spiel → S. 276

Heimatkunde

656 S., illustriert, gebunden
1999 im Verlag des Kantons Basel-Landschaft

Basellandschaftliche Kantonalbank

Gemeindeverwaltung
Bahnhofstrasse 33, 4106 Therwil
T 061 725 21 21, F 061 721 11 85
gemeinde@therwil.bl.ch
Einwohnerzahl: 8759

«Die Siedlung hat die Form eines Haufendorfes und ruht in Nestlage inmitten seiner fruchtbaren Äcker und Matten. Scheinbar planlos liegen die Häuser in unregelmässiger, haufenartiger Anordnung nebeneinander.» Diese Beurteilung des «schönsten Dorfes im Leimental» war bis in die 50er-Jahre des vergangenen Jahrhunderts zutreffend, als Therwil noch rund 1500 Einwohnerinnen und Einwohner zählte.

Inzwischen ist das Dorf «im Herzen des Leimentals» zu einer Gemeinde mit einer Bevölkerungszahl von bald 9000 angewachsen. Therwil hat sich sternförmig in alle Himmelsrichtungen weiterentwickelt, hat aber den Charakter einer typischen Wohngemeinde mit verhältnismässig wenig Gewerbe und Industrie beibehalten.

Sage: Die Erklärung der Ortsnamen Therwil, Oberwil und Witterswil
Anfänglich gehörten die drei Weiler Therwil, Oberwil und Witterswil einem einzigen Eigentümer. Der hatte drei Söhne. Als er ihnen vor seinem Tode seine Güter verteilte, liess er sie in der Reihenfolge ihres Alters auswählen. Da sprach der älteste: «Der will i!», der zweite: «Der ober will i!» und der dritte: «Das isch mer grad rächt, der wyter will i!» So erklärt sich das Volk die Herkunft der Ortsnamen der drei benachbarten Leimentaler Dörfer.

1: Dorfansicht.
2: Pfarrkirche St. Stephan.

Blauen

BEZIRK LAUFEN

Gemeindeverwaltung
Dorfstrasse 15, 4223 Blauen
T 061 761 17 73, F 061 761 17 33
gemeindeblauen@bluewin.ch
Homepage in Vorbereitung
Einwohnerzahl: 670

Brunnen → S. 156
Dorfbrunnen

Kirchen → S. 198
St. Martin

Restaurants → S. 258
Bergwirtschaft
Blauen Reben

Das Dorf liegt am sonnigen Südhang des Blauen. Wald, Weide und Kulturland wechseln in rascher Folge ab. Beinahe die Hälfte der Gemeindefläche besteht aus Wald und Gewässern, ein Drittel wird landwirtschaftlich genutzt. In Blauen gibt es rund zwei Dutzend Gewerbebetriebe.

Sankt Wendelin am Blauen
Vor vielen hundert Jahren lebte in der Gegend von Blauen ein frommer Hirte, der bei einem Ritter in Diensten stand. Einmal begegnete der Ritter auf der Jagd seinem Schäfer, der seine Herde weit weg von der Burg hütete, so dass der Herr glaubte, er könne unmöglich noch vor dem Abend zuhause sein. Wie staunte er aber, als er bei der Rückkehr auf sein Schloss sah, wie der Schäfer seine Herde vor ihm her durch das Burgtor trieb. An jener Stelle, wo der Ritter dem Hirten begegnet war, wurde später eine Kapelle errichtet.

1: *Dorfplatz mit Brunnen.*
2: *St. Wendelin-Kapelle.*
3: *Restaurant Blauen Reben.*

BEZIRK LAUFEN

Brislach

Gemeindeverwaltung
Breitenbachstrasse 7, 4225 Brislach
T 061 789 92 92, F 061 789 92 99
gemeinde@brislach.ch
www.brislach.ch
Einwohnerzahl: 1500

Brislach liegt am unteren Lauf der Lüssel; sein Bann umfasst ein Gebiet vom Chaltbrunnental bis Breitenbach und Laufen. Die Lage an der Passwanglinie sichert gute Verbindungen nach Laufen und via S-Bahn nach Basel. Im neuen Leitbild setzt Brislach vor allem auf gute Wohnqualität. Klein- und Gewerbebetriebe sowie die Landwirtschaft sollen unterstützt, das Ortsbild erhalten sowie Dienstleistungen und Infrastruktur optimiert werden.

Vom Feldschermauser Isidor Egli, genannt «Hausibiebel»
«Hausibiebel» stöberte einmal auf der Jagd einen mordiogrossen Hasen auf, der in mächtigen Sätzen einer Anhöhe zustrebte und auf der anderen Seite abwärts verschwand. In seiner Not bog der «Hausibiebel» den Flintenlauf über sein Knie und erlegte Meister Lampe mit einem veritablen Bogenschuss ...!

1: Kleine Kapelle.
2+3: Dorfansichten.
4: Direktverkauf ab Hof.

Burg i. L.

BEZIRK LAUFEN

Gemeindeverwaltung
4117 Burg i. L.
T 061 731 31 01, F 061 733 70 64
gemeindeburg-il@bluewin.ch
Einwohnerzahl: 241

Bäder → S. 138
Bad Burg

Restaurants → S. 259
Gianora's Gasthaus Bad Burg

Das Dorf liegt unterhalb des Schlosses Burg. Von den insgesamt 283 ha Fläche sind drei Viertel Wald und Gewässer. Der Burgfelsen und der Blauen nehmen im Winter der Siedlung einen grossen Teil des Sonnenscheins.

Im Dorf gab es über Jahre hinweg keinen Todesfall. Da habe sich der Totengräber ob des fehlenden Nebenverdienstes aufgehalten und in der Wirtschaft eines benachbarten Ortes aufbegehrt: «Sie lääbe mer z'leid, die Chaibe!»

1: Dorfkern.
2: Tor der alten Stadtmauer.
3: Schloss Burg.

BEZIRK LAUFEN 57

BEZIRK LAUFEN

Dittingen

Fasnacht → S. 178

Kunst → S. 211

Hans Stocker
Claire Ochsner

Sport und Spiel → S. 276

Dittinger Flugtage

Heimatkunde

In Vorbereitung
Erscheint 2003 im Verlag
des Kantons
Basel-Landschaft

Gemeindeverwaltung
Schulweg 2, 4243 Dittingen
T 061 761 25 50, F 061 761 71 88
gemeinde.dittingen@bluewin.ch
www.dittingen.ch
Einwohnerzahl: 710

Dittingen liegt nordöstlich von Laufen in einem engen Seitental der Birs. Im Schachental gibt es bekannte Kalksteinbrüche. Bekannt ist Dittingen für den Segelflugplatz Dittingerfeld, auf dem regelmässig Flugmeetings stattfinden. Ein Drittel des Gemeindebannes wird landwirtschaftlich genutzt.

1: Idyllischer Dorfkern.
2+3: Umnutzung ehemaliger Bauernhäuser.

Der Ottmartsee
Schon in alten Zeiten erzählte man sich, der «Ottmart», ein Bergrücken zwischen dem Bergmattenhof oberhalb Dittingen und dem Blauendorfe gelegen, berge in seinem Innern einen grossen See. Jedes Mal bei Hochwasserkatastrophen im Laufental sagten die alten Leute aus Dittingen, der Ottmartsee habe sich entleert. Ob das wohl stimmt?

Duggingen

BEZIRK LAUFEN

Gemeindeverwaltung
Oberdorfstrasse 11, 4202 Duggingen
T 061 756 99 00, F 061 756 99 07
duggingen@dialog.ch
www.duggingen.ch
Einwohnerzahl: 1200

Nachtleben → S. 248

Romantica

Duggingen liegt am Eingang zum Laufental, zwischen Aesch und Grellingen. Der eigentliche Kern des Dorfes ist auf drei Terrassen verteilt. Auf der untersten befinden sich die SBB-Bahnstrecke und die Mehrzweckhalle, auf der mittleren das Dorfzentrum, die oberste bietet eine begehrte Wohnlage und einen Weitblick in Richtung Schloss Angenstein, Ruine Pfeffingen und ins Laufental. Das Dorf ist umgeben von Wäldern und Wiesen und bestens erschlossen für Wanderungen in alle Richtungen. Auch Biker und Fischer finden sich immer ein und die Kalksteinfelsen im Seetal ziehen zahlreiche Kletterer an.

Burg Bärenfels

1: Mittelalterliche Burg Angenstein.

2: Altes Zollhaus.

3: Dorfansicht.

Da, wo das Dorf Duggingen liegt, hauste beim Schloss Angenstein in einer Felswand einst ein wilder Bär, der die Gegend unsicher machte. Wie die Sage erzählt, hat ein Graf von Thierstein-Pfeffingen die Talschaft von diesem Schrecken befreit. Auf diesem Felsen soll dann eine Burg erbaut worden sein, die den Namen Bärenfels erhielt. Beim grossen Erdbeben von Basel 1356 zerfiel sie, doch findet man noch heute Spuren davon.

BEZIRK LAUFEN

Grellingen

Denkmäler → S. 163
Wappenfelsanlage

Fasnacht → S. 179

Nachtleben → S. 247
Nobby's Dancing

Natursehenswürdigkeiten
→ S. 249
Kaltbrunnental

Restaurants → S. 261
Chez Georges

Sport und Spiel → S. 275

Heimatkunde
258 S., illustriert,
gebunden
1999 im Verlag des Kantons
Basel-Landschaft

Basellandschaftliche Kantonalbank

Gemeindeverwaltung
Nunningerstrasse 1, 4203 Grellingen
T 061 741 17 17, F 061 741 10 13
gemeinde@grellingen.ch
www.grellingen.ch
Einwohnerzahl: 1700

Knapp 15 km von Basel entfernt, gehört Grellingen zum Naherholungsgebiet der Stadt. Von hier aus führen abwechslungsreiche Wanderwege über die sonnenüberfluteten Hänge der Blauenkette und in die wild-romantischen Seitentäler der Birs, des Chaltbrunnentals, des Pelzmühletals und dem Chastelbach entlang. Seit der Eröffnung des Eggflue-Tunnels 1999 ist Grellingen vom Durchgangsverkehr befreit. Mit der neu gewonnenen Lebensqualität ist das Dorf zu einem attraktiven Wohnort geworden.

Die Sage vom Glögglifels
Wer von der Eggfluh oberhalb Grellingen der Fluh entlang abwärts wandert, kommt zum so genannten Glögglifels. Dort höre man, wenn man das Ohr an den Felsen lege, eine Glocke. Andere sagen, man höre die Glocke erst, wenn man den Kopf an den Felsen schlage, was viel wahrscheinlicher ist.

1: Dorfansicht.
2: Katholisches Wegkreuz.
3: Kinder am Dorfbrunnen.

Laufen

Gemeindeverwaltung
Vorstadtplatz 2, 4242 Laufen
T 061 766 33 33, F 061 766 33 39
info@laufen-bl.ch
www.laufen-bl.ch
Einwohnerzahl: 5000

Laufen hat seit 1295 das Stadtrecht und ist Hauptort des gleichnamigen Bezirks mit 13 Gemeinden. Es verfügt über ein Kantonsspital, ein voll ausgebautes Gymnasium, Schwimmbad, Eishalle, ein Kulturzentrum sowie einen lebhaften Monatsmarkt. Die Gemeinde ist verkehrsmässig ausgezeichnet erschlossen und gewährt als Industrie- und Gewerbestandort vorzügliche Voraussetzungen für Neuansiedlungen.

1: Altstadt.

Das Galgenmättli
Das «Galgenmättli» ist heute ein Wohnquartier. Früher wurden dort Schelme aufgehängt. Einer, der in Begleitung des Landvogts, des Geistlichen und der Vogtsknechte zur Hinrichtung geführt wurde, bat um einen Trunk. Der Landvogt sagte: «Nimm dir Zeit. Auf mein Wort. Es soll dir nichts geschehen, bis du ihn geleert hast.» Nun warf der Schelm den halbvollen Becher weg. «Herr, ich nehme Euch beim Wort. Ich habe den Becher nicht geleert!» Da entgegnete der Vogt: «Ein Dieb bist du, aber der Landvogt bricht nie sein Wort. Ziehe von dannen, aber wehe, wenn wir dich ein zweites Mal erwischen.»

BEZIRK LAUFEN

Architektur → S. 132
Altes Schlachthaus
Lagerhaus Ricola

Bars → S. 142
Charly's Pub
Loki-Bar
Tännli Bar

Denkmäler → S. 164
Soldatendenkmal
Helias Helye

Fasnacht → S. 179

Hotels → S. 187
Rathausstübli

Kinder → S. 192

Kirchen → S. 199
Kirche St. Katharinen

Kulturzentren → S. 205
Altes Schlachthaus

Kunst → S. 213
Otto Plattner

Märkte → S. 226

Museen → S. 231
Museum Laufental

Nachtleben → S. 247
Bistro zur Loki
Musikclub Reflex

Restaurants → S. 262
Hirschen

Sehenswürdigkeiten
→ S. 271

Stadthaus; altes Rathaus; Baslertor; Kirche St. Katharinen; Stadtmauer; Stahlsche Hof; Heimatmuseum; Wassertor

Sport und Spiel
→ S. 275/276

Theater → S. 279
Altes Schlachthaus

Basellandschaftliche Kantonalbank

BEZIRK LAUFEN

Liesberg

Museen → S. 232
Dorfmuseum

Natursehenswürdigkeiten
→ S. 250
Biotop

Top/Rekorde → S. 282
altsteinzeitliche Höhle

Gemeindeverwaltung
Unterdorf 6, 4254 Liesberg
T 061 775 97 97, F 061 775 97 99
gde.liesberg@bluewin.ch
Einwohnerzahl: 1200

Die Gemeinde liegt auf den nebelarmen Sonnenterrassen von Liesberg Dorf und Oberrütti. Auf die Erhaltung der hohen Lebensqualität legt die Gemeinde einen besonderen Stellenwert. Im Talboden haben Aluminium- und Pharmaindustrie rund 400 Arbeitsplätze geschaffen, weitere 200 bietet das Gewerbe an.

Der Höllenfelsen
Der Felsen der «Höll», jetzt von den Bewohnern der hohe Felsen genannt, scheint seinen Namen von «He-Ul» (die Sonne) zu haben. Auf diesem Felsen soll noch von heidnischen Sonnenanbetern ihr Kultus gefeiert worden sein. Noch im 19. Jahrhundert wurde auf diesem Felsen das Fasnachts- und das Johannisfeuer angezündet.

1: Zehntenhaus.
2: Alter Dorfkern.
3: Kirche von Liesberg.

Nenzlingen

BEZIRK LAUFEN

Gemeindeverwaltung
4224 Nenzlingen
T 061 741 19 08, F 061 743 90 08
nenzlingen@magnet.ch
Einwohnerzahl: 365

Restaurants → S. 264
Linde

Nenzlingen liegt auf einer sonnigen Hangterrasse am südlichen Abhang des Blauenmassivs. Das noch stark ländlich geprägte Dorf wird wegen seiner sonnigen Lage und seiner Naturnähe als Wohnort geschätzt. Die oberhalb von Nenzlingen gelegene «Nenzlinger Weide», die über eine vielfältige Flora und Fauna verfügt, ist bei Wanderern und Naturfreunden als Ausflugs- und Exkursionsziel gleichermassen beliebt.

Die Sage von den Glocken
Als die Schweden im Lande waren, stahlen sie und raubten sie, was ihnen in die Hände fiel. Selbst die Glocken der Kirchtürme waren vor ihnen nicht sicher. Wann immer sie konnten, holten sie diese herunter, um daraus Kanonen zu giessen. Die Laufentaler passten sich an, reagierten frühzeitig und holten die Glocken von den Türmen und versteckten sie. Manchmal so gut, dass sie sie nicht mehr fanden.

1: Dorfkirche.
2: Ausserhalb des Dorfes.
3: Dorfkern.

BEZIRK LAUFEN

Roggenburg

Hotels → S. 189
Neumühle/Moulin-Neuf

Kulturzentren → S. 208
Neumühle/Moulin-Neuf

Restaurants → S. 264
Neumühle/Moulin-Neuf

Sport und Spiel → S. 277
Motocross

Gemeindeverwaltung
2814 Roggenburg
T 032 431 15 82, F 032 431 15 82
Einwohnerzahl: 250

Roggenburg ist noch eine stark bäuerliche Gemeinde. Erstmals 1207 erwähnt, war der Ort lange Zeit im Besitz der Grafen von Thierstein, des Klosters Kleinlützel und der Fürstbischöfe von Basel. Wahrzeichen der Ortschaft ist die spätgotische Pfarrkirche St. Martin. Internationalen Ruf geniesst die kleine Gemeinde durch die Motocrossstrecke.

Sage von der Stadt Innau
Vor langer Zeit soll es im Laufental die Stadt Innau gegeben haben. Die Stadt soll von den Römern zerstört worden sein. Nur noch Überreste einer Kirche sollen davon zeugen, dass die Stadt wirklich existiert habe.

1+3: Dorfbild.
2: Friedhof.

Röschenz

BEZIRK LAUFEN

Gemeindeverwaltung
Dorfplatz, 4244 Röschenz
T 061 766 90 10, F 061 766 90 11
gemeinde@roeschenz.bl.ch
www.roeschenz.ch
Einwohnerzahl: 1700

Heimatkunde

288 S., illustriert,
gebunden
2002 im Verlag des Kantons
Basel-Landschaft

Röschenz liegt in Terrassenlage am südlichen Blauenhang über dem Laufenerbecken. Im historischen Ortskern sind traufständige Häuser mit hohen Giebelfassaden erhalten. Das bedeutendste Gebäude des Dorfes ist die katholische Pfarrkirche St. Anna.

St. Appolinaris
In der Röschenzermühle war einmal ein Brand ausgebrochen, und nur durch einen Hahnenschrei sei der Müller rechtzeitig geweckt worden. In seiner Verzweiflung tat der Müller das Gelübde eine Kapelle zu erbauen, wenn die Mühle gerettet würde. Die Mühle wurde gerettet und die Kapelle dem heiligen Appolinaris geweiht.

1: Dorfplatz mit Brunnen.
2: Gemeindehaus.
3: Ausserhalb des Dorfes.

BEZIRK LAUFEN

Wahlen

Versteckt → S. 285
Lourdes-Grotte

Gemeindeverwaltung
Laufenstrasse 2, 4246 Wahlen
T 061 761 33 69, F 061 761 33 40
gemeindewahlen@tiscalinet.ch
Einwohnerzahl: 1270

Wahlen liegt am Fuss des Stürmenkopfs und ist umgeben von Feldern und Obstgärten. Ein Drittel der Gemeindefläche ist bewaldet und rund die Hälfte wird landwirtschaftlich genutzt. Erwähnenswert ist die 27 ha grosse, ökologisch bewirtschaftete Stürmenweide. Wahlen ist Ausgangspunkt von Wanderwegen. Die Gemeinde ist in den letzten Jahren stetig gewachsen. Die gute Wohn- und Lebensqualität sowie der ländliche Charakter sollen ebenso erhalten bleiben wie der natürliche Erholungsraum und das Landschaftsbild.

Die Sage vom Bächlitramper
Ein schwarzer Pudelhund mit feurigen Augen und unheimlichem Gekläff soll früher die Leute, die spät in der Nacht nach Hause gingen, in Angst und Schrecken versetzt haben. Die Wahlner nannten ihn «Bächlitramper».

1: Haus am Wahlenbach.
2: Lourdes-Grotte.
3: Dorfkirche.

Zwingen

BEZIRK LAUFEN

Gemeindeverwaltung
Schlossgasse 4, 4222 Zwingen
T 061 761 72 92, F 061 761 72 97
finanz@zwingen.ch
www.zwingen.ch
Einwohnerzahl: 2050

Kunst → S. 222
Lukas Düblin

Zwingen liegt am Zusammenfluss von Birs und Lüssel. Der grösste Arbeitgeber des Ortes ist die Papierfabrik gleichen Namens. Das Wahrzeichen des Dorfes ist das Wasserschloss, das erstmals 1312 erwähnt wurde. Das eindrückliche Schloss mit Bergfried, Wehrtürmen, Zwinger, Schlosskapelle und gedeckter Holzbrücke ist allein schon einen Besuch der Gemeinde wert.

Der Erlenhof
Die Erlen waren früher ein grosses Hofgut mit viel Land und Wald. Böse Geister sollen auf diesem Hofe gehaust haben, deshalb sollen ihn die Bauersleute verlassen haben. Niemand wollte mehr auf diesem Hofe wohnen, und mit der Zeit soll er zerfallen sein. Heute erinnert nur noch der Name an dieses Hofgut und seine Bewohner.

1: Dorfansicht mit Wasserschloss.
2: Dorfstrasse.

BEZIRK LIESTAL

Arisdorf

Gemeindeverwaltung
Mitteldorf 4, 4422 Arisdorf
T 061 816 90 40, F 061 816 90 41
gemeindeverwaltung@arisdorf.bl.ch
www.arisdorf.ch
Einwohnerzahl: 1385

Die lang gestreckte Gemeinde besteht aus den drei Dorfteilen Ober-, Mittel- und Unterdorf. Zu der Ortschaft gehören viele Einzelhöfe und die am linken Ufer des Violenbachs gelegenen Häuser von Olsberg. Arisdorf ist ein typisches Bauerndorf, das sich vorwiegend dem Obstbau verschrieben hat. Schwerpunkt der Obsternte sind Kirschen.

Sage: S Sagigspängscht
Viele Leute fürchteten sich früher vor dem Sagigspängscht, das sich im Unterdorf, in der Gegend der Säge, zeigte. Es erschien oft als Hund, konnte aber auch andere Gestalten annehmen. Im Mitteldorf musste man ihm in einem Haus die Türe offenlassen, damit es ungehindert seinen Weg durch den Hausgang nehmen konnte.

1: Ausserhalb des Dorfes.
2: Idyllische Dorfansicht.
3: Seitenstrasse im Ortskern.

Augst

Gemeindeverwaltung
Poststrasse 1, 4302 Augst
T 061 816 97 77, F 061 816 97 60
gemeindeverwaltung@augst.bl.ch
www.augst.ch
Einwohnerzahl: 965

Augst liegt eingebettet zwischen Rhein, Ergolz und Violenbach im nordöstlichen Zipfel des Baselbiets. Bevölkerungswachstum und Bautätigkeit sind sehr stark geprägt durch die diversen römischen Funde und die noch verborgen liegenden archäologischen Schätze. Es wird in Augst versucht, die Bedürfnisse von Gegenwart und Vergangenheit in Einklang zu bringen. Dabei finden auch die Anliegen des Natur- und Umweltschutzes Berücksichtigung.

Sage: Das Pfefferlädli
Ein Bauernhof in der Ergolzniederung ... trug diesen sonderbaren Namen ... Der erste Besitzer namens Speiser wollte das Gehöft veräussern und schrieb es zum Verkauf aus. Eine Frau aus Basel interessierte sich dafür. Nachdem sie das Heimwesen genau betrachtet hatte, meinte sie: «Nai, das Huus kauf i nit, das isch jo nur e Pfäfferlädli.» Und dieser Name blieb dem Haus. Er war sogar auf dem Blatt Kaiseraugst des Topographischen Atlasses eingetragen.

BEZIRK LIESTAL

Augusta Raurica → S. 135

Bars → S. 141
Cedro Römerhof

Bräuche/Feste/Feiern
→ S. 153

Kinder → S. 192

Musik → S. 245
Openairs

Nachtleben → S. 248
Moonlight Night-Club

Restaurants → S. 257
Cedro Römerhof

Sport und Spiel → S. 274

Heimatkunde
183 S., illustriert, broschiert
1984 im Verlag des Kantons Basel-Landschaft

Basellandschaftliche Kantonalbank

1+3: Häuser am Rhein.
2: Basilisken-Altar.

BEZIRK LIESTAL

Bubendorf

Bäder → S. 138
Bad Bubendorf

Brunnen → S. 156
Dorfbrunnen

Hotels → S. 185
Bad Bubendorf

Kunst → S. 211
Fritz Bürgin

Museen → S. 229
Krippen- und Spielzeugmuseum
Afghanistan-Museum

Restaurants → S. 259
Bad Bubendorf
Murenberg

Sehenswürdigkeiten → S. 270
Pfarrhaus
Dinghof
Schloss Wildenstein

Versteckt → S. 283
Sitzgruppe bei Kirche

Basellandschaftliche Kantonalbank

Gemeindeverwaltung
Hintergasse 20, 4416 Bubendorf
T 061 935 90 90, F 061 935 90 99
gemeinde@bubendorf.bl.ch
www.bl.ch/bubendorf
Einwohnerzahl: 4400

Bubendorf hat sich in den letzten 20 Jahren rasant entwickelt. Die Einwohnerzahl hat sich in dieser Zeit verdoppelt. Es wurden viele Erschliessungswerke und Gemeindebauten erstellt wie Kindergärten, Schulhäuser, eine neue Sporthalle, zwei Wasserreservoirs, eine neue, erweiterte Gemeindeverwaltung und vieles mehr, um so der raschen Entwicklung gerecht zu werden. Mehr als 30 Dorfvereine bieten ein breites Freizeitangebot an.

Sage: Herkunft des Ortsnamens Bubendorf
Als die alemannischen Ansiedler von unserer Gegend Besitz nahmen, gründeten sie ihre Höfe. Bald war es nötig, den heranwachsenden Söhnen, die einen eigenen Hausstand gründen wollten, auch Hütten zu bauen. Ein Bauer aber hatte so viele Söhne, dass aus seiner Siedlung ein ganzes Dörfchen wurde, nachdem man für jeden eine besondere Hofstatt angelegt hatte. Die Nachbarn nannten dieses Dörfchen der vielen Buben wegen Bubendorf.

1: Dorfansicht.
2: Dorfbrunnen.
3: Schloss Wildenstein.

Frenkendorf

Gemeindeverwaltung
Bächliackerstrasse 2, 4402 Frenkendorf
T 061 906 10 10, F 061 906 10 49
gemeindeverwaltung@frenkendorf.bl.ch
www.frenkendorf.ch
Einwohnerzahl: 6000

Frenkendorfs alter Dorfkern liegt auf einer Terrasse auf der linken Talseite der Ergolz. Sein Zentrum bildet der Dorfplatz mit Kirche, Pfarrhaus und Gasthof. Dank seiner bevorzugten Lage ist das Dorf zu einem beliebten Wohnort geworden. Die meisten der Erwerbstätigen arbeiten auswärts. Frenkendorf mit seinen zahlreichen Veranstaltungen und den neun Gaststätten bietet vielfältige Möglichkeiten für Geselligkeit und Freizeitgestaltung.

Sage: Die feurige Hand
Um Mitternacht wanderte ein Frenkendörfer von Augst heimwärts. Bei der Hülftenbrücke ... hörte er auf einmal ein Niesen. Wie landesüblich, wünschte er «Gesundheit», ebenso ein zweites Mal. Beim dritten Niesen sagte der erschrockene Frenkendörfer: «So helfe dir Gott in den Himmel, wenn es nicht anders sein kann!» Plötzlich spürte er eine Hand auf der Schulter, und eine Stimme sprach: «Du hast mich erlöst!» Unbehelligt kam der Mann nach Hause. Am anderen Morgen sah er ein handgrosses versengtes Loch in seinem Kittel, an der Stelle, wo ihn der Fremde berührt hatte.

BEZIRK LIESTAL

Bäder → S. 139
Bad Neu-Schauenburg

Cafés → S. 160
Sommer

Denkmäler → S. 163
Hülftendenkmal

Einkaufen → S. 175

Fasnacht → S. 179

Hotels → S. 186
Wilder Mann

Kunst → S. 212
Peter Moilliet
Claire Ochsner

Museen → S. 231
Ortsmuseum

Sport und Spiel → S. 275

Heimatkunde
372 S., illustriert, gebunden
1986 im Verlag des Kantons Basel-Landschaft

1: Dorfansicht.
2: Dorfbrunnen.
3: Reformierte Kirche.

BEZIRK LIESTAL

Füllinsdorf

Kunst → S. 212
Fritz Bürgin
Claire Ochsner

Märkte → S. 225

Sport und Spiel → S. 276

Heimatkunde
292 S., farbig illustriert, gebunden
1993 im Verlag des Kantons Basel-Landschaft

Basellandschaftliche Kantonalbank

Gemeindeverwaltung
Mitteldorfstrasse 4, 4414 Füllinsdorf
T 061 906 98 11, F 061 906 98 00
sekretariat@fuellinsdorf.bl.ch
www.fuellinsdorf.ch
Einwohnerzahl: 4160

Der alte Dorfkern breitet sich am sonnigen Osthang des unteren Ergolztales aus. Zu Füllinsdorf gehört auch die linksseitige Talaue der Ergolz, nach dem früheren Hofgut «Nieder-Schönthal» genannt. Dort befindet sich das Industriequartier sowie ein Einkaufszentrum. Von den Erwerbstätigen sind die meisten auswärts beschäftigt. Im Dorfkern sind einige sehenswerte Bauernhäuser mit holzverschalten Lauben auf der Giebelseite erhalten.

Sage: Erdmännli und Erdwybli
Der Glaube an die «Erdmännli und Erdwybli» ist zum Teil noch vorhanden und wird mit dem Heidenloch in Verbindung gebracht. Sie sollen früher den Leuten «Waihen» auf den Pflug gelegt haben; seitdem man aber, um zu sehen, wie ihre Füsse beschaffen seien, Asche gestreut hatte, seien sie nicht mehr gekommen.

1: Gemeindeverwaltung.
2: Strasse im Dorfkern.
3: Dorfansicht.

Giebenach

BEZIRK LIESTAL

Gemeindeverwaltung
Schulgasse 20, 4304 Giebenach
T 061 815 91 11, F 061 815 91 12
gemeinde@giebenach.bl.ch
www.giebenach.ch
Einwohnerzahl: 821

Giebenach liegt beim Zusammenfluss von Violen- und Arisdörferbach, die Wohnquartiere breiten sich am südlichen Talhang aus. Im Dorfkern finden wir einige sehenswerte Bauernhäuser. Die meisten Erwerbstätigen arbeiten als Pendler auswärts.

1–4: Dorfansichten.

Sage: Geisterschafe
An der Landstrasse steht neben einem Bauernhaus ein Dorfbrunnen. Oft kommt nachts um zwölf Uhr eine grosse Schar Schafe hinten vom Walde her. Es sind grosse und kleine, die sich da zum Brunnen drängen und Wasser trinken. Nachher kehren sie wieder um und verschwinden in diesem Augenblicke.

BEZIRK LIESTAL

Hersberg

Gemeindeverwaltung
Dorfstrasse 13a, 4423 Hersberg
T 061 923 13 00, F 061 923 13 03
gemeindehersberg@bluewin.ch
Homepage in Vorbereitung
Einwohnerzahl: 270

Das kleine Bauerndorf liegt in einer flachen Mulde im oberen Teil des Arisdorftales. Der im 16. Jh. erbaute Olsbergerhof, das älteste Gebäude von Hersberg, erinnert an die Zugehörigkeit zum Kloster Olsberg. Die meisten der Erwerbstätigen arbeiten auswärts, in Liestal und den umliegenden Gemeinden.

Sage: Die Zwerge im Männlisloch
Im Männlisloch sollen vor Zeiten hilfsbereite Zwerglein gewohnt haben. Wenn jemand seinen Pflug auf dem Acker stehen liess, weil er mit dem Pflügen vor dem Einnachten nicht mehr fertig geworden war, so fand er am Morgen den ganzen Acker umgepflügt. Dazu hing erst noch eine Wähe an der Pfluggeize. Die Zwerglein sind durch gwundrige Leute vertrieben worden; sie hatten ihnen Asche gestreut, um darin die Abdrücke ihrer Gänsefüsse zu erhalten.

1–3: Dorfansichten.

Lausen

Gemeindeverwaltung
Grammontstrasse 1, 4415 Lausen
T 061 926 92 60, F 061 926 92 61
info@lausen.bl.ch
Einwohnerzahl: 4720

Lausen ist eine aufstrebende Landgemeinde im mittleren Ergolztal. Bereits im 19. Jh. hielt mit der Verwertung von Bodenschätzen sowie der Produktion von Papier die Industrialisierung Einzug. Heute prägen kleinere und mittlere Betriebe das Erscheinungsbild. Trotz seiner Nähe zur städtischen Agglomeration ist Lausen bestrebt, seinen eigenständigen Dorfcharakter beizuhalten, was in einem reichen Vereinsleben seinen Ausdruck findet.

Sage: Vereitelter Kirchenbau
Schon mancher hat sich gewundert, weshalb die Kirche von Lausen so abseits des Dorfes erbaut wurde ...
Schon lagen Bauholz und Steine bereit. Aber während der Nacht wurde durch unbekannte Hände alles an den abgelegenen Ort jenseits der Ergolz gebracht. Mit vieler Mühe schaffte man es wieder zurück, aber am nächsten Morgen war der Bauplatz wieder leer, und man fand Holz und Steine abermals an der vorigen Stelle. So geschah es auch noch ein drittes Mal. Da wurde beschlossen, diesem höheren Wink zu folgen und die Kirche dort zu bauen, wo sie heute steht.

BEZIRK LIESTAL

Brunnen → S. 156
Wolfbrunnen

Kirchen → S. 200
ref. St. Niklaus-Kirche

Kunst → S. 213
Fritz Bürgin

Märkte → S. 225

Museen → S. 232
Ortsmuseum

Nachtleben → S. 248
Rosenegg

Sehenswürdigkeiten
→ S. 272
spätgotische Papiermühle

Sport und Spiel → S. 276

Heimatkunde
324 S., farbig illustriert, gebunden
1997 im Verlag des Kantons Basel-Landschaft

Basellandschaftliche Kantonalbank

1: Lausener Unterdorf.
2: Alte Papiermühle.

BEZIRK LIESTAL

Liestal

Architektur → S. 133
Zentrum Engel

Bäder → S. 139
Bad Alt-Schauenburg
Bienenberg

Bars → S. 142
Big Ben Pub
Carpe Diem Bar
Krone
Nelson Pub
Next Bar
Shakespeare's Pub
Top Stars Sportbar

Bibliotheken → S. 145

Bräuche/Feste/Feiern → S. 151

Brunnen → S. 156
an der Rathausstrasse
an der Spitalgasse
vor dem Alten Zeughaus
Wehrmannsdenkmal

Cafés → S. 161
Krattiger
Mühleisen

Denkmäler → S. 164
18 Soldaten der Bourbaki-Armee
Bauernkriegsdenkmal
Georg Herwegh
Otto Plattner
Jakob Probst
Carl Spitteler
Heini Strübin
Wehrmannsdenkmal
Josef Victor Widmann

Einkaufen → S. 167

Fasnacht → S. 180

Stadtverwaltung
Rathausstrasse 36, 4410 Liestal
T 061 927 52 52, F 061 927 52 69
stadt@liestal.bl.ch
www.liestal.ch
Einwohnerzahl: 13 000

Das «Stedtli», wie Liestals Altstadt seit Jahrhunderten genannt wird, ist auf einem Terrassensporn angelegt, und zwar zwischen Ergolz und Orisbach. Über den Ursprung der Stadt und ihres Namens bestehen Vermutungen: Sicher ist aber, dass sich auf dem höchsten Punkt des Sporns ein römisches Bauwerk erhoben hat; wahrscheinlich ein Tempel, auf dessen Grundmauern um die Mitte des 6. Jh. eine fränkische Kirche – Martin von Tours geweiht – errichtet worden ist. Aus dem Jahre 1189 stammt die erste urkundliche Bezeugung von Liestal. Kurze Zeit später bekam es durch die Eröffnung des Gotthardpasses erhöhte Bedeutung, denn die Grafen von Froburg hatten die Wichtigkeit Liestals als Beherrscherin der Strassengabelung nach den beiden Hauensteinpässen erkannt und erhoben um 1240 Liestal zur befestigten Stadt. Liestal bekam auch das Marktrecht. 1305 erfolgte der Erwerb der Herrschaft Liestal durch den Bischof von Basel. Er schenkte der Stadt das Wappen mit dem roten Stab und gestand ihr gleichzeitig auch das Recht der Selbstverwaltung zu.

Die Liestaler waren stets freiheitsliebend und machten aus ihrer oppositionellen Haltung auch keinen Hehl. Als nach 1815 Basel seine alten Herrschaftsrechte wieder geltend machte, kam es 1830 bis 1833 zu Kämpfen zwischen der Stadt und der Landschaft Basel.

1: Brunnen beim Zeughausplatz.
2: Rathaus.

Liestal

BEZIRK LIESTAL

Hotels → S. 187
Bad Schauenburg
Engel
Gitterli

Kinder → S. 192

Liestal ist – an der internationalen Nord-Süd-Verbindung gelegen – eisenbahntechnisch sehr gut erschlossen mit direkten Verbindungen in Richtung Zürich, Tessin und Bern/Wallis und ist Ausgangspunkt der Waldenburgerbahn sowie vieler Busverbindungen in die Seitentäler und die Vorortsgemeinden. Mit einer Fläche von 1818 ha besitzt Liestal den grössten Gemeindebann im Kanton Basel-Landschaft. Davon entfallen nicht weniger als 1025 ha auf Waldareal, welches im Besitz der Bürgergemeinde ist. Auf der höchsten Erhebung des Liestaler Banns, auf der «alten Stell», liegt auf 326,5 m ü.d.M. der Aussichtsturm, neben dem Törli eines der markanten Wahrzeichen Liestals.

Kinos → S. 194
Landkino
Oris
Sputnik

Kirchen → S. 200
ref. Stadtkirche St. Martin

Kulturzentren → S. 206
Kulturhaus Palazzo

Kunst → S. 213
Wilhelm Balmer
Raffael Benazzi
Johannes Burla
Fritz Bürgin
Richard Deacon
Sylvia Goeschke
Ivo Hartmann
Kersten Käfer
Renée Levi
Claudio Magoni
Claire Ochsner
Otto Plattner
Jakob Probst
Albert Schilling
Carl Spitteler
Peter Thommen

Als Sitz der kantonalen Regierung ist Liestal indessen vorwiegend eine Stadt der Verwaltung und ein Bildungszentrum geworden. Trotzdem spielt das alteingesessene Gewerbe auch heute noch eine bedeutende Rolle. Liestal ist mit seinen 13 000 Einwohnern Zentrum einer Agglomeration mit rund 50 000 Personen. Ein Gürtel neuer Quartiere lagert sich an den Hügeln, die schützend die Altstadt umschliessen. Liestal wird auch oft die Stadt im Grünen genannt. Dies ist nicht verwunderlich, kann man doch praktisch von jedem Punkt aus in der Stadt innert kürzester Zeit die Wälder erreichen, welche als Naherholungsgebiet viele Möglichkeiten für ausgiebige Wanderungen bieten.

Märkte → S. 226

Museen → S. 232
Dichter- und Stadtmuseum
Harmonium-Museum zum bunten S
Kantonsmuseum Baselland

1: Fischmarkt.
2: Vor der Stadtkirche.

BEZIRK LIESTAL

Liestal

Musik → S. 242
klassische und E-Musik
Jazz
Konzerte

Nachtleben → S. 248
Modus

Restaurants → S. 262
Alte Braue
Bad Schauenburg
Gitterli
Lindenhof
Schliefenberg
Schützenstube
Stadtmühle
Ziegelhof

Sehenswürdigkeiten
→ S. 272
altes Zeughaus
Amtshaus
begehbare Wasserleitung
Burganlage
Gutshof Munzach
Oberes Tor
Olsbergerhof
Pfarrhaus
Rathaus
Stadtkirche
Stadtmühle
Thomasturm

Sport und Spiel → S. 274

Theater → S. 279
Kleintheater
Kulturhaus Palazzo
Laienbühne

Versteckt → S. 284
Banntagsglocke
Friedhofsführungen
Wirtshausschilder

Heimatkunde
2. überarbeitete Auflage
in Vorbereitung
Erscheint 2003
im Verlag des Kantons
Basel-Landschaft

Basellandschaftliche Kantonalbank

1: Liestaler «Törli».

Dem in Liestal lebendigen, gesunden Lokalstolz, der auf Traditionen Wert legt und zur Selbstdarstellung drängt, verdanken wir die Erhaltung einiger festlicher Gemeinschaftsanlässe von einem teilweise beachtlichen Alter. Die bekanntesten Bräuche sind der Banntag am Montag vor Auffahrt, die Fasnacht mit dem weltberühmten Chienbesen-Umzug sowie das Santichlaus-Ylüte am 6. Dezember.

Sage: Der Name Liestal
Einst richtete im Städtlein Liestal die Pest eine grosse Verheerung an. Bald darauf kam noch das grosse Erdbeben. Häuser, Mauern und Tore zerfielen. In den Gassen herrschte Totenstille; als Leute aus der Umgebung kamen, um nachzusehen, fanden sie keine lebendige Seele mehr. Nur unterhalb des Ortes, beim alten Spital, leuchtete aus einem Stall ein Licht. Als das Städtlein wieder aufgebaut wurde, nannten es die neuen Einwohner Liechtstall.

Sage: Ein geheimer Gang
Als zur Zeit der Reformation das Nonnenkloster im Olsbergerhof an der heutigen Nonnengasse aufgehoben wurde, entdeckte man einen geheimen Gang. Dieser führte in ein benachbartes Haus, das noch jetzt durch ein kleines Türmchen, das «Schlyffertürmli», ausgezeichnet ist und das damals ein Mönchskloster gewesen sein soll. Die Mönche und die Nonnen hätten also ungesehen miteinander verkehren können.

Lupsingen

BEZIRK LIESTAL

Gemeindeverwaltung
Liestalerstrasse 14, 4419 Lupsingen
T 061 915 90 50, F 061 915 90 51
gemeinde@lupsingen.bl.ch
Homepage in Vorbereitung
Einwohnerzahl: 1250

Märkte → S. 226

Heimatkunde

222 S., illustriert, gebunden
1985 im Verlag des Kantons Basel-Landschaft

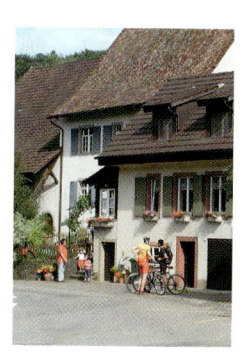

Lupsingen liegt in einer flachen Mulde auf dem Plateau zwischen dem Oristal und dem hinteren Frenkental. Das frühere Bauern- und Posamenterdorf hat sich in jüngster Zeit zu einem Wohnzentrum entwickelt. Die meisten Erwerbstätigen arbeiten in der benachbarten Agglomeration.

Sage: Der Dorfname «s Königs»
Eine Familie Tschudin trägt heute noch den Dorfnamen «s Königs». Nach der Überlieferung hat ein Vorfahre dieser Familie im Dienste des französischen Königs gestanden. Dieser hielt sich eine Leibwache von 100 Schweizern, deren keiner unter 6 Schuh (1 m 80 cm) mass.

1–3: Dorfansichten.

BEZIRK LIESTAL

Pratteln

Bäder → S. 140
Solbad Schweizerhalle

Bars → S. 144
Galeria; Schützenstube

Bibliotheken → S. 147

Bräuche/Feste/Feiern
→ S. 153

Einkaufen → S. 175

Fasnacht → S. 182

Hotels → S. 188
Engel

Kinder → S. 193

Kirchen → S. 202
ref. Pfarrkirche St. Leodegar

Kunst → S. 220
Lorenz Balmer; Fritz Bürgin;
Jakob Engler; Claire Ochsner

Märkte → S. 226

Museen → S. 237
Jacquard-Stübli; Museum
im Bürgerhaus; Salzkammer

Musik → S. 244
Konzerte

Nachtleben → S. 248
Galeria; Spotlight;
Sprisse-Bar

Restaurants → S. 265
Grotto Gianini; Höfli;
Kentucky Saloon

Sehenswürdigkeiten
→ S. 273
Bohrtürme; Dorfkern
Pfarrkirche St. Leodegar

Sport und Spiel → S. 274

Heimatkunde
2. Auflage erscheint 2003
im Verlag des Kantons Basel-
Landschaft

Basellandschaftliche Kantonalbank

Gemeindeverwaltung
Burggartenstrasse 25, 4133 Pratteln
T 061 825 21 22, F 061 821 05 51
gemeinde@pratteln.bl.ch
www.pratteln.ch
Einwohnerzahl: 15 000

Pratteln hat viele Gesichter, einerseits ein sehr reges Kultur- und Vereinsleben, wo auch das Bodenständige und die Folklore neben vielen Veranstaltungen für ein jüngeres Publikum wie im Z7 Platz finden. Andererseits einen attraktiven Dorfkern, welcher von einer kulturhistorisch wertvollen Kirche und dem Schloss eingerahmt wird. Nicht zu vergessen das schöne Naherholungsgebiet, besonders das Naturschutzgebiet Talweiher und einer der grössten Rebberge des Kantons mit einer anerkannt guten Weinproduktion.

Sage: Zusammengeflochtene Pferdeschwänze
Bei Oppelis, einem uralten Haus am Eingang in die Schauenburgergasse, gebaut an der Stelle einer römischen Villa, wie Säulenfunde beweisen, komme es vor, dass den Pferden die Schwänze zusammengeflochten werden. Wer das sieht, bekommt am anderen Tag einen geschwollenen Kopf.

1: Prattler Schloss.
2: Schmittiplatz.

Ramlinsburg

BEZIRK LIESTAL

Gemeindeverwaltung
Poststrasse 4, 4433 Ramlinsburg
T 061 931 24 23, F 061 931 24 27
gemeinde@ramlinsburg.ch
www.ramlinsburg.ch
Einwohnerzahl: 670

Denkmäler → S. 165
Millenniumslinde

Kirchen → S. 202
Dorfkirche

Das ehemalige Posamenterdorf liegt auf dem Osthang des Plateaus zwischen Frenkental und Ergolztal. Es besteht aus zwei Dorfteilen, Oberhof und Niederhof, die ihren Ursprung bei zwei Einzelhöfen hatten. Ramlinsburg ist heute ein beliebter Wohnort. Die meisten Erwerbstätigen arbeiten in der nahen Agglomeration.

Sage: Vom Doggeli
Alte Leute erzählen oft vom Doggeli. Es erscheine zwischen zwölf und ein Uhr, in der Geisterstunde. Man hört, wie es in der Schlafkammer die Bettlade hinauf krabbelt. Dann setzt es sich dem Schläfer auf den Hals, dass er fast den Atem verliert. Gegen ein Uhr krabbelt es vom Bett herunter und verschwindet. In einige Häuser des Dorfes kommt das Doggeli fast jede Nacht.

1+2: Dorfansichten.
3: Jurakette.

BEZIRK LIESTAL

Seltisberg

Heimatkunde
227 S., farbig illustriert, gebunden
1994 im Verlag des Kantons Basel-Landschaft

Gemeindeverwaltung
Llestalerstrasse 4, 4411 Seltisberg
T 061 911 99 11, F 061 911 99 15
seltisberg@bluewin.ch
www.seltisberg.ch
Einwohnerzahl: 1300

Seltisberg liegt auf einer sonnigen Hochebene zwischen dem Oristal und dem Tal der Hinteren Frenke. Die schöne Lage hat zu einer starken Bautätigkeit geführt. Der alte Dorfkern wurde durch die Sanierung der Hauptstrasse aufgewertet. Früher dienten die Häuser neben der Landwirtschaft insbesondere auch der Bandweberei. Schön sind auch die Dorfbrunnen und der kleine Rebberg, der seit 1994 wieder gepflegt wird.

Sage: Der Hungerbrunnen im Oristal
Wenn es während langer Zeit ausgiebig regnet, dann kommt im Oristal der Hungerbrunnen zum Laufen. Diese Waldquelle auf der rechten Seite der Talsohle, in der Nähe des Orishofes, soll der Überlauf eines unterirdischen Sees sein. Wenn dieser Brunnen richtig anschwillt, dann rumpelt und gurgelt es schaurig im Wasserloch. Hungerbrunnen nennt man ihn, weil es früher immer nasse und böse, richtige Hungerjahre waren, wenn dieser Brunnen lief.

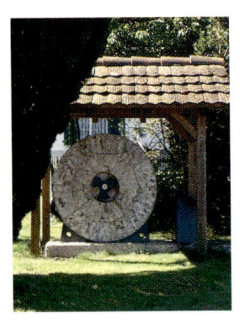

1: Platz mit Brunnen.
2: Schmucke Häuserzeile.
3: Oris-Müller-Denkmal.

Ziefen

Gemeindeverwaltung
4417 Ziefen
T 061 935 95 95, F 061 935 95 96
sekretariat@ziefen.ch
www.ziefen.ch
Einwohnerzahl: 1450

BEZIRK LIESTAL

Bräuche/Feste/Feiern
→ S. 153

Kirchen → S. 203
ref. Pfarrkirche St. Blasius

Kunst → S. 222
Ugo Cleis
Walter Eglin

Museen → S. 239
Dorfmuseum

Sehenswürdigkeiten
→ S. 273
Dorfkern

Versteckt → S. 285
Buuchhüsli

Ziefen liegt im Reigoldswilertal. Im Ortsbild dominiert die Kirche auf einem Hügel über dem Unterdorf, während das Oberdorf der Frenke entlang verläuft. In der Gemeinde befinden sich noch mehr als zehn Bauernhöfe. In den letzten Jahren aber hat sich das frühere Rebbauern- und Posamenterdorf zum Wohn- und Industriegebiet gewandelt. Im Norden von Ziefen entstand eine florierende Industriesiedlung.

Sage: Der Feuersprecher
(1758 wütete in Ziefen eine Feuersbrunst, der zwei Häuser und zwei Scheunen zum Opfer fielen.) Während des Brandes holte man in Liestal einen Feuersprecher. Dieser ritt auf seinem Schimmel zur Brandstätte. Dort legte er an allen vier Ecken des brennenden Häuserblockes je ein weisses Blatt Papier nieder. Alsdann sprach er seinen Bannspruch, worauf die Flammen gerade auf gen Himmel schlugen und kein weiteres Gebäude mehr ergriffen. Von da an währte es 101 Jahre, bis Ziefen wieder von einem Brande heimgesucht wurde.

1: Baden in der Hinteren Frenke.

2+3: Dorfansichten.

BEZIRK SISSACH

Anwil

Brunnen → S. 155
Dorfbrunnen

Natursehenswürdigkeiten
→ S. 249
Naturschutzgebiet Talweiher

Sport und Spiel → S. 275

Heimatkunde
160 S., illustriert, gebunden
2000 im Verlag des Kantons Basel-Landschaft

Gemeindeverwaltung
Schulhaus, 4469 Anwil
T 061 991 07 90, F 061 991 07 10
gemeindeanwil@datacomm.ch
Einwohnerzahl: 510

Das kleine Grenzdorf Anwil liegt in einer flachen Mulde am Rande der Hochebene zwischen dem Ergolztal und dem Kienberger Eital. Es besteht aus Oberdorf und Unterdorf (Haufensiedlung um den Dorfplatz). Anwil ist noch ein typisches Bauerndorf. Im Baselbieter-Lied kommt es in der ersten Strophe als östlichste Gemeinde vor, wobei der Mundartausdruck «Ammel» verwendet wird. Vor dem Dorf liegt der «Ammeler Weiher», wo an sonnigen Tagen viele Menschen aus der Umgebung picknicken und die Natur geniessen.

1: Dorfansicht.
2: Dorfplatz mit Brunnen.
3: Wohnhäuser hinter Pferdeweide.

*In Anwil steht ein so genannter Basilisken-Brunnen. Die Gemeinde bekam diesen geschenkt von der Stadt Basel, die noch ein altes Versprechen einzulösen hatte. Vor der Abstimmung über die Kantonstrennung im Jahre 1832 versprachen die Basler Anwil den Bau einer Kirche, wenn alle Bewohner für den Verbleib bei der Stadt stimmten. Zwar sprach sich die Gemeinde dann für Basel aus, doch die Kirche wurde nie errichtet.
So machte 2001 im 500-Jahr-Jubiläum «Basel in der Eidgenossenschaft» der Gemeinderat die Basler Regierung auf diesen Umstand aufmerksam. Die Kirche brauchte Anwil nicht, doch ein Brunnen als Symbol für Vergangenheit und Zukunft würde den geschichtlichen Kreis schliessen.*

Böckten

BEZIRK SISSACH

Gemeindeverwaltung
Schulweg 2, 4461 Böckten
T 061 985 88 66, F 061 985 88 60
gdeboeckten@bluewin.ch
www.boeckten.ch
Einwohnerzahl: 720

Böckten, zwischen den beiden Zentrumsgemeinden Sissach und Gelterkinden gelegen, hat sich vom Bauerndorf zu einer attraktiven, lebendigen Wohngemeinde entwickelt. Im Dorfkern können noch einige hübsche Bauernhäuser mit üblichem Blumenschmuck bewundert werden. In Böckten sind einige kleinere und mittlere Betriebe angesiedelt. Weit herum bekannt sind die Pasteten von «Le Patron», die in Böckten produziert und vertrieben werden.

Sage: Die Böckter verlieren schönes Waldland
Die schöne Waldung auf der Isletenebeni zwischen
Böckten und Sissach gehörte einst zu Böckten.
Die Sissacher sollen sie früher einmal ganz billig gekauft
haben, nämlich um einen Doppelliter Kirschwasser,
den die Böckter Gemeinderäte für sich gefordert hatten.

1–3: Dorfansichten.

BEZIRK SISSACH

Buckten

Gemeindeverwaltung
Hauptstrasse 29, 4446 Buckten
T 062 299 15 77, F 062 299 05 00
buckten@tiscalinet.ch
www.buckten.ch
Einwohnerzahl: 664

Buckten als zweitoberste Gemeinde im Homburgertal liegt eingezwängt zwischen zwei steilen Talhängen am Fusse des Faltenjuras. Heute wird das Dorf hauptsächlich durch den Durchgangsverkehr Sissach–Olten belebt. Doch zu Zeiten der Fuhrwerke, vor der Erstellung der Eisenbahnlinie, war im Dorf von morgens bis abends viel los: Über den Unteren Hauenstein, den wichtigen Passübergang in Nord-Süd-Richtung, zogen täglich etliche Pferdewagen. Das gab den Schmieden, Wagnern, Sattlern und Schustern viel Arbeit. So war Buckten im Jahr 1858 die am dichtesten besiedelte Gemeinde im Kanton.

Eine alte Tradition, die auf die Herrschaft Homburg zurückzuführen ist, hat sich bis in die Gegenwart erhalten: das «No-Uffert Buckte». Dieser Brauch zeugt davon, dass das Dorf bereits früher eine gewisse zentrale Funktion besass. So hatte der Landvogt von der Homburg jeweils am Sonntag nach Auffahrt in Buckten auf dem Dorfplatz die Aufgabe, die jungen Paare zivil zu trauen. Nach dieser Amtshandlung gab es für das einfache Volk bei Musik, Tanz und Gesang ein fröhliches Fest; wohl das einzige im Jahr. Der gemütliche Teil dieses Anlasses wird noch heute alljährlich als Volksfest mit Schiessbuden-, Rummelplatzbetrieb und Tanz begangen.

1: Wohnhäuser in viel Natur.
2: Hauptstrasse.
3: Schöne Sonnenuhr an Wohnhaus.

Buus

BEZIRK SISSACH

Gemeindeverwaltung
Hemmikerstrasse 17, 4463 Buus
T 061 841 14 44, F 061 841 13 81
Einwohnerzahl: 969

Museen → S. 230
Ständerhaus

Restaurants → S. 260
Waldgrotte

Das Bauerndorf liegt in einem Talboden, in den mehrere kleine Täler münden. Die Gemeinde ist geprägt von Obst- und besonders vom Rebbau. Der Buusener Wein gilt als einer der besten des Baselbiets. Flächenmässig ist der Ort der drittgrösste im Bezirk Sissach. Über zwanzig Landwirtschaftsbetriebe prägen das Dorfbild und die Umgebung. Die nahe Ruine Farnsburg auf einer Anhöhe von 761 m ü.d.M. bietet eine prächtige Rundsicht über den ganzen Kanton.

Sage: Der Hungerbrunnen
Im äusseren Teil des Wabigentälchens, wo es kesselartig erweitert ist, befindet sich eine starke periodische Quelle. Das Wasser wallt zu Zeiten mächtig und klar auf und wirbelt kleine, blankgeschliffene, bunte Steinchen auf und nieder. Bei längerer Trockenheit versiegt aber die Quelle wieder.
In früheren Zeiten soll jeweils eine Hungersnot gekommen sein, wenn die Quelle zu lange floss oder ihr Wasser lange Zeit ausblieb. Daher erhielt sie den Namen Hungerbrunnen.

1: Dorfansicht.
2: Der bekannte Buusner Wein.

BEZIRK SISSACH

Diepflingen

Kunst → S. 211
Ugo Cleis
Walter Eglin
Emilio Stanzani

Gemeindeverwaltung
Schulhaus, 4442 Diepflingen
T 061 975 96 96, F 061 975 96 97
gemeindeverwaltung@diepflingen.bl.ch
www.diepflingen.ch
Einwohnerzahl: 520

Die Landgemeinde Diepflingen liegt an der Unteren Hauensteinlinie im sonnigen Homburgertal. Das ehemalige Bauerndorf mit drei schönen Brunnen ist mit dem neuen Gemeindezentrum auf Wachstum ausgerichtet. Mit dem erstmals im Januar 2002 durchgeführten «Weihnachtsbaum-Feuer» wurde eine neue Variante der Begegnung geschaffen. Man trifft sich mit den dürren Weihnachtsbäumen auf dem Fussballplatz und verbrennt sie fachmännisch. Eine umweltfreundliche Entsorgung, die nebenbei auch noch soziale Kontakte schafft.

Diepflingen hielt während der Trennungswirren 1833 mit Gelterkinden zunächst treu zu Basel, wodurch es Angriffen der Gegner ausgesetzt war. Um sich der ständigen Bedrohung zu entziehen, erklärte sich das Dorf am 20. Mai 1833 zur neutralen Republik Diepflingen. Diese hatte allerdings nur eine kurze Dauer von neun Tagen, weil die Eidgenössische Tagsatzung mit dem Einsatz von Truppen drohte. Trotzdem wird das Dorf auch heute noch liebevoll «die Republik» genannt.

1: *Herrschaftliches Haus.*
2: *Dorfstrasse.*
3: *Homburger Bach.*

Gelterkinden

Gemeindeverwaltung
Marktgasse 8, 4460 Gelterkinden
T 061 985 22 22, F 061 985 22 33
gemeinde@gelterkinden.bl.ch
www.gelterkinden.ch
Einwohnerzahl: 5500

Gelterkinden ist von der Einwohnerzahl her die grösste Gemeinde im Oberen Baselbiet. Auf Grund seiner umfangreichen Infrastruktur mit vielen Einkaufsmöglichkeiten ist das Dorf eine wichtige Zentrumsgemeinde für die umliegenden kleinen Orte.
Der Dorfplatz mit seinem markanten Brunnen und dem schönen Blick zur Kirche St. Peter steht unter Schutz. Gelterkinden ist ein beliebter Ausgangspunkt für viele Wanderungen im Tafeljura. Die umliegenden Hügelzüge erreichen Höhen von 700 bis 800 m ü.d.M.

Sage: Sonntagsheilung
Mein Onkel ging einmal an einem Sonntag frühmorgens unter der Flue Gras mähen, denn er wollte wegen des regnerischen Sommerwetters am Sonntag heuen. Da erschien ihm plötzlich eine Gestalt, «wie ein Wächter». Der Onkel wurde darauf krank. Seither würde er am Sonntag nie mehr heuen.

BEZIRK SISSACH

Bars → S. 142
Bärchi's Bar

Brunnen → S. 156
Dorfbrunnen

Fasnacht → S. 179

Kinos → S. 194
Marabu

Kirchen → S. 199
ref. Pfarrkiche

Kulturzentren → S. 204
Jundt-Huus
Marabu

Kunst → S. 212
Fritz Bürgin
Walter Eglin

Märkte → S. 225

Musik → S. 242
Jazz

Nachtleben → S. 247
Bärchi's Bar

Restaurants → S. 261
Rössli

Sport und Spiel → S. 276

Theater → S. 278
Marabu

Versteckt → S. 283
Dorfetter

Heimatkunde
2. überarbeitete Auflage
in Vorbereitung
Erscheint 2003 im Verlag des
Kantons Basel-Landschaft

Basellandschaftliche Kantonalbank

1: Dorfansicht.
2: Einkaufen im Allmend-Markt.

BEZIRK SISSACH

Häfelfingen

Gemeindeverwaltung
Hauptstrasse 83, 4445 Häfelfingen
T 061 299 00 60
haefelfingen@tiscalinet.ch
Einwohnerzahl: 270

Das abgelegene Dorf mit bäuerlichem Charakter liegt inmitten von Obstbäumen in einem Nebental des Homburgertales. Die alten Häuser sind alle noch bewohnt, z.T. auch modern ausgebaut. Der Wiesenberg mit seinen 1001 m ü.d.M. ist der höchst gelegene Punkt der Gemeinde. Auf dem Turm sind Panoramatafeln montiert, welche die grandiose Rundsicht dokumentieren.
Im Gemeindebann von Häfelfingen liegt das schon im 15. Jh. erwähnte Bad Ramsach auf 740 m ü.d.M. Heute ist es ein Kurhotel und Restaurant in ruhiger Lage mit wunderbarer Aussicht bis nach Liestal.

1: Schönes Wohnhaus.
2+3: Dorfansichten.

Sage: Erscheinung am Wiesenberg
Wir waren ... am Heuen ... Auf einmal hörte ich im nahen Wald etwas rauschen. Ich trat hinein, um nachzusehen. Nach wenigen Schritten gewahrte ich nahe am Waldrand einen grossen Mann mit gesenktem Blick daherkommen ... Als er den Kopf hob, sah er mich – und verschwunden war er. Ich hörte nur noch ein Geräusch, wie wenn ein ins Gleiten gekommener Baumstamm durch den Wald hinunterrutscht. Ganz verstört rief ich meinen Vater herbei. Dieser hatte es auch gehört. Ich beschrieb ihm den unheimlichen Mann, und er sagte, dies treffe auf einen Mann zu, der vor etwa zwanzig Jahren an dieser Stelle beim Holzfällen verunglückt sei. Ein ins Rutschen gekommener Tannenstamm habe ihn erdrückt ... Er hätte zu Lebzeiten Grenzpfähle versetzt und Vogtsgelder veruntreut – Bald nach dieser Erscheinung setzt ein heftiger Regenguss ein.

Hemmiken

BEZIRK SISSACH

Gemeindeverwaltung
Schulhaus, 4465 Hemmiken
T 061 983 97 91, F 061 983 97 90
kanzlei.hemmiken@bluewin.ch
Einwohnerzahl: 300

Das Dorf liegt zwischen Farnsberg und Wischberg in einem Talboden. Die reich verzierten Türstürze und Ofenplatten von vielen Bauernhäusern erinnern an die im 19. Jh. blühende Steinhauerei. Das Material stammte aus einer Schilfsandsteingrube im Steingraben nordwestlich des Dorfes. Importe und Schwierigkeiten beim Abbau brachten die Steinhauerindustrie schliesslich Anfang des 20. Jh. zum Erliegen.

Sage: Todesvorzeichen
Mein Grossvater war Totengräber. Er sagte, wenn das «Geschirr» (Pickel und Schaufel) im Schopf zu wackeln begann, dann habe er bestimmt ein neues Grab machen müssen.

1+2: Dorfansichten.
3: Restaurant Rössli.

BEZIRK SISSACH

Itingen

Sehenswürdigkeiten
→ S. 271
Ortsbild

Heimatkunde
360 S., illustriert, gebunden
2002 im Verlag des Kantons Basel-Landschaft

Gemeindeverwaltung
Dorfstrasse 2, 4452 Itingen
T 061 976 97 70, F 061 976 97 80
gemeinde@itingen.ch
www.itingen.ch
Einwohnerzahl: 1660

Das in der Bevölkerung liebevoll «Ütige» genannte Dorf an der Ergolz ist ein gefragter Wohnort, nicht zuletzt wegen seiner optimalen Verkehrslage und seines bemerkenswerten Dorfkerns. Die Firmen im verhältnismässig grossen Industriegebiet bieten über 1100 Arbeitsplätze und sind zum Teil bis über die Landesgrenzen hinaus bekannt (z.B. grosses Zentrallager der IKEA). Die Wälder rund um das Dorf bieten ein ideales Naherholungsgebiet.

Sage: Aus der Franzosenzeit (1798/99)
... Einmal erhielt Matthias Christen sechs Mann als Einquartierung. Als sie eintrafen, waren die Männer auf dem Feld, und die Franzosen verlangten von den Frauen, dass ihnen nach Wunsch aufgewartet werde. Der Wein benebelte die Köpfe, und sie benahmen sich immer ungebührlicher. Da kamen der Vater und die beiden handfesten Söhne heim, und diese prügelten die unverschämten Soldaten so durch, dass sie ... um Gnade baten. Am Tage darauf waren sie so gefügig, dass sie ein Klafter Holz sägten und spalteten.

1+2: Das aussergewöhnliche Ortsbild.
3: Dorfansicht.

Känerkinden

BEZIRK SISSACH

Gemeindeverwaltung
Hauptstrasse 30, 4447 Känerkinden
T 061 299 22 19, F 062 299 22 26
4447@gmx.ch
Einwohnerzahl: 500

Museen → S. 231
Walter Eglin-Museum

Heimatkunde
232 S., illustriert,
broschiert
1991 im Verlag des Kantons
Basel-Landschaft

Känerkinden liegt auf einer Hochebene zwischen Diegter- und Homburgertal. Der alte Dorfkern liegt in einer nach Osten abflachenden Mulde. Er hat sich seit den 1980er-Jahren stark verändert: Markante Häuser wurden abgerissen oder umgebaut. Trotzdem hat Känerkinden nichts von seinem Charme verloren. Nördlich des Dorfes, auf der Hochebene bei Wittinsburg, befindet sich ein einzigartiger Aussichtspunkt, von wo aus vier Landvogteischlösser der alten Landschaft Basel zu sehen sind: Homburg, Farnsburg, Waldenburg und Ramstein.

Sage: Zwei umgehende Mörder
Zwei Männer gingen abends neun Uhr von Känerkinden nach Buckten hinunter. Ausserhalb Känerkindens lief auf einmal jemand hinter ihnen her. Sie wandten sich seitwärts und wünschten einen guten Abend, aber sie erhielten keine Antwort und hörten überhaupt keinen Laut mehr. Nach einer Weile vernahmen sie hinter sich wieder Schritte, und wieder zeigte sich niemand.
Als sie später da und dort davon erzählten, hiess es, vor etwa neunzig Jahren sei an jener Stelle ein Reisender überfallen, ermordet und dann verscharrt worden. Sooft das Wetter ändere, zeigten sich dort zwei Männer, die Mörder, der eine mit einer Schaufel, der andere mit einem Karst auf der Achsel.

1: Moderne Überbauung mit Post und Spielplatz.

2: Walter-Eglin-Museum.

3: Ein Holzdruck des Känerkinder Künstlers Walter Eglin.

BEZIRK SISSACH

Kilchberg

Gemeindeverwaltung
Hauptstrasse 9, 4496 Kilchberg
T 061 983 03 43, F 061 983 03 44
gemeinde.zeglingen@freesurf.ch
Einwohnerzahl: 110

Kilchberg ist ein kleines Bauerndorf über dem Eital und die bevölkerungsärmste Gemeinde des Kantons. Die neugotische Landkirche, auf einer Anhöhe ragend, prägt das Dorfbild und ist als Wahrzeichen von weit her sichtbar.

Sage: Der Giessen als unheimlicher Ort
Im Jahr 1739 hat sich ein Mann in den Giessen gestürzt und fand darin den gesuchten Tod. Da er an der Stelle begraben wurde, wo sie ihn herauszogen, so wurde für das damalige Geschlecht notwendig dieser Platz ungeheuerlich und die Vergnügungen unterblieben.

1+2: Dorfansichten.
3: Wasserfall.

Läufelfingen

BEZIRK SISSACH

Gemeindeverwaltung
Hauptstrasse 7, 4448 Läufelfingen
T 062 299 11 23, F 062 299 23 07
ingrid.feltsch@laeufelfingen.bl.ch
Einwohnerzahl: 1284

Läufelfingen ist geprägt vom Passübergang des Unteren Hauensteins, an dessen Fuss es liegt. Viele Jahrhunderte passierte der Nord-Süd-Warenverkehr das Dorf Richtung Gotthard–Italien und brachte Arbeit und Verdienst. Heute führt der Transitverkehr nicht mehr durch das Homburgertal, aber noch immer ist Läufelfingen ein kleines gewerbliches Zentrum. Die Gemeinde ist Ausgangspunkt für viele Wanderungen über die Höhenwege des Oberbaselbieter Juras.

Bäder → S. 137
Kurhotel Bad Ramsach

Hotels → S. 187
Bad Ramsach

Kinder → S. 192

Kunst → S. 213
Fritz Bürgin
Walter Eglin

Musik → S. 244
Konzerte

Restaurants → S. 262
Bad Ramsach
Rosengarten

Top/Rekorde → S. 281
Tierfriedhof

Versteckt → S. 284
«Trochebluemestube»

Basellandschaftliche Kantonalbank

Schon Königin Victoria von England verewigte Läufelfingen in ihrem Reisetagebuch, als sie 1868 im Salonzug des französischen Kaisers von Basel nach Luzern fuhr. Sie war beeindruckt von dem – damals längsten – Eisenbahntunnel, der hier beginnt. Englische Ingenieure hatten ihn zehn Jahre zuvor gebaut.

1: Hauptstrasse mit Restaurants.
2: Dorfkirche.
3: Dorfansicht.

BEZIRK SISSACH

Maisprach

Brunnen → S. 157
Dorfbrunnen

Gemeindeverwaltung
Zeiningerstrasse 1, 4464 Maisprach
T 061 841 14 46, F 061 841 12 81
gemeindeverwaltung@maisprach.bl.ch
www.maisprach.ch
Einwohnerzahl: 900

Das Bauern- und Winzerdorf Maisprach liegt in sonniger Lage am Abhang des Sonnenbergs. Der bedeutende Weinanbau wurde ins Wappen übertragen und soll schon zur Römerzeit betrieben worden sein. Der Maispracher Wein ist einer der bekanntesten aus dem Baselbiet. Es gibt noch mehrere typische Bauernhäuser mit Weinkellern und zum Teil mit alten Ofensprüchen in den Wohnstuben.

Sage: Die goldene Kette
Im Innern des Sonnenberges ist seit undenklichen Zeiten eine goldene Kette gespannt. Wenn sie eines Tages zerreisst, wird das ganze Dorf Maisprach durch einen Bergsturz verschüttet.

1: Dorfkirche.
2: Dorfansicht gegen Süden.
3: Weinlese im Herbst.

Nusshof

BEZIRK SISSACH

Gemeindeverwaltung
Schulhaus, 4453 Nusshof
T 061 971 27 38, F 061 973 12 38
Einwohnerzahl: 210

Nusshof liegt auf einer Hochebene abseits des grossen Verkehrs und ist bei den Einwohnern beliebt für die Ruhe. Die Wiesen und Wälder rundherum sind ideal für Spaziergänge. Die Gemeinde wächst langsam an und ist mit einer guten Infrastruktur bedient. Der Name soll zurückzuführen sein auf die vielen Nussbäume, welche ein Bauer pflanzte, der dort das erste Haus von Nusshof baute. Der Nussstrauch wurde auch als Wappenbild verwendet.

1: Dorfansicht.
2: Häuserzeile.
3: Postautohaltestelle und Dorfbrunnen.

Auch für Torquato Tasso, den italienischen Dichter, dessen Schicksal Goethe in einem Drama dargestellt hat, soll Nusshof zur Heimat geworden sein. Jedenfalls wurde der berühmte Name in Nusshof eingetragen ... Doch bei unserem Tasso handelt es sich um einen italienischen Maurer mit Vornamen Cesare, damals im Unteren Baselbiet wohnhaft, der um 1920 eine neue Heimat suchte und so in Nusshof das Bürgerrecht erhielt.

BEZIRK SISSACH

Oltingen

Kirchen → S. 201
ref. Kirche St. Nikolaus

Museen → S. 236
Heimatmuseum Oltingen-Wenslingen-Anwil

Gemeindeverwaltung
Hauptstrasse 40A, 4494 Oltingen
T 061 991 06 96, F 061 993 90 15
gemeindeoltingen@tiscalinet.ch
Einwohnerzahl: 400

Oltingen ist ein schönes Bauerndorf mit alten Häusern, am Fusse des Passüberganges Schafmatt gelegen. Von Wiesen und Wäldern umgeben, lädt Oltingen als Ausgangspunkt für Wanderungen ein. Besonders im Frühjahr, wenn die Kirschbäume blühen, ist die Gemeinde fernab vom Verkehr ein Geheimtipp. Bei der Renovation der spätgotischen Kirche wurden prächtige Fresken aus dem 15. Jh. entdeckt.

Sage: Das Burgfräulein auf Heidegg
Junge Burschen von Oltingen sahen vor vielen Jahren an einem Sonntag, als sie auf Heidegg gingen, ein weisses Burgfräulein. Erschreckt von dieser Erscheinung, flohen sie bis auf einen, der etwas beherzter als seine Kameraden war. Als aber das Fräulein sich ihm näherte, ergriff er ebenfalls die Flucht. «Er well nit, ass der Tüüfel der lätz nähm», entschuldigte er sich später.

1: Obere Mühle.
2: Dorfstrasse.
3: Untere Mühle.

Ormalingen

BEZIRK SISSACH

Gemeindeverwaltung
Hauptstrasse 65, 4466 Ormalingen
T 061 985 82 82, F 061 985 82 83
info@ormalingen.ch
www.ormalingen.ch
Einwohnerzahl: 1900

Ormalingen liegt am Fuss des Farnsbergs im oberen Ergolztal, umrundet von Wiesen und Wäldern. Die ursprünglich lang gezogene Strassensiedlung ist heute beinahe mit Gelterkinden zusammengewachsen. Ormalingen ist eine typische Wohngemeinde. Trotzdem sind die vielen aktiven Vereine die treibenden Kräfte für die lebendige Dorfgemeinschaft.

Cafés → S. 161
Capuccino

Kinder → S. 193

Museen → S. 237
Ortssammlung

Restaurants → S. 265
Farnsburg

Sehenswürdigkeiten → S. 273
Farnsburg

Sport und Spiel → S. 275

Heimatkunde
244 S., illustriert, gebunden
1980 im Verlag des Kantons Basel-Landschaft

Am Platz der heutigen Kirche habe eine Kapelle gestanden, die dem St. Nikolaus von Myra geweiht war. Sie wird ins 13. oder 14. Jh. datiert und war entsprechend der damaligen Sitte mit Wandmalereien geschmückt, die während der Reformationszeit übertüncht und 1907 durch den Ortspfarrer wieder entdeckt wurden. Die Malereien der Nordwand sind noch zu sehen und sind auf die Mitte des 14. Jh. zu datieren.

1+2: Dorfansichten.

BEZIRK SISSACH

Rickenbach

Botanische Gärten
→ S. 149

Denkmäler → S. 166
Polendenkmal

Gemeindeverwaltung
Hauptstrasse, 4462 Rickenbach
T 061 981 32 52, F 061 981 43 61
kanzlei@rickenbach-bl.ch
www.rickenbach-bl.ch
Einwohnerzahl: 554

Die kleine Gemeinde Rickenbach liegt eingebettet in der Mulde zwischen Kienberg, Staufen und Farnsberg, zuoberst in einem kleinen, nach Süden offenen Seitental der Ergolz. Obwohl die Gemeinde rasch mit neuen Bauten anwuchs, konnte der ländliche Charakter beibehalten werden. Unzählige Obstbäume, grüne Wiesen und Wälder rund um das Dorf laden zu weitläufigen Spaziergängen ein.

Sage: Die Hexe im Chloschter
Im Chloschter, dem ältesten Dorfteil, wohnte eine alte Frau. Die Leute sagten von ihr, sie habe hexen und sich in eine schwarze Katze verwandeln können. Einmal warf ein Knabe einer schwarzen Katze einen Stein nach. Dieser traf sie am Kopfe. Am Tage darauf hatte die Frau einen verbundenen Kopf.

1+3: Dorfansichten.
2: Häuserzeile im Ortskern.

Rothenfluh

BEZIRK SISSACH

Gemeindeverwaltung
Hirschengasse 84, 4467 Rothenfluh
T 061 991 04 54, F 061 991 04 03
gemeinde.rothenfluh@bluewin.ch
www.rothenfluh.ch
Einwohnerzahl: 680

Denkmäler → S. 166
Grenzstein

Restaurants → S. 267
Asphof

Rothenfluh liegt in der Talweite an der Einmündung des Dübachtälchens ins Ergolztal. Die beiden Dorfstrassen längs der Ergolz und des Dübachs bilden zusammen mit den Querverbindungen Hirschen- und Eisengasse einen Ring, der noch heute Obst- und Pflanzgärten einschliesst. Nördlich davon liegt am Hang der älteste Dorfteil mit der Kirche und dem Hof. Über 50% des Gemeindebannes bestehen aus Wald. Diese Tatsache wurde im Wappen in stilisierter Form dargestellt.

Sage: Das wandernde Christusbild
Zur Zeit der Reformation wurden die Heiligenbilder aus den Kirchen entfernt, so auch in Rothenfluh. Neben anderen Heiligtümern, die sich in der Kirche befanden, stand auf dem Altar ein Kreuz mit dem Christusbild. Als auch dieses Heiligtum entfernt und zertrümmert werden sollte, soll es in der Nacht vorher auf wunderbare Weise von Engeln ins benachbarte Wegenstetten getragen worden sein. Bis auf den heutigen Tag ist es in der dortigen Kirche den Andächtigen zur Verehrung aufgestellt.

1: Kunst am Strassenrand.
2: Dorfkern mit Kirche.
3: Altes Wachhäuschen, heute Wahllokal.

BEZIRK SISSACH

Rümlingen

Kunst → S. 221
Jacques Düblin
Walter Eglin

Musik → S. 241
Festival Rümlingen für Neue Musik

Versteckt → S. 284
Taufstein

Gemeindeverwaltung
Häfelfingerstrasse 6, 4444 Rümlingen
T 062 299 19 52, F 062 299 54 02
ruemlingen@tiscalinet.ch
Einwohnerzahl: 330

Rümlingen liegt im Homburgertal an der Mündung des Häfelfingerbachs in den Homburgerbach, umschlossen von Wäldern. Der Dorfkern mit gut erhaltenen Bauernhäusern und Gewerbebauten gruppiert sich um die Kirche und das Pfarrhaus. Gleich ins Auge sticht das 25 m hohe Eisenbahnviadukt. Es führt mit acht gemauerten Bogen auf hohen Pfeilern über das Nebental. Erstellt wurde es 1856–58.

1: Eisenbahnviadukt.
2: Gasthaus zum Wilden Maa.
3. Dorfkirche.

Sage: Das Pfarrhaus als Munitionsdepot
Vom Pfarrhaus geht die Rede, es sei einmal ein Pulverhaus gewesen. In dieser Überlieferung steckt wohl eine Erinnerung an die Tatsache, dass anno 1799 die Franzosen in der Kirche ein Munitionsdepot einrichten wollten. Der Pfarrer suchte das zu verhindern und wies ihnen die leere Pfarrscheune als Lagerplatz an. Im Chor der Kirche seien Pulverfässer gelagert worden, die man immer habe spritzen müssen.

Rünenberg

BEZIRK SISSACH

Gemeindeverwaltung
Schulstrasse 50, 4497 Rünenberg
T 061 983 02 60, F 061 983 02 61
gemeinde.ruenenberg@freesurf.ch
www.ruenenberg.ch
Einwohnerzahl: 740

Brunnen → S. 158
im Unterdorf

Denkmäler → S. 166
Johann August Sutter

Kunst → S. 221
Fritz Bürgin

Natursehenswürdigkeiten
→ S. 250
Wasserfall Giessen

Basellandschaftliche Kantonalbank

Das heutige Bauern- und frühere Posamenterdorf liegt auf einem Hochplateau zwischen Homburgertal und Eital und besteht aus lang gezogenen, lockeren Strassenzeilen. Gut erhalten sind zahlreiche stattliche Bauernhäuser aus dem 18. und 19. Jh. mit geräumigen Hausplätzen, die grosszügige Strassenräume entstehen lassen. Umgeben von Feldern und Wiesen, ladet die Gegend zu weiten Spaziergängen ein.

1: Biotop mitten im Dorf.
2: Dorfkern mit Brunnen.

Einer der bekanntesten Rünenberger ist wohl General Johann August Sutter. Der Mann, der mit 31 Jahren nach Nordamerika zog und dort im heutigen Sacramento mit dem Handel von Fellen, Baumwolle und Obst Reichtum erlangte. Doch sein Reich zerfiel schneller, als er es aufbaute. Nachdem einer seiner Arbeiter Gold auf seinem Grundstück gefunden hatte, überschwemmten goldgierige Abenteurer aus ganz Amerika seinen Besitz. Sie bauten ihre Häuser darauf, als ob es Niemandsland wäre. Damals gab es keine Polizei, die für Recht und Ordnung sorgte. Sutter erhielt vom amerikanischen Staat nie eine Entschädigung, das Einzige, was ihm blieb, war der Ehrentitel «General» und eine kleine Rente.

BEZIRK SISSACH

Sissach

Gemeindeverwaltung
Bahnhofstrasse 1, 4450 Sissach
T 061 976 13 00, F 061 976 13 09
gemeinde@sissach.bl.ch
www.sissach.ch
Einwohnerzahl: 5500

Architektur → S. 134
Realschulhaus Bützenen

Bars → S. 144
Lindbergh Pub

Bibliotheken → S. 147

Bräuche/Feste/Feiern
→ S. 153

Brunnen → S. 158

Fasnacht → S. 182

Hotels → S. 189
zur Sonne

Kinos → S. 195

Kirchen → S. 203
ref. Kirche St. Jakob

Kulturzentren → S. 208
KiK Kultur im Keller
Schloss Ebenrain

Kunst → S. 221
Lorenz Balmer; Fritz Bürgin;
Ugo Cleis; René Küng

Literatur → S. 223

Märkte → S. 226

Museen → S. 238
AkkZent; Heimatmuseum;
Henker-Museum

Musik → S. 241/242
klassische und E-Musik
Jazz

Nachtleben → S. 248

Restaurants → S. 268
Sissacherfluh

Sport und Spiel → S. 274

Heimatkunde
479 S., farbig illustriert,
gebunden
1998 im Verlag des Kantons
Basel-Landschaft

Basellandschaftliche Kantonalbank

Als Hauptort des gleichnamigen Bezirks übt Sissach eine wichtige Funktion aus. Eine grosse Anzahl Arbeitsplätze in Industrie-, Gewerbe- und Dienstleistungsbetrieben sowie viele Einkaufsmöglichkeiten machen die Gemeinde zum Zentrum des Oberen Baselbiets. Jedoch entsteht dadurch täglich ein riesiges Verkehrsaufkommen, das im Jahr 2005 durch den Umfahrungstunnel behoben werden soll.
Der jährlich dreimal stattfindende Waren- und Viehmarkt gilt als sozialer Höhepunkt für die Bevölkerung und Besucher. Bekannt ist der Sissacher Wein, welcher seit den 1980er-Jahren wieder angebaut wird.

Sage: Vom Welthund
Am Wuhrweg soll in dunklen Nächten der Welthund erscheinen. Es ist ein riesiges schwarzes Tier mit feurigen Augen. Wer ihn dort auf dem Fussweglein zwischen den Gärten antrifft, wird anderntags mit einem geschwollenen Kopf umhergehen müssen.

1: Sissacher Flue.
2: Alte Mühle.
3: Zentrum «Sonnen»-Kreuzung.

Tecknau

BEZIRK SISSACH

Gemeindeverwaltung
Dorfstrasse 22, 4492 Tecknau
T 061 985 88 22, F 061 985 88 21
gemeindetecknau@datacomm.ch
Einwohnerzahl: 880

Heimatkunde
131 S., illustriert, broschiert
1987 im Verlag des Kantons Basel-Landschaft

Tecknau liegt als lang gezogenes Strassendorf im oberen Eital, einem Seitental des Ergolztales. Zuoberst an der Eisenbahnstrecke Basel–Olten gelegen, beginnt hier der Hauenstein-Basistunnel, eine wichtige Verbindung Jura-Nordfuss–Mittelland des öffentlichen Verkehrs. Neben den wenigen ehemaligen Bauernhäusern im Dorfkern beherrschen heute neue Ein- und Mehrfamilienhäuser das Dorfbild.

In der «Heimatkunde» ist als erste urkundliche Erwähnung das Jahr 1372 genannt. Im September 1996 hat man jedoch ein Schriftstück mit dem Datum 5.12.1296 entdeckt. Innert kürzester Zeit hat die Gemeinde dann einen feierlichen Anlass zum 700. Geburtstag organisiert; das grosse Dorffest wurde im Sommer 1997 nachgeholt. Wenige Tage vor dem Anlass wurde im kantonalen Staatsarchiv eine Erwähnung der Gemeinde Tecknau auf einem Dokument aus dem Jahre 1284 gefunden. Die Feier wurde natürlich trotzdem durchgeführt.

1: Dorfkern mit Brunnen.
2: Dorfansicht Richtung Gelterkinden.

BEZIRK SISSACH

Tenniken

Brunnen → S. 158
Auffliegende Vögel

Kunst → S. 222
Fritz Bürgin

Heimatkunde

378 S., illustriert, gebunden
2002 im Verlag des Kantons Basel-Landschaft

Gemeindeverwaltung
Alte Landstrasse 32, 4456 Tenniken
T 061 973 07 00, F 061 973 07 01
gemeinde@tenniken.bl.ch
www.tenniken.ch
Einwohnerzahl: 930

Das Dorf Tenniken liegt im Diegtertal, unterhalb der Tennikerfluh. Zwar hat Tenniken durch den Bau der Autobahn einiges von seiner beschaulichen Ruhe verloren, es konnte aber seinen heimeligen Charakter trotzdem bis heute bewahren. Obwohl sich die Gemeinde in den letzten Jahren recht stark vergrössert hat, konnte der alte Dorfkern weitgehend erhalten werden.
Tenniken besitzt wenig Gewerbe und Industrie und ist vor allem eine Wohngemeinde. Weltweit bekannt ist die 1924 gegründete Uhrenfabrik Grovana, die ihre Produkte in über 80 Länder liefert.

1: Grosses Wohnhaus.
2: Dorfansicht.
3: Seitenstrasse beim Dorfkern.

Sage: Der Landhund im Hexenhaus
Der Landhund ging im Dorf um; immer von zehn Uhr bis ein Uhr nachts war er unterwegs, bis er im Hause, wo eine Hexe wohnte, durch das «Katzenloch» des Scheunentors schlüpfte. Das mächtige Tier machte sich dann so klein wie eine Katze.

Thürnen

Gemeindeverwaltung
Böckterstrasse 20, 4441 Thürnen
T 061 975 80 80, F 061 975 80 81
info@thuernen.bl.ch
www.thuernen.ch
Einwohnerzahl: 1200

BEZIRK SISSACH

Brunnen → S. 159
rechteckiger Trogbrunnen

Heimatkunde
in Vorbereitung
Erscheint 2003 im Verlag
des Kantons
Basel-Landschaft

Thürnen ist ein typisches Strassendorf und bildet den Beginn des Homburgertales. Seit 1990 wird Thürner Wein, ein Blauburgunder, in kleinen Mengen produziert. Ein Dutzend Vereine beleben das Dorfleben und Neuzuzüger fühlen sich rasch wohl in der Gemeinde.
Sechsmal im Jahr findet die «Waldputzete» statt, eine von der Bürgergemeinde initiierte Aktion. Damit werden Försterei-Kosten eingespart. Alle Helferinnen und Helfer erhalten als Lohn Ende des Jahres einen Weihnachtsbaum aus dem Thürner Wald geschenkt.

1: Dorfbrunnen.
2+3: Dorfidylle.
4: Homburgerbach.

Sage: Die Jungfrau auf dem Ziegenbock
Schon mancher hat bei hellem Mondschein zwischen
Sissach und Thürnen eine wunderbare Reiterin gesehen.
Eine weissgekleidete Jungfrau reitet mit fliegenden
Haaren auf einem Ziegenbock Thürnen zu und von da
eine Strecke weiter den Bach hinauf. An einer gewissen
Stelle macht sie kehrt, eilt dem verfallenen Schlosse
Bischofstein zu und von dort wieder abwärts, der Ergolz
entlang. Diesen Ritt soll sie seit Jahrhunderten öfters
machen.

BEZIRK SISSACH

Wenslingen

Brunnen → S. 159
Gedenkbrunnen Traugott Meyer

Denkmäler → S. 166
Traugott Meyer

Versteckt → S. 285
Jungfernstein
Ruine Oedenburg

Heimatkunde
404 S., illustriert, gebunden
1998 im Verlag des Kantons Basel-Landschaft

Basellandschaftliche Kantonalbank

Gemeindeverwaltung
Hauptstrasse 165, 4493 Wenslingen
T 061 991 06 90, F 061 991 06 00
gemeindewenslingen@bluewin.ch
www.wenslingen.ch
Einwohnerzahl: 670

Nicht nur das schmucke Ortsbild und die reizvolle Lage auf einem der schönsten Hochplateaus des Tafeljuras, sondern vor allem seine Bewohner machen Wenslingen so lebens- und liebenswert. Die nach aussen aufgelockerte Bauweise des Dorfes und die Offenheit der umgebenden Landschaft widerspiegeln sich in der Denk- und Lebensart. Die Wärme der Sonnenstrahlen, von denen die Bevölkerung oft verwöhnt wird, findet sich wieder im vielfältigen Vereinsleben. Die häufigen und oft starken Winde des Klimas führen wohl dazu, dass Mann wie Frau in der Regel mit beiden Beinen fest auf dem Boden steht.

Die Sage vom «Jumpferestei», einer Felsplatte, berichtet aus prähistorischen Zeiten. Dieser Stein habe als Fruchtbarkeitszauber gedient. Frauen, die keine Kinder bekommen haben, seien Nachts zu diesem «Jumpferestei» geschlichen. Dort seien sie nackt über die Felsplatte gerutscht.
Man sagt, wenn man um Mitternacht zu diesem Stein gehe, sehe man eine junge Frau darauf sitzen, die den Stein mit einem Finger heben könne.

1: Dorfkern.
2: Schwibogen und Dorfbrunnen.

Wintersingen

BEZIRK SISSACH

Gemeindeverwaltung
Hauptstrasse 64, 4451 Wintersingen
T 061 976 96 50, F 061 976 96 51
gemeinde.wintersingen@bluewin.ch
www.wintersingen.ch
Einwohnerzahl: 635

Denkmäler → S. 166
Heinrich Grieder

Fasnacht → S. 183

Heimatkunde
384 S., farbig illustriert, gebunden
1996 im Verlag des Kantons Basel-Landschaft

Wintersingen liegt südlich des Chienbergs in einer halbkreisförmigen Talenge. Es ist seit jeher ein lang gestrecktes Strassen- und Bachzeilendorf. Die vorhandene schützenswerte bauliche Substanz und damit die kulturelle und gesellschaftliche Identität des Dorfes soll bewahrt bleiben. Erst in den letzten Jahrzehnten wurde der sonnige Südhang gegenüber der Kirche überbaut. Im Oberdorf steht in erhöhter Lage die Kirche und unweit davon im Tal das stattliche Pfarrhaus aus dem Jahre 1662.

1: Dorfansicht.
2: Ehemalige Bauernhäuser.
3: Das Sortiment der Wintersinger Weine.

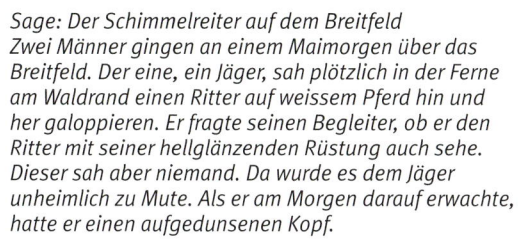

Sage: Der Schimmelreiter auf dem Breitfeld
Zwei Männer gingen an einem Maimorgen über das Breitfeld. Der eine, ein Jäger, sah plötzlich in der Ferne am Waldrand einen Ritter auf weissem Pferd hin und her galoppieren. Er fragte seinen Begleiter, ob er den Ritter mit seiner hellglänzenden Rüstung auch sehe. Dieser sah aber niemand. Da wurde es dem Jäger unheimlich zu Mute. Als er am Morgen darauf erwachte, hatte er einen aufgedunsenen Kopf.

BEZIRK SISSACH

Wittinsburg

Sehenswürdigkeiten
→ S. 273
Bauernhäuser

Gemeindeverwaltung
Schulhaus, 4443 Wittinsburg
T 062 299 11 72/062 299 23 87, F 062 299 11 72
Einwohnerzahl: 380

Wittinsburg liegt am Rand zum Homburgertal. Schon im Oberdorf sind die schmucken Bauernhäuser und Vorplätze liebevoll gepflegt und mit Blumen reich dekoriert. Die linke Häuserreihe im Unterdorf steht festungsähnlich auf einem Felsvorsprung.
Das Wittinsburger Feld ist ein Anziehungsort für Wanderer. Der Ausblick über die weite Hochebene ist einzigartig, am Horizont umrahmt von bekannten Jurabergen, dem Titlis, dem Schwarzwald und den Vogesen. Auf dem Feld finden seit einigen Jahren wieder die beliebten Flugtage statt.

1: Hauptstrasse.
2: Stimmung ausserhalb des Dorfes.

Sage: Umgehender Selbstmörder
Wir waren ein paar junge Burschen beieinander und wurden rätig, einem Bauern an die Birnen zu gehen. Wie wir auf dem Baume sassen, sahen wir plötzlich einen Mann im Blauhemmli unter dem Baume durchgehen. Wir erkannten ihn als den Mitbürger, der vor kurzem seinem Leben durch Ertränken ein Ende gemacht hatte. (Blauhemmli = blaue Burgunderbluse)

Zeglingen

BEZIRK SISSACH

Gemeindeverwaltung
Wenslingerstrasse 2, 4495 Zeglingen
T 061 983 03 43, F 061 983 03 44
gemeinde.zeglingen@freesurf.ch
Einwohnerzahl: 460

Zeglingen liegt eingebettet in einem Kranz bewaldeter Kuppen und Höhen. Dem Wanderer bietet sich ein herrliches Panorama, eine vielfältige, feingliedrige Landschaft mit ihren verschiedenen Tälern, ähnlich einer offenen Hand, geprägt von dem wohl grössten Gips-Steinbruch der Schweiz. Auffällig sind auch die vielen Kirschbäume rund um das Dorf, welche in der Blütezeit einen wunderschönen Anblick bieten. Im Dorfkern gibt es viele schmucke Bauernhäuser, die noch liebevoll gepflegt werden.

Ein Zeglinger Dorforiginal war der in der Schweiz weit herum bekannte Naturarzt und Homöopath Peter Rickenbacher (1841–1915). Der «Zegliger Peter», wie er überall genannt wurde, verarztete nicht nur Menschen, sondern kannte auch für das Vieh recht wirksame Mittel. In den «Baselbieter Sagen» sind einige Anekdoten über ihn zu finden.

1: Dorfansicht.
2: Herrschaftliches Haus.
3: Dorfstrasse.

BEZIRK SISSACH

Zunzgen

Kunst → S. 222
Ruedi Pfirter

Nachtleben → S. 248
Cheval Bleu

Sport und Spiel → S. 275

Heimatkunde
424 S., illustriert, gebunden
2000 im Verlag des Kantons Basel-Landschaft

Gemeindeverwaltung
Schulgasse 8, 4455 Zunzgen
T 061 971 12 24, F 061 971 73 88
gemeinde@zunzgen.bl.ch
Einwohnerzahl: 2430

Das lang gezogene Dorf Zunzgen am Eingang des Diegtertales hat sich seit den 1980er-Jahren mit vielen Mehrfamilienhäusern rasch vergrössert und ist schon fast mit Sissach zusammengewachsen. Der alte Dorfkern ist noch gut erhalten. Viele Bauernhäuser sind zwar modern renoviert worden, ihre Charakteristik blieb aber erhalten. Verschiedenste Vereine beleben das kulturelle Leben in der Wohngemeinde Zunzgen.

Büchel
Am südlichen Dorfrand Richtung Tenniken fällt der so genannte Büchel als rund 30 m hoher Wiesenhügel auf. Dieser künstlich aufgeworfene Hügel ist Wahrzeichen des Dorfes und auch in stilisierter Form auf dem Wappen wiederzufinden. Natürlich gab es um diesen Hügel viele Sagen und Anekdoten: Vom Grab des heidnischen Hunnenkönigs Attila über das Raubritterschloss und die christliche Kapelle bis hin zur Jungfrau und zum Ziegenbock. Ausgrabungen ergaben, dass im 10./11. Jh. eine Holzburg als Wehranlage auf dem Büchel stand.

1: Sagenumwobener Büchel.
2: Dorfkern bei Hardstrasse.

Arboldswil

BEZIRK WALDENBURG

Gemeindeverwaltung
4424 Arboldswil
T 061 933 13 13, F 061 933 13 15
gemeinde@arboldswil.ch
www.arboldswil.ch
Einwohnerzahl: 500

Architektur → S. 130
Erdhäuser

Bräuche/Feste/Feiern
→ S. 154

Top/Rekorde → S. 280
Lamas

Arboldswil liegt fern vom Talverkehr auf einer Anhöhe zwischen Waldenburger- und Reigoldswilertal. Von der Hochebene ist die grossartige Aussicht Richtung Liestal zu bewundern.
Das typische Baselbieter Tafeljuradorf ist noch von vielem unberührt geblieben.
Die ausgesprochene Sonnenlage sowie die extremen Spätfrostgrenzen führten zum intensiven Obstanbau. In jüngster Zeit wird auch der Rebbau wieder gepflegt.

Sage: Ein Verstorbener erscheint
Ich begegnete am hellen Tage einem Arboldswiler Bürger mit einer Hutte. Ich war erstaunt, als er meinen Gruss nicht abnahm. Dieses sonderbare Verhalten konnte ich nicht recht begreifen, da kam mir plötzlich in den Sinn, der Mann sei ja vor zwei Jahren gestorben.
(Emil Baier 1869–1951)

1: Dorfplatz mit Maibaum.
2: Schmuckes Haus im Dorfkern.
3: Dorfansicht.

BEZIRK WALDENBURG

Bennwil

Denkmäler → S. 162
Carl Spitteler

Museen → S. 228
Dorfmuseum

Versteckt → S. 283
Taufbecken

Gemeindeverwaltung
Hauptstrasse 42, 4431 Bennwil
T 061 951 12 54, F 061 953 90 04
maja.scherrer@bennwil.bl.ch
Einwohnerzahl: 630

Die Gemeinde Bennwil (Mundart: «Bämbel») liegt in einem geschützten Seitental zwischen Diegten und Hölstein, umgeben von Wäldern und Wiesen. Der Dichter und Nobelpreisträger Carl Spitteler war Bürger von Bennwil. Die Kinderjahre verbrachte er in Liestal. Nicht seine Auslandreisen oder sein achtjähriger Aufenthalt in Finnland und Russland haben sein Werk beeinflusst, sondern seine Kindheitseindrücke von der Heimat und ihren Menschen. So schrieb er auch oft über das Waldenburgertal, das er bei vielen Familienausflügen erleben durfte. «Die Träume meiner zwei ersten Lebensjahre sind meine schönste Bildersammlung und mein liebstes Poesiebuch», äusserte er sich einmal.

1: Pfarrgarten.
2: Dorfkern mit Brunnen.
3: Dorfansicht.

Man erzählt, dass früher die Pfarrherren auch noch Landwirtschaft betrieben. Der damalige Pfarrherr war an einem Nachmittag auf dem Eichholz am Ackern, als er plötzlich von der Kirche Hölstein die Glocken läuten hörte. Er erinnerte sich mit Schrecken, dass um zwei Uhr eine Hochzeit angesagt war. Er liess alles stehen und liegen, schwang sich auf seinen Ackergaul und ritt im Galopp zur Kirche. So konnte die Trauung doch noch durchgeführt werden. Allerdings mit einer nicht standesgemässen Kleidung des Pfarrherrn.

Bretzwil

BEZIRK WALDENBURG

Gemeindeverwaltung
4207 Bretzwil
T 061 943 04 40, F 061 943 04 41
gemeindebretzwil@bluewin.ch
Einwohnerzahl: 770

Brunnen → S. 156
Isaak Bowe-Brunnen

Denkmäler → S. 163
Isaak Bowe

Restaurants → S. 259
Eintracht

Heimatkunde
314 S., illustriert, broschiert
1980 im Verlag des Kantons Basel-Landschaft

Bretzwil mit der reizvoll hügeligen Landschaft lädt zu abwechslungsreichen Wanderungen ein. Die Gemeinde ist prozentual gesehen eine der kinderreichsten im Bezirk. Für die kulturelle Abwechslung sorgen zehn Dorfvereine, die für jeden einen Ausgleich zum Alltag bieten und zudem einen wesentlichen Beitrag zur Integration der Zuzüger in die Dorfgemeinschaft leisten.

Sage: Der Binzenbergfuhrmann
Vor vielen Jahren verunglückte oberhalb der Säge an einer abschüssigen Stelle gegen den Binzenberg ein Holzfuhrmann mit Pferden und Wagen tödlich. Später hörte man gelegentlich vor Wetteränderungen im Sägequartier das Bersten und Krachen des stürzenden Wagens, begleitet von Angstschreien des Fuhrmanns.

1: Dorfansicht.
2: Hofgut Ramstein.

BEZIRK WALDENBURG

Diegten

Hotels → S. 186
Rebstock

Kunst → S. 211
Walter Eglin

Restaurants → S. 260
Rebstock gaga-Gastro

Heimatkunde
424 S., farbig illustriert, gebunden
1996 im Verlag des Kantons Basel-Landschaft

Gemeindeverwaltung
Zälghagweg 55, 4457 Diegten
T 061 971 33 93, F 061 973 06 24
dieter.pfister@diegten.bl.ch
Einwohnerzahl: 1420

Das schmucke Dorf liegt im gleichnamigen Tal, umgeben von Wäldern und Wiesen. Angesiedelt wurde seit jeher dem Bach entlang, welcher stückweise die Hauptstrasse parallel begleitet. Deshalb ist das Dorf auch sehr lang gezogen. Seinen ländlichen Charakter konnte Diegten trotz reger Bautätigkeit beibehalten. Neuzuzüger finden als Mitglieder in einem der vielen Vereine leicht Anschluss an das Dorfleben.

1: Kirche St. Peter.
2: Häuserzeile.

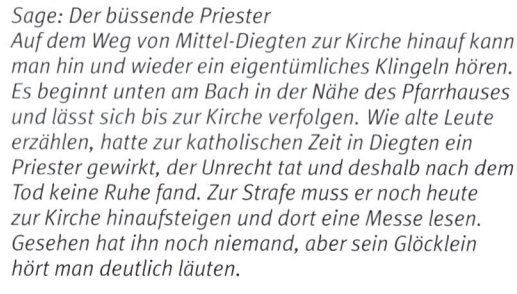

Sage: Der büssende Priester
Auf dem Weg von Mittel-Diegten zur Kirche hinauf kann man hin und wieder ein eigentümliches Klingeln hören. Es beginnt unten am Bach in der Nähe des Pfarrhauses und lässt sich bis zur Kirche verfolgen. Wie alte Leute erzählen, hatte zur katholischen Zeit in Diegten ein Priester gewirkt, der Unrecht tat und deshalb nach dem Tod keine Ruhe fand. Zur Strafe muss er noch heute zur Kirche hinaufsteigen und dort eine Messe lesen. Gesehen hat ihn noch niemand, aber sein Glöcklein hört man deutlich läuten.

Eptingen

BEZIRK WALDENBURG

Gemeindeverwaltung
Hauptstrasse 11, 4458 Eptingen
T 062 299 12 62, F 062 299 00 14
eptingen@lycosmail.com
Einwohnerzahl: 580

Bäder → S. 138
Bad Eptingen

Hotels → S. 186
Bad Eptingen

Museen → S. 230
August Suter Museum

Musik → S. 245
Openairs

Restaurants → S. 261
Bad Eptingen

Eptingen, die oberste Gemeinde in dem von Sissach abzweigenden Diegtertal und bekannt als Ausgangspunkt für Jurawanderungen, wird vollständig vom Faltenjura eingerahmt. Prägend ist vor allem im Süden die Belchenfluh oder, wie die Baselbieter sagen, der Bölchen.
In Eptingen wurde ein Museum mit dem Nachlass des Künstlers August Suter (1887–1965) eingerichtet, der vor allem mit seinen Skulpturen in der Schweiz und in seiner Wahlheimat Paris bekannt wurde. Unter anderem erstellte er das Denkmal für den Dichter Carl Spitteler in Liestal.

1: Dorfkern mit Kirche.
2: Abfüllfabrik der Getränkefirma Eptinger.

Dank seines mineralischen Wassers wurde Eptingen zu einem weit herum bekannten Begriff. Die Heilwirkung dieses zuerst im Bad «Ruch-Eptingen» genutzten Wassers hat der Basler Professor Theodor Zwinger bereits im Jahr 1693 beschrieben. Seit 1900 wird es auch als Trinkwasser verwendet.
Bis zum Ausbruch des Ersten Weltkriegs galt Eptingen als der bedeutendste Badeort im Baselbiet und wurde vielfach von Leuten aus dem wohlhabenden Mittelstand Basels und des Elsasses besucht.

BEZIRK WALDENBURG

Hölstein

Heimatkunde
200 S., illustriert, gebunden
1998 im Verlag des Kantons Basel-Landschaft

Basellandschaftliche Kantonalbank

Gemeindeverwaltung
Bündenweg 40, 4434 Hölstein
T 061 956 90 00, F 061 951 22 71
gemeindeverwaltung@hoelstein.bl.ch
www.hoelstein.ch
Einwohnerzahl: 2160

Auf Schiene und Strasse gut erreichbar, liegt Hölstein mitten in der Natur. Dem traditionellen Strassendorf am alten Verkehrsweg über den Oberen Hauenstein wurden in den vergangenen Jahrzehnten neben der Siedlung in der Talsohle auch die drei Hügelquartiere angegliedert. Die gute Infrastruktur und die ländliche Lage des Dorfes ermöglichen den Einwohnern ein angenehmes Leben.

Sage: Der Schatzbaum und die Jungfrau
Zwischen Spitzburg und Ramlinsburg liegt ein zum Banne Hölstein gehöriges Tälchen. Ein Fussgänger sah dort einst von ferne einen Baum, der war von oben bis unten mit Gold und Silber umhängt, so dass er ganz geblendet wurde. Vor dem Baume stand als Wächterin eine Jungfrau, die oben schwarz und unten weiss war. Anfänglich war sie über alle Massen gross, aber nach längerem Betrachten wurde sie immer kleiner, und nach und nach schrumpfte sie in ein winziges Ding zusammen und verschwand dann samt dem Baum.

1: Dorfansicht.
2: Neuhaus.

Lampenberg

BEZIRK WALDENBURG

Gemeindeverwaltung
Hauptstrasse 40, 4432 Lampenberg
T 061 951 15 82
gemeinde.lampenberg@datacomm.ch
Einwohnerzahl: 480

Hotels → S. 186
Abendsmatt

Natursehenswürdigkeiten
→ S. 250

Panoramapunkt

Lampenberg liegt in einer flachen Mulde auf dem Plateau zwischen Reigoldswiler- und Waldenburgertal. Es besteht aus lockeren Häuserzeilen. Die vorreformatorische St. Verena-Kapelle wurde im 16. Jh. zu Wohnzwecken umgebaut.

1–4: Dorfansichten.

BEZIRK WALDENBURG

Langenbruck

Bräuche/Feste/Feiern
→ S. 153

Hotels → S. 186
Bären

Kirchen → S. 199
Kloster Schönthal

Kunst → S. 213
Skulpturenpark

Märkte → S. 225

Restaurants → S. 261
Dürstel

Sport und Spiel → S. 275

Heimatkunde
362 S., farbig illustriert, gebunden
1992 im Verlag des Kantons Basel-Landschaft

Gemeindeverwaltung
4438 Langenbruck
T 062 390 11 37, F 062 390 19 69
gemeinde@langenbruck.ch
www.langenbruck.ch
Gratis-Telefon 0800 80 44 38
Einwohnerzahl: 985

Langenbruck ist das höchst gelegene Baselbieter Dorf, eingebettet in die reizvolle Juralandschaft. Die landschaftliche Vielfalt bietet Möglichkeiten zu sportlicher Freizeitgestaltung wie Wintersport, Wandern oder Mountainbiken. Langenbruck war bis 1914 ein bekannter Kurort. Heute ist es eine attraktive, zukunftsgerichtete Gemeinde von hoher Wohnqualität. Sie ist Sitz des Ökozentrums, einer Stiftung für angepasste Technologie und Sozialökologie. Aus Langenbruck stammt der bekannte Flugpionier Oskar Bider (1891–1919), der als Erster die Pyrenäen und die Alpen überflog.

1–3: Verschiedene Dorfansichten.

Sage: Die Ankenballenflue
In der Gegend des Chilchzimmers wohnte vor Zeiten ein wohlhabender Senn. Auf seinen fetten Alpen weideten stattliche Viehherden, und gross war der Ertrag an Butter und Käse. Doch war der Senn vom Geizteufel besessen, und während einer grossen Teuerung rahmte er die Milch ab, bevor er Käse bereitete. Den Magerkäse verkaufte er zu hohen Preisen, die Butter aber speicherte er auf, bis sie noch höher im Preise steige. Doch dem Jahre der Teuerung folgten gute Jahre, und der habgierige Senn war um seinen Gewinn betrogen; denn niemand wollte ihm seinen Anken abkaufen. So blieben die Stöcke und versteinerten im Laufe der Zeit zu der Ankenballenflue.

Lauwil

BEZIRK WALDENBURG

Gemeindeverwaltung
Lammetstrasse 3, 4426 Lauwil
T 061 941 21 21, F 061 943 20 63
gem.lauwil@bluewin.ch
Einwohnerzahl: 340

Restaurants → S. 262
Vogelberg

Top/Rekorde → S. 281
Schweizer Whiskey

Das ehemalige Posamenterdorf Lauwil liegt in einer flachen Mulde zu Füssen des Schattbergs und des Geitenbergs. Die höheren Teile des verhältnismässig grossen Gemeindebannes liegen in der Zone der Juraweiden mit vorherrschender Alpwirtschaft. Hier stehen stattliche Sennhöfe, deren Landbesitz bis nahe ans Dorf reicht. Der Siedlungskern besteht aus drei Strassenzeilen, neuerdings entstanden Wohnbauten in Streulage rings um das Dorf.

1+2: Dorfansichten.

Sage: Im Ankenlappi
Auf dem Wege von Lauwil zum St. Romai, in der Gegend, wo ein Brücklein über den Ämlisbach führt, heisst ein Stück Land «im Ankenlappi». An dieser Stelle soll einmal ein Mann, der auf seinem Tragräf Butter von einem Alphof zu Tale trug, gerastet haben. Von der Hitze des schönen Sommertages erschöpft, schlief er ein. Als er wieder erwachte, war die Butter geschmolzen. Sein Ausspruch «Anke, du Lappi!» wurde von den Leuten in Lauwil öfters wiederholt und blieb schliesslich an dieser Örtlichkeit als Flurname haften.

BEZIRK WALDENBURG

Liedertswil

Bräuche/Feste/Feiern
→ S. 154

Top/Rekorde → S. 282
Schiessstand

Gemeindeverwaltung
4436 Liedertswil
T 061 961 92 02, F 061 963 92 08
liedertswil@bluewin.ch
Einwohnerzahl: 150

Das kleine Dorf Liedertswil liegt in einem Talkessel zwischen Reigoldswiler- und Waldenburgertal. Die Gemeinde bestand ursprünglich aus drei Bauernhöfen (siehe Wappen) und hat mit den Jahren immer mehr Bauten und Einwohner dazugewonnen.
Liedertswil trägt den Übernamen «Tschoppenhof», da früher sehr viele Einwohner den Nachnamen Tschopp trugen.

1 + 2: Dorfansichten.
3: Eingang zu Liedertswil.

Sage: Grenzsteinfrevler als Irrlicht
Man erzählt, ein habsüchtiger Bauer habe östlich des Dörfleins am Lichs, einer feuchten Wiese vor dem Lüshübel, zu seinem Vorteil die Grenzsteine versetzt. Er könne daher keine Ruhe im Grabe finden und müsse von Zeit zu Zeit in warmen Sommernächten als Irrlicht der Grenze nach hin und her hüpfen. In den letzten Jahrzehnten hat der nunmalige Landbesitzer sein Grundstück entwässert, und der Marchsteinversetzer hat seine Ruhe gefunden.

Niederdorf

BEZIRK WALDENBURG

Gemeindeverwaltung
Kilchmattstrasse 5, 4435 Niederdorf
T 061 961 01 40, F 061 961 07 60
gv-niederdorf@freesurf.ch
Einwohnerzahl: 1800

Museen → S. 236
Industriemuseum Waldenburgertal
Zweiradstiftung Schellhammer

Sport und Spiel → S. 274

Niederdorf ist ein lang gezogenes Bach- und Strassenzeilendorf. In jüngster Zeit wurden auch die Talhänge und die nördliche Talebene überbaut. Im früheren Bauerndorf wurde im 19. Jh. die Fabrikposamenterei, im 20. Jh. die Uhrenfabrikation wichtig. Heute dominieren Metallbau- und Feinmechanikbetriebe.

1: Dorfansicht.
2: Die Vordere Frenke.

Sage: Spuk an der Grenze
Mein Grossvater und mein Urgrossvater wohnten in der oberen Neueten. Alle Jahre etwa zweimal bellte der Hofhund die ganze Nacht hindurch. Einmal liessen sie ihn los, und der Urgrossvater folgte ihm. Der Hund lief heulend der alten Banngrenze entlang. Am Morgen kam er zurück und blieb den ganzen Tag wie tot liegen. Nachbarn erzählten, an dieser Stelle seien die Gemeindegrenzsteine einmal widerrechtlich versetzt worden.

BEZIRK WALDENBURG

Oberdorf

Bäder → S. 139
Badebecken aus der Römerzeit

Brunnen → S. 158
Uli Schad-Brunnen

Denkmäler → S. 165
Uli Schad

Fasnacht → S. 181

Kunst → S. 220
Fritz Bürgin

Märkte → S. 226

Restaurants → S. 264
Rössli

Versteckt → S. 284
Portal

Heimatkunde

317 S., farbig illustriert, broschiert
1993 im Verlag des Kantons Basel-Landschaft

Basellandschaftliche Kantonalbank

Gemeindeverwaltung
Dorfmattstrasse 6, 4436 Oberdorf
T 061 965 90 90, F 061 961 02 93
info@oberdorf-bl.ch
www.oberdorf-bl.ch
Einwohnerzahl: 2335

Die Gemeinde Oberdorf erfüllt im oberen Waldenburgertal eine lokale Zentrumsfunktion mit vielen Einkaufsmöglichkeiten. Das Dorf verfügt – gemessen an der Einwohnerzahl – über eine ausserordentlich gut ausgebaute Infrastruktur.

Das Landschaftsbild von Oberdorf ist vielfältig, die Lebensräume sind artenreich. Dafür hat die Gemeinde für die vielen Bemühungen einen Naturschutzpreis gewonnen. Bekannt ist der Weisswein «Dielenberger Himmellüpfer» aus den höchst gelegenen Reben des Baselbiets.

Sage: Vereitelter Kirchenbau
Die Kirche St. Peter sollte ursprünglich auf einer Anhöhe erbaut werden. Als mit dem Bau begonnen wurde, trugen nachts unsichtbare Geister – einige sagen, es seien Erdmännli gewesen – die Steine ins Tal. Das geschah mehrere Male. Schliesslich gab man nach und errichtete die Kirche am heutigen Platze.

1+2: Dorfansichten.

Reigoldswil

Gemeindeverwaltung
Unterbiel, 4418 Reigoldswil
T 061 941 14 08, F 061 941 17 71
gemeinde@reigoldswil.ch
www.reigoldswil.ch
Einwohnerzahl: 1550

Am Nordfuss des Passwang, in der obersten Talmulde des Hinteren Frenkentals liegt das typische Baselbieter Strassendorf. Reigoldswil ist eine kleine Zentrumsgemeinde für das Baselbieter Hinterland mit Einkaufsmöglichkeiten. Nach Reigoldswil kommt man wegen der einzigen Luftseilbahn der Nordwestschweiz. Die Wasserfallen auf rund 1000 m ü.d.M. sind Ausgangspunkt für ausgedehnte Wanderungen ins Passwanggebiet.

BEZIRK WALDENBURG

Brunnen → S. 158
Friedhofbrunnen

Hotels → S. 188
Orchidea Lodge Wasserfallen

Kunst → S. 220
Jakob Probst

Märkte → S. 226

Museen → S. 237
Ortsmuseum «Auf Feld»

Restaurants → S. 266
Rössli

Sport und Spiel → S. 275

Basellandschaftliche Kantonalbank

Sage: Der böse Pfarrherr
In Reigoldswil war einst ein Pfarrer, der zwei Pferde besass. Jedesmal wenn ihm etwas über die Leber gekrochen war, liess er einspannen, sass in seine Kutsche und sprengte zum Bergdörflein Titterten, wobei er die armen Tiere seine Wut fühlen liess. Man sagte, er habe deshalb keine Ruhe im Grabe und müsse immer wieder kommen. Man sehe ihn unter wildem Hü!- und Ho!-Rufen an der mittleren Säge vorbeisprengen.

1: Dorfansicht.
2: Skulptur.

BEZIRK WALDENBURG

Titterten

Kunst → S. 222
Jacques Düblin

Restaurants → S. 268
Sodhus

Top/Rekorde → S. 282
Holzkanzel

Versteckt → S. 285
goldener Baslerstab

Heimatkunde
212 S., illustriert, gebunden
2002 im Verlag des Kantons Basel-Landschaft

Gemeindeverwaltung
Hauptstrasse 44, 4425 Titterten
I 061 943 13 13, F 061 943 13 15
gemeinde@titterten.ch
www.titterten.ch
Einwohnerzahl: 420

Titterten ist die zweithöchst gelegene Gemeinde des Baselbiets. Sie liegt am Rande des Faltenjuras und ist ausser im Norden völlig von Wald umschlossen. Das ehemalige Bauern- und Posamenterdorf hat sich in den letzten Jahrzehnten sehr gewandelt. Hauptsächlich landwirtschaftliche und einige handwerkliche Betriebe bieten noch wenige Arbeitsplätze. Der grösste Teil der Arbeitnehmer ist jedoch in der Region zwischen Liestal und Basel beschäftigt.

Sage: Vorzeichen eines Todesfalles
In einem Hause, wo die Base des Erzählers wohnte, klopfte es einmal nachts an der Türe. Sie rief: «Herein, die Türe ist noch nicht vermacht!» So klopfte es dreimal. Nach dem dritten Mal ging der Mann hinaus, um zu sehen, wer draussen sei. Aber es war niemand dort. Nach drei Tagen starb das zweijährige Knäblein der Base.

1: Dorfkirche.
2+3: Dorfansichten.

Waldenburg

Gemeindeverwaltung
Hauptstrasse 38, 4437 Waldenburg
T 061 965 96 00, F 061 965 96 01
waldenburg.verwaltung@bluewin.ch
www.waldenburg.ch
Einwohnerzahl: 1300

Das Städtchen Waldenburg liegt eng und lang gezogen am Ende des gleichnamigen Tales und ist Hauptort des Bezirks Waldenburg. Ganz von den Felsen des Oberen Hauensteins umgeben, kann man sich gut vorstellen, wie sich im Mittelalter das Ritterleben abspielte. Das heute noch bestehende obere Tor der Stadtmauer stammt aus dem 15. Jh. und steht unter Denkmalschutz. Wichtige Firmen wie die Straumann AG, Tschudin & Heid AG, Rero AG sowie Revue Thommen AG bringen Arbeit und Verdienstmöglichkeiten ins Hintere Waldenburgertal.

Sage: Der vierte Mann
Der Vater meiner Frau kehrte eines Abends vom sogenannten Pintli, der Wirtschaft zum Oberen Hauenstein, auf dem steilen, alten Weg nach Waldenburg zurück. Er war von seinen zwei Schwägern begleitet. Plötzlich ermahnte er diese, sie sollten etwas aufpassen, was sie redeten, es gehe noch ein unbekannter Mann neben ihnen, der alles höre. Die beiden sahen sich um, konnten aber keinen vierten Mann wahrnehmen. Nach einer Weile war auch für meinen Schwiegervater die rätselhafte Erscheinung verschwunden.

BEZIRK WALDENBURG

Bräuche/Feste/Feiern
→ S. 154

Hotels → S. 189
zum Schlüssel

Kunst → S. 222
Fritz Bürgin
Walter Eglin
Otto Plattner

Musik → S. 241/245
klassische und E-Musik
Openairs

Restaurants → S. 268
Löwen

Top/Rekorde → S. 282
Waldenburgerbahn

Basellandschaftliche Kantonalbank

1: Dorfansicht mit Kirche.
2: Waldenburgertal.
3: Historisches Tor der Stadtmauer.

s Baselbiet erleben · Erlebnisse von A–Z

ARCHITEKTUR

Architektur
Zweck und Ästhetik Hand in Hand

Arboldswil
Erdhäuser
am Südosthang des Dorfes
Bus Nr. 71 bis Arboldswil
(ab Bubendorf Unterdorf
oder Reigoldswil), Liestal
bis Bubendorf, Bus Nr. 70

Arlesheim
Villen «zum wisse Segel»
Zum wisse Segel 5–12
Tram Nr. 10 bis Arlesheim
(ab Basel oder Dornach)

In einem Kanton mit dreischichtiger Siedlungsstruktur, vom Bauerndorf über die Kleinstadt bis hin zu den Agglomerationssiedlungen der Grossstadt, waren die Jahre der Hochkonjunktur eine enorme Herausforderung. Mit der Stadtflucht von Industrie und Privaten wurden auch die Baubehörden in einem Ausmass mit Baugesuchen überschwemmt, wie dies nie zuvor der Fall war. Die Ansprüche reichten von renditeträchtiger Grossüberbauung mit Wohnraum ohne besonderen architektonischen Charakter bis zur hohen Kunst der Architektur, die den Zweckbau optimal verknüpft mit ästhetischen Elementen. Die Behörden waren aufgerufen, mit Zonenplanung und Bewilligungswesen ein Ortsgepräge zu erhalten, ohne in Rückständigkeit zu geraten. Hier eine Auswahl:

Arboldswil
Erdhäuser 2002 (Planung Anton A. Rudin)
Wie ein futuristisches «Zurück zur Natur» wirkt diese unkonventionelle, für die Nordwestschweiz völlig neue Architektur. Mit gegenläufigen Rundungen in der Vertikalen und hügeligem Verlauf der erdüberdeckten, bepflanzten Dächer wird der Baustil gleichzeitig zum Bauspiel.

Arlesheim
Villen «zum wisse Segel» 1997–2000 (Klaus Schuldt, Andreas Scheiwiller)
Raumhohe Glasfronten in den kubischen Körpern orientieren sich nach dem Licht und dem Garten. Die Anlehnung an Elemente von Mies van der Rohe aus den 1920er-Jahren ist beabsichtigt.

1: Eine der Villen «zum wisse Segel».

Biel-Benken
Wohnsiedlung Spittelhof 1996 (Peter Zumthor)
Die Überbauung bildet eine dreiseitig begrenzte Hofanlage. Die Basis des Dreiecks befindet sich oben und verläuft als lang gezogener, dreigeschossiger Kubus parallel zur Waldkuppe gegenüber.
Als Dreiecksschenkel ziehen sich zwei ungleich lange, angewinkelt verlaufende, zweigeschossige Häuserzeilen die Geländesenkung hinunter, sodass sie sich am unteren Ende am nächsten kommen. Beide Zeilen gehen mit der Topografie mit, indem von oben her jede Wohneinheit eine Spur tiefer liegt als die vorherige, sodass die Flachdächer vergleichbar mit breiten Treppen talwärts führen.

Binningen
Sozialversicherungsanstalt Basel-Landschaft 1993–97 (H.J. Fankhauser)
Als dreigliedrige Körperkomposition mit einer Verkleidung aus grünem Granit federt der Bau eine Geländestufe ab. Die kubischen Bürotrakte, generös mit grossen Fenstern versehen, sind verbunden durch schlanke, transparente Glasteile, durch die alle Stockwerke mittels Treppen und Lift erschlossen werden. Auf der Höhe der oberen Geländekante liegt der Haupteingang, wo das Erdgeschoss ebenerdig an die natürliche Topografie anschliesst und in der Mittelachse talwärts führt.

Birsfelden
Kraftwerk 1953–54 (Hans Hofmann mit Ingenieuren Armin Aegerter und Oskar Bosshardt)
Auf den schweren Sockeln des Stauwerkes erhebt sich, als Glasbau transparent, die Maschinenhalle, die nachts dank Beleuchtung mehr als spielerisches denn als industrielles Element wirkt. Das Dach der Halle verläuft in einem dezenten Zackenmuster, das an den Wellengang eines Gewässers gemahnt. Die Betonteile des Kraftwerkes sind in der Farbgebung der Landschaft nachempfunden.

1: Sozialversicherungsanstalt in Binningen.

ARCHITEKTUR

Biel-Benken

Wohnsiedlung Spittelhof
Schulgasse 27, Spittelhofstrasse 1–11, Am Rain 2–16
Bus Nr. 60 (ab Muttenz, Bottmingen, Oberwil) und Nr. 64 (ab Arlesheim, Dornach, Reinach, Therwil) bis Biel-Benken

Binningen

Sozialversicherungsanstalt Basel-Landschaft
Hauptstrasse 109 oder Amerikanerstrasse 12
Tram Nr. 2 bis Binningen-Kronenplatz, Nr. 10/17 bis Binningen oder Binningen-Oberdorf

Birsfelden

Kraftwerk
am Rhein
Tram Nr. 3 bis Schulstrasse, näher: Bus Nr. 70, Kirchmatt oder Nr. 31, Allmendstrasse (Rhein-Nordufer)
Vitra-Center
Klünenfeldstrasse 22
Tram Nr. 3 bis Birsfelden-Hard

ARCHITEKTUR

Bottmingen
Wohn- und Beschäftigungsheim «Am Birsig»
Löchlimattweg 6
Tram Nr. 10/17 (von Basel oder dem Leimental), Bus Nr. 34 (von Basel), Nr. 37 (von Basel-Jakobsberg) oder Nr. 60 (Muttenz oder Biel-Benken) bis Bottmingen

Laufen
Altes Schlachthaus
Seidenweg
SBB bis Laufen
Lagerhaus Ricola
Baselstrasse 31
SBB bis Laufen

Vitra-Center 1992–94 (Frank O. Gehry)
Das erste Haus, das der amerikanische Architekt in der Schweiz baute, ist die Erweiterung des Vitragebäudes von 1957. Die Gliederung der Fassade lehnt an den Mutterbau an. Ein Komplex aus einer Vielzahl expressiver, geometrischer Formen und abenteuerlich verspielten Raumsequenzen, verziert mit Titanzink, erscheint in einer für Industriebauten atypischen Heiterkeit.

Bottmingen
Wohn- und Beschäftigungsheim «Am Birsig» 1998–99 (Ackermann & Friedli)
Das Heim ist, den beiden Zwecken entsprechend, aufgeteilt in zwei Gebäude mit direkt gegenüberliegenden Haupteingängen. Die direkte Verbindung von Tür zu Tür ist unter einem Verbindungsdach geschützt. Im Wohntrakt bestehen in den äusseren Räumen direkte Zugänge zu den Terrassen, wogegen im von Lichtkanälen aufgelockerten oberen Stockwerk Dachfenster geöffnet werden können. Grosszügige Fenster verleihen der Anlage Leichtigkeit.

Laufen
Altes Schlachthaus 1897, Umbau 2001–02 (Jeker Blanckarts Architekten)
Das Haus ist beispielhaft für den zweckmässigen Umbau alter Bausubstanz zur Erfüllung veränderter Nutzungsansprüche. Die neubarocke, U-förmige Flügelanlage aus dem Jahr 1897 sollte nicht einer Gesamtüberbauung zum Opfer fallen. Zur Schaffung von Wohnraum eignete sich die Baustruktur aber nicht. Mit einem Minimum an baulichen Elementen aussen wurde das ursprüngliche Erscheinungsbild fast unverändert beibehalten. Die Gestaltungsmassnahmen im Innern haben geeigneten Platz geschaffen für eine Musikschule mit Unterrichtszimmern für Einzel- oder Gruppenunterricht und einem grossen Konzertsaal. Letzterer wird aber auch zum Veranstaltungsort für theatralische und musikalische Programme des Kulturforums (→ KINDER, KULTURZENTREN, THEATER).

Lagerhaus Ricola 1986–87 (Herzog & de Meuron)
Der Innenraum des Gebildes ist rein funktional und muss keinerlei ästhetischen Ansprüchen genügen. Durch die Verkleidung wird jedoch das an sich erdrückende, schmucklose Objekt für das Auge nicht bloss zumutbar, sondern es setzt sogar witzige Akzente. Elemente aus Eternit und Holz unterstreichen die Länge des Kolosses. Die streifenweise Aufschichtung, am unteren Ende innen beginnend, gegen oben hin kontinuierlich nach aussen erweitert, verleiht dem sperrigen Körper eine überraschende Eleganz und setzt ihn dem direkten Dialog aus mit der riesigen Wand des Steinbruches, auf dem das Objekt steht.

Liestal
Zentrum Engel 1999–2001 (SSH und Partner AG, Hartmann und Stula, Christoph Stierli und Partner AG)
Die Gestaltung des Engel-Areals ist das architektonische Resultat einer Koordination unterschiedlichster Ansprüche seitens von fünf Bauherren, der Denkmalpflege und einer Bevölkerung, der viel an einem harmonischen Ortsbild gelegen ist. Bei der Restauration des überalterten Hotels war die Erhaltung des historischen Gebäudes Vorgabe. Die harmonische Angliederung von Laden, Mehrzwecksaal, Parkhaus und Wohnungen machten Arealabbruch und mehrgeschossigen Aushub auf engem Raum mit Unterfangung des Altbaus notwendig. Der alte Engel, ergänzt durch moderne Anbauten von abgestuften, gegenläufigen Kubaturen, ist ein Beispiel für ein geglücktes Rendez-vous verschiedener Jahrhunderte, bei dem kein Teil sein Alter verleugnet (→ HOTELS).

Muttenz
Coop Center mit Hotel Baslertor und Wohnungen, 1996–98 (Bürgin, Nissen, Wentzaff)
Das grosszügig mit Glas ausgestattete Sockelgeschoss auf dem L-förmigen Grundstück trägt zwei Hochbauten. Eigenwillig ist die Hausfassade, die durch hochgestellte Glasrechtecke und perforierten Aluminium-Faltläden augenfällig gestaltet ist (→ HOTELS).
Siedlung Freidorf 1919–21 (Hannes Meyer)
Als erste Gesamtüberbauung im Baselbiet entstand auf genossenschaftlicher Basis das Freidorf. Fast provokativ in seiner Zeit wurde es wie ein unabhängiges Zentrum ohne Anbindung an seine Gemeinde auf einer Geländeschanze nahe der Stadtgrenze ob St. Jakob errichtet.

ARCHITEKTUR

Liestal
Zentrum Engel
Kasernenstrasse
SBB bis Liestal, noch näher:
Busse Nr. 70, 72, 76, 78 bis Wasserturmplatz

Muttenz
Coop Center
St. Jakobsstrasse 1
Tram Nr. 1/14, Bus Nr. 60/63 bis Muttenz-Dorf
Siedlung Freidorf
angrenzend an St. Jakobsstrasse
Tram Nr. 1/14 bis Muttenz-Freidorf

1: Lagerhaus Ricola in Laufen.

ARCHITEKTUR

Reinach

Handelsschule des Kaufmännischen Vereins
Weiermattstrasse 11
Tram Nr. 11 bis Lochacker
Bus Nr. 64 bis Reinach-Dorf

Sissach

Realschulhaus Bützenen
Bischofsteinweg 13
SBB bis Sissach

Bücher zur Architektur im Baselbiet:

Architekturführer
Basel 1980–2000
Birkhäuser Verlag, Basel

Auszeichnung Guter Bauten 1997, Kanton Basel-Stadt, Kanton Basel-Landschaft
Herausgeber: Baudepartement Basel-Stadt, Hochbau- und Planungsamt, Bau- und Umweltschutzdirektion Kanton Basel-Landschaft

Schweizer Architekturführer, Band 2,
Verlag Werk AG, 1994

Fachbuchhandlung für Architektur
Domus Haus Buchhandlung für Architektur und Design
R. M. Limacher
Pfluggässlein 3
4001 Basel
T 061 262 04 90
F 061 262 04 91

Auf dreieckigem Areal wurden 150 Wohnhäuser gebaut, in Reihen gegliedert. Auf dem zentralen, rechteckigen Platz überragt das Genossenschaftshaus mit Schule, Saal, Bibliothek, Laden und Restaurant den Wohnteil der Siedlung, ähnlich wie eine Kirche in einem alten Dorfkern.

Reinach
Handelsschule des Kaufmännischen Vereins 1996–98
(Ernst Spycher)
Der Bau aus den 1950er-Jahren wurde teilweise abgerissen und ergänzt mit einem neuen Trakt, der mit viel Glas das Tageslicht optimal nutzt. Von einer zentralen Halle aus sind beide Teile direkt zugänglich. Durch Absenkung des Pausenhofes liegt der neue Haupteingang einen Stock tiefer als zuvor. Das schafft einen Neigungswinkel für den Blick auf den neuen Kubus, der diesen majestätischer erscheinen lässt.

Sissach
Realschulhaus Bützenen 1970–71
(Jean-Claude und Elisabeth Steinegger)
Zwischen dem eigentlichen Schulhaus und dem leicht schräg dazu gestellten Hallenbau liegt der Schulhof mit den Eingängen zu beiden Gebäuden. Die Klassenzimmer befinden sich jedoch auf der anderen Seite des Schultraktes. Sie sind eine Komposition von Einheiten mit Eigenleben, in Grundriss und Schnitt gestaffelt angeordnet. Das verleiht der Fassade eine verspielte Gliederung, als handle es sich dabei um eine fantasievolle Verschachtelung von stilistisch aufgewerteten Containern. Die gewählte Anordnung erlaubt in jedem Schulzimmer eine Speisung mit Oberlicht.

1: Handelsschule des Kaufmännischen Vereins in Reinach.

Augusta Raurica
Geschichte zum Anfassen

AUGUSTA RAURICA

Giebenacherstrasse 17,
4302 Augst
T 061 816 22 22
F 061 816 22 61
mail@augustaraurica.ch
www.augustaraurica.ch
Römermuseum geöffnet:
Mo 13–17, Di–So 10–17 h;
Nov.–Febr. 12–13.30 h
geschlossen.
Haustierpark geöffnet:
täglich 10–17 h;
Nov.–Febr. –16.30 h.
SBB bis Kaiseraugst, zu
Fuss in 10 Minuten; Bus
Nr. 70 ab Basel-Aeschenplatz oder Liestal-Bahnhof
bis Haltestelle Augst.

Die Siedlung Augusta Raurica wurde vor rund 2000 Jahren gegründet und gehörte zum Römischen Reich. Bis zu 20000 Menschen lebten dort in Frieden. In kriegerische Handlungen war die Stadt nie verwickelt. Man vermutet, dass Augusta Raurica 275 n. Chr. durch ein Erdbeben zerstört wurde.
Einen oberflächlichen Blick auf vereinzelte Details aus der Römerstadt kann man gut innerhalb einer halben Stunde werfen. Bei vertieftem Interesse ist es ratsam, mehr Zeit einzuplanen. Zu Gast bei Romulus' und Remus' Nachfahren kann man mühelos einen ganzen Tag füllen. Will man sich jedoch stärker mit der Materie auseinander setzen, nimmt dies noch weit mehr Zeit in Anspruch.

Römermuseum
Eine Auswahl der schönsten Funde von den Ausgrabungen an Ort zu zahlreichen Detailthemen aus den Bereichen Handwerk, Gewerbe und Handel sowie Wohnen und Leben bis hin zu den Totenbräuchen. Der Silberschatz ist in der Schatzkammer zu besichtigen. Gewisse Themen werden ausserhalb des Museums im Ruinengelände mit Fundgegenständen oder Kopien behandelt: römische Steindenkmäler (Archäologischer Park und Lapidarium), Mosaiken (Curia), Theater (Informationspavillon), Bad und Körperpflege (Rheinthermen), Tierkämpfe und Gladiatorenspiele (Multimediashow im Carcer im Amphitheater), frühes Christentum (Baptisterium), Getreidenahrung und Brot (Römische Backstube – mit zwei Multimediashows), römisches Handwerk (Pavillon auf dem Forum), Zieglerhandwerk und Fernhandel (Schutzbau über den Ziegelbrennöfen in der Liebrüti).

AUGUSTA RAURICA

Satelliten mit beschränktem Zutritt:
Römisches Münzwesen (Vitrine der Basellandschaftlichen Kantonalbank, Filiale Augst, Frenkendörferstrasse 35), Grabfunde aus dem Feld «Im Sager» (Vitrine nahe beim Fundort – Eingangshalle Verpackungsbetrieb der F. Hoffmann-La Roche AG, Eingang Wurmisweg, Bau 232, Kaiseraugst).

Römerhaus
Rekonstruktion eines Geschäfts- und Wohnhauses aus der Römerzeit. Museal eingerichtet, zeigt es je einen typischen Raum mit den zugehörigen Ausstattungen (Originalfunde und Nachbildungen): Küche, Bäder, Esszimmer, Schlafzimmer, Werkstatt und Laden.
Wandmalerei im Speisezimmer: Dekoration in der Art des 3. pompejanischen Stils. Originalteile einer schwebenden Frauengestalt sind im Raum zu besichtigen. Im Frigidarium (Kaltbad): Deckenmalerei im Stil des 2. Jh. nach Funden aus einem römischen Gutshof in Hölstein.
Garten mit Zier- und Nutzpflanzen, wie sie von den Römern gepflegt und verwendet wurden.

Besondere Attraktionen für Kinder
Fesselnd ist ein Gang durch die *Kloake* (Abwasserkanal). Bei feuchter Witterung ist jedoch besondere Vorsicht geboten. Auch Personen mit Platzangst sollten auf den Besuch dieser sehr engen Passage verzichten. Der schmale, knapp mannshohe Abwasserkanal kann nur in einer Richtung begangen werden. Der Eingang befindet sich bei den Zentralthermen, der Ausgang am Waldrand über dem Violenbach.
Der **römische Haustierpark** zeigt Tiere jener Rassen, die nach Erkenntnissen der Forschung anhand der Knochenfunde den Vorgängerrassen zur Römerzeit am ähnlichsten sehen.
Orientierungstafeln weisen den Weg. Detailpläne, kurze Beschreibungen oder auch ausführlichere Literatur sind an der Museumskasse erhältlich.

Literatur

Führer durch Augusta Raurica
von Ludwig Berger
CHF 32.80

Weitere Bücher und Broschüren zur Römerstadt, auch mit Detailthematik, sind im Buchhandel oder im Verkaufsladen von Augusta Raurica erhältlich.

Bäder
Baden im Wandel der Zeit

Das Baden hat im Baselbiet Geschichte. Von den einst zahlreichen Heilbädern ist allerdings heute nur noch ein einziges als solches in Betrieb. In den modernen ist eher der Aspekt der sportlichen Fitness oder der puren Entspannung in den Vordergrund getreten. Viele Hallen- und Freibäder stehen dazu über das ganze Kantonsgebiet hinweg zur Auswahl.

Heilbäder
In vergangenen Jahrhunderten war das Baselbiet ein «Mekka» für bade- und nicht minder vergnügungsfreudige Städter, was für die Landbevölkerung eine willkommene Einnahmequelle bedeutete. Dass bis ins 18. Jh. Heilbäder im Überangebot entstanden sind, hat damit zu tun, dass der Kurbetrieb seinerzeit auch gerne als Vorwand zum Lustwandeln ausserhalb der Stadt benutzt wurde. Zudem hatten die Wirte teilweise Abgabenerleichterungen, wenn ihr Ausschank nur Badegästen galt.

Läufelfingen
Kurhotel Bad Ramsach Das einzige Heilbad im Baselbiet, das als solches überlebt hat. Um die Mitte des 16. Jh. erbaut, wurde es verschiedentlich umgebaut und 1967 nach einem Grossbrand als modernes Heilbad neu errichtet. Sein Calciumsulfat-Wasser mit einem Gehalt von 1313 mg gelöster fester Stoffe pro Liter fördert als Trinkwasser die Harnabsonderung und wirkt entquellend und festigend auf die Körpergewebe (→ HOTELS, KINDER, RESTAURANTS).

Weil mehrere stillgelegte Heilbäder als stattliche Bauten in anderen Funktionen noch heute beeindrucken, seien einige davon auch hier erwähnt:

Binningen
Das im Juni 1768 weit vor den Toren Basels erstmals eröffnete **Neubad** befindet sich heute am Rande der Stadt, denn diese ist ihm im Laufe der Zeit «entgegengewachsen». Jeweils bis Oktober empfing es täglich mehrere Hundert Personen. Seine Lage war überaus ideal für Stadtflüchtige zwecks etwas ausschweifender Kuraufenthalte. Das Haus fiel auf durch wenig straffe Ordnung. 1776 war es sogar Schauplatz einer Messerstecherei,

BÄDER

Läufelfingen
Kurhotel Bad Ramsach
T 062 299 23 23
F 061 299 18 39
bad-ramsach@datacomm.ch
www.bad-ramsach.ch

Binningen
Neubad
Neubadrain 4

Bubendorf
Bad Bubendorf
Kantonsstrasse 3

Burg i. L.
Bad Burg
Biederthalerstrasse 1

Eptingen
Bad Eptingen
Hauptstrasse 25

Ettingen
Ettingen-les-Bains
Hauptstrasse 74

Frenkendorf
Bad Neu-Schauenburg
südlich von Frenkendorf

Liestal
Bad Alt-Schauenburg
zwischen Frenkendorf und Liestal im Hinteren Röserental
Bienenberg
zwischen Liestal und Frenkendorf

1: Freibad Gelterkinden.

BÄDER

Oberdorf

Badebecken aus der Römerzeit
Liedertswilerstrasse/
Uli Schad-Weg

Pratteln

Solbad Schweizerhalle
Rheinfelderstrasse 2

Schönenbuch

Bad Schönenbuch
Brunngasse 2

Freibäder

Die Saison der Freibäder dauert meist von Mai bis Mitte September. Geöffnet: in der Regel 9–20 h.

Aesch

Dornacherstrasse 85
T 061 751 28 00

Allschwil/Basel

Bachgraben
Belforterstrasse 135, Basel
T 061 381 43 33

Arlesheim

Schwimmbadweg 10
T 061 701 20 40

Binningen

St. Margarethen
Friedhofstrasse 9
T 061 271 99 80

Birsfelden/Basel

Birskopf an der Mündung der Birs in den Rhein

Bottmingen

beim Schloss
T 061 421 33 00

Buus

Sellmattstrasse 15
T 061 841 22 22

Gelterkinden

T 061 901 28 85

nachdem Gäste den Musikanten «nicht richtiges Aufspielen zum Tanz» vorgeworfen hatten. Zur Zeit der Französischen Revolution war das Neubad auch Treffpunkt von Agenten und Emigranten. Das 1860 renovierte Heil- und Wasserbad ist heute ein Hotel und eine beliebte Gastroadresse (→ HOTELS).

Bubendorf

Am Standort des heutigen Hotel-Restaurants *Bad Bubendorf* war um 1742 eine erste «Badehütte» entstanden, die 1760 durch zwei weitere Gebäude vergrössert wurde. Kurz danach wurde das schadhafte Hauptgebäude abgerissen und es entstand der Neubau mit drei Geschossen. Das Bad Bubendorf bildete 1830 die Kulisse für die Versammlung der Unzufriedenen, welche schliesslich zur Trennung von der Stadt Basel führte. In der heutigen Form präsentiert sich das Bad seit dem Umbau von 1977. Der ganze Gebäudekomplex steht seither unter Heimatschutz (→ HOTELS).

Burg i. L.

Bad Burg Ab dem 17. Jh. bekannt, wurde es in der zweiten Hälfte des 19. Jh. als ausgesprochenes Warmbad gepriesen. Sein eigenartigster Trumpf lag aber darin, dass sein Tanzsaal jenseits der französischen Grenze lag. 1925 wurde das Bad durch einen Brand zerstört. Heute kann es als Restaurant besucht werden (→ RESTAURANTS).

Eptingen

Aus der Zeit um 1700 stammt das *Bad Eptingen*. Im frühen 19. Jh. hatte es verschiedene Angriffe zu überstehen, weil der Obrigkeit die Unsittlichkeit des Tanzens missfiel. Zur Hochblüte des Badetourismus um die Mitte des 19. Jh. genoss es bei vielen Städtern den Ruf eines «Fress- und Festbads». Seit den späten 1920er-Jahren findet das Wasser für die Getränkeproduktion Verwendung. Das Bad ist heute Hotel und Gastrobetrieb (→ HOTELS, RESTAURANTS).

1: Bad Burg in Burg im Leimental.

Ettingen
Auf der heilenden Kraft des Jurakalkwassers und auf Solbäder war das heutige *Ettingen-les-Bains* aufgebaut, erstmals erwähnt 1572. Zudem wurden dort Ziegenmolkenkuren angeboten. Das Bad am oberen Dorfausgang wurde hauptsächlich im Sommer rege besucht. Mitte des 18. Jh. wurde es neu erbaut, dreistöckig ist es seit 1835. Heute dient es als Wohnhaus.

Frenkendorf
Durch Entdeckung einer Quelle entstand gegen Ende des 17. Jh. das *Bad Neu-Schauenburg*. Nach 100 Jahren wurde es stillgelegt, weil der neue Besitzer den Wirtebetrieb nicht weiterführen wollte.

Liestal
Von 1643 oder früher stammt das *Bad Alt-Schauenburg*. 1686 liess der Arzt Felix Platter ein neues Badehaus mit bemalter Holzdecke errichten. Schauenburg konnte den Badebetrieb bis über die Mitte des 20. Jh. hinweg aufrechterhalten. Heute ist es ein renommiertes Hotel- und Gastronomieunternehmen (→ RESTAURANTS).
In der zweiten Hälfte des 18. Jh. wurde *Bienenberg* in ein Kurhaus und Solbad umgebaut und nach einem Brand 1884 neu errichtet. Das Bad hielt sich bis gegen Mitte des 20. Jh. Seit 1957 gehört der Bienenberg dem Mennonitischen Gemeinschaftswerk. Das Haus dient heute als Bibelschule, christliches Ferienheim und alkoholfreie Wirtschaft.

Oberdorf
Bei Grabungen 1943 stiess man in Oberdorf auf zwei *Badebecken aus der Römerzeit*. Auch im Mittelalter wird ein Bad urkundlich erwähnt. Der genaue Standort ist nicht bekannt. Aus dem 17. Jh. stammt die heutige Häusergruppe. Nach der Einstellung des Badebetriebs

1: Bad Eptingen.
2: Rutschbahnspass im Freibad Sissach.

BÄDER

Laufen
Nau
T 061 761 59 59

Liestal
Militärstrasse 14/Gitterli
T 061 921 33 23

Münchenstein/Basel
St. Jakob
St. Jakobsstrasse 400, Basel
T 061 311 41 00

Pratteln
Giebenacherstrasse 10
T 061 821 71 21

Reinach
Mühlemattweg 24
T 061 711 24 54

Sissach
Teichweg 66
T 061 971 11 87

Waldenburg
T 061 901 06 71

Hallenbäder
Reservationszeiten für Exklusivzutritte (z. B. Senioren oder andere Personengruppen) bitte anfragen.

Allschwil
Muesmattstrasse 6
T 061 481 17 89
Geöffnet: Mo, Di, Do, Fr 17.15–21.30,
Mi 14–17, Sa + So 9–16 h

BÄDER

Binningen
Wassergrabenstrasse 21
T 061 421 97 95
Geöffnet: Mo, Mi, Fr
12–21.30,
Do 9–10, 12–14, 16–21.30,
Sa 12–18, So 10–17 h

Birsfelden
Schulstrasse
T 061 311 70 80
Geöffnet: Di, Do 19–21 h

Bottmingen
Burggartenstrasse 1
T 061 421 61 06
Geöffnet: Sept. bis Mai,
Mo 14–17, 19–21, Di 12–14,
16–21, Mi 9–11, 14–22,
Do 14–21, Sa 9–12, 14–18,
So 10–17 h
Wassertemperatur: 28 Grad

Liestal
Militärstrasse 14/Gitterli
T 061 921 33 23
Geöffnet: Mo, Di, Do, Fr
6–21, Mi 6–17,
Sa + So 8–17 h

Muttenz
Baslerstrasse 81
T 061 461 61 80
Geöffnet: Di + Do 9–21.30,
Mi 12–21.30,
Fr 12–14, 15–21.30,
Sa + So 9–17 h,
Sauna bitte anfragen

Oberwil
Hüslimatt
T 061 405 42 85
Geöffnet: Di 17.30–21.30,
Mi 12–21.30, Do 16–21.30,
Fr 12–14, 17–21.30, Sa 10–18,
So 10–17 h

diente das Wasser der Quelle der Herstellung von Mineralwasser und Bier. Heute gehört das Gebäude der Chrischona-Gemeinde.

Pratteln
Wirtschaftsgeschichtlich interessant ist das *Solbad Schweizerhalle*. Ein Wirt, der eigenes Bier braute, bohrte 1816 ein ausgiebiges Salzlager an. Auf seiner Entdeckung beruht die Entstehung der Saline Schweizerhalle. 1850 wurde das elegante Kurhaus in Betrieb genommen und bis in die Zeit des Ersten Weltkriegs als Bad geführt (→ RESTAURANTS).

Schönenbuch (→ RESTAURANTS)

Rhein/Birs
Ein Badeplatz ist der *Birskopf* bei der Mündung der Birs in den Rhein. Das Gelände für Sonnenhungrige teilt sich in die Baselbieter und die städtische Seite, die durch einen Steg verbunden sind. Eine besondere Attraktion dabei ist die Sicht auf die Landschaft und die Häuserzeilen der Stadt am Rheinufer. Das Bade- und Liegevergnügen ist hier kostenlos.

Andere Plätze an Flüssen und Bächen eignen sich nur für ein sehr eingeschränktes Baden, da in aller Regel die Tiefe des Wassers für ein ausgiebiges Schwimmen nicht ausreicht.

Freibäder
Das Luft- und Sonnenbad St. Margarethen in Binningen führt eine geschlossene Abteilung zum Nacktbaden. Eine ausführliche Darstellung der übrigen Baselbieter Gartenbäder im Detail drängt sich nicht auf. Im Wesentlichen sind die Angebote überall die gleichen: Schwimmbecken, Rasenruheplätze, Spielmöglichkeiten. Natürlich variiert die Grösse je nach Andrang, den man aus der jeweiligen Ortschaft erwartet. Bei den grossen Bädern am Rand der Stadt Basel, St. Jakob ganz auf Münchensteiner, Bachraben zum Teil auf Allschwiler Boden, handelt es sich um Betriebe der Stadt.

Hallenbäder
Wie bei den Freibädern wollen wir aus Gründen der grossen Verwandtschaft auch die Hallenbäder nicht im Einzelnen besprechen. Lehrschwimmbecken sind in allen Hallenbädern vorhanden.

Bars
Theken, Treffs, Unterhaltung

In den zahlreichen Bars trifft sich Jung und Alt. In vielen wird Musik gespielt, ab Band oder hin und wieder auch live. Vom herkömmlichen Bier bis zu farbigen Drinks mit originellen Namen oder einer einfachen Limonade ist alles zu haben.

Allschwil
Switch Eine kleine Musikbar mit Oldies von den 60er- bis zu den 80er-Jahren. Die Lautstärke ist aber so geregelt, dass man sich noch mühelos unterhalten kann. Am Freitag und Samstag steht der Musikbetrieb unter der Leitung eines Discjockeys. Jeden ersten Freitag im Monat Wunschkonzert.

Augst
Cedro Römerhof Im Untergeschoss befindet sich eine Bar mit angeschlossenem Billardraum und Unterhaltungsraum mit weiteren Spielmöglichkeiten.

Binningen
Highspeed Die Bedienung bemüht sich, dem Namen des Lokals gerecht zu werden, obwohl sich dieser auf die Lage beim Monteverdi-Automuseum bezieht. Die Café-Bar (→ CAFES) hat durchaus auch andere Getränke im Angebot und nimmt abends eher Bar-Charakter an.

Ettingen
Pub «zum scharfen Egg» Begegnungsstätte für aufgestellte Menschen. Das Alter ist weniger wichtig als die friedliche, ungezwungen lockere Stimmung.

1: Highspeed Bar in Binningen.

BARS

Allschwil
Switch
Binningerstrasse 4
T/F 061 482 11 01
Täglich geöffnet

Augst
Cedro Römerhof
Giebenacherstrasse 31
T 061 811 17 67
F 061 811 45 53
roemerhof@cedro.ch
www.cedro.ch
Täglich geöffnet

Binningen
Highspeed
Oberwilerstrasse 22
T 061 421 22 02
Geöffnet: Mo–Fr 7.30–22,
Sa–So 10–24 h

Ettingen
Pub «zum scharfen Egg»
Aeschstrassse 2
T 061 721 11 72

BARS

Gelterkinden
Bärchi's Bar
Rünenbergstrasse 31
T 079 351 16 87
Ruhetag: Mo

Laufen
Charly's Pub
Delsbergerstrasse 32
T 061 761 63 68
F 061 763 90 33
Loki-Bar
Güterstrasse 26
T/F 061 761 20 36
Geöffnet: Mo–Fr
Tännli Bar
Baselstrasse 11
T 061 761 77 47
F 061 763 81 77
Ruhetage: Sa + So

Liestal
Big Ben Pub
Mühlegasse 2
T 061 921 63 80
F 061 922 55 20
Carpe Diem Bar
Fischmarkt 20
T 061 921 41 14
Krone
Kasernenstrasse 14
T 061 921 32 72
F 061 921 32 00
maschar@datacomm.ch
www.krone-liestal.ch
Täglich geöffnet

Gelterkinden
Bärchi's Bar Ein Lokal, das seine Lockerheit schon in der ganzen Aufmachung zur Schau trägt. Das Interieur, frech in Orange, Gelb, Rot und Schwarz gehalten, besteht aus einfachen Schalungsbrettern und Tischen aus alten Ölfässern. Entsprechend unkompliziert ist auch das bunt gemischte Publikum. Schon manche Party ging hier ab. Die Bar serviert auch warme Küche und die Preise sind moderat. Von Donnerstag bis Samstag sorgen coole DJs für Super-Stimmung.

Laufen
Charly's Pub Gemütlicher Treffpunkt mit Musik und denkwürdigen Cocktails.
Loki-Bar Weite Kreise empfinden diesen Ort als einzigartigen Treffpunkt. Partys mit DJ an den Wochenenden.
Tännli Bar Als Treffpunkt mit Drinks und Cocktails sehr beliebt. Gepflegte Bar mit italienischem Marmor und angenehmer Ambiance mit Background-Musik. Nur an einem Freitag im Monat rückt die Musik unter dem Einsatz eines DJs vermehrt in den Vordergrund. An einem grossen Fernseher können Sportanlässe verfolgt werden. Säli für Vereine und Sitzungen bis zu 20 Personen.

Liestal
Big Ben Pub Ein gemütliches Pub mit viel Atmosphäre im englischen Stil. Nette Leute treffen sich hier, wobei die jüngere Garde der netten Leute klar dominiert.
Carpe Diem Bar Schöne, gepflegte Bar in der Altstadt. Cocktail-Treffpunkt der gehobenen Klasse.
Krone Tagsüber Restaurant und Café-Bar mit schnellen und guten Mittagsmenüs, abends Bar mit Snacks und anderen Angeboten aus der Küche. Mexikanische Spezialitäten sind hier erhältlich. Ungezwungener Treffpunkt für Alt und Jung. Ein Benützerplatz für das Internet ist im Lokal vorhanden.

1: Pub zum scharfe Egg in Ettingen.

Nelson Pub In der authentischen Pub-Atmosphäre treffen sich Menschen jeden Alters und aller denkbaren Berufsgruppen. Für die Sommermonate wird auch die Terrasse für angenehme Begegnungen eingerichtet und Verpflegung vom Grill rundet die Eindrücke ab. Einmal im Monat soll auch eine Fete steigen. Problemloses Zusammensein in Respekt und Freundschaft ist das Ziel.

Next Bar Ein Treff in fantasievoller Einrichtung bei guter Musik ein paar Schritte ausserhalb des Stedtlis.

Shakespeare's Pub Hier treffen sich vor allem Junge und Junggebliebene bei Drinks, Bier, Cocktails und Snacks. Die Musik in der lockeren Atmosphäre ist meist rockig.

Top Stars Sportbar Ein Treffpunkt für eher junge, in jedem Fall aber lebendige, unkomplizierte Menschen (→ MUSIK).

BARS

Nelson Pub
Bahnhofstrasse 14
T 061 461 66 00
Täglich geöffnet

Next Bar
Burgstrasse 4
T 061 921 40 30

Shakespeare's Pub
Burgstrasse 12
T/F 061 921 35 98
Ruhetag: So

Top Stars Sportbar
Rheinstrasse 4
T 061 921 58 35
F 061 921 58 33

Münchenstein

Bar Restaurant Double-In
Bahnhofstrasse 4
T 061 411 22 98

Muttenz

Reize's Weinstube
Rössligasse 1
T 061 461 60 11

Scotch Club
Baselstrasse 1
T 061 461 11 40
F 061 461 11 43
scotchclub@bluewin.ch
Ruhetag: So

Münchenstein
Bar Restaurant Double-In Darts, Mega Touch, Tischfussball-Kasten. Wer gern ein Spielchen macht, findet hier die Möglichkeit.

Muttenz
Reize's Weinstube Zwar ist die Bar in das Restaurant integriert, sie gibt aber für Apéros dennoch eine reizvolle Ecke ab. Eine weitere Bar bedient die Gäste der Kegel- und Fun-Bowlingbahnen.

Scotch Club Typischer Bar-Pub-Betrieb im rustikalen Stil für aufgestellte Leute im Alter von 20 bis 90 Jahren. Wer es lustig haben will, trifft sich hier. Gegen den grossen Durst findet sich in der reichhaltigen Getränkeauswahl sicher ein probates Heilmittel. Den kleinen Hunger bannen die Panini und die diversen Snacks.

1: Carpe Diem Bar im Liestaler Stedtli.

BARS

Oberwil

Schickeria Bar
Bahnhofstrasse 11
T 061 401 29 55
F 061 401 29 56

Pfeffingen

Blume
Hauptstrasse 46
T 061 751 49 55
F 061 751 49 19
bolte@witwe.ch
www.witwe-bolte.ch
Ruhetage: Mi ganz,
Do bis 16.30 h

Pratteln

Galeria
Rütiweg 9
T 061 823 20 20
F 061 823 20 22
Schützenstube
Hauptstrasse 55
T 061 811 50 04
Täglich geöffnet

Reinach

Havanna-Bar
Hauptstrasse 59
T/F 061 711 38 10
Täglich geöffnet

Sissach

Lindbergh Pub
Kirchgasse 17
T 061 971 81 41

Therwil

Hardy's Restaurant
Bahnhofstrasse 26
T 061 721 42 52
info@alrest.ch
Täglich geöffnet

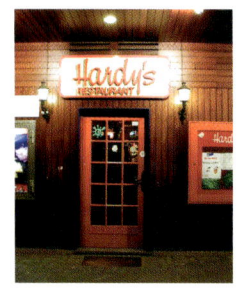

Oberwil

Schickeria Bar Im ersten Stock des Restaurant Jägerstübli. Dem Namen «Schickeria» darf man getrost mit einem Augenzwinkern begegnen. Man pflegt hier keinerlei elitäres Denken und legt Wert darauf, einen Treffpunkt für jedermann anzubieten.

Pfeffingen

Blume Zum Restaurant mit überraschendem Dekor gehört auch eine Bar zum gemütlichen Apéro-Treff.

Pratteln

Galeria Restaurant, Disco-Bar und Nachtcafé im Obergeschoss des Interio-Möbelhauses. Lebendiges Interieur (→ MUSIK).
Schützenstube In erster Linie Restaurant. Im Hinterhof jedoch befindet sich eine Bar mit Latino-Musik als ausgefallener Ort für den Apéro.

Reinach

Havanna-Bar Die Bar weckt Ferienträume bei Bier aus dem In- und Ausland, Flaschenweine im Offenausschank und Havanna-Zigarren.

Sissach

Lindbergh Pub Gemütliches Lokal in typischem Pub-Stil. Von Jung und Alt gern aufgesuchte Begegnungsstätte.

Therwil

Hardy's Restaurant Auch Restaurant mit Gartenwirtschaft und Mittagsmenüs von Montag bis Freitag. Flaschenweine im Offenausschank, gepflegte Auswahl an Drinks und Spirituosen. Unbeschränktes Vergnügen!

1: Havanna-Bar in Reinach.
2: Hardy's Restaurant in Therwil.

Bibliotheken
Bildung, Forschung und Musse

Der Schwerpunkt des Baselbieter Bibliothekswesens liegt in Liestal mit den Mediotheken des Kantons. Diese pflegen auch eine enge Zusammenarbeit mit den Gemeindebibliotheken, die ebenfalls über umfangreiche Bestände an Sachbüchern und Literatur nahezu jeder denkbaren Art für jede Altersstufe verfügen. Die folgende Darstellung nimmt kantonale Institutionen vorweg und behandelt im Anschluss spezielle Bibliotheken oder Archive.

BIBLIOTHEKEN

Kantonsbibliothek Baselland
Bahnhofplatz 16
4410 Liestal
T 061 925 50 80
F 061 925 69 68
T Lesesaal 061 925 62 76
kantonsbibliothek@ekd.bl.ch
www.kbbl.ch
Geöffnet: Mo–Fr 9–12, 13–18.30, Sa + So 9–16 h

Bibliothek des Kantonsmuseums Baselland
Bestandesabfrage und Bezug bei Kantonsbibliothek

Liestal
Kantonsbibliothek Baselland Die Kantonsbibliothek hat Aufgaben auf verschiedenen Ebenen zu erfüllen. Als Studien- und Bildungsbibliothek bietet sie Text-, Bild- und Tonträger jeder geläufigen Art an zu Zwecken der Information und Weiterbildung, des Studiums und der Unterhaltung. Zudem hat sie den Auftrag, Publikationen über den eigenen Kanton und aus demselben möglichst lückenlos zu sammeln. Dabei darf im Zeitalter der regionalen Zusammenarbeit auch der Begriff «Kanton» nicht in seinem engsten, politischen Sinne interpretiert werden. Die Organisation muss sich über alles dokumentieren, womit das Baselbiet im weitesten Sinne verflochten ist. Zugleich ist die Kantonsbibliothek ein Informationszentrum, das nicht nur die eigenen weit über 100 000 Titel zugänglich macht, sondern auch Bücher und Medien anderer Bibliotheken im Kanton sowie der Schweizer Universitäten und Fachhochschulen vermittelt. Alle Angebote und Dienstleistungen sind unter www.kbbl.ch rund um die Uhr übers Internet zugänglich.

1: Kantonsbibliothek in Liestal.

BIBLIOTHEKEN

Bibliothek des Lehrerseminars

Kasernenstrasse 31
4410 Liestal
T 061 927 91 78
F 061 927 91 66
Geöffnet: Mo, Mi, Fr 10–17,
Di 12–17, Do 12–18.30 h

Staatsarchiv

Wiedenhubstrasse 35
4410 Liestal
T 061 926 76 76
F 061 926 76 77
staatsarchiv@bl.ch
www.bl.ch/staatsarchiv
Geöffnet: Mo, Di, Do,
Fr 8.30–11.30, 14–17,
Mi 10–11.30, 14–19 h

Über 35 000 Bücher und Medien stehen in der Freihandbibliothek zur Ausleihe bereit. Im Lesesaal können 2000 Werke und Fachzeitschriften eingesehen werden. Weitere 80 000 Bände an Fachliteratur und Belletristik sind ausgelagert und können auf zu vereinbarende Termine hin besorgt werden. Besonders wertvolle Exemplare und Unikate werden nicht ausgeliehen. Mit diesen muss man im Lesesaal arbeiten, wo Fotokopieren jedoch möglich ist.
Für Personen über 20 Jahre und für Firmen ist die Benutzung der Kantonsbibliothek kostenpflichtig. Von Personen ohne festen Wohnsitz in der Region kann neben der üblichen Benutzergebühr zudem ein Depotbetrag verlangt werden. Wer sich erstmals einschreibt, sollte einen amtlichen Personalausweis vorlegen.

Bibliothek des Kantonsmuseums Die Bibliothek ist im Museum nicht frei zugänglich! Die gesuchten Publikationen können im Online-Katalog der Kantonsbibliothek gefunden und auch über die Kantonsbibliothek ausgeliehen werden. Schwerpunkte sind Archäologie und Museologie. Es finden sich aber auch Publikationen zu früheren und laufenden Ausstellungen.

Bibliothek des Lehrerseminars Die Mediothek des Seminars ist wohl ein gutes Stück weit auf den Lehrerberuf ausgerichtet, bietet aber in ihrem Bestand von rund 30 000 Titeln in allen gängigen Medien eine vielfältige Auswahl von allgemeinem Interesse zum öffentlichen Verleih an.

Staatsarchiv Die Bestände sind in zwei Archive unterteilt. Das alte Archiv reicht vom 13. bis ins 19. Jh. Es umfasst Urkunden auf Pergament und Papier bis 1789, Verzeichnisse der Totenmessen vor 1529, 600 Güterverzeichnisse und Akten als Teile des Basler Ratsarchivs betreffend Bezirke und Gemeinden des Kantons Basel bis 1832, Schlossarchive von Farnsburg, Münchenstein und Waldenburg sowie das Schultheissenarchiv Liestal. Im neueren Archiv befinden sich die Unterlagen ab der Kantonsgründung 1832 in Form von Rats- und Kommissionsprotokollen, alphabetisch nach Sachthemen geordneten Akten, Bauplänen und Baugesuchsdossiers von Hochbauten. Sehr hilfreich für die Familienforschung sind die Kirchenbücher ab dem 16. Jh. mit Tauf-, Ehe-, Toten-, Konfirmations- und Familienregistern. Aus der Zeit ab ungefähr 1950 finden sich verschiedene Verwaltungsregistraturen und -archive wie auch Privatarchive, amtliche und private Sammlungen, Fotografien, Karten, Pläne und Zeitungen. Für die auf Mikrofilm archivierten Bestände besteht die Möglichkeit der Rückvergrösserung. Die Handbibliothek zur Geschichte und Heimatkunde von Kanton und Region, zur Familienforschung, Wappenkunde und Archivwissenschaft ist katalogisiert im Baselbieter Bibliotheksverbund BBV und kann unter www.kbbl.ch abgefragt werden. Die Konsultation des Archivgutes ist im Rahmen eines Benützerreglementes möglich.

Andere Bibliotheken oder Archive
Gemeindebibliotheken
Das Angebot aller 19 Gemeindebibliotheken ist vergleichbar. Natürlich können die Bestände variieren und hinsichtlich Heimatkunde nimmt überall das eigene Dorf und die engste Umgebung eine Sonderstellung ein. Zudem wird die Frage der Bezugsberechtigung nicht einheitlich gehandhabt und die Öffnungszeiten sind völlig unterschiedlich.

Die nachfolgende Aufzählung umfasst nur die Bibliotheken oder Archive mit andersartigem Angebot:

Binningen
Italienische Bibliothek Familienzentrum Binningen Diese Bibliothek mit Romanen und Kinderbüchern, ausschliesslich in italienischer Sprache, ist öffentlich und verleiht auch an Feriengäste.

Pratteln
Archiv für Genealogische Familienforschung Dieser Dienst der Kirche Jesu Christi der Heiligen der letzten Tage steht jedermann offen. Von speziellem Interesse ist sie für jene Personen, die auf der Suche nach Quellen zu ihrem spezifischen Fall sind.

Sissach
AkkZent Die Bibliothek des Akkordeon Zentrums verfügt über umfangreiches Material an Noten, Plakaten und Büchern über die Geschichte und den Bau des Akkordeons. Auch an Foto- und Filmmaterial sowie an Tonaufzeichnungen ist schon ein kleiner Bestand vorhanden. Das Material kann an Ort und Stelle eingesehen, jedoch nicht ausgeliehen werden. In den nächsten Jahren sollen die Werke in einem Archiv erfasst und via Internet der Öffentlichkeit zugänglich gemacht werden. Eine Vernetzung mit Partnerinstitutionen ist vorgesehen.

BIBLIOTHEKEN

Italienische Bibliothek Familienzentrum Binningen

Familienzentrum
Curt-Goetz-Strasse 21
4102 Binningen
T 061 421 15 31
Geöffnet: 2. Sa im Monat, 15–17 h

Archiv für Genealogische Familienforschung

Wartenbergstrasse 31
4133 Pratteln
T 061 821 00 31
Geöffnet: Mo, Do 13.30–17.30, Di 13.30–21.30, Sa 8.30–12.30 h

AkkZent

Kirchgasse 11
4450 Sissach
T 062 776 20 86
(Jörg Gurtner, Unterkulm)
Geöffnet: nach Vereinbarung

Nicht eine öffentliche Bibliothek, aber sehr gut bestückt und auf der Suche nach Dokumentation sehr dienlich ist der umfangreiche Fundus bei:
Hans A. Jenny
Hauptstrasse 37
4492 Tecknau
Vorherige telefonische Kontaktnahme unerlässlich:
T 061 981 47 19

1: Staatsarchiv in Liestal.

BOTANISCHE GÄRTEN

Botanische Gärten
Für Studien und Erholung

Arlesheim
Eremitage
Tram Nr. 10 bis Arlesheim
Der *Bauerngarten* liegt im Dorf neben dem Ortsmuseum

Ein Garten ist das Baselbiet weitgehend schon an sich; ein Obstgarten, angereichert mit allerlei anderweitigem Gewächs. Die eigentlichen botanischen Gärten aber haben eine ganz unterschiedliche Entstehungsgeschichte und der eine ist mehr, der andere weniger auf Artenreichtum ausgerichtet. Einer wurde vorwiegend als Erholungsgebiet angelegt, der andere dient darüber hinaus auch wissenschaftlichen Zwecken und ein weiterer besteht aus rein privater Liebhaberei.

Arlesheim
Eremitage Am Fusse der Burg Reichenstein liegt die Eremitage, ein in romantischer Naturverehrung von Balbina von Andlau-Staal und Domherr Heinrich von Ligertz 1785 entworfener Landschaftsgarten. Der Park mit künstlich angelegten Weihern und Bächlein, mit Mühlen, Gärtnerhaus und Einsiedelei ist auch für Kinder ein Tummelplatz, vor allem durch seine felsigen Höhlenwege am Aufstieg zur Burg. Verschiedene Spaziergänge und Wanderungen im Umfeld von Gempen, Schönmatt oder Ruine Dorneck lassen beim Abstieg eine Einmündung in die Eremitage als romantischen Schlussabschnitt zu.
Bauerngarten Arlesheim Neben dem Ortsmuseum auf dem alten Friedhof wurde ein Bauerngarten angelegt mit allerlei Blumen, Zier- und Nutzpflanzen. Die Anlage ist frei begehbar.

1: Eremitage Arlesheim.

Münchenstein

Botanischer Garten Brüglingen Auf Münchensteiner Boden, am Rande der Stadt Basel beim St. Jakobs-Park, dehnt sich auf 13,5 Hektaren das Gelände der seinerzeitigen Gartenschau «Grün 80» aus. Ein gepflegtes Zentrum der Pflanzenwelt ist es geblieben, doch es handelt sich um einen eigentlichen Mehrzweckpark zur Erholung und vielseitigen Erbauung.

Ein Teil des Areals ist im Stil eines englischen Lanschaftsgartens gepflegt, von Süden her erreichbar über einen romantischen Teichuferweg hinter dem Rhododendron-Tal. Dieses ist aufgebaut auf Beständen aus der Sammlung von Baron Robert von Hirsch, dem bedeutenden Kunstsammler und -experten, und beeindruckt vor allem im April und Mai durch seine Blütenpracht.

Feucht- und Trockenbiotope, Gärten von Arznei- oder Nutzpflanzen eignen sich für Studienzwecke genauso wie zur reinen Erholung. Und wenn Sie Europas grösste öffentlich zugängliche Iris-Sammlung, idealerweise im Mai, betrachtet haben, können Sie am anderen Ende der Museumsscheune im Bestimmungslabyrinth Ihre eigenen Botanikkenntnisse testen, indem Sie bei richtiger Pflanzenbestimmung schneller den Ausgang aus dem Irrgarten finden.

Eintauchen in vergangene Zeiten kann man in der Kutschen- und Schlittensammlung oder im Mühlenmuseum. Kunstfreunde erfreuen sich an der Auflockerung durch eine Anzahl Skulpturen, während die Kinder sich wohl eher vom Spielplatz angezogen fühlen. Für das leibliche Wohl wird im stilvollen Café Merian gesorgt oder im Restaurant Seegarten beim südlichen Ausgang am Ententeich.

Kulturell bereichert wird die Anlage mit Ausstellungen, Führungen, Vorträgen und Kursen durch den Verein der Freunde des Botanischen Gartens in Brüglingen oder vom Verein Kultur in Brüglingen mit Sonntagsmatineen, Freilufttheater im Sommer und Konzerten.

Rollstühle werden im Pächterhaus – möglichst unter Voranmeldung – kostenlos ausgeliehen (→ KINDER, MUSIK, RESTAURANTS).

Rickenbach

Bauern- und Klostergarten Mit einem Kloster hat er überhaupt nichts zu tun. Es ist ein privater Garten an der Hauptstrasse, aus reiner Liebhaberei stilvoll gestaltet. Der Passant soll ihn nicht betreten. Zum Lustwandeln wäre er ohnehin viel zu klein. Von der Strasse aus ist er aber als Ganzes sehr gut überschaubar und bildet im Dorf mit dem enormen Obstbaumbestand (vor allem Kirschen) ein kleines Kuriosum.

1: Klostergarten in Rickenbach.

BOTANISCHE GÄRTEN

Münchenstein

Botanischer Garten Brüglingen
Vorder Brüglingen 5
T 061 319 97 80
Geöffnet: täglich
8 h bis Dämmerung
Bienenhaus
Geöffnet: jeden 2. Sa im Monat, 14–17 h
Mühlemuseum
Geöffnet: jeden letzten Sa im Monat, 14–17 h
Kutschen- und Schlittenmuseum
Geöffnet: Mi, Sa, So 14–17 h
Café Merian
Geöffnet: Febr. bis Dez., Di–So 9–18 h
Verein Freunde des Botanischen Gartens in Brüglingen
Postfach 402, 4018 Basel
Verein Kultur in Brüglingen
Postfach 1516, 4001 Basel
Führungs- und Veranstaltungsprogramme auch über:
T 061 319 97 80

Rickenbach

Bauern- und Klostergarten
Bauerngarten
Buslinie Nr. 100 von Gelterkinden oder Rheinfelden

BRÄUCHE/FESTE/FEIERN

Bräuche/Feste/Feiern

Verbreitete und seltene Feste

Hütten:
(in Klammer die Platzzahl)

Allswil

Forsthaus Kirschner (80)
Thomas Herde
T 061 481 23 11 oder
079 443 19 03

Arboldswil

Schützenhaus (40)
Dominik Gysler
T 061 931 17 86

Bennwil

Waldhütte (50)
E. + A. Heinimann
T 061 951 21 90

Blauen

*Forsthütte
«im Schweinel»* (16)
Willy Schmidlin
T 061 761 53 09

Bubendorf

Bürgerstube (45)
Frau F. Wahl
T 061 931 13 35
Eigenheim UOV (50)
Max Bläsi
T 061 711 36 42

Buus

Schützenhaus «im Laig»
(80)
Gemeindeverwaltung
T 061 841 14 44

Diegten

Waldhütte Bauflen (ca. 35)
Karin Krähenbühl
T 061 971 87 27

Dittingen

Schemel-Schopf (15–20)
Gemeindeverwaltung
T 061 761 25 50

Duggingen

Schützenhaus Allmend (60)
Karl Schuler
T 061 751 27 24

Gefeiert wird gern im Baselbiet. Die Region ist reich an Festen und Anlässen, die auf älteren und jüngeren Volksbräuchen beruhen. Das ganze Jahr über finden Festivitäten statt: einige im ganzen Kanton, andere nur in einzelnen Gemeinden. So weit als möglich nach ihrer Abfolge im Jahreskalender eingeteilt, sind dies hauptsächlich:

Fasnacht (→ FASNACHT)

Feuerbräuche
Reedli schigge, Schybli schloo
Vornehmlich das Leimental und das Birseck kennen die Feuerbräuche, sieht man vom fasnächtlichen Chienbäse-Umzug in Liestal oder dem Chluriverbrennen in Sissach ab. Die Fasnachtsfeuer auf Anhöhen ausserhalb der Dörfer am ersten Fastensonntag haben ihrem Namen zum Trotz keinen wirklichen Zusammenhang mit der Fasnacht. Es geht um das Vertreiben des Winters.
In *Biel-Benken* schliesst sich dem Feuer der Brauch des «Reedli schigge» (Räder schicken) an, in anderen Gemeinden «Schybli schloo» (Scheiben schlagen) genannt. Auf einer Anhöhe werden Holzscheiben auf eine Haselrute aufgesetzt, im offenen Feuer in Brand gesteckt und durch den Schwung der Rute zu Tal geschleudert. Anschliessend werden mitgebrachte Kienfackeln angezündet und in langen Zügen auf eine Wiese beim Dorf getragen, wo sie zum Abschluss ausgeschwungen werden.

1: Lustige Formation beim Eierleset.

Eierleset

In vielen Gemeinden wird (meist am Weissen Sonntag) der nachösterliche Brauch des Eierleset gepflegt. Durchgeführt wird der Anlass überall als spielerischer Wettkampf. Im Detail können die Regeln von Ort zu Ort variieren. Zentraler, überall unveränderter Teil ist die Aufgabe der Konkurrenten, in Reihen ausgelegte Eier einzusammeln und in einer Wanne oder einem Korb zu deponieren. Mit dem Ei, einem Symbol der Fruchtbarkeit, als Kernstück des Brauchs soll an das Erwachen neuen Lebens erinnert werden.

Maibräuche

Vielerorts gehört es zur Tradition, dass am Vorabend und in der Nacht auf den 1. Mai Maibäume aufgestellt und geschmückt werden. Die anmutige Zier bleibt über den ganzen Monat hinweg stehen. Maitanz und Maisingen trifft man vor allem in Dörfern, wo eine Trachtengruppe besteht.

Banntag

Der Banntag ist ein traditionelles Fest in nahezu allen Gemeinden. Ursprünglich diente er der Überprüfung des Grenzverlaufes. Heute ist er ein rein gesellschaftlicher Anlass. Das gesellige Zusammensein der Ortsbevölkerung erleichtert auch Neuzuzügern den Kontakt. Eine Wanderung im Bereich der Gemeindegrenze oder – je nach Länge – eines Teils davon ist noch immer üblich. In einigen Gemeinden ist der Banntag noch wie früher eine reine Männerangelegenheit, Frauen dürfen nicht mitmarschieren. Der Termin ist in jeder Gemeinde verschieden, doch findet der Banntag immer vor oder nach der Auffahrt (Christi Himmelfahrt) statt. Einige Gemeinden führen den Tag auch nur alle zwei Jahre durch.

Wesentliche Teile der Tradition hat dabei **Liestal** bewahrt. Immer am Montag vor Auffahrt schreiten die Lies-

1: Traditioneller Tanz um den Maibaum.

BRÄUCHE/FESTE/FEIERN

Ettingen
Blockhütte (45)
J.C. Brodmann
T 061 721 74 25

Füllinsdorf
Turnerhütte (30)
Theres Fricker
T 061 901 31 87
Clubhütte Lueg ins Land (60)
H.P. Truninger
T 061 931 35 85
Clublokal Häxehüsli (25)
Heinz Lack
T 061 901 35 68
Schiessanlage Rauschenbächlein (70)
Fritz Schaffner
T 061 901 54 76

Gelterkinden
Waldheim Kipp (40)
René Frech
T 061 971 64 26

Giebenach
Oberholzstübli (50)
Paul Jauslin
T 061 811 25 85

Häfelfingen
Alte Laterne (7 EG, 50 OG)
Frau M. Martin
T 062 299 01 62

Lampenberg
Bürgerhütte (50)
Frau H. Gysin
T 061 951 18 03

Langenbruck
Helfenberghütte (80)
A. Zähner
T 062 390 15 55

Läufelfingen
Waldhaus Seppenweid (60)
Gemeindeverwaltung
T 062 299 11 23

Lausen
Albertus-Hütte (15)
H.P. Steiner
T 061 771 08 05

BRÄUCHE/FESTE/FEIERN

Liedertswil
Schiessstand (50–60)
Peter Minder
T 061 963 96 97

Liestal
Turmwirtschaft (70)
René Ziegler
T 061 901 56 34
Gartenhütte
Schürhalden (40)
Forstverwaltung
T 061 921 47 09

Lupsingen
Schützenhaus (50–70)
U. Hug
T 061 911 05 46

Münchenstein
Schlosswald (40-45)
Gruthweg 103
Beat Gass
T 061 411 41 91

Muttenz
Sulzkopf (40 Keller, 60 EG)
Bürgergemeinde
T 061 461 71 46

Niederdorf
Schützenstube (50)
Claudio Lupi
T 061 951 15 30

Ormalingen
Waldhütte (50)
W. Schaub-Lang
T 061 981 19 68

Pratteln
Geisswaldhütte (60)
Gemeindeverwaltung
Frau Frey
T 061 825 21 11 (vormittags)

Ramlinsburg
Schützenhaus (30)
Albert Peng
T 061 931 23 12

Reinach
Forsthaus Chremerbrunnen (50)
R. Krieger
T 061 711 39 57

taler Männer und Kinder, aufgeteilt in vier Rotten, die Stadtgrenze ab. Begleitet werden sie von Trommeln und Pfeifen wie auch vom Knallen aus Vorderladern und Guidenpistolen. Die Männer tragen Hüte mit Blumenschmuck.

Pfingstblütter
Nur noch an vereinzelten Orten (z. B. *Ettingen*) im Baselbiet erhalten sind die Pfingstblütter, auch Pfingstbitter geheissen. Ihr Auftritt ist ein Fruchtbarkeitsbrauch zu Pfingsten. Burschen in Laubkostümen versuchen flüchtende Mädchen einzufangen und in den Brunnen zu werfen. Aber Achtung! Mit der Opposition ist immer zu rechnen. Eine zweite Burschengruppe versucht ihrerseits, die Laubgestalten in den Trog zu bugsieren. Die Jagd dauert etwa eine Stunde.

Apfelhauet
Die «Öpfelhauet» kennt man heute nur noch im Baselbiet, von Reitervereinen an verschiedenen Orten an einem Sonntag im Herbst veranstaltet. Es ist ein Geschicklichkeitsspiel zu Pferde militärischen, wahrscheinlich preussischen Ursprungs. Der Reiter schneidet mit seinem Säbel eine Anzahl an einer Schnur von einem Galgen hängende Äpfel an, ohne dass diese herunterfallen. Heute hat der Reiter zusätzlich eine ganze Reihe anderer Prüfungen zu bestehen.

Augustfeuer
Der Schweizer Nationalfeiertag am 1. August wird von den Gemeinden in eigener Regie gestaltet. Am meisten verbreitet sind dabei die Höhenfeuer. Von hoch gelegenen Standorten aus kann man an diesem Abend die Feuer mehrerer Dörfer überblicken. An manchen Orten findet parallel dazu im Dorf ein Festbetrieb mit Ansprachen und Musik statt. Vereinzelt bildet ein Feuerwerk den Abschluss der Feier. Das unkoordinierte, private Abbrennen von Feuerwerkskörpern gehört ebenfalls zum Brauchtum.

1: Liestaler Banntag.

Räbeliechtli-Umzug

Um Martini (11. November) ist die Zeit reif für die «Räbeliechtli». Für einmal sind «Räbe» nicht Reben, sondern Rüben. Der aus der Ostschweiz stammende Brauch ist alt. Im Baselbiet waren es vornehmlich «Durlips» (Runkelrüben), die man aushöhlte, eine Fratze in die Schale schnitzte und im Innern durch eine Kerze beleuchtet auf den Fenstersims oder im Umschwung des Hauses an geeigneter Stelle aufstellte. In der zweiten Hälfte des 20. Jh. ist die Tradition jedoch mobiler geworden. In sehr vielen Gemeinden wird seither für die Kinder ein Umzug mit den selbst gefertigten Lichtern durchgeführt.

St. Nikolaus-Bräuche

In *Liestal* treffen sich die Kinder am 6. Dezember in der Allee zum «Santichlaus-Ylüte» (Einläuten). Der Brauch geht sehr dezibelträchtig vonstatten, denn die Schar zieht mit Kuhglocken unter ohrenbetäubendem Lärm durch die Gassen im «Stedtli».

Nüünichlingle

Aus einer Zeit, als der Santichlaus als gutmütiger Freund der Kinder noch gar nicht unterwegs war, stammt der Nüünichlinger. Ursprünglich war er eine ausgelassene Schreckgestalt. Heute tritt er noch in *Ziefen*, *Arboldswil* und *Sissach* auf, jeweils am Heiligen Abend. Auch charakterlich ist er etwas gezähmt. Er erscheint in Form eines Umzugs durch das Dorf und beschränkt sich auf ein monotones Schellen mit grossen Glocken. Traditionsgemäss besteht der Zug nur aus ledigen jungen Männern in schwarzen Mänteln und mit zum Teil enorm hohen Zylindern. Dabei folgen sie einer bärtigen Gestalt, die einen Russlappen an einer langen Stange trägt. Damit wurden früher die Gesichter «behandelt», die etwas zu neugierig aus den Fenstern der Häuser guckten.

Weihnachtssingen

An verschiedenen Orten, z. B. in *Augst*, *Langenbruck* und *Pratteln*, finden Weihnachtssingen statt, während in *Arlesheim* Sternsinger durch den Ort ziehen.

1: Origineller Veranstaltungshinweis.
2: Die alte Dampfbahn im Waldenburgertal.

BRÄUCHE/FESTE/FEIERN

Rickenbach
Schützenhaus (50)
Frau Haas
T 061 981 57 95
(über Mittag und abends)

Rünenberg
Waldhütte (40)
A. Schneider
T 061 981 56 21

Rothenfluh
Waldhütte Eichligarten (55)
Gemeindeverwaltung
T 061 991 04 54

Sissach
Isletenhütte (20)
Hans Reber
T 061 971 25 79
Bierkeller (32)
Gottlieb Sutter
T 061 971 32 58
Langenboden (12)
Ernst Abt
T 061 971 19 74

Therwil
Froloo (20)
E. Gutzwiller
T 061 721 27 64
Schützenhaus Käppeli (50)
Gemeindeverwaltung
T 061 725 21 21

Wahlen
Forsthaus (30)
Gemeindeverwaltung
T 061 761 33 69

Wintersingen
Wildholde (30)
Peter Bongni
T 061 971 37 65

Wittinsburg
Schützenhaus (100)
O. Schweizer
T 062 299 24 02

BRÄUCHE/FESTE/FEIERN

Zeglingen
Skihütte Staffelalp (80)
Werner Gerber
T 061 981 34 63

Ziefen
Hütte Holzenbergchöpfli
Gemeindeverwaltung
T 061 935 95 95

Zunzgen
Waldhütte (40)
Frau Lützelschwab
T 061 971 57 11

Andere Treffpunkte:

Arboldswil
Lamafarming
Heinz Räuftlin
Winkel 4
T 061 931 33 61 oder
079 246 26 48
www.wasserfallen.ch

Liestal
zum bunten S
Seltisbergerstrasse 18
T 061 922 23 24
F 061 922 23 04
www.grauwiller-straub.ch

Waldenburg
Waldenburgerbahn AG
Hauptstrasse 12
T 061 965 94 94
F 061 965 94 99

Diverses
Feste soll man bekanntlich feiern, wie sie fallen, und so kommt es über das ganze Baselbiet hinweg vornehmlich im Sommer im Freien oder in der Wintersaison in Mehrzweckhallen zu einer ganzen Reihe von Festivitäten, an denen die Öffentlichkeit teilnehmen kann. Das können *Dorffeste*, *Musiktage* oder *Sonderanlässe* von religiöser bis zu sportlicher Art sein wie auch *Jubiläumsfeiern* oder *Vereinsabende*, an denen die Vereine zur Aufbesserung ihrer Kasse mit Darbietungen aller Art aufwarten. Dieses Festleben ohne Grenzen folgt nicht festen, überschaubaren Rhythmen. Am besten orientiert man sich anhand von Aushängen und in der lokalen Presse.

Für besondere Privatanlässe
Für gesellschaftliche Anlässe aller Art sowie Firmen- oder Familientreffen, findet sich im Baselbiet sicher das passende «Bühnenbild». Die → HOTELS und → RESTAURANTS werden jedem Anlass einen gediegenen Rahmen verleihen. Wer gerne auf Bedienung verzichtet und etwas mehr Aufwand nicht scheut, kann seinen Anlass auch in einer Waldhütte oder einer vergleichbaren Einrichtung durchführen. Solche sind in der Randspalte aufgelistet, soweit sie nicht nur Einheimischen zur Verfügung stehen. Eine originelle Variante besteht in *Liedertswil*, wo bis zu 60 Personen ihr Treffen bei Gaslicht im letzten Baselbieter Schiessstand ohne Strom abhalten können (→ TOP/REKORDE).

Arboldswil
Lama-Trecking Ein besonderer «Gag» für Familien-, Vereins- oder Geschäftsausflüge. Das Lama trägt Ihr Gepäck! Die Farm befindet sich in Arboldswil. Das eigentliche Trecking beginnt auf der Wasserfallen ob Reigoldswil.

Liestal
Zum bunten S. Vom Apéro bis zum Vereinsausflug bietet das Erzgebirgische Spielzeugmuseum Möglichkeiten für ein Gemeinschaftserlebnis mit ausgefallener Kulisse (→ MUSEEN).

Waldenburg
Dampffahrten Extrafahrten für Gesellschaften bis zu 100 Personen mit dem Nostalgiedampfzug der Waldenburgerbahn werden bis Oktober durchgeführt. Auf der gut einstündigen Fahrt wird ein Apéro serviert.

Brunnen
Zweck- und Zierbrunnen

BRUNNEN

Im Baselbiet, vornehmlich in den Dörfern mit ursprünglich rein landwirtschaftlichem Charakter, stand von Alters her nicht die künstlerische Gestaltung im Vordergrund der Ansprüche. Der Brunnen hatte in erster Linie praktischen Zwecken zu genügen wie z. B. der Viehtränke. Trotzdem trägt mancher von ihnen viel zur dezenten Bereicherung des Dorfbildes bei. Jüngeren Datums sind die künstlerisch gestalteten Brunnen, die allenthalben im Dialog mit Nutzbauten und auch in Harmonie mit der Architektur Leben in die Ortsbilder bringen.

Allschwil
Der erkennbar als *Tränkebrunnen* angelegte Brunnen am Dorfplatz setzt beim Stock zu einem achteckigen Trog an. Auf der Gegenseite wird das Achteck jedoch nicht vollendet, sondern mit einem etwas weniger hohen, halbkreisförmigen Ansatztrog abgeschlossen, wohl mit dem Gedanken an kleiner gewachsene Tiere wie z. B. Ziegen oder Schafe.

Anwil
Schmuckes Detail am Dorfplatz in Anwil, der seinen Grundriss aus dem 17. Jh. beibehalten hat, ist der *Dorfbrunnen* von 1843 mit achteckigem Trog.

Biel-Benken
Beim Pfarrhaus hat sich ein alter *Sodbrunnen* bis in die heutige Zeit gehalten, während ein künstlerisch gestalteter *Brunnen von Niklaus Erdmann*, eine imposante Komposition aus Kugeln und herausgeschnittenen Segmenten, das Areal des Chilchbüel-Schulhauses auflockert.

1: Isaak Bowe-Brunnen in Bretzwil.

BRUNNEN

Blauen
Unter Denkmalschutz steht der *Dorfbrunnen* mit seinem sechseckigen Trog. Denkmalcharakter muss ihm seit 1994 zwangsläufig zukommen, denn das Bernerwappen an einer Trogwand erinnert an die damalige Kantonszugehörigkeit des Dorfes.

Bretzwil
Beim Baumgartenschulhaus befindet sich der *Isaak Bowe-Brunnen* als Denkmal für den Bauernführer im Krieg von 1653 (→ DENKMÄLER).

Bubendorf
Die *sieben Dorfbrunnen* zeugen von einer blühenden Vergangenheit als Bauerndorf. Im oberen Dorfteil an der Hauptstrasse beim Treppengiebelhaus Nr. 112 steht der schönste von ihnen mit breitem Trog und einem Stock mit Obelisk und Eichel an der Längsseite. Stock und Obelisk tragen eine Inschrift, während eine Maske die Vorderseite der Röhre ziert. Vier Brunnen stammen aus dem Jahr 1811, die drei anderen von 1869.

Gelterkinden
Der Trog am *Dorfbrunnen* von 1810 auf dem grosszügig angelegten Dorfplatz weist das beliebte Achteck auf, das dem Vieh einen lockeren Zugang gestattete.

Lausen
Nicht weit vom Rolle-Schulhaus entfernt am *Wolfbrunnen* ist ein Steinrelief von Fritz Bürgin angebracht (→ KUNST).

Liestal
An der Allee ist das *Wehrmannsdenkmal* vom Künstler Jakob Probst als Brunnen an der abfallenden Mauer des Geländes vom Regierungsgebäude gestaltet. Am Trog die Inschrift: «Dem Feind zum Trutz, dem Land zum Schutz», gegliedert durch Einstreuung von sechs tellenartigen Köpfen. Auf dem Stock ist ein Soldat zu sehen in

1: Gelterkinder Dorfbrunnen.

einer unmissverständlichen Pose von Trauer und Unverständnis für das, was geschehen ist (→ DENKMÄLER).
Auf dem *Brunnensockel vor dem Alten Zeughaus* zeigt sich kriegerisch stramm mit Schwert und Burgunderschale der von Jakob Probst geschaffene Heinrich Strübin. Die Inschrift «Nancy 1477» am Trog nimmt Bezug auf die Schlacht, in welcher der Liestaler Berühmtheit erlangt hat (→ DENKMÄLER).
In geometrisch präziser Symmetrie hat Sylvia Goeschke 1989 ihren *Brunnen an der Rathausstrasse* geschliffen. Der achteckige Trog und die Stocksäule bestehen aus einer Komposition von gegengleich angeordneten Dreiecken. Am Stock verjüngt sich die Höhe der Dreiecke von unten nach oben um jeweils die Hälfte, sodass die sechs Schichten als lebendiges Formenspiel aufragen. Die

Ausgüsse für feine Wasserstrahlen befinden sich an vier Ecken des Sockels zum Stock.
Vor dem Törli an der Ecke zur *Spitalgasse* plätschert ein *Brunnen* von Fritz Bürgin. Die Röhre stellt eine Äskulap-Schlange dar, die das Wasser aus einer Nische heraus in einen kelchartig aufgebauten Trog mit Stadtwappen abgibt.

Maisprach
Annähernd rechteckig präsentiert sich der Trog des *Dorfbrunnens* von 1841, jedoch mit abgeschrägten Ecken und einem ausladenden Knick auf der Seite des zweistufigen, blumengeschmückten Stocks.

Muttenz
Der *Brunnen* beim Schulhaus Gründen von Fritz Bürgin ist ein Musterbeispiel dafür, wie die Schwere des Jurasteins durch die Einfachheit der Linienführung aufgehoben wird.

1: *Wehrmannsdenkmal beim Regierungsgebäude.*

BRUNNEN

Oberdorf
Wäre es nach dem Kopf Germaine Richiers gegangen – Schülerin von Bourdelle und selbst Bildhauerlehrerin in Paris –, so bestünde der *Uli Schad-Brunnen* zumindest in seiner heutigen Form nicht. Das Werk war der erste grössere öffentliche Auftrag für Fritz Bürgin. Seine Lehrerin riet ihm, darauf zu verzichten und in der Kunstmetropole Paris zu bleiben, wo sich ihm ganz andere Perspektiven eröffnen würden. Bürgin kam trotzdem zurück und wurde für mindestens drei Jahrzehnte lang zum Inbegriff des Baselbieter Bildhauers (→ DENKMÄLER).

Reigoldswil
Der *Friedhofbrunnen* ist geschmückt mit einem vom Ortsbürger und hier geborenen Bildhauer Jakob Probst geschaffenen Sämann (→ KUNST).

Rünenberg
Der *Brunnen im Unterdorf*, eigentlich rechteckig und nur durch abgeschrägte Ecken zum Achteck erweitert, ist der grösste Tränkebrunnen im Baselbiet.

Sissach
Bei der Sekundarschule Tannenbrunn plätschert der *«Brunnen mit dem Lucheren Tier»* von Fritz Bürgin (→ KUNST).

Tenniken
Der Brunnen von Fritz Bürgin beim Schulhaus trägt die Bronzeplastik *«Auffliegende Vögel»*. Vier gänseähnliche Vögel schwingen sich in die Luft.

1: Brunnen von Fritz Bürgin in Muttenz.

Thürnen
Der *rechteckige Trogbrunnen* mit Stock auf der Schmalseite befindet sich dank einem spätgotischen Haus aus dem 16. Jh. in sehr reizvoller Umgebung.

Wenslingen
Dem berühmtesten Sohn des Dorfes, dem Heimatdichter *Traugott Meyer*, wurde bei seinem Geburtshaus (Altes Schulhaus) ein *Gedenkbrunnen* von Albin Castiglione gewidmet, ausgeführt von Steinmetz Werder (→ DENKMÄLER). Inschrift: «Mir Baselbieter sy nen eigene Schlag, mir dräje 's Fähnli niemols noh der Mode» (Wir Baselbieter sind ein eigener Schlag, wir drehen das Fähnchen niemals nach der Mode).

1: Fritz Bürgins «Auffliegende Vögel» in Tenniken.
2: Traugott Meyer-Gedenkbrunnen in Wenslingen.

CAFES

Cafés

Orte der süssen Verführung

Der kantonale Verband des Gastronomie-Gewerbes ist:
Gastro Baselland
Grammetstrasse 18
4410 Liestal
T 061 921 36 96
F 061 921 33 45
wirte.az@gastro-baselland.ch
www.gastro-baselland.ch

Allschwil
Gürtler
Baslerstrasse 8
T/F 061 481 24 27

Binningen
Highspeed
Oberwilerstrasse 22
T 061 421 22 02

Frenkendorf
Sommer
Hauptstrasse 1
T 061 901 11 70
F 061 901 13 05

Grosse, berühmte Kaffeehäuser kennt das Baselbiet nicht. Dafür sind die Lokale etwas intimer und man wähnt sich nicht so sehr in einem Bienenhaus. Dieses oder jenes Café ist direkt mit einer Konditorei verbunden und niemand ist verpflichtet, der Verlockung zu widerstehen. Auf jeden Fall eignen sich Cafés ideal als Treffpunkt für einen Schwatz bei Kaffee und Kuchen. Es muss aber nicht zwangsläufig immer Kuchen sein. Viele Cafés servieren auch Mittagsmenüs.

Allschwil
Gürtler Gemütliches, kleines Café-Restaurant in einem Sundgauer Riegelbau. Täglich frische Wähen, vegetarische Gerichte und Desserts für Diabetiker. Gartenwirtschaft im Hof. Das Haus überrascht nicht nur mit Kuchen, sondern auch mit regelmässigen Kunstausstellungen.

Binningen
Highspeed Die Café-Bar beim Monteverdi-Museum bietet bis 11.30 Uhr einen «Fünfliber-Zmorge» mit Kaffee, Gipfeli, Butter und Konfitüre an (→ BARS, MUSEEN).

Frenkendorf
Sommer Im Kaffeestübli der Bäckerei-Konditorei direkt beim Dorfplatz wird jeden Sonntag ein Buurezmorge (Bauernfrühstück) à discretion angeboten.

1: Café Gürtler in Allschwil.

Liestal

Krattiger In gemütlicher Lage am Fischmarkt befindet sich die mit ein paar kleinen Tischen bestückte Confiserie, wo zu Ladenöffnungszeiten der Kaffee genossen werden kann.

Mühleisen Der Genuss beginnt schon vor dem Haus dank Otto Plattners Konditor auf der Fassade. Dass der vom Künstler Dargestellte in seinem Fach auch ein Künstler ist, davon kann man sich im Innern überzeugen.

Münchenstein

Merian 1711 als barockes Landschlösschen erbaut, wurde die Villa Merian im 19. Jh. in frühklassizistischem Stil umgebaut. Im Gelände des botanischen Gartens gelegen, bietet sich das Café im Erdgeschoss besonders bei offener Terrasse als Stätte für einen geruhsamen Aufenthalt an (→ BOTANISCHE GÄRTEN).

Muttenz

Bajazzo Jung und Alt fühlen sich wohl im gepflegten Ambiente der Café Apéro Bar Bajazzo mitten im Dorfkern.

Ormalingen

Capuccino Das modern eingerichtete Café auf drei Stockwerken liegt im alten Dorfkern. Von aussen ist es gleich erkennbar durch die sich drehende, übergrosse Capuccino-Tasse. Angeboten werden verschiedene Tees im Kännchen, Kaffeesorten aus aller Welt und Eis mit frei wählbaren Toppings wie Gummibärchen, Kokosflocken und Nüssen.

CAFES

Liestal

Krattiger
Fischmarkt 16/18
T 061 921 36 35
Mühleisen
Kasernenstrasse 1
T 061 921 06 74

Münchenstein

Merian
Unter Brüglingen 1
Botanischer Garten
Brüglingen
T 061 311 24 54

Muttenz

Bajazzo
Hauptstrasse 34
T/F 061 462 11 44

Ormalingen

Capuccino
Farnsburgerstrasse 36
T 061 981 51 03

Reigoldswil

Ryfenstein
Unterbiel 1
T 061 941 14 41
F 061 941 14 66
info@ryfenstein.ch

1: Café Cappuccino in Ormalingen.
2: Café Apéro Bar Bajazzo in Muttenz.

Denkmäler
Ehrungen und Erinnerungshilfen

Welcher Ereignisse und Personen soll ein junger Kanton gedenken? Da unterscheidet sich das Baselbiet nicht wesentlich von allen anderen Orten in der Schweiz und im Ausland. Bei den Gedenkstätten für Ereignisse mahnen die meisten an Kriegsgeschehen. Auch Stätten der Erinnerung an Personen stehen oft im Zusammenhang mit kriegerischen Auseinandersetzungen oder mit der Politik, vorwiegend jedoch geht es um bedeutende Menschen aus den verschiedensten Gebieten der Kunst.

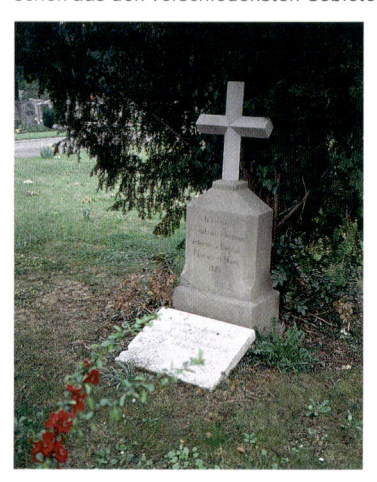

Bennwil
Ein fast zwei Meter langer Findling, Zeuge des eiszeitlichen Rhonegletschers, wurde 1946 von sechs Pferden ins Dorf geschleppt. Daraus wurde dem Dichter und Ortsbürger *Carl Spitteler* durch Aufsetzen eines Bronzereliefs ein Denkmal errichtet.

Biel-Benken
Im Wald oberhalb der Reben von Biel-Benken erinnert ein Gedenkstein an den Pfarrer und Dichter *Friedrich Oser*, der von 1884 bis zu seinem Tod 1891 Seelsorger in Benken war. Im Sockel sind die ersten Takte von Osers Vaterlandslied «Das weisse Kreuz im roten Feld» eingekerbt.

1: Liestaler Grabdenkmal für 18 Soldaten der Bourbaki-Armee.

Bretzwil
Beim Baumgartenschulhaus befindet sich der *Isaak Bowe*-Brunnen als Denkmal für den Bauernführer im Bauernkrieg von 1653 (→ BRUNNEN).

Frenkendorf
An die kriegerischen Auseinandersetzungen vom 3. August 1833 um die Trennung zwischen Stadt und Land mahnt das *Hülftendenkmal*, ein schlichter Obelisk aus rotem Sandstein im Wäldchen nördlich des Friedhofs Äussere Egg.
Eine 800 Mann starke Basler Truppe war ausgerückt, um den im Vorjahr stadttreu gebliebenen, bedrohten Exklaven Gelterkinden und Reigoldswilertal Hilfe zu leisten. Oberhalb von Pratteln und nördlich von Frenkendorf wurden die Städter durch den massiven Widerstand der

Landschäftler unter erheblichen Verlusten zum Rückzug gezwungen. Als Folge davon entstand das Baselbiet mit dem Grenzverlauf, der bis zur Angliederung des Laufentals (1994) Gültigkeit hatte.

Grellingen
Der Kessel, wo das Kaltbrunnental in die Birs einmündet, heisst Chessiloch. Während beider Weltkriege war diese Stelle Einsatzort von Grenzschutzsoldaten. Auf den blanken Felsen haben diese als bleibendes Mahnmal an den Aktivdienst ihre Kantonswappen und die Truppeneinheiten aufgemalt. Die *Wappenfelsanlage* wird auch häufig als Aufenthalts- und Picknick-Platz aufgesucht.

1: Hülftendenkmal in Frenkendorf.

DENKMÄLER

Laufen

Vor dem Obertor beim Stadthaus steht das ***Soldatendenkmal*** von Robert Rudolf zu Ehren der im Ersten Weltkrieg Verstorbenen. Eine Bronzeplastik von Rolf Brem auf dem Helye-Platz vor dem Heimatmuseum zeigt ***Helias Helye*** in Renaissancekleidung mit dem ersten in der Schweiz gedruckten Buch.

Liestal

Der Baselbieter Hauptort ist reich an Gedenkstätten. An der «Alten Braue», dem Geburtshaus von ***Carl Spitteler*** (1845–1924), Kasernenstrasse 22, erinnert eine Gedenktafel an den Meister und ein Denkmal zur Würdigung dieses Dichters, geschaffen 1931 von August Suter, steht in der Anlage des Kantonsspitals an der Rheinstrasse. Weitere Dichter, die zu Ehren kommen: ***Josef Victor Widmann*** (1842–1911) mit einer Tafel an der Kanonengasse 1 und mit einem Brunnen von Leonie Karrer aus dem Jahr 1961 auf der Schulanlage Burg sowie der Freiheitsdichter ***Georg Herwegh*** (1817–1875), der zwar nie im Baselbiet gelebt hat, aber seinem Wunsch gemäss in Liestal begraben wurde. Sein Denkmal, 1904 enthüllt, befindet sich in einer kleinen Anlage am Fussweg zwischen dem «Stedtli» und dem Bahnhof.

An Liestals berühmtesten Maler, ***Otto Plattner*** (1886–1951), erinnert eine Gedenktafel an der Rathausstrasse 24. Ein Brunnen von Jakob Probst aus dem Jahr 1958 ehrt am Zeughausplatz ***Heinrich Strübin***, den Liestaler Bürger, welcher 1477 die Burgunderschale, das Trinkgefäss Karls des Kühnen, aus der Schlacht bei Nancy als Kriegsbeute nach Liestal brachte. Eine blutige Auseinandersetzung wurde verewigt im ***Bauernkriegsdenkmal*** aus dem Jahr 1904 beim Oberen Tor. Das ***Wehrmannsdenkmal*** von Jakob Probst am → BRUNNEN beim Regierungsgebäude an der Allee gedenkt mit den in Stein gehauenen Namen

1: Georg Herwegh-Denkmal.
2: Wehrmannsdenkmal beim Regierungsgebäude.
3: Carl Spitteler-Denkmal beim Kantonsspital.

der in beiden Weltkriegen gefallenen Baselbieter. Ebendort befindet sich auch die Gedenktafel für den Bildhauer selbst, *Jakob Probst* (1880–1966). An Kriegsgeschehen wird auch in der Nordwestecke des Friedhofs erinnert durch das Grabdenkmal für **18 Soldaten der Bourbaki-Armee**, die im Februar/März 1871 während ihrer Internierung in Liestal an Typhus gestorben sind. Denkmalcharakter hat auch die gegenüberliegende Ecke des Friedhofs. Die Grabmäler von Personen, die sich um Liestal besonders verdient gemacht haben, werden dort nach der Aufhebung der Grabstätten auf einem Ehrenplatz zur Erinnerung gruppiert.

DENKMÄLER

Oberdorf
An den aus Oberdorf stammenden *Uli Schad*, einen Baselbieter Anführer im Bauernkrieg 1653, erinnert ein Brunnen von Fritz Bürgin (→ BRUNNEN).

Ramlinsburg
Ein besonderes Denkmal ist die *Millenniumslinde* auf offenem Feld oberhalb des Dorfes. Aus Anlass des Wechsels ins 3. Jahrtausend wurde eine morsche Birke umgetan und an ihrer Stelle eine junge Linde gepflanzt. Zwei Bänke laden zum Geniessen der prächtigen Fernsicht ein. Eine Relieftafel erläutert, was das Auge sieht, und gibt ergänzend einige statistische Angaben zur Gemeinde im Zeitpunkt des Jahrtausendwechsels. Die Namen aller Einwohner vom 31. Dezember 2000 wurden an Ort und Stelle in einer Rolle in der Erde vergraben.

1: Uli Schad-Denkmal in Oberdorf.

DENKMÄLER

Rickenbach
Das *Polendenkmal* in Rickenbach am Wanderweg in Richtung Wintersingen erinnert an die Internierung der Polen im Zweiten Weltkrieg.

Rothenfluh
Der eingemauerte *Grenzstein* mit den Wappen der Habsburger und des Bistums Basel befindet sich zwar nicht mehr an seiner ursprünglichen Stelle. Er erinnert jedoch immer noch an die Grenze zwischen Frickgau und Sisgau, die früher durch den Ort verlief.

Rünenberg
Auf einem erratischen Block beim Weiher im Dorf erinnert eine Plakette an *Johann August Sutter* (General Sutter), den draufgängerischen Pionier, der als Konkursit nach Amerika flüchtete, dort zu enormem Reichtum kam, durch die Invasion der Goldgräber aber alles wieder verlor (→ GEMEINDE RÜNENBERG).

Therwil
Der gewichtigste Pionier bei der Kantonsgründung war der Therwiler *Stephan Gutzwiller*. Ihm zu Ehren hat die Gemeinde eine Gedenkstätte errichtet. Diese befand sich auf dem Kirchplatz, wo sie wohl auch wieder hinkommen wird. Auf unabsehbare Zeit hinaus steht sie jedoch auf dem Werkhof der Gemeinde an der Rauracherstrasse, ist für Passanten aber sichtbar.

Wenslingen
Dem Heimatdichter *Traugott Meyer*, im Zweiten Weltkrieg durch seine Radioplaudereien «'s Bottebrächts Miggel verzellt» weit über seinen Heimatkanton hinaus bekannt geworden, hat das Dorf neben seinem Geburtshaus, dem alten Schulhaus, einen Gedenkbrunnen errichtet (→ BRUNNEN).

Wintersingen
Heinrich Grieder (1821–1913), dem «Sängervater», Gesangspädagogen, Chordirigenten, Komponisten und grossen Förderer des Gesangswesens im Baselbiet, verschaffte seine Heimatgemeinde eine bleibende Grabstätte auf dem alten Friedhof und die Sängergemeinde stiftete ein Denkmal. Das ursprüngliche wurde 1969 durch einen Naturstein mit Inschrift ersetzt.

1: Johann August Sutter-Denkmal in Rünenberg.

Einkaufen
Alles, was das Herz begehrt

Im Baselbiet finden sich Läden und Dienstleistungsbetriebe, die nahezu jedes Bedürfnis abzudecken vermögen. Sie sind so zahlreich und derart über das ganze Kantonsgebiet verstreut, dass wir auf gängige Register verweisen müssen, wenn jemand in der Umgebung seines Aufenthaltsortes das Angebot einer ganz bestimmten Branche sucht.

Einkaufsbummel in den Zentren
«Lädele» und dabei auf Entdeckungen stossen kann man in einem gewissen Ausmass in jedem grösseren Ort. Stellvertretend für das ganze «Einkaufsparadies Baselbiet» soll hier ein stimmungsvoller Einkaufsbummel in Liestal stehen. Auf hoch stehendem Niveau nehmen sich kantonsweit zahllose Geschäfte Ihrer Wünsche an. Vom nüchternsten Zweckartikel bis zur witzigen, fantasievollen Spielerei ist im Baselbiet nahezu alles erhältlich, was das Herz begehrt.

Durch das «Stedtli» in Liestal
Geeigneter Ausgangspunkt für den Rundgang ist der Wasserturmplatz vor dem Törli. Bei *Radio-TV Maurer* lässt sich erkunden, was die Unterhaltungselektronik Neues zu bieten hat. Gleich nebenan kann man sich einkleiden beim *Thommen Line* oder bei *Blackout Jeanswear*. Für Liebhaber von exquisiter Wohneinrichtung und stilvollen Dekorartikeln lohnt sich ein Besuch bei *Atrium*. Über die Strasse in der neuen Überbauung des Engel-Areals hält die *Migros* Lebensmittel und Non-Food-Waren feil.

1: Jeans und sportliche Bekleidung im Blackout.

EINKAUFEN
Liestaler Innenstadtläden

Öffnungszeiten
in der Regel:
Mo–Do 9/9.30–18.30,
Fr 9/9.30–20,
Sa 9/9.30–16 h
Kleinere Läden schliessen über den Mittag
und z.T. montags.

Antiquitäten
Hans Bieder AG (Laden)
Rathausstrasse 5
T 061 921 12 41
L'Ile au Trésor
Amtshausgasse 3
T 061 921 41 11
Rathaus Galerie
Rathausstrasse 1
T 061 922 22 42

Apotheken
Adler
Rathausstrasse 53
T 061 927 64 60

Blumen/Pflanzen
Akazia
Rathausstrasse 19
T 061 922 27 27
Büchi
Rathausstrasse 33
T 061 921 92 66
Müller
Zeughausplatz 24
T 061 921 59 18

Briefmarken
Cartophil Marcel Langel
Rheinstrasse 2
T 061 921 37 77

EINKAUFEN

Bücher

Buchinsel
Zeughausgasse 31
T 061 922 62 62
Büecherlade zur Arche
Kanonengasse 6
T 061 921 49 57
Landschäftler AG
Rathausstrasse 8
T 061 921 44 82
Lüdin AG
Schützenstrasse 2–6
T 061 927 27 70
Poete-Näscht
Rathausstrasse 30
T 061 921 01 25
Wegar
Zeughausplatz 26
T 061 921 37 52

Drogerien

Rathaus
Rathausstrasse 42
T 061 921 33 20
Vetsch
Rathausstrasse 16
T 061 921 12 51

Einrahmungen

Cartophil Marcel Langel
Rheinstrasse 2
T 061 921 37 77
Georges Lüscher
Amtshausgasse 4
T 061 921 38 34
Philipp Mohler GmbH
Kanonengasse 22
T 061 922 12 00

Steuern wir dem Törli und der Innenstadt zu, wo wir auf beiden Seiten der Rathausstrasse ausgiebig «schnuppern» können. Bei **Sport bym Törli** finden wir alles zur körperlichen Ertüchtigung. Herrenbekleidung in mittlerer bis höherer Preislage ist gegenüber erhältlich bei **Bütler Men's Fashion**. Dort begegnen wir bekannten Designermarken. Originelle Party- und Geschenkartikel sind in grosser Auswahl bei **Lollipop AG** zu finden. Freizeitkleider gibt es für Erwachsene und Kinder beim **Switcher-Corner**, wo gegen Abgabe einer Vorlage auch das Bedrucken von Textilien in Auftrag gegeben werden kann. Sowohl elegant wie auch sportlich kleidet **PKZ Herrenmode** ein. Die passenden Schuhe kann man sich vis-à-vis bei **Walder** besorgen. Auch Damen werden dort fündig.
Natürlich kann sich die Dame in der Zwischenzeit auch nebenan umsehen, was **Beldona** an Dessous und Freizeitmode anzubieten hat. Wem der Sinn eher nach dem Angebot und der Preislage eines Warenhauses steht, der kann seine Kauflust bei **Manor** stillen. Für Brillen weiss

1: Herrenkleider im PKZ.
2: Lustige Geschenke im Lollipop.
3: Warenhaus Manor.

Dill Optik Sie zu beraten. Die **Apotheke Adler** führt alles, was man von einem Haus seiner Art erwartet. Im **Schuhhaus Müller** finden Damen und Herren bequeme Schuhe. Modebewusste Damen lassen sich für den Bummel vielleicht etwas mehr Zeit. Es gibt für sie nämlich ein paar Adressen: so z.B. *sulu* von Ute Ebner oder unmittelbar nebenan die Boutique von **Christian Wernle** mit Eigenkreationen von Grösse 36 bis 50 für jedes Alter.
Im **Schuh-Bazar** findet man Modelle in der unteren Preisklasse, wobei man erst noch von den häufigen Aktionen profitieren kann. Wenn man die Zeit noch nicht vollends vergessen hat, kann man sich eine Uhr oder Schmuck bei **Thürig** auswählen, bevor man die **Drogerie Rathaus** aufsucht, wo neben dem Üblichen auch eine feine Parfümerieabteilung zu finden ist. **Coop Super-Center Stabhof** führt nicht nur Lebensmittel für den täglichen Bedarf, sondern auch ein reichhaltiges Sortiment an Non-Food-Artikeln. Kreationen im eigenwilligen Stil von Ivar Niederberger, ergänzt mit vereinzelten Modellen von französischen Modeschöpfern, stehen für Damen in der **Kleidi** zur Auswahl. Gleich auf der anderen Strassenseite befindet sich die Damenboutique **Progres Mode**.
Auf dem neuesten Stand in seiner Branche ist auch **TV-Hi-Fi Thommen**. Ein Haus weiter sind wir wieder bei **Manor**, diesmal für Vorhänge, Stoffe und alles, was zum Bad gehört. Im Haus des Dichtermuseums – ja sogar als offizieller Zugang dorthin – empfängt uns das **Poete-Näscht** von Peter Graf als Antiquariat, Scriptorium, Galerie und Boutique. Die **Bäckerei Strübin «zum Holzofe»** führt nicht nur schmackhaftes Holzofenbrot, sondern neben allem vom Fach auch besonders feine, selbst gemachte Läckerli.

EINKAUFEN

Einrichtung/Dekor

Atrium
Wasserturmplatz 3
T 061 921 97 97
Mosaiko Thommen
Kanonengasse 4
T 061 921 70 77
Willy Holinger AG (Laden)
Kanonengasse 51
T 061 921 50 44

Elektrogeräte

Glaser Kaffibohne
Stabhofgasse
T 061 921 04 05
Glaser Nähcenter
Rosengasse 6
T 061 921 04 06
Radio-TV Maurer
Wasserturmplatz 5
T 061 923 87 58
Rechsteiner AG
Mühlegasse 18
T 061 921 22 44
TV-Hi-Fi Thommen
Rathausstrasse 39
T 061 921 40 01
Willy Gysin AG
Kanonengasse 7
T 061 921 02 01

Essen und Trinken

Asia Huus
Fischmarkt 7
T 061 921 22 33
Bäckerei-Konditorei Finkbeiner
Rathausstrasse 18
T 061 921 06 90
Bäckerei Gysin
Rathausstrasse 25
T 061 921 44 71
Bäckerei Strübin «zum Holzofe»
Rathausstrasse 35
T 061 921 12 68
Confiserie Aebischer
Rathausstrasse 13
T 061 921 66 63
Confiserie Krattiger
Fischmarkt 16–18
T 061 921 36 35

1: Musik aus aller Welt im Decade.

EINKAUFEN

Auf einem kleinen Abstecher in die Rosengasse suchen wir die *Boutique Arlette* für Damenmode auf. Unsere geheimsten Musikwünsche erfüllt der CD-Laden *Decade*, während das *Glaser Nähcenter* alles zum Nähen und Basteln anbietet. *Foto Bärtsch* überrascht uns, indem das Geschäft nicht nur alle Dienste eines Fotostudios anbietet, sondern auch Mineralien und aus solchen angefertigten Schmuck aus dem *Atelier R6*.

Beim *Blumenhaus Büchi* biegen wir wieder in die Rathausstrasse ein und gelangen zum *Stedtli-Lade*. Dort werden Früchte, Käse, Tee und allerhand kulinarische Spezialitäten angeboten, produziert in rücksichtsvollem Umgang mit der Natur. Der Laden *Merkur* vertritt eine national vertretene Kette für Kaffee, Confiserie und Geschenkartikel. Mit gepflegter, eleganter Damenmode für jedes Alter wartet die Boutique *Young Fashion* auf. Markenzeichen der *Bäckerei Gysin* sind ihre Makrönli mit Williams, Kirsch, Trauben oder Cappuccino. Die *Maegli Uhren-Bijouterie* verkauft schönsten Schmuck und passende Uhren. Im *Blumenhaus Akazia* lassen wir uns einen Strauss nach unseren Wünschen zusammenstellen.

Schräg über die Strasse finden Damen und Herren erneut Schuhe, sei es bei *Baccara* oder bei *Karl Vögele*. Preisgünstige Kleidung ist bei *Charles Vögele* zu haben. *Messer Strübin* nennt sich nach einer seiner Spezialitäten, es stehen hier jedoch auch Zinnkrüge und -teller oder Wappenscheiben zum Verkauf. Ein paar Schritte weiter wird wieder der Gaumen angesprochen. Aus dem umfangreichen Angebot der *Bäckerei-Konditorei Finkbeiner* sei das Schwarzbrot hervorgehoben oder der Liestaler Aussichtsturm aus Schokolade. Nach dem Besuch der Drogerie-Parfümerie *Vetsch* gelangen wir zur *Weingalerie*.

Coop Super-Center
Stabhof
Rathausstrasse 45
T 061 927 98 60
Glaser Kaffibohne
Stabhofgasse
T 061 921 04 05
Milchhüsli/Landi
Zeughausplatz 20
T 061 921 00 55
Merkur
Rathausstrasse 29
T 061 921 20 50
Metzgerei Lipp
Fischmarkt 30
T 061 921 00 90
Metzgerei Maag
Kanonengasse 25
T 061 921 25 52
Migros
Kasernenstrasse
T 061 927 28 77
Siva Stores
Kanonengasse 25
T 061 921 20 56
Stedtli-Lade
Rathausstrasse 31
T 061 922 22 82
Weingalerie
Rathausstrasse 12
T 061 923 06 63

1: Blumenhaus Büchi.
2: Papeterieartikel und viele Bücher im Landschäftler.

Papeterieartikel und Bücher gibt die *Landschäftler AG* ab. Und wieder kommen die Damen auf ihre Rechnung bei der *Kleider Hoch Klassik*. Die *Confiserie Aebischer* empfiehlt im Speziellen ihre Japonais-Torte oder ihr Liestaler Törli aus Schokolade. Mit Dessous für Damen und Herren neben Kindermode ist *Rusterholz* gut bestückt. Elegante und sportliche Mode für Damen bietet das *Maison Désirée* an.

Nun gehen wir um das Haus herum und biegen in die Mühlegasse ein, wo wir bei der *Rechsteiner AG* Elektrogeräte zu allen möglichen Zwecken, Radio-TV oder auch Lampen begutachten können. Am Fischmarkt angelangt, widmen wir uns einem Fachgeschäft für Geigenbau und andere Saiteninstrumente: *Arion Scheifele*. Ein kleines Pendant dazu, *Ursus Scheifele*, wird uns am oberen Ende der Strasse erwarten. Das *Asia Huus* ist einerseits Restaurant, Take-away und Party-Service, gibt andererseits aber asiatische Lebensmittel auch im Einzelhandel ab.

Zeit für eine Kaffeepause? Glück gehabt! Bei der *Confiserie Krattiger* mit Kaffeebar sitzen Sie in liebevollem Ambiente inmitten der süssen Verführung von qualitativ hoch stehender selbst gemachter Confiserie wie Champagnertruffes und vielem mehr. Fleisch und Traiteurspezialitäten gibt es weiter oben bei der *Metzgerei Lipp*, die auch Party-Service anbietet. Und wer von Düften angetan ist, darf einem Besuch in der *Herberia* nicht aus dem Wege gehen. In einem heimeligen Laden ist dort eine ganze Palette von Produkten greifbar, die auf natürlicher Duftentfaltung beruhen, wie Öle, Produkte zur Körperpflege, Tee und vieles mehr.

Die Seitengasse führt uns zurück an die Rathausgasse im oberen Bereich. Gegenüber erreichen wir die Kanonengasse, eine typische Gasse innerhalb der Häuserreihe eines einstigen Stadtringes. Nicht ganz überraschend, finden wir in dieser Hintergasse, nur wenig abseits des

1: Duftende Kräuter in der Herberia.

EINKAUFEN

Foto

Foto Bärtsch
Rosengasse 6
T 061 921 27 49

Geschenkartikel

(z. T. auch bei Geschäften der Branche Einrichtung/Dekor)
Herberia
Fischmarkt 19
T 061 922 15 41
Jakob Fischer
Kanonengasse 55
T 061 921 24 18
Lollipop AG
Rathausstrasse 67
T 061 921 99 55
Messer Strübin
Rathausstrasse 22
T 061 921 25 90
Mosaiko Thommen
Kanonengasse 4
T 061 923 70 77

Kinder

Buchinsel
Zeughausgasse 31
T 061 922 62 62
Rusterholz
Rathausstrasse 11
T 061 921 06 78
Switcher-Corner
Rathausstrasse 65
T 061 923 11 88

Lederwaren

Schuhmacherei Frank
Zeughausplatz 26
T 061 921 93 85

Messer

Messer Strübin
Rathausstrasse 22
T 061 921 25 90

EINKAUFEN

Mode

Damen und Herren
Beldona
Rathausstrasse 68
T 061 922 02 12
Blackout Jeanswear
Wasserturmplatz 4
T 061 921 55 50
Boutique Arlette
Rosengasse 2
T 061 921 94 64
Bütler Men's Fashion
Rathausstrasse 69
T 061 921 36 66
Charles Vögele AG
Rathausstrasse 24–26
T 061 921 68 87
Christian Wernle
Rathausstrasse 49
T 061 922 14 19
Kleider Hoch Klassik
Rathausstrasse 15
T 061 923 18 18
Kleidi
Rathausstrasse 40
T 061 922 15 15
Maison Désirée
Rathausstrasse 6
T 061 921 66 55
PKZ Herrenmode
Rathausstrasse 63
T 061 921 44 64
Progres Mode
Rathausstrasse 41
T 061 921 46 30
Rusterholz
Rathausstrasse 11
T 061 921 06 78
sulu
Rathausstrasse 51
T 061 922 10 62
Switcher-Corner
Rathausstrasse 65
T 061 923 11 88
Thommen Line
Wasserturmplatz 5
T 061 921 97 07
Young Fashion
Rathausstrasse 27
T 061 921 98 80

pulsierenden Geschäftslebens, ein paar kunsthandwerkliche Ateliers. Zunächst fasziniert uns der Laden von **Jakob Fischer**, eine kleine Kartenboutique, wo auch diverse Mitbringsel und Clownpuppen auf Käufer warten. **Louis A. Sager** schleift Edelsteine und handelt auch mit solchen. Im Laden der **Willy Holinger AG**, einer Firma für sanitäre Anlagen, finden sich zahlreiche Accessoires, die ein Badezimmer nicht nur funktional erhalten, sondern ihm auch eine witzige Note verleihen. Schmuck kreiert **Ursi's Silberschatz**, wo auch das Piercen praktiziert wird. Das Atelier für Bild und Rahmen, **Philipp Mohler GmbH**, nimmt Einrahmungen und Vergoldungen vor.
Die **Metzgerei Maag** verkauft neben Fleisch und Wurstwaren – sehr vieles aus Eigenproduktion – sogar Literatur mit Erklärungen und Rezepten zu bestimmten Nahrungsmitteln. Wer lieber indisch isst, findet die Produkte dazu hinter der nächsten Eingangstür bei **Siva Stores**. Musikinstrumente und Tonträger bietet etwas weiter unten das Piano- und Kirchenorgelzentrum **Musik Schönenberger AG** an. In der links abzweigenden Stabhofgasse verkauft **Glaser Kaffibohne** Kaffeemaschinen, man findet dort aber auch Kaffee diverser Marken.
Im Laden der **Willy Gysin AG** kann man sich mit allen möglichen Geräten zur Telekommunikation eindecken. Christlich geprägt sind die Literatur und die Musik, die vom **Büecherlade zur Arche** angeboten werden. Aber auch Geschenke und Kleinkunst kann man dort haben. Ebenfalls Geschenke und hoch stehende Kunstartikel bestechen bei **Mosaiko Thommen**. Mit einem gemisch-

1: Einrahmungen bei Philipp Mohler.

ten Angebot wartet die *Wegar* auf. Sie führt auch Uhren und Bijoux und dazu esoterische Literatur. Bei der *Schuhmacherei Frank* geht es naturgemäss um den Absatz. Wenn nicht gerade einer unserer Schuhe zu reparieren ist, lohnt sich ein Besuch der Taschen, Geldbeutel, diversen Lederwaren und der Schirme wegen. Wer zu einem Rendez-vous am Zeughausplatz die Blumen vergessen hat, blamiert sich nicht. Das *Blumenhaus Müller* hat genau das, was der Augenblick erfordert.

Im *Milchhüsli* und der *Landi* der Milch- und landwirtschaftlichen Genossenschaft Liestal können wir uns eindecken mit Artikeln des täglichen Bedarfs, und zwar nicht nur mit Lebensmitteln, sondern fast allem, was in Haus und Hof benötigt wird. Bücher, hauptsächlich für Kinder und Jugendliche, dazu Spielsachen und Geschenke, sind die Spezialitäten der *Buchinsel*. Der *Laden 29* ist eine Öko-Papeterie, führt aber auch andere Produkte, die ökologischen Ansprüchen gerecht werden. Eine Rauchpause gönnen wir uns bei *Tabak Pauli*, einem Spezialgeschäft der Branche. Kunst- und Kulturfreunde hat es zu Beginn schon in diese Ecke des Stedtlis gezogen. *L'Ile au Trésor*, die *Rathaus Galerie* oder etwas weiter vorn der Laden der *Hans Bieder AG*, alle mit ihren Antiquitäten, die Rahmenmacherei *Georges Lüscher*, unterstützt durch Designergegenstände und -schmuck von *Marion Lüscher*, sowie der Gold- und Silberschmied *Andreas Peter* lassen den kurzen Abschnitt erscheinen wie einen kleinen Bruder des Quartier Latin in Paris. Haben die Schuhe dem Rundgang standgehalten? Wenn nicht: hier ist gleich *Strübin Schuhe*, wo auch Kleider und Accessoires erhältlich sind.

Wenn wir nun die Innenstadt über die Rheinstrasse verlassen, stöbern wir doch noch schnell bei *Cartophil*

1: Blumen Müller.

EINKAUFEN

Musik

Arion Scheifele
Geigenbau AG
Fischmarkt 2
T 061 921 19 29

Decade
Rosengasse 4
T 061 921 19 69

Musik Schönenberger AG
Kanonengasse 15
T 061 921 36 44

Ursus Scheifele
Fischmarkt 34
T 079 447 11 78

zur Arche
Kanonengasse 6
T 061 921 49 57

Nähmaterial/Mercerie

Glaser Nähcenter
Rosengasse 6
T 061 921 04 06

Öko-Laden

Laden 29
Zeughausgasse 29
T 079 227 37 34

Optik

Dill Optik
Rathausstrasse 55
T 061 921 40 04

Papeterien

Fischer Kartenboutique
Kanonengasse 55
T 061 921 24 18

Landschäftler AG
Rathausstrasse 8
T 061 921 44 82

Lüdin AG
Schützenstrasse 2–6
T 061 927 27 70

Laden 29
Zeughausgasse 29
T 079 227 37 34

EINKAUFEN

Radio/TV
(siehe Elektrogeräte)

Schuhe
Baccara
Rathausstrasse 28
T 061 921 50 40
Karl Vögele
Rathausstrasse 24
T 061 923 29 25
Schuh-Bazar
Rathausstrasse 52
T 061 921 51 72
Schuhhaus Müller
Rathausstrasse 56
T 061 921 14 00
Schuhmacherei Frank
Zeughausplatz 26
T 061 921 93 85
Strübin Schuhe
Rathausstrasse 9
T 061 921 58 76
Walder
Rathausstrasse 70
T 061 921 10 79

Sport
Sport bym Törli
Rathausstrasse 78
T 061 922 11 88

Tabak
Tabak Pauli
Amtshausgasse 10
T 061 923 11 65

Uhren und Schmuck
Andreas Peter
Rathausstrasse 3
T 061 922 10 50
Atelier R6
(bei Foto Bärtsch AG)
Rosengasse 6
T 061 921 27 49
Louis A. Sager
Kanonengasse 53
T 061 921 42 24
Maegli Uhren-Bijouterie
Rathausstrasse 21
T 061 923 12 00
Marion Lüscher
(G. Lüscher)
Amtshausgasse 4
T 061 921 38 34
Thürig
Rathausstrasse 44
T 061 921 26 43

Marcel Langel. Sein Geschäft für Einrahmungen ist gleichzeitig eine Fundgrube für historische Ansichtskarten und Stiche. Und weiter unten links besuchen wir noch die gut bestückte Buchhandlung der **Lüdin AG**, die auch auf den Sektoren Papeterie, Bürobedarf und Geschenkartikel auf der Höhe ist.
Hier sind wir am Ende unseres Rundganges angelangt. Und falls Sie nach all den Einkäufen nur noch vom Hörensagen wissen, was Geld ist: an diesem Punkt sind Sie beinahe eingekreist von Banken.

Sonderformen des Einkaufens ...
... sind im Baselbiet in verschiedener Hinsicht möglich. In den ländlichen Gegenden ist der **Verkauf ab Hof** noch sehr verbreitet. Die Bauern bieten ihre Produkte an, teils so, wie die Natur sie hergibt, teils auch in verarbeiteter Form. Das Angebot weist durchaus Nuancen auf. Frisches Gemüse und Obst sind allenthalben erhältlich. Es finden sich aber auch: Eier, Brot, Honig, Most, verschiedene Sirupsorten und sogar Zierkürbisse. Sehr beliebt sind die von den Landstrassen her gut erreichbaren Blumenfelder «zum Selberpflücken».

1. Lädele im Stedtli.

Ausserhalb Liestal

Besonders im näheren Umfeld der Stadt Basel haben sich auch Verteiler niedergelassen, die nicht oder kaum Läden im Zentrum unterhalten. Meist sind sie in grossflächigen Verkaufs-, Ausstellungs- und Lagerräumen in den Industrie- und Gewerbezonen untergebracht. Mit dieser Strategie halten sich auf dem Sektor Lebensmittel und Haushalt die *Waro AG* in Oberwil oder der grosse *3M-Migros-Laden «Paradies»* in Allschwil am Markt. Besonders die Schnäppchenjäger sehen sich gern im gemischten Angebot bei *Otto's* in Allschwil um oder bei *Konkurs* in Frenkendorf. Verschiedene Möbel- und Einrichtungshäuser haben sich aus Kostengründen ebenfalls in den Gewerbezonen in Stadtnähe etabliert wie z. B. *Lipo AG* in Reinach oder *Interio AG* in Pratteln. Auch in Pratteln befindet sich das Gewerbezentrum «Grüssen» mit *Ikea, Möbel Pfister, Conforama* und *Media Markt*.

1: Auswahl der köstlichen, frischen Produkte direkt vom Bauernhof.
2: Schwedisches Möbelhaus IKEA.

EINKAUFEN

Ursi's Silberschatz
Kanonengasse 43
T 061 923 04 50
Wegar
Zeughausplatz 26
T 061 921 37 52

Warenhäuser
(bzw. Verteiler von Waren aller Art)
Coop Super-Center Stabhof
Rathausstrasse 45
T 061 927 98 60
Manor
Rathausstrasse 59
T 061 926 26 99
Zweigstelle:
Rathausstrasse 37
Migros
Kasernenstrasse
T 061 927 28 77

Ausserhalb Liestal
Allschwil
Migros «Paradies»
Binningerstrasse/
Spitzwaldstrasse
T 061 487 90 00
Otto's
Binningerstrasse 110
T 061 482 12 52
Frenkendorf
Konkurs
Rheinstrasse 113 c
T 061 901 19 02
Oberwil
Waro
Mühlemattstrasse 34
T 061 401 44 44
Pratteln
Conforama
Grüssenweg 10
T 061 827 33 33
IKEA
Grüssenweg 21
T 0848 801 100
Interio
Rütiweg 9
T 061 826 16 16
Möbel Pfister
Rochacherweg
T 061 826 62 62
Reinach
Lipo
Am Bruggrain 1
T 061 717 66 80

FASNACHT

Fasnacht
Witzig, malerisch und manchmal laut

Aschermittwoch:
2003 5. März
2004 25. Febr.
2005 9. Febr.
2006 1. März
2007 21. Febr.
2008 6. Febr.
2009 25. Febr.
2010 17. Febr.

Ein paar fasnachts-
spezifische Erklärungen
und Begriffe:

Abläufe
An gewissen Orten mit traditionsreicher Fasnacht ist der Kalender für die einzelnen Anlässe absolut gefestigt. Wo man die Fasnacht erst seit jüngerer Zeit pflegt, kann es durchaus sein, dass mit den Terminen zum Teil noch etwas experimentiert wird. In diesem Sinne sind die gelieferten Daten nicht unbedingt für alle Zeit verbindlich. Genauso kann es vorkommen, dass irgendwo einmal die eine Sache ausfällt und dafür vielleicht eine andere versucht wird.

Die Fasnachtstermine sind abhängig vom jeweiligen Datum des Osterfestes, und dieses fällt immer auf den Sonntag nach dem ersten Frühlingsvollmond (Aschermittwoch). Die Fasnacht findet also nicht regelmässig in der gleichen Woche des Jahres statt, fällt aber immer in die Monate Februar oder März. Etwas in der Grösse einer Basler Fasnacht darf man im Baselbiet nicht erwarten. Ein berühmter Nachbar spornt aber allemal an und so herrscht auch auf dem Lande ein reges Fasnachtstreiben. Da und dort sind Einflüsse von Basel schon spürbar, doch nirgends begnügt man sich mit einer Kopie der städtischen Lösung. Der Betrieb ist den jeweiligen Orten angemessen und punktuell sind sogar ganz typische Eigenheiten zu erleben. Praktisch alle Gemeinden führen Fasnachtsaktivitäten durch, seien es Kinder- oder Fackelumzüge, Guggenkonzerte, Masken- oder Kehrausbälle. Die genauen Daten und Zeiten sind aus den lokalen Publikationen ersichtlich.

Im katholischen Leimental findet die Fasnacht in der Woche des Aschermittwoch statt. Die protestantischen Gemeinden feiern die Fasnacht zur gleichen Zeit wie die Basler, eine Woche nach Aschermittwoch.

Aesch
Die Aescher Fasnacht erstreckt sich über gut zehn Tage hinweg mit einem Schülerumzug donnerstags, dem Umzug am Nachmittag des Herrenfasnachtssonntags mit anschliessendem Guggenkonzert. Eine Begleiterscheinung am gleichen Tag ist die Kinderfasnacht. Mit einem Augenzwinkern begeht man hier, in Anlehnung

1: Laute, schräge Guggenmusik.

an den Basler Morgestraich, einen Obestraich (Abendstreich), wo Guggenmusiken und Schnitzelbänkler auf der Strasse anzutreffen sind, während in den Restaurants die schönsten Masken prämiert werden. Ein Kindermaskenball am Dienstag gehört ebenso dazu wie ein Guggenkonzert am Abend. An allen Fasnachtstagen herrscht abends in den Beizen reger Betrieb. Ein Kehrausball und das Fasnachtsfeuer bilden die Endveranstaltungen am zweiten Wochenende.

FASNACHT

Beizen

Zur Fasnachtszeit oder im Fasnachtsjargon bezeichnet man jede Gaststätte als «Beiz», egal ob Nobellokal, Kaschemme oder nur für die Fasnacht zum Schanklokal umfunktionierter, anderer Raum.

Clique

Fasnachtsvereine bezeichnet man weder als «Vereine» noch als «Brüderschaft», sondern eben als Clique.

Cortège

Ausdruck für «Umzug» wird in Basel und Birsfelden verwendet.

Fasnachtsfeuer

Alter Brauch zur Vertreibung des Winters.

Allschwil

Für tanzfreudige Nachtschwärmer eignet sich die Allschwiler Fasnacht bestens. Am Donnerstag und von Sonntag bis Dienstag ist nachts Fasnachtsball und am Sonntag darauf auch noch Kehrausball. Der Freitag gehört den Schulkindern von Neuallschwil für ihren Umzug durch das Quartier. Zentraler Tag des Treibens ist der Fasnachtssonntag mit dem Morgenstreich um 5 Uhr früh, dem stattlichen Umzug am Nachmittag und dem Guggenkonzert um 19 Uhr. Dem Kinderumzug am Montagnachmittag folgen abends – und 24 Stunden später nochmals – in den Beizen die Schnitzelbänke. Dienstags begehen am Nachmittag die Kinder ihren Maskenball, während abends nochmals ein Guggenfest über den Dorfplatz fegt. Tradition haben längst die Fasnachtsbeerdigung am Aschermittwoch nachmittags auf dem Dorfplatz und der Kehrausball am Samstag vor der Basler Fasnacht.

1: Raues Fasnachtstreiben der Waggis.
2: Guggenmusik.

FASNACHT

Gässle

bedeutet vom Wort her: in kleinen Gassen herumtreiben. Beim fasnächtlichen «Gässle» ziehen kleine, unabhängige Grüppchen oder auch Einzelmasken pfeifend und trommelnd durch die engen Strassen und Gassen, gefolgt von andächtig lauschenden Zivilisten. Es ist vielleicht die idyllischste Seite der ganzen Fasnacht.

Gugge(musig) ...

wäre wörtlich übersetzt eine «Tragtaschenband» oder ein «Papiertütenorchester». Der Ausdruck dürfte aber ganz andere Quellen haben. In der Innerschweiz bedeutet das Dialektwort «guuggen» soviel wie in ein Instrument blasen, ohne ihm Wohlklänge zu entlocken. Die «Guggemusig» ist ein Orchester mit weitgehend schrägen Tönen.

Arlesheim

Hier kennt man das Arleser Cabarettli als Vorfasnachtsveranstaltung in der Mehrzweckhalle Domplatz an einem Sonntag. Am Freitag nach dem Schmutzigen Donnerstag folgen nachmittags der Kinderumzug, abends das Monsterkonzert der Guggenmusiken und der Preismaskenball mit Schnitzelbänken in der Domplatzhalle. Am Sonntag vor dem Basler Morgenstreich trifft man sich im alten Steinbruch beim Fasnachtsfeuer zum «Reedli schigge».

Biel-Benken

Vormittäglicher Schulfasnachtsumzug am Freitag nach dem Schmutzigen Donnerstag. Am Sonntag eine Woche später Fackelumzug mit Fasnachtsfeuer und «Reedli schigge». Donnerstags darauf verbrennt man abends den Strohmann und samstags die verbliebenen Energien beim Kehrausball.

Birsfelden

So früh wie am Freitag nach dem Schmutzigen Donnerstag gehen die Birsfelder Schulkinder und ihre Lehrkräfte sonst nie zur Schule. Um 5 Uhr früh besammeln sie sich zum Schulmorgenstreich. Am Samstag vor der Basler Fasnacht zieht der «Cortège» über die Hauptstrasse. Anschliessend Guggenkonzert und Fasnachtsball mit Guggenauftritten. Abends Beizenfasnacht.

Dittingen

Um 5 Uhr früh am Schmutzigen Donnerstag wird der Ort vom Morgenstreich heimgesucht. Abends setzen sich die Festivitäten im Schulhaus fort. Der Freitag ist der Tag der Maskenbälle, nachmittags für die Kinder und abends in der Mehrzweckhalle für die Erwachsenen. Dann dauert es acht Tage, bis am Samstagabend auf dem Schibefels das Fasnachtsfeuer brennt.

Ettingen

Variable Veranstaltungen, nach Tagen abgestuft, zeichnen die Fasnacht in Ettingen aus. Nach der Kindergartenfasnacht am Schmutzigen Donnerstag findet am Samstag ein Prämienmaskenball in der Turnhalle statt, am Sonntagnachmittag ein Fasnachtsumzug und anschliessend Beizenbetrieb mit Schnitzelbänken. Am Montag Kindermaskenball und am Dienstag der Gugger-Obe mit diversen Guggenmusiken. Am Sonntag vor dem Basler Morgenstreich führt ein Fackelumzug zum Fasnachtsfeuer auf dem Räbhügel, wo das «Schybli schiesse» den Nachthimmel zusätzlich beleuchtet.

1: Hier gehts zu einem Cliquenkeller.

Frenkendorf

Eröffnet wird die Fasnacht am Schmutzigen Donnerstag mit einem Zug der Kinder durch das Dorf, am Freitag und Samstag ist Fasnacht im Saal mit Trommeln, Pfeifen, Guggenmusiken und Schnitzelbänken, ergänzt durch Rahmenspiele, am Samstag folgt eine Tanznacht. Am Sonntag ziehen die Schnitzelbänkler abends durch die Dorfbeizen. Die Strassenfasnacht mit dem Umzug durchs Dorf mit darauf folgendem Guggenkonzert fällt auf den Montag. Der Kinderfasnacht am Mittwoch folgt abends ein Maskentreiben in den Beizen mit Prämierung. Mit dem Kehrausball am Samstag finden die närrischen Tage in Frenkendorf ein Ende.

Gelterkinden

Die Termine sind ähnlich wie in Basel. Am Sonntagabend werden die Laternen bei einem Fackelumzug vorgestellt, während in den Restaurants die Schnitzelbänke zu hören sind. Der Montag gestaltet sich nach Basler Manier mit Morgenstreich um 4 Uhr und dem Umzug am Nachmittag. Dienstags sind die Kinder an der Reihe und abends belebt ein Maskenball das Dorfleben. Den Abschluss bildet das Platzkonzert am Mittwochabend mit den Guggen und den Cliquen.

Grellingen

Am Freitag lädt abends die Guggenmusik zum Maskenball, während tags darauf die Kinderfasnacht für die Kleinen stattfindet. Acht Tage später, am Sonntag, folgt das Fasnachtsfeuer auf dem Köpfli.

Laufen

So bekannt wie derjenige von Basel ist er nicht. Trotzdem macht auch er die Bevölkerung einmal im Jahr zu Frühaufstehern: der «Morgestraich» in Laufen. Norma-

1: Auch Kinder machen gern Fasnacht.

2: Morgestraich in Laufen.

FASNACHT

Maskenball

Bei den meisten Maskenbällen werden die besten Masken prämiert. Auch haben in der Regel die Maskierten freien Eintritt, während die Besucherinnen und Besucher in Zivil Eintrittsgeld berappen.

Morgenstreich

Wo es einen solchen gibt, ist er die Eröffnung der Fasnacht im Freien. Morgens um 4, an gewissen Orten um 5 oder 6 Uhr geht der Betrieb los. Auch inhaltlich können grosse Unterschiede auftreten. Im einen Fall sind es Trommler, Pfeifer, Guggenmusiken, manchmal begleitet von Laternen, die bei gelöschtem Licht den Ort in eine feierliche Stimmung versetzen. An anderen Orten beteiligen sich nur oder fast nur Kinder am aktiven Geschehen. Der Hauptzweck liegt dann meist darin, möglichst viel Lärm und Gerassel zu veranstalten. Oft dienen dazu mit Steinen gefüllte Dosen.

FASNACHT

Schnitzelbank

klingt fast nach Fleischerei. Eigentlich wird darin auch einiges zerfleischt. Das meint das Wort aber nicht. «Bank» steht im gleichen Sinne wie beim Bänkelsänger. Schnitzel bezieht sich auf die Illustration: das Bild zum Thema. Ursprünglich hat man die angesprochenen Themen anhand der Bilder im Refrain rhetorisch zurückverfolgt, sodass die angesprochenen Einzelheiten in einer Art Verknüpfung allen Weltgeschehens miteinander verbunden waren. In der heutigen Form stehen die Verse eher unabhängig jeder für sich selbst. Er will – gut pointiert – aktuelles Geschehen «auf die Schippe» nehmen. Also eine Art von witzig-lyrischer Verarbeitung der Dinge, die sich über das Jahr hinweg ereignet haben. Vielfach beschränken sich im Baselbiet die Schnitzelbänke auf das Geschehen im eigenen Dorf. Der optimale Genuss setzt also beim Zuhörer Kenntnisse des Dialektes und des Ortsgeschehens voraus.
In den meisten Fällen ist es üblich, dass der Schnitzelbänkler seine Verse nach dem Vortrag in gedruckter Form verteilt.

lerweise findet er sieben Wochen vor Ostern statt, um 5 Uhr morgens am Sonntag. Der weitere Verlauf am Sonntag und Dienstag ist geprägt durch den Umzug und den abendlichen Auftritt der Schnitzelbänke in den Lokalen. Am Montag kommen die Wyberfasnacht und der Kinderumzug zum Zuge und ab 19 Uhr geben die Guggenmusiken ihr Bestes zum Besten. Dem allem geht als vorfasnächtliche Veranstaltung jedoch bereits das «Räbeli» voraus. Die Laufener Fasnacht persifliert vorab lokale Ereignisse, lässt sich aber durchaus auch auf das Glatteis weiter reichender Zusammenhänge ein.

Liestal

Bei der Liestaler Fasnacht ist längst der Einfluss der grossen Nachbarin spürbar, der Basler Fasnacht. Als vorfasnächtliches Programm geht an mehrereren Abenden das *Rotstab-Cabaret* über die Bühne.
Nach dem Umzug am Sonntagnachmittag mit anschliessendem Guggenkonzert auf dem Zeughausplatz kommt es abends nach 19 Uhr zum einzigartigen Höhepunkt der «Lieschtlemer Fasnecht»: dem «*Chienbäse-Umzug*». Lichterloh brennende Kienbesen – das sind um eine massive Buchenstange befestigte, gebündelte Föhrenscheiter – werden traditionsgemäss auf den Schultern durch die verdunkelte Altstadt getragen. Im Zuge des Wachstums sind vor geraumer Zeit auch Feuerwagen dazugekommen, die hohe Flammen aufwerfen und an der

1: Die imposanten und schweren Chienbesen.

Rathausstrasse unheimliche Lichtverhältnisse erzeugen. Am Montag werden in den Beizen und Cliquenkellern die Schnitzelbänke vorgetragen. Der Dienstag zeigt sich von der stilleren Seite. Im alten Zeughaus werden die Laternen aller Cliquen ausgestellt. Zum Teil sind das wahre Kunstwerke mit einer Fülle von Details. Der Mittwoch gehört mit Umzug und Ball zunächst den Kindern, bis abends nochmals die Schnitzelbänkler auf Tournee gehen. Nachts um zwei ist dann der Endstreich in der Altstadt. Am Samstag kommt Kehrausstimmung auf. Nochmals ziehen die Guggen durch die Altstadt zum grossen Konzert auf dem Zeughausplatz. Und letztlich geht es noch zum Gässle.

Muttenz

Mit seinem «Ziggi Zaggi» am Dienstag und Mittwoch beginnt auch Muttenz seine Fasnacht mit einem Saalprogramm. Am Schmutzigen Donnerstag haben die Kinder ihren Umzug und ihre eigene Laternenausstellung, tags darauf um 5 Uhr früh ihren Morgenstreich. Dann vergeht mehr als eine Woche bis zum gespenstischen Fackelzug am Sonntag vom Wartenberg herunter. Anschliessend nimmt das Treiben seinen Fortgang im Saal, wo auch ein Guggenkonzert stattfindet. Am Samstag darauf ist Kehrausball mit Maskenprämierung, wobei auch die Guggen und die Bänkler durch die Dorfbeizen ziehen. Viele improvisierte Fasnachtsbeizen im Dorfkern.

Oberdorf

Das schon traditionelle, vorfasnächtliche Samstagsprogramm im Saal heisst in Oberdorf nach dem Basler Vorbild «Drummeli». Am Sonntag der Folgewoche, just vor der Basler Fasnacht, sind Umzug, Beizenfasnacht und ein abendlicher Fackelumzug zum Fasnachtsfeuer angesagt. Am Montag ist Fasnachtsplausch mit Guggen, Trommlern, Pfeifern und Schnitzelbänken. Am Dienstagabend findet ein grosses Guggenkonzert statt, Kinderfasnacht mit Maskenball ist am Mittwoch, und am Samstagabend steigt die Kehraus-Party in der Mehrzweckhalle.

Oberwil

Auftakt zur Fasnacht ist der Prämienmaskenball in der Werlinhalle am Schmutzigen Donnerstag. Hochbetrieb ist an diesem und am nächsten Abend auch in den Beizen zu erwarten. Am Sonntag ist das nicht anders, doch geht dann dem Abendvergnügen der nachmittägliche Umzug entlang der Hauptstrasse voraus. Kinderfasnacht und anschliessender Festbetrieb sind am Montag oder Dienstag angesagt. Am Sonntag und vor allem am

FASNACHT

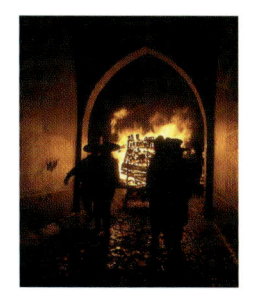

Reedli schigge

(Rädchen schicken) Brennende Holzscheiben werden mittels einer Rute zu Tal geschleudert. Gehört thematisch nicht eigentlich zur Fasnacht, sondern zu den Feuerbräuchen.

Requisit

Bezeichnung für die Gerätschaften und Gegenstände, die zur Darstellung des Sujets (ergänzend) verwendet werden.

Schybli schloo

(Scheibchen schlagen) Dasselbe wie Reedli schigge.

1: Der «brenzligste» Moment: Feuerwagen unter dem Törli.
2: Lustige Einzelmaske an einem der vielen Dorfumzüge.

FASNACHT

Sujet
So nennt man das Thema, das die Clique ausspielt. Also: der inhaltliche Gegenstand der Vorstellung.

Verbrennen einer Figur
Die Figur verkörpert den Winter. Bekanntestes Vorbild ist der «Böögg» beim Zürcher Sechseläuten. Der Vorgang wird da und dort in die Fasnacht integriert, gehört aber zu den Feuerbräuchen.

Dienstag erheitern die Schnitzelbänke in den Beizen bis gegen Mitternacht. Samstags darauf ist Kehrausball mit Maskenprämierung und am Sonntag vor dem Basler Morgenstreich bildet das Fasnachtsfeuer den Schlusspunkt.

Pratteln
Am Morgen des Fasnachtsmontags, just zur richtigen Zeit, um auch den Heimkehrern vom Basler Morgenstreich zu begegnen, geht in Pratteln der **Butz** um. Das ist eine Figur, die man einst wohl in vielen Dörfern gekannt hat, als die **Heische-Umzüge** noch gepflegt wurden, und die hier in Pratteln überlebt hat. Der Butz ist eine ominöse Maskengestalt, die bei den Ortsbewohnern um Wein, Lebensmittel und Geld bettelt. Begonnen hat das Fasnachtstreiben in Pratteln allerdings schon am Wochenende mit einem Eröffnungsfest am Samstag und dem grossen Umzug am Sonntag, dem abends ein Fackelumzug mit anschliessendem Schneemannverbrennen folgte. Hinterher gehts weiter mit Musik und Guggen, während in den Beizen die Schnitzelbänke über die Bühne gehen. Am Dienstag zelebrieren die Kinder ihren Umzug. Auf den Abend ist der Sternmarsch zum Guggenkonzert angesetzt und danach sind wieder die Beizen von Guggen und Bänken belebt. Am Samstag darauf folgt der Kehrausball.

Sissach
Am Donnerstag vor der Basler Fasnacht geht in Sissach das maskierte *Hutzgüri* um. Mit seinen ebenfalls verkleideten Begleitern sucht es Personen zuhause auf, die in der Lokalzeitung «Volksstimme» bereits vorgewarnt wurden.
Am Sonntag ist der Fasnachtsumzug, am Abend der hiesige Chienbäse-Umzug mit anschliessendem Feuerwerk.

1: *Lustige Wagengruppe.*
2: *Harlekin als Pfeifer einer Clique.*

Der Morgenstreich findet zeitgleich mit demjenigen in Basel statt. Der Montagabend gehört den Schnitzelbänklern. Wiederum getreu nach Basler Muster gestaltet sich der Dienstag mit dem nachmittäglichen Kinderumzug und dem Guggenkonzert am Abend auf dem Gemeindeplatz.

Das Ende der Sissacher Fasnacht, jeweils am Donnerstag nach der Basler Fasnacht, wird mit dem Verbrennen des *Chluri* (ähnlich dem Zürcher Sechseläuten) begangen. Das Chluri ist eine sechs Meter hohe Puppe, die eine Dorfpersönlichkeit parodiert, welche im vergangenen Jahr von sich reden machte. Das Chluri wird während seiner Fahrt zum Verbrennungsplatz von den trauernden Fasnächtlern in weissen Leintüchern musizierend und heulend begleitet.

Therwil
Am Schmutzigen Donnerstag geht es los mit einem Umzug der Primarschüler und Kindergärtner. Abends in den Beizen wird schon allerlei Allotria getrieben. Es folgt ein Sonntag für Frühaufsteher mit dem Morgenstreich um 4 Uhr und anschliessendem Mehlsuppenessen, grossem Umzug am Nachmittag und hinterher Guggenkonzert. Am Montag ist Kinderfasnacht und abends Beizenfasnacht mit Schnitzelbänken. Der Hochbetrieb in den Beizen setzt sich eine Woche später zwischen Freitag und Montag fort. In diese Zeit fällt auch der Kehrausball. Verabschiedet wird die Fasnacht mit einem Fackelzug zum Fasnachtsfeuer und dem Schleudern der Sprängreedli.

Wintersingen
Eine traditionelle Besonderheit ist an der Strassenfasnacht in Wintersingen zu beobachten. Die Fasnächtler besuchen die Einwohner zuhause, und diese warten förmlich darauf, besucht zu werden.

1: Die trauernden Fasnächtler in Sissach.
2: Das Chluri wird verbrannt.

FASNACHT

Vorfasnacht
Revueartige Abende in Sälen, an denen neben Trommlern, Pfeifern, Guggen und Schnitzelbänklern oft auch Sketchs mit aktuellem Bezug aufgeführt werden.

Zeedel/Zettel
Viele Cliquen stellen ihr Sujet nicht nur physisch dar, sondern verfassen dazu auch gereimte Betrachtungen. Diese werden auf Zettel gedruckt und dem Publikum abgegeben.

Literatur
Fasnacht Liestal
von H.P. Meyer
Buchverlag Meyer
CHF 53,80

HOTELS

Hotels
Viel mehr als nur ein Schlafplatz

Der kantonale Verband des Gastronomie-Gewerbes ist:
Gastro Baselland
Grammetstrasse 18
4410 Liestal
T 061 921 36 96
F 061 921 33 45
wirte.az@gastro-baselland.ch
www.gastro-baselland.ch

Aesch

Domaine Nussbaumer
Klusstrasse 177
T 061 751 21 56
F 061 751 37 04
mail@josynussbaumer.ch
www.josynussbaumer.ch
EZ ab 65, DZ ab 100

Gasthaus zur Sonne
Untere Kirchgasse 1
T 061 751 17 72
F 061 751 23 13
achermann@
hotel-sonne-aesch.ch
www.hotel-sonne-aesch.ch
EZ ab 110, DZ ab 160

Allschwil

Hotel-Restaurant Schlüssel
Mühlebachweg 1
T 061 481 00 40
F 061 481 01 14
EZ 85, DZ/Suite 150

Arlesheim

Gasthof ****zum Ochsen
Ermitagestrasse 16
T 061 706 52 00
F 061 706 52 54
hotel@ochsen.ch
www.ochsen.ch
EZ ab 144, DZ ab 200

Hotel Eremitage
Gartenweg 2
T 061 701 54 20
F 061 701 37 20
zimmer@eremitage.ch
www.eremitage.ch
EZ ab 118, DZ ab 180, Suite 220

Ob für Ferien oder Einzelübernachtungen, ob als ruhiger Aufenthaltsort während Messen oder als Veranstaltungsort für Tagungen und Seminare: Die Hotels im Baselbiet sind für alles gewappnet und werden Ihnen Ihren Aufenthalt so angenehm wie möglich zu gestalten helfen. Auch die Küche kann von Haus zu Haus mit erstaunlichen Nuancen aufwarten. Die Zimmerpreise inkl. Frühstück sind in der Auflistung am Rande zu finden. Günstige Angebote wie «Bed and Breakfast» und Jugendherbergen folgen am Ende der Randspalte.

Aesch

Domaine Nussbaumer ist mitten in den Reben gelegen. Eine Degustationsmöglichkeit für eigene Weine und Spirituosen des Hauses lässt sich arrangieren. Das Restaurant auf dem gleichen Gut liegt gleich gegenüber.

Im **Gasthaus zur Sonne** warten nicht nur Zimmer mit allem Komfort auf den Gast. Es ist auch ein kulinarischer Treffpunkt mit vielen Spezialitäten: mexikanisch, internationale Fischküche und im Herbst viele Wildgerichte. Parkplätze beim Haus und in der Tiefgarage.

1: Hotel Eremitage in Arlesheim.

Allschwil

Das *Hotel-Restaurant Schlüssel* verfügt über grossräumige Zimmer mit Bad oder Dusche und WC, TV, Radio und Wecker. Im Restaurant setzt es auf italienische Spezialitäten und bietet täglich hausgemachte Teigwaren an.

Arlesheim

Der *Gasthof zum Ochsen* bezeichnet sich als das kleinste, persönlichste Erstklasshotel der Region Basel. Es liegt mitten im alten Dorfkern und legt Wert auf eine entsprechende Ambiance. Die Garage steht Gästen kostenlos zur Verfügung.
Das *Hotel Eremitage* ist zentral gelegen und mit 48 Betten ausgerüstet.

Binningen

Die gepflegte Ambiance eines einstigen Heilbades findet sich im *Gasthof Neubad* nahe an der Grenze zur Stadt Basel. Die Zimmer – vier davon für Nichtraucher – befinden sich im ersten Stockwerk (ohne Lift). Erholsames, parkähnliches Gartenrestaurant.

Birsfelden

Nur ein paar Minuten von der Stadt Basel entfernt, idyllisch im Hardwald gelegen, finden wir das romantische *Hotel-Restaurant Waldhaus*. Heimelige Zimmer mit nordischem Schlafkomfort. Küche mit einer reichen Auswahl an Köstlichkeiten. Parkplatzprobleme gibt es beim Waldhaus nicht (→ RESTAURANTS).

Bubendorf

Das geschichtsträchtige *Bad Bubendorf*, längst kein Badebetrieb mehr, ist ein Hotel-Restaurant, zwar absolut auf dem Land gelegen, aber trotzdem nur einen Katzensprung von den grösseren Zentren entfernt. Für seine Gäste stellt es 29 frisch überholte, helle und freundlich gestaltete Zimmer bereit (→ RESTAURANTS).

1: Auch zum Essen: Gasthof zum Ochsen in Arlesheim.

HOTELS

Binningen
Gasthof ***Neubad
Neubadrain 4
T 061 302 07 05
F 061 302 81 16
gasthof.neubad@
datacomm.ch
EZ ab 125, DZ ab 210

Birsfelden
*Hotel-Restaurant
Waldhaus*
In der Hard
T 061 313 00 11
F 061 378 97 20
EZ ab 125, DZ 190

Bubendorf
Bad Bubendorf
Kantonsstrasse 3
T 061 935 55 55
F 061 935 55 66
info@badbubendorf.ch
www.badbubendorf.ch
EZ ab 135, DZ ab 190

Diegten
Gasthaus Rebstock
Hauptstrasse 23
T 061 971 44 37
EZ ab 60, DZ ab 120

Eptingen
*Hotel-Landgasthaus
Bad Eptingen*
Hauptstrasse 25
T 062 285 20 10
F 062 299 13 04
badeptingen@swissonline.ch
www.badeptingen.ch
EZ ab 110, DZ ab 160

Frenkendorf
Hotel Wilder Mann
Schulstrasse 1
T 061 901 57 17
F 061 901 58 86
EZ ab 100, DZ ab 160

Lampenberg
Kurhaus Abendsmatt
Abendmatt 14
T 061 951 10 24
Preise auf Anfrage

HOTELS

Langenbruck
Hotel ***Bären
Hauptstrasse 10
T 062 390 14 14
F 062 390 19 71
info@baeren-langenbruck.ch
www.baeren-langenbruck.ch
EZ ab 75, DZ ab 140

Läufelfingen
Kurhotel Bad Ramsach
T 062 299 23 23
F 061 299 18 39
hotel@bad-ramsach.ch
www.bad-ramsach.ch
EZ ab 110, DZ ab 170

Laufen
Hotel-Restaurant Rathausstübli
Hauptstrasse 6
T/F 061 761 66 47
EZ ab 50, DZ ab 100

Liestal
Hotel**** Bad Schauenburg
T 061 906 27 27
F 061 906 27 00
hotel@badschauenburg.ch
www.badschauenburg.ch
EZ ab 125, DZ ab 180
Hotel-Restaurant Engel
Kasernenstrasse 10
T 061 927 80 80
F 061 927 80 81
info@engel-liestal.ch
www.engel-liestal.ch
EZ ab 180, DZ ab 250
Hotel-Restaurant Gitterli
Kasernenstrasse 51
T 061 921 41 88
F 061 921 41 87
info@seilershotel.ch
www.gitterli.ch
EZ ab 69, DZ ab 89

Diegten
Von Dienstag bis Samstag können die sieben Gästezimmer im *Gasthaus Rebstock* bezogen werden (→ RESTAURANTS).

Eptingen
Stilvoll mit gepflegter Gemütlichkeit präsentiert sich das historische *Hotel-Landgasthaus Bad Eptingen* in ruhiger Umgebung. Alle 14 Zimmer mit Bad/WC versprechen individuellen Wohnkomfort. Grosser Parkplatz vorhanden (→ RESTAURANTS).

Frenkendorf
Schöne Zimmer mit Dusche/WC verspricht das *Hotel Wilder Mann*. Verschiedene Säle für Bankette bis zu 150 Personen und Terrasse bis 250 Plätze.

Lampenberg
Mitten im Grünen oberhalb des Dorfes lädt das kleine *Kurhaus Abendsmatt* ein zur Erholung in idealem, ruhigem Spazier- und Wandergebiet. Im nostalgisch verträumten Haus kann sich auch der Wanderer zur geruhsamen Rast einfinden. Sonntags geschlossen.

Langenbruck
Seit 1898 ist das *Hotel Bären* ein Familienunternehmen, heute geleitet von der dritten und vierten Generation. Alle Zimmer sind mit Bad/Dusche und WC ausgestattet, einige mit Balkon und eigener Kaffee- und Tee-Küche. Sauna und Solarium im Haus.

1: Hotel Wilder Mann in Frenkendorf.

Läufelfingen

Das *Kurhotel Bad Ramsach*, 740 m ü. d. M. nordwestlich des Wisenbergs gelegen, verfügt über ein Mineralheilbad mit Sauna, Solarium, Fitnesseinrichtungen und Shop. Mit seinen 70 komfortablen Zimmern eignet es sich auch für die Durchführung von Seminaren (→ BÄDER, KINDER, RESTAURANTS).

Laufen

Hotel-Restaurant Rathausstübli Klein und einfach, aber gemütlich, ruhig und preiswert zeigt sich das Hotel mitten im Städtchen.

Liestal

Das *Hotel Bad Schauenburg* war über drei Jahrhunderte hinweg ein Haus für Badekuren. Idyllisch auf der Baselbieter Jurahöhe gelegen, verfügt es nicht nur über Zimmer mit allem Komfort wie Dusche/WC oder Bad/WC, sondern auch über zwei Biedermeier-Suiten (→ RESTAURANTS).

Traditionsreich, aber in neuem «Kleid» präsentiert sich das *Hotel-Restaurant Engel*. Bei der Zentrumsüberbauung war die Erhaltung der historischen Bausubstanz gegen aussen hin Auflage. Im Innern wurde das Hotel komplett neu gebaut. Neben dem für gute Häuser längst selbstverständlich gewordenen Komfort sind alle Zimmer auch ausgerüstet mit ISDN-Anschluss, Safe, Haartrockner und Wasserkocher für Tee und Kaffee. Mineralwasser steht gratis zur Verfügung. Erholungsraum findet sich im Hotelgarten, während ein gemütlicher Bummel in der malerischen Innenstadt auch nur ganz wenige Schritte entfernt angetreten werden kann. Ein Parkhaus gehört zum Engel-Areal. Weitere Parkplätze sind in unmittelbarer Nähe (→ ARCHITEKTUR).

Das *Hotel-Restaurant Gitterli* ist ein gemütliches Kleinhotel mit gediegenem Speisesaal. Unmittelbar bei den örtlichen Sportanlagen (→ RESTAURANTS).

1: Kurhotel Bad Ramsach in Läufelfingen.

HOTELS

Münchenstein

Hotel-Restaurant Hofmatt
Baselstrasse 88
T 061 416 08 48
F 061 416 08 49
hotel@hotelhofmatt.ch
www.hotelhofmatt.ch
EZ ab 100, DZ ab 160
Mini-Suiten ab 200

Muttenz

Hotel ***Baslertor
St. Jakobs-Strasse 1
T 061 465 55 55
F 061 465 55 50
hotel-baslertor@
balehotels.ch
www.balehotels.ch
EZ ab 170, DZ ab 220

*Kongresszentrum
Hotel ***Mittenza*
Hauptstrasse 4
T 061 461 06 06
F 061 461 10 42
info@mittenza.ch
www.mittenza.ch
EZ ab 158, DZ ab 210

Pratteln

Hotel Engel
Hauptstrasse 46
T 061 826 40 00
F 061 826 40 50
info@engel-pratteln.ch
www.engel-pratteln.ch
EZ ab 75, DZ ab 140

Reigoldswil

*Orchidea Lodge
Wasserfallen*
T 061 941 20 60
F 061 941 20 79
info@orchidealodge.ch
www.orchidealodge.ch
EZ ab 70, DZ ab 110
Vollpension auf Anfrage

HOTELS

Reinach

Hotel-Restaurant Rebmesser
Bodenmattstrasse 3–5
T 061 715 90 20
F 061 715 90 36
info@rebmesser.ch
www.rebmesser.ch
EZ 100, DZ 160

Hotel-Restaurant Reinacherhof***
Im Reinacherhof 177
T 061 716 94 16
F 061 716 94 10
EZ ab 100, DZ ab 140

Roggenburg

Hotel/Restaurant Neumühle/Moulin-Neuf
Route Internationale
T 032 431 13 50
F 032 431 20 50
info@neumuehle.ch
www.neumuehle.ch
EZ 90, DZ 150,
im Nebengebäude 75 bzw. 120

Sissach

Hotel-Restaurant zur Sonne
Hauptstrasse 83
T 061 971 27 47
F 061 971 27 55
EZ ab 93, DZ ab 141

Waldenburg

Gasthof zum Schlüssel
Hauptstrasse 58
T/F 061 61 81 31
EZ ab 90, DZ ab 150

Münchenstein

Hotel-Restaurant Hofmatt Geschmackvoll eingerichtete Zimmer und Mini-Suiten (→ RESTAURANTS).

Muttenz

Eröffnet 1998, modern, architektonisch unkonventionell: das *Hotel Baslertor*. Unter den Zimmern, alle mit Bad/WC, sind auch solche mit eigener Kochnische zu haben. Essen kann man aber auch im preisgünstigen Restaurant und eine Erfrischung zu sich nehmen in der Bar. Der Gast kann zudem den Fitnessraum, die Terrasse und die Tiefgarage benützen (→ ARCHITEKTUR).

Mit eigenwilliger, dem gut erhaltenen, ländlichen Dorfkern angepasster Architektur steht in unmittelbarer Umgebung der Dorfkirche St. Arbogast das *Kongresszentrum Hotel Mittenza*. Zuweilen finden auch öffentliche Anlässe wie z.B. Ausstellungen im Hause statt. Parkplätze und Garage stehen dem Gast zur Verfügung.

Pratteln

Beim malerischen Dorfkern, etwa zehn Gehminuten von der Endstation der Tramlinie 14 entfernt, liegt das *Hotel Engel*. Der gemütliche Kegelschub kann hier auf der Doppelkegelbahn abgehalten werden.

Reigoldswil

Die *Orchidea Lodge Wasserfallen* ist ein Seminar- und Ferienhotel in luftiger Jurahöhe. Auch für Hochzeiten und Bankette in besonderer Umgebung mit anschliessender Übernachtung geeignet. Der Rauch- und der Billardsalon sind gesellschaftliche Treffpunkte.

1: Rezeption des Hotels Baslertor in Muttenz.

Reinach

Moderne Zimmer mit allem Komfort einschliesslich Bad/Dusche und WC stehen im *Hotel-Restaurant Rebmesser* zur Verfügung. Ein blumiges Gartenrestaurant lädt zum Verweilen ein. Grosser Parkplatz.

Mit original englischen Stilmöbeln ausgestattet sind die Zimmer im *Hotel-Restaurant Reinacherhof*. Der Bau ist von modern-lockerer, stilvoller Architektur. Kulinarisch verwöhnt werden die Gäste im Ristorante al Centro, in der Pizzeria Ambiente und der Wirtschaft.

Roggenburg

Unterhalb des Dorfes, an der internationalen Strasse im Lützeltal, steht in abgeschiedener, purer Natur eine 1690 vom Kloster Lützel errichtete, malerische Baugruppe in drei Teilen. Die klösterliche Getreidemühle St. Peter beherbergt heute das *Hotel-Restaurant Neumühle/Moulin-Neuf*. Zehn Zimmer mit Dusche/WC und allem Komfort stehen zur Verfügung. Im Restaurant, dem Bau angemessen mit alten Möbeln eingerichtet, isst man in wunderschöner Ambiance (→ KULTURZENTREN, RESTAURANTS).

Sissach

Das *Hotel-Restaurant zur Sonne* kann allen Ansprüchen genügen. Im Neubau des heimeligen Landgasthofs sind die Zimmer mit modernem Komfort ausgerüstet. Wer das nicht so sehr braucht, begnügt sich mit einer Unterkunft im Altbau. Zwei Gehminuten zum Bahnhof SBB, Parkplätze vorhanden.

Waldenburg

Ein historisches Haus im regionalen Stil mit wunderschönem Ambiente und viel Atmosphäre in den Innenräumen ist der *Gasthof zum Schlüssel*. Auch die Plätze im Freien sind gemütlich. Die hoch stehende Küche ist ideal für Liebhaber marktfrischer, saisonaler Küche.

1: Hotel Sonne in Sissach.

HOTELS

Bed and Breakfast

www.homestay.ch

Arlesheim
A. + T. Düblin-Kraaz
Rüttiweg 14
T 061 701 20 53
Preis 50–60

Allschwil
Noes Kempen
Strengigartenweg 20
T 061 481 81 94
Preis 60–85

Binningen
Eva Bader Baumann
Leimgrubenweg 7a
T 061 422 01 96
Preis 60/120

Frenkendorf
Christine + Marcel Lerch
Adlerfeldstrasse 15
T 061 901 47 79
Preis 40–45

Muttenz
Heidi Keller
Baselstrasse 3
T 061 461 81 61 oder
061 461 06 81
Preis 50–60

Zunzgen
N. Duveen-Paping
Hardstrasse 7
T 061 971 34 65
Preis 30–50

Jugendherbergen

Im Baselbiet:
Langenbruck
Bärenwilerstrasse 10
T 062 390 14 04

In Basel:
Jugendherberge
St. Alban-Kirchrain 10
T 061 272 05 72
back pack
Dornacherstrasse 192
T 061 333 00 37
Mariastein
Jugendburg Rotberg
T 061 731 10 49

JUGEND

Jugend

Ferienpass → KINDER

Die Suche nach Erlebnissen

Jugendhäuser

Aesch
Hauptstrasse 23
T 061 751 28 11
Allschwil
Baselmattweg 115
T 061 482 04 84
T/F Büro 061 481 81 09
Hegenheimermattweg 70/76
T 061 481 75 81
Arlesheim
Birseckstrasse 2
T 061 701 34 44
Binningen
In den Schutzmatten 10
T 061 422 04 55
Liestal
Seestrasse 4
T 061 921 39 54
F 061 921 39 55
Münchenstein
Tramstrasse 29
T 061 411 00 52
Pratteln
Gottesackerstrasse 28
T 061 821 95 44
Reinach
Bruggstrasse 95
T 061 712 22 98
Sissach
Zunzgerstrasse 58
T/F 061 971 88 01
underground@dplanet.ch
Therwil
Benkenstrasse 14
T 061 721 62 70

Jugendherbergen → HOTELS

www.blaettli.ch

Homepage der Jugendzeitschrift von jungen Leuten, initiiert vom Jugendrat Baselland.

Auf dem Land sind es meist Musikveranstaltungen, die die Jugendlichen zusammenbringen (→ KULTURZENTREN, MUSIK, NACHTLEBEN). Alles andere ist schnell einmal Lokalszene, wo man sich zwar unterhalten, sich aber nicht auf viel Unerwartetes gefasst machen kann. Die Züge nach Basel sind abends gut besetzt mit Jugendlichen.

Jugendhäuser

Diese meist von der Gemeinde, vereinzelt auch von einem Verein getragenen Zentren wurden errichtet, um Jugendlichen eine Plattform für sinnvolle Begegnungen zu geben. Bei der Schaffung solcher Einrichtungen ging man vom Gedanken an die ortseigene Jugend aus, vor allem im Alter von 12 bis 18. Begegnung und Austausch gehören aber zu einer modernen Kultur und so sind auch Jugendliche von auswärts willkommen. Die Häuser sind offene Einrichtungen, stehen unter kundiger Betreuung und die Leitung versucht zu kreativer Gestaltung der Freizeit anzuregen. Häufig wird gemeinsam gespielt. An Nachmittagen, vornehmlich den schulfreien, öffnen die Jugendhäuser in der Regel um 14 Uhr und schliessen um 22 Uhr, an Samstagen sogar erst gegen Mitternacht, je nach Fahrplan der öffentlichen Verkehrsmittel für den Heimweg. Sogar sonntags können die Jugendlichen zwischen 12 und 18 Uhr hier ihre Zeit verbringen.

1: Jugendtreff in Liestal.

Kinder
Leuchtende Augen garantiert

Wo mehr Natur vorhanden ist, zeigt sich die Welt von selbst kindgerecht. Der Bewegungsfreiheit sind kaum Grenzen gesetzt. Aber natürlich ist im Baselbiet auch das Angebot an Spielplätzen und anderen Möglichkeiten zur Entfaltung der Kinder gross. Dabei sind die kleineren und grösseren Institutionen mit speziellen Kinderangeboten in unserer Übersicht nicht enthalten. Zu zahlreich verteilen sie sich über den ganzen Kanton. Sie finden sie in den Branchenregistern aus dem Umfeld Ihres Aufenthaltsorts.

Ferienpass

Ferienpass Regio Liestal
LOOK FOR FUN
Ramlinsburgerstrasse 7
4410 Liestal
T 061 923 95 51
Regio-Ferienpass Birseck-Leimental
Gartenstrasse 16
4153 Reinach
T 061 717 81 20
F 061 717 81 25
Info über freie Plätze:
T 061 401 21 66
Pro Juventute Ferienpass Laufental-Thierstein
Hofgarten 23
4225 Brislach
T 061 721 25 70

Ferienpass
In der Zeit der Sommerferien können die Daheimgebliebenen aus den beteiligten Gemeinden im Alter von 6 bis 16 Jahren vom Ferienpass Gebrauch machen. Dieser bietet, nach dem Alter der Kinder abgestuft, allerlei packende Ferienerlebnisse an. Den einfallsreichen Gestaltern sind kaum Grenzen gesetzt. Das Programm reicht vom Besuch von Produktionsstätten, dem Flughafen und der Feuerwehr über ein Treffen mit Fussballstars bis zu Veranstaltungen, die kreative Tätigkeiten ermöglichen wie z. B. das Herstellen von Käse oder Duftseifen und vielem mehr. Gegen einen bescheidenen Beitrag kann auf der Gemeindeverwaltung ein Wochenpass gelöst werden. Dazu ist ein Passfoto notwendig. Zu den ausgewählten Aktivitäten muss man sich von Fall zu Fall eigens anmelden. Die Anlässe sind sehr gut besucht. Wenn es aber die Teilnehmerzahl zulässt, können auch jugendliche Ferienaufenthalter von auswärts zu den gleichen Bedingungen dabei sein.

KINDER

Robinson-Spielplätze
Allschwil
Hegenheimermattweg 7
T 061 481 75 81
Binningen
Brünnlimatten
T 061 421 94 13
Birsfelden
Hofstrasse
T 061 311 25 19
Frenkendorf
Hülftenmätteli
T 061 901 71 77
Münchenstein
Muttenzerstrasse 16
T 061 411 45 60
Muttenz
Hardacker
T 061 461 72 00
Pratteln
Lohag
T 061 821 93 30
Reinach
Steinrebenstrasse
T 061 711 85 58
Therwil
Birsmattstrasse 48
T 061 721 50 25

Laufen
Altes Schlachthaus
Seidenweg
Programminfo:
www.wochenblatt.ch

Robinson-Spielplätze
Die «Robi-Plätze» sind von Betreuern geführte Treffpunkte für Kinder und Jugendliche auf einem Erlebnisgelände. Mit wechselnden Programmen werden Lebendigkeit und pädagogischer Wert gewahrt. Spiel steht im Wechsel mit kreativem Werken und sportlicher Bewegung.

Anderweitige Kinderfreuden:

Augst
Kinder, denen der Sinn noch nicht unbedingt nach einem Studium der Römerzeit steht, finden in **Augusta Raurica** ihr Vergnügen in der Kloake oder dem römischen Haustierpark (→ AUGUSTA RAURICA).

Läufelfingen
Regelmässig samstags von 13.45 bis 15.45 Uhr veranstaltet das Kurhotel **Bad Ramsach** einen Kinderbadeplausch (→ BÄDER, HOTELS, RESTAURANTS).

Laufen
Im Kulturzentrum im **Alten Schlachthaus** können Kinder oft Vorstellungen von Puppen- oder Erzähltheater beiwohnen (→ ARCHITEKTUR, KULTURZENTREN, THEATER).

Liestal
Sogar während der Ferien, nicht jedoch an Feiertagen, ist im **Kantonsmuseum Baselland** gegen eine geringe Teilnahmegebühr jeden ersten Mittwoch im Monat etwas für Kinder (7–17 Jahre) los. Basteln, experimentieren, entdecken, Geschichten lauschen ... Die Gestaltung ist vielseitig (→ MUSEEN).
Das **Kulturzentrum Palazzo** pflegt u.a. ein reichhaltiges Angebot an Kinderprogrammen (→ KULTURZENTREN, THEATER).
Auch der **Tierpark Weihermatt** auf dem Weg nach Munzach wird Kinderherzen erfreuen. Einerseits sind die Tiere hier so zutraulich, dass man sie gefahrlos füttern kann, andererseits steht ein Drache von Claire Ochsner zum Klettern und Rutschen bereit, der in seinem Bauch erst noch ein Kinderhaus zur Benutzung freigibt (→ KUNST).

Münchenstein
Beim Restaurant Seegarten am Südende des **Botanischen Gartens Brüglingen** trifft man sich jedes Jahr an einem Tag im September, um die Drachen steigen zu lassen. Auch Erwachsene lassen sich den Spass nicht entgehen (→ BOTANISCHE GÄRTEN, KULTURZENTREN, RESTAURANTS).

1: Grosser Spielplatz in Sissach.

KINDER

Liestal

Kantonsmuseum
Info Kinderprogramm:
T 061 925 62 23
oder
Museum T 061 925 59 86
www.kantonsmuseum.bl.ch

Kulturhaus Palazzo
Bahnhofplatz
Postfach 572
T 061 921 14 13
www.palazzo.ch

Münchenstein

Seegarten Brüglingen
Rainstrasse 6
T 061 411 14 48

Muttenz

Piranha Tropical Club
Farnsburgerstrasse 8
T 061 461 16 14

Reinach

Kultur in Reinach
Sekretariat Heidy de Lange
T 061 711 19 23

Muttenz
Regelmässige *Disco-Veranstaltungen* eigens für Kinder führt der Piranha Tropical Club durch.

Ormalingen
Abgesehen von der Burgenromantik bietet die *Farnsburg* Kindern noch mehr. Gleich unterhalb, beim Restaurant, sind lebende Bisons zu beobachten (→ RESTAURANTS).

Pratteln
Im *Jörinpark*, ohnehin ein Erholungsgelände für Eltern mit Kindern, steht ein heiterer Sonnenvogel von Claire Ochsner zum Rutschen und Klettern (→ KUNST).

Reinach
Für jährlich vier bis fünf Veranstaltungen für Kinder sorgt «*Kultur in Reinach*». Dabei kann es sich um Kasperli- oder Marionettentheater handeln wie auch um Lesungen aus Kinderbüchern oder um andere angemessene Thematiken.

1: Spielplatz beim Liestaler Tierpark Weihermatt.
2: Kinder bei der Kirschenablese.

KINOS

Kinos
Klein, aber fein

Bottmingen
*cinémobile
Mobile Kino GmbH*
Gustackerrain 3
T 061 421 06 49
F 061 421 06 47

Gelterkinden
Marabu
Schulgasse 5
Definitive Termine Landkino
siehe Tagespresse

Landkino
Unter dem Namen «Landkino» werden im Auftrag der Abteilung «Kulturelles» der Erziehungs- und Kulturdirektion des Kantons ausgewählte, hoch stehende Filme gezeigt. Während der Spielzeit steht jede Woche am Donnerstag ein solcher Film auf dem Programm. Gezeigt werden sie im «Sputnik» in Liestal und im «Marabu» in Gelterkinden.

Bottmingen
cinémobile Mobile Kino GmbH
Die Firma ist ein «bewegliches Kino». Wer an irgendeinem für Filmvorführungen nicht eingerichteten Ort trotzdem einmal ein Leinwanderlebnis vermitteln will, kann sich an diese Equipe wenden. Sie kann nicht nur Saalveranstaltungen durchführen, sondern auch Openairs.

Gelterkinden
Marabu
Hier werden jeweils donnerstags die Filme von «Landkino» gezeigt. Hin und wieder stehen auch Kinderfilme auf dem Programm. Ansonsten haben Veranstaltungen anderer Art den Film verdrängt (→ KULTURZENTREN).

Liestal
Oris
Das Oris mitten im «Stedtli» bietet mit Hollywood-Hits ein attraktives Filmprogramm für Jung und Alt. Vorführungen jeden Samstag und Sonntag (samstags mit Nocturne). Kinder- und Familienfilme jeweils am Mittwochnachmittag, während der Schulferien täglich.

1: Kino Sputnik im Kulturzentrum Palazzo, Liestal.

KINOS

Liestal

Oris
Kanonengasse 15
T 061 921 10 22
www.oris-liestal.ch
Sputnik
Poststrasse 2
T 061 921 14 17

Sissach

Cinéma Palace
Felsenstrasse 3a
T 061 971 52 48

Sputnik
Das Kino gehört zum Kulturzentrum Palazzo. Hier werden täglich anspruchsvolle Studiofilme vorgeführt. Jene des «Landkinos» fallen auf Donnerstag (→ KULTURZENTREN).

Sissach
Cinéma Palace
Täglich eine Vorstellung, an Wochenenden oft zwei. Abwechslungsreiches Programm aus dem üblichen Angebot des Filmverleihs.

1: Cinéma Palace in Sissach.
2: Kulturzentrum und Kino Marabu in Gelterkinden.

KIRCHEN

Kirchen

Aus der Kirchengeschichte

Bei seiner Loslösung von der Stadt war das Baselbiet mehrheitlich reformiert. Schon die erste Verfassung garantierte jedoch die Glaubensfreiheit. Das rein katholische Birseck war erst durch den Wiener Kongress im Jahr 1814 zu Basel gekommen und damit eidgenössisch geworden, nachdem es zuvor dem Bischof von Basel, einem deutschen Reichsfürsten untertan gewesen war. Im alten Basel war diese katholische Gegend nur Aussenseiterin. Eine Loslösung von der städtischen Obrigkeit war somit auch der dortigen Bevölkerung willkommen. Wohl war im Baselbiet die reformierte Konfession die Staatsreligion, doch die religiöse Autonomie, die den Birseckern vom Wiener Kongress gewährt wurde, blieb ihnen auch im neuen Halbkanton zugesichert.

In der zweiten Hälfte des 19. Jh. schieden sich die Geister innerhalb der katholischen Kirche (Kulturkampf). Das Unfehlbarkeitsdogma, 1870 auf dem vatikanischen Konzil verkündet, spaltete die Gläubigen in Romtreue und Freisinnige. Altkatholische Bewegungen machten sich auch im Birseck breit. Zentrum des Widerstandes wurde Allschwil. Die Gemeindeversammlung entschied sich, die vatikanischen Dekrete nicht anzunehmen. Man entschied sich kurz danach für die christkatholische Kirchenverfassung.

Ein Kirchengesetz kennt der Kanton erst seit 1950. Den Status einer Landeskirche erhielten die reformierte, die römisch- und die christkatholische.

Sakralbauten aus vielen Epochen

Die Kirchen, die aus der Zeit vor der Entstehung des Kantons Basel-Landschaft stammen, sind geprägt von den Merkmalen der Epochen ihrer Entstehung, ihres Ausbaus oder ihrer Ergänzung. In den ersten 100 Jahren des neuen Kantons bestand relativ wenig Bedarf an neuen Gotteshäusern. Allenfalls dort, wo sich Andersgläubige in Zentren einer bestimmten Konfessionsrichtung zahlreich ansiedelten, konnte eine neue Kirche vonnöten sein. Der Kirchenbau jener Zeit war geprägt von der Nachahmung früherer Baustile, so entstanden zahlreiche neugotische und neuromanische Kirchen.

Wirklich neue Impulse brachte erst der Aufschwung nach dem Zweiten Weltkrieg. In erster Linie traten in dieser Zeit die Katholiken, deren Zahl sich von 1950 bis 1970 gut verdreifacht hatte, als Erbauer neuer Kirchen in Erscheinung. Man sah in der Religion nicht mehr so vorrangig den zentralen Sinn der Existenz und auch die Kleriker selbst verstanden ihr Fach eher als wichtiges Fundament für ein Menschenleben im Spannungsfeld mannigfaltiger Anforderungen. Im Sakralbau kam diese Haltung stark zum Ausdruck, indem vermehrt interdisziplinäre Akzente gesetzt wurden. Neue Bautechniken, symbolhaftes Spiel mit modernen Materialien, mit Raum und Licht, wissenschaftliche Erkenntnisse zu Fragen der Akustik und sogar die Eingliederung in das bauliche Umfeld spielten eine grössere Rolle als je zuvor.

1: Ref. Kirche St. Margrethen, Binningen.

KIRCHEN

In jüngerer Zeit zeichnet sich das Leben des Menschen nicht mehr so sehr durch Sesshaftigkeit aus. Massive Zu- und Abwanderung haben in allen Teilen des Baselbiets zu konfessioneller Vermischung geführt.

Öffnungszeiten

Alle Baselbieter Kirchen sind in der Regel ab 8 Uhr bis zum Eindunkeln zur Besichtigung offen. Der Besuch zu Privatzwecken ist natürlich zu unterlassen, wenn Hochzeiten, Konzerte oder gottesdienstliche Handlungen im Gange sind.

Gottesdienste, Kirchenkonzerte, Kirchenveranstaltungen

Die drei Landeskirchen veröffentlichen ihre Aktivitäten unter einer gemeinsamen Adresse im Internet: www.kirchenbl.ch mit anschliessendem Link auf jede einzelne Gemeinde. Auch detaillierte Angaben zu den einzelnen Kirchenbauten sind unter der gleichen Adresse abrufbar. Anderweitige Publikationsorgane sind der «Kirchenbote» oder der jeweils für die Gemeinde zuständige Amtsanzeiger.
Am Ort selbst können auch die Aushängekästen oder Anschlagtafeln der Kirchen konsultiert werden.

Arlesheim

Dom Nach der Reformation ungefähr 150 Jahre in Freiburg i. Br. im Exil, kehrte das Domkapitel Basel 1678 in die Schweiz zurück: nach Arlesheim. Mit dem Bau des 1681 geweihten Doms, der umgeben ist von den stilvollen Domherrenhäusern am Domplatz, wurde 1679 unter dem Baumeister Jakob Engel begonnen. Die Umgestaltung der Fassade und des Inneren der Kirche im Stil eines heiteren Rokoko durch Franz Anton Bagnato wurde 1759–61 vollzogen. Francesco Pozzi trug die Stuckaturen nach einem Modell von Johann Michael Feuchtmayer bei. Die Wand-, Decken- und Altarbilder schuf Giuseppe Appiani. Die für einen Barockbau erstaunliche Lockerheit verdankt das Gesamtwerk auch dem von Joseph Schacherer aus Rheinfelden geschaffenen eleganten Chorgestühl und dem von einem Baldachin überdeckten Hauptaltar. Den akustischen Genuss gewährleistet eine Silbermann-Orgel aus dem Jahre 1761. Bis zum heutigen Tag ist sie eine Attraktion für Musikfreunde aus aller Herren Länder geblieben.
1815 erwarb die Gemeinde Arlesheim den Dom und nutzt ihn seither als katholische Pfarrkirche.

Binningen

Ref. Kirche St. Margarethen Um die Margarethenkirche spannt sich die Sage der 11000 Jungfern, die auf der Rückkehr von einer Wallfahrt nach Rom bei Basel überfallen worden sind. Der Heiligen Margaretha und ihren Schwestern Chrischona und Ottilia gelang die Flucht. Auf sie drei wird die Gründung dreier Kirchen im Umfeld der Stadt Basel zurückgeführt: St. Margarethen in Binningen, unmittelbar an der Stadtgrenze, St. Chrischona ob Bettingen (am Dinkelberg) und St. Ottilia (Tüllingen, D).

1: Dom von Arlesheim.

KIRCHEN

Landeskirchen

Evang.-ref. Kirche
des Kantons Basel-Land-
schaft
Obergestadeck 15
4410 Liestal
T 061 926 81 81
F 061 926 81 89

Römisch-katholische
Landeskirche des
Kantons Basel-Landschaft
Munzachstrasse 2
4410 Liestal
T 061 921 94 61
F 061 922 11 63

Christkatholische
Kirchgemeinde Baselland
Vereinshausstrasse 4
4133 Pratteln
T 061 821 92 88
F 061 821 92 79

Andere Kirchen

Neuapostholische Kirche
in Allschwil, Böckten,
Bubendorf, Laufen, Liestal,
Oberdorf, Oberwil, Pratteln
und Reinach

Evangelisch-
methodistische Kirche
in Birsfelden, Gelterkinden,
Liestal und Muttenz

Kirche Jesu Christi der Heiligen der letzten Tage
in Bottmingen, Liestal, Pratteln und Reinach

BewegungPlus (Bplus)
in Liestal und Sissach

Bücher

Reformierte Kirchen und
Pfarrhäuser im Baselbiet
herausgegeben von der
Evang.-ref. Kirche,
CHF 37.50

Von der Terrasse des Kirchleins auf dem Margarethenhügel hat man einen prächtigen Blick über die Stadt und sieht auch die Standorte der beiden andern Kirchen. Auf den alten Fundamenten von St. Margarethen wurde 1673 von Jacob Meyer die neue Kirche erbaut. Sie ist neben der in Wintersingen – eine von zwei noch bestehenden Winkelhakenkirchen im Baselbiet. Zusammen mit dem Landgut aus dem 17. und 19. Jh. bildet das Kirchlein eine kompakte Bautengruppe.

Birsfelden

Röm.-kath. Bruder Klaus-Kirche Die 1959 eingeweihte Kirche von Herrmann Baur gehört zu den modernen Kirchen des Baselbiets in einem Baustil der Nachkriegsjahre. Die Ausstattung im Innenraum mit guter Akustik stammt von den Bildhauern Albert Schilling, Paul Speck und Perino Selmoni. Die Intarsienplatte schuf der Grafiker Armin Hofmann.

Blauen

St. Martin Prunkstück der Kirche mit reichhaltiger Barockausstattung ist der Hochaltar von 1745. In der fein geformten Kartusche erkennt man den Stifter, Pfarrer Georg Ignaz Müller. Das Oberbild zeigt St. Martin, Bischof und Kirchenpatron. Neben ihm sitzt Ignatius von Loyola und auf der andern Seite Franz Xaver, der Missionar Indiens. Das zentrale Gemälde ist eine Darstellung Mariens als unbefleckte Empfängnis, das Haupt umkreist von zwölf Sternen, in der Hand das Szepter, während sie mit den Füssen Mond und Schlange tritt. Als eigenwilliges Detail kann man einen Engel erkennen, der mit der Lupe untersucht, ob er an Maria einen Makel findet. Die Antwort zeigen andere Engel gegenüber auf einem Spruchband: «Tota pulchra es Maria, ganz schön bist du Maria und keine Makel ist an Dir.»

1: Röm.-kath. Bruder Klaus-Kirche in Birsfelden.

KIRCHEN

Gelterkinden
Ref. Pfarrkirche Die Kirche von Gelterkinden, auf einem sanften Hügelsporn den malerischen Dorfplatz überragend und abrundend, bildet ein von weitem erkennbares Wahrzeichen für den Ort. Im Innern richten Sie Ihr Hauptaugenmerk vor allem auf den spätgotischen Wandgemäldezyklus mit Darstellungen zu den Aposteln, Maria und Johannes dem Täufer, der Marienverkündigung und Christus. Bemerkenswert eigenwillig gelöst ist aber auch der Zugang zur 1646 von den Liestaler Brüdern Hoch geschaffenen Kanzel aus Eichenholz.

Langenbruck
Kloster Schönthal Ausserhalb des Dorfes an der Strasse über den Chilchzimmersattel liegt das einstige Benediktinerkloster Schönthal, eines der ältesten romanischen Baudenkmäler der Schweiz, gestiftet 1145 von den Grafen von Froburg. Bis zum frühen 16. Jh. war das Kloster religiöses Zentrum und Wallfahrtsziel. Wegen zunehmender Verwilderung der Sitten war jedoch sein Untergang nicht abzuwenden. 1524–28 löste sich die Klostergemeinschaft auf. 1525 am Tag der Kirchweihe wurde das Gotteshaus von Bauern geplündert und 1529 von der Basler Reformation aufgehoben.
Im Innern der teilweise abgetragenen Kirche finden sich Reste einer Christophorusfreske und die Westfassade ist mit Skulpturen versehen. Religiösen Zwecken hat der Bau seit der Klosterauflösung nicht mehr gedient. Heute steht er, umgeben von einem Skulpturenpfad, der Öffentlichkeit mit Ausstellungen jederzeit als kulturelles Zentrum offen, namentlich auf dem Gebiet der Bildhauerei (→ KUNST).

Laufen
Kirche St. Katharinen Der christkatholischen Kirchgemeinde gehören in Laufen nur gut 2 % der Bevölkerung an. Ihre Katharinenkirche beim Untertor im Städtchen ist aber allemal eine Besichtigung wert. Der Barockbau wurde 1698 begonnen. Die reich geschnitzte Kanzel stammt aus dem Jahr 1699. 1755 brachten die Brüder Moosbrugger vielfarbige Stuckaturen in Rokokoformen an. Sehenswert sind auch die Régencealtäre und eine spätgotische Madonna.

1: Ref. Dorfkirche in Gelterkinden.

KIRCHEN

Lausen
Ref. St. Niklaus-Kirche Die Kirche von Lausen am nordwestlichen Dorfrand in einem Villenquartier am Fusse des Kirchbergs steht unter nationalem Denkmalschutz. Bestanden haben muss sie schon als karolingischer und später als romanischer Bau. Nach einem Brand wurde sie im späten 15. Jh. als Einheitsraum neu aufgebaut. Der Chor wurde vollständig ausgemalt mit Szenen aus Christi Leben und der Niklauslegende. Noch 1971, bei einer Restaurierung, wurden zusätzliche Fresken freigelegt. Einige davon sind allerdings stark beschädigt. Die kleine, bemalte Fensterscheibe hinter dem Altar mit einer Darstellung der Kreuzigung soll aus der Entstehungszeit der Kirche stammen. Im Schiff mit der schlichten Holzleistendecke beeindrucken die vier mit dem Beil behauenen, frei im Raum stehenden Eichenpfeiler.

Zum Kirchengelände gehört auch die Friedhofsanlage mit der Friedhofhalle, das Sigristenhaus und die Scheune (15.–16. Jh.). Die Scheune beherbergt heute das Ortsmuseum (→ MUSEEN).

Liestal
Ref. Stadtkirche St. Martin Die Stadtkirche entstand als dreischiffige Basilika auf römischen Grundmauern und Vorgängerbauten. Der heutige Bau geht auf das 16. und 17. Jh. zurück. Veränderungen im Innern datieren aus jüngerer Zeit. 1506–07 entstand der polygonale Chor in gotischem Stil mit Rippengewölbe und Masswerkfenstern. Aus der Zeit dieses Umbaus, an dem sich die Liestaler finanziell beinahe übernommen hätten, stammen auch das Chorgestühl mit reichen Flachschnitzereien und die sechs Standesscheiben. Sehenswert an der Ausstattung sind auch die Epitaphien im Chor und die Kanzel, 1612 vom Liestaler Tischmacher Peter Hoch erstellt.

1: Kirche St. Katharinen in Laufen.

Muttenz

KIRCHEN

Ref. Pfarrkirche St. Arbogast Als gesamtschweizerisch einzigartig gilt die vollständige Umfassung der Kirche durch eine Ringmauer. Nur durch ein Turmtor ist das Kirchenareal zugänglich. Im Wesentlichen stammt St. Arbogast aus dem 14. Jh. 1303 erstmals erwähnt, wurde die romanische Anlage über mehreren Vorgängerbauten nach dem Erdbeben von 1356 wieder aufgebaut. Chor, Turm und Mauerring wurden als Neubauten 1420–30 hinzugefügt. Da die älteste Vorgängerkirche auf das 8. Jh. zurück datiert wird, könnte die ursprüngliche Mauer die Rekonstruktion eines alemannischen Gerichtsplatzes dargestellt haben. Sie wurde ersetzt durch die bis zu sieben Meter hohe, mit Zinnen bekränzte Wehrmauer zur Schaffung eines Refugiums für die Bevölkerung in Kriegszeiten.

Während im Chor Darstellungen zur Arbogast- und zur Niklauslegende aus der Mitte des 14. Jh. zu finden sind, können die Malereien im Schiff zum Leben Christi, Mariä und der Apostel präziser auf das Jahr 1507 datiert werden. Zu beachten ist im Altarhaus an der Nordwand das spätgotische Sakramentshäuschen mit Gittertürchen, Blendmasswerk und Kreuzblume. Der Schmuck im Beinhaus an der Ringmauer, im Renaissancestil (1513), zeigt das Jüngste Gericht und Impressionen zur Legende der Toten.

1: Ref. Stadtkirche St. Martin in Liestal.

KIRCHEN

Oltingen
Ref. Kirche St. Nikolaus Von einer Mauer eingekreist liegt am Dorfrand, umgeben von Pfarrhaus, Scheune und Beinhaus, die Kirche. 1474 wurde sie ausgiebig erneuert. Besonders sehenswert ist ein spätgotischer Wandmalereienzyklus zur Marienlegende, zum Jüngsten Gericht sowie zu Aposteln und Heiligen. Schon fast ein Kuriosum begegnet dem Besucher im Turmuntergeschoss. Hier hängen die Glockenseile vom Tonnengewölbe herunter, denn noch heute wird hier von Hand geläutet.

Pratteln
Ref. Pfarrkirche St. Leodegar Ein Saalbau mit Polygonalchor, inmitten einer Häusergruppe gelegen. Nach der Brandschatzung von 1468 wurde die Kirche neu erbaut und 1642 verlängert.

Ramlinsburg
Dorfkirche Von einem Einwohner gestiftet, 1994 eingeweiht, dient sie allen drei Landeskirchen. Eigenwillig, aber schlicht steht der Holzbau eingefügt in die Juralandschaft. Im Chor, an eine Arche Noah gemahnend, sorgen grosse Fenster nicht nur für grosszügigen Lichteinfall, sondern geben den Blick auf die Umgebung frei. Das Kircheninnere – und damit auch die vermittelten, andächtigen Inhalte – erscheinen dadurch nicht als eine isolierte, abgeschlossene Welt für sich, sondern das Wort wird auch durch die optische Verbindung mit der Aussenwelt in die Weite getragen, wo es seine Wirkung haben soll. Ein Glasfenster von Hans Stocker zum Thema der Kreuzigung ziert die Partie über dem Eingang.

1: Dorfkirche Ramlinsburg.
2: Die Orgel in der ref. Kirche St. Jakob in Sissach.

Sissach
Ref. Kirche St. Jakob 1525–26 wurde die reformierte Pfarrkirche über Vorgängerbauten neu errichtet. Von anderen Landkirchen aus der gleichen Zeit hebt sie sich vor allem durch das Netzgewölbe im Chor und die geschnitzte Holzleistendecke ab.

Therwil
Pfarrkirche St. Stephan Die 1627–31 erbaute Kirche steht unter eidgenössischem Denkmalschutz. Hervorheben möchten wir die Wand- und Deckenfresken des Langhauses in ihren eher gedämpften Farben. Sie sind ein Spätwerk des fürstbischöflichen Hofmalers von Konstanz, Franz Ludwig Herrmann. An den Seitenwänden sind 14 Kreuzwegstationen zu sehen, an der Decke neben vier ovalen Eckmedaillons mit den Kirchenvätern das Mittelbild mit dem Abendmahl.

Ziefen
Ref. Pfarrkirche St. Blasius Auf dem Chilchberg südlich des Dorfes steht die älteste Kirche im Tal der Hinteren Frenke. Die seit dem 13. Jh. mehrfach erneuerte Anlage birgt Fragmente eines hochgotischen Wandbilderzyklus von Mitte des 14. Jh. Die Fresken von nationaler Bedeutung wurden zur Zeit der Reformation 1529 zugedeckt und erst 1931 wieder entdeckt und kurze Zeit später konserviert.

1: Pfarrkirche St. Stephan, Therwil.
2: Ref. Kirche St. Blasius, Ziefen.

KULTURZENTREN

Kulturzentren
Von hoher bis zu Sub-Kultur

Birsfelden
Roxy Theater
Muttenzerstrasse 6
T 061 313 60 98

Gelterkinden
Jundt-Huus
Stiftung Ortssammlung
Rickenbacherstrasse 29
T 061 981 53 50
Sekretariat Andreas Bothe
T/F 061 981 48 20 oder
079 270 79 11
ra.bothe@freesurf.ch
Marabu
Schulgasse 5
www.4460.ch/marabu
Aktuelle Anlässe entnehmen
Sie der Tagespresse.

Es ist im Baselbiet kaum denkbar, einen Betrieb mit der Vermittlung einer einzigen kulturellen Sparte aufrechtzuerhalten. Zu gering wäre die Auslastung. Das ist – neben der Liebe zur Kunst und dem Willen deren Förderer – ein Grund, warum im Kanton so viele Kulturzentren entstanden sind, die mit Programmen aus den unterschiedlichsten Bereichen aufwarten.

Birsfelden
Roxy Hier ist seit den letzten Jahren ein eigentliches Kulturzentrum herangewachsen. Das einstige Kino wurde zum Theater umgebaut und jedes Jahr werden etwa 100 Vorstellungen aus verschiedenen Sparten des Bühnenfachs geboten: Theater, Cabaret, Tanz, Konzerte, Performances und vieles mehr. Dazu kommen zwei bis drei Ausstellungen im Foyer (Grafik, Fotografie u. a.). Über das Programm orientieren der Birsfelder Anzeiger, die Tagespresse, Plakataushänge oder der Trägerverein (→ THEATER).

Gelterkinden
Jundt-Huus Ende 2002 befand sich das Kulturzentrum noch in einer Aufbauphase. Ein altes Bauernhaus mit Wohnteil, Scheune und Stall, seit dem Baujahr 1855 aussen vollkommen unverändert, wird in einen Kulturtreff verwandelt. Innere Überholungen und Umbauten sind dazu unumgänglich. Zum Teil wird das Haus als Museum genutzt für die mechanischen Werkstätten und elektrotechnischen Anlagen, die sich der letzte Privatbesitzer und Stifter aus Liebhaberei einrichtete. Dazu

1: Roxy, das Kulturzentrum in Birsfelden.

kommen Exponate zur lokalen Geschichte aus dem Fundus der Stiftung Ortssammlung (OSG). Abwechslungsreiches Leben soll in das Gemäuer einziehen durch Ausstellungen, Konzerte, Lesungen und mannigfaltige kulturelle Anlässe. Zum Haus gehört ein ausgedehnter Bauerngarten mit hochstämmigen Obstbäumen und einer durch Buchshecken in runde und rechteckige Beete unterteilten Gartenfläche für Blumen und Beeren. Der Garten bleibt als Bestandteil des Kulturtreffs bestehen und bietet zusammen mit einem befestigten Vorplatz Raum für Aussenveranstaltungen oder ein kleines Gartenrestaurant.

Marabu Das Marabu will grundsätzlich alle kulturellen Richtungen anbieten – leichter oder tiefgründiger Natur – , für die ein genügendes Bedürfnis besteht und die von den räumlichen Gegebenheiten her überhaupt möglich sind. Betrieb herrscht in der Regel von Donnerstag bis Samstag. Z. B. sind die Filme vom «Landkino Baselland» jeweils am Donnerstag im Marabu zu sehen. Einmal im Monat wird auch ein Kinderfilm gezeigt. Auf dem musikalischen Sektor finden viele Konzerte unterschiedlichster Stilrichtungen statt, wobei der Jazz in seinen verschiedenen Ausprägungen einen beachtlichen Anteil einnimmt. Bei den Theateraufführungen steht der Schwank im Mittelpunkt (→ KINOS, MUSIK, THEATER).

Laufen

Altes Schlachthaus Das Kulturforum Laufen nahm seinen Betrieb zu Herbstbeginn 2002 an neuem Ort auf: im alten Schlachthaus. Im Winterhalbjahr werden vorab rund 50 Veranstaltungen durchgeführt. Neben Gastspielen mit einmaligem Auftritt finden regelmässig Konzerte in den Sparten Jazz und Rock statt. Dazu kommen Liederabende und Darbietungen guter Volksmusik oder moderner Musik. Punktuell will man auch Experimente spezieller Art

KULTURZENTREN

Laufen
Altes Schlachthaus
Seidenweg
Programminfo:
www.wochenblatt.ch
www.laufen-bl.ch

1: Altes Schlachthaus in Laufen.

KULTURZENTREN

Liestal
Kulturhaus Palazzo
Bahnhofplatz
T 061 921 14 13
www.palazzo.ch
Theater Palazzo
T 061 921 14 01
F 061 922 05 48
(Vorverkauf Buchladen
Rapunzel, T 061 921 56 70)
Kunsthalle Palazzo
T 061 921 50 62
F 061 922 05 48
kunsthalle@palazzo.ch
Geöffnet: Di–Fr 14–18,
Sa+So 13–17 h
Kino Sputnik
täglich 20.15, z.T. auch 17.45 h
T 061 921 13 14
F 061 922 05 48
Definitive Titel auch über:
T 061 921 14 17 sowie
www.gateway.ch,
www.kino.ch,
www.bsonline.ch

mit Spitzenkünstlern wagen wie z. B. modern arrangierte meditative Musik u.v.m. Spritziges Kabarett hat hier genauso seine Bühne wie Theater, das nicht übermässig viel Bühnentechnik voraussetzt. Regelmässig kommen auch die Kinder zum Zuge beim Puppen- oder Erzähltheater. Das Zentrum zeigt pro Spielsaison acht gute Filme und sucht dabei die technischen Voraussetzungen zu verbessern. Ein weiteres Segment stellt eine Galerie dar für Ausstellungen von regionalen Kunstschaffenden, vorab auf dem Gebiet der Malerei, ergänzt durch andere Kunstbereiche wie Fotografie oder Plastik (→ ARCHITEKTUR, KINDER, THEATER).

Liestal

Kulturhaus Palazzo Ein eigentlicher Kulturknotenpunkt ist das Palazzo, das einerseits eigene Veranstaltungen durchführt, andererseits durch Freigabe der Räumlichkeiten private Anlässe angemessener Natur ermöglicht. Für die diversen Sparten der Kunst oder Kleinkunst stehen hier verschiedene Podien zur Verfügung. Das Theater setzt auf zeitgenössische Stoffe und Inszenierungen verschiedener Stilrichtungen. Auch dem Kindertheater wird ein sicherer Platz eingeräumt (→ KINDER, THEATER). Sporadisch finden zudem Dichterlesungen statt, z. T. verbunden mit einem Podiumsgespräch. Auf dem musikalischen Sektor kommt der Jazz grosszügig zum Zuge, aber auch diverse andere, aktuelle Stilrichtungen. Allerfeinste und leiseste musikalische Töne sind aber allein schon wegen der nebenan verlaufenden Bahnlinie undenkbar. Die Kunsthalle zeigt jährlich vier, manchmal fünf Ausstellungen mit Werken zeitgenössischer Künstler, jeweils über ca. zwei Monate hinweg. Im Kino Sputnik werden täglich anspruchsvolle Studiofilme gezeigt. Die Filme der Reihe «Landkino Baselland» sind jeweils am Donnerstag zu sehen (→ KINOS).

1: Kunst im Kulturhaus Palazzo.

Münchenstein

Kultur in Brüglingen Der botanische Garten wird auf dem stilvollen Areal zwischen dem Kutschenmuseum und dem Pächterhaus durch den Verein «Kultur in Brüglingen» mit hoch stehenden Veranstaltungen belebt. Von Mai bis September finden jeden Sonntag von 11 bis 11.45 Uhr auf dem Platz gratis (Kollekte) Matinees statt mit abwechselnden Inhalten: Jazz, Volksmusik, klassische Musik, Tanz, Cabaret, Theater und Programme für Kinder (Clowns, Zauberer, Kasperli- und Figurentheater). Bei schlechtem Wetter gehen die Aktivitäten im oberen Stockwerk der Museumsscheune vonstatten. Nicht gratis sind die Freilichtaufführungen. Immer von August bis September wird einen Monat lang zwei- bis dreimal pro Woche ein Stück aufgeführt, oft mit Berufsdarstellern, manchmal auch mit Lehrer- oder Laientheatern. Alle drei Jahre wird eine Oper oder Operette mit professionellem Orchester und Sängern gegeben. Jeweils zwei Stunden vor Beginn der Aufführung kann man sich auf dem Platz zum Essen im improvisierten Theaterrestaurant einfinden, wo Speisen serviert werden, die auf das jeweilige Stück abgestimmt sind (→ BOTANISCHE GÄRTEN, MUSIK, THEATER).

Seegarten Brüglingen Trägerin des kulturellen Lebens am St. Albansee, dem grössten «See» des ganzen Baselbiets, ist die Migros-Genossenschaft. Sie setzt in ihren Programmen ausgeprägt auf Familien- und Kinderfreundlichkeit. Eine volkstümliche Baselbieter «Stubete» am letzten Maisonntag, ein weiterer Anlass mit Volksfestcharakter und ein Auftritt von Jagdhornbläsern sind jährlich wiederkehrende Ereignisse, wie auch eine Zirkusvorstellung für Kinder im Frühling oder eine eigens auf sie zugeschnittene Veranstaltung in der Arena im Sommer. Eine Reihe musikalischer Vorträge aus diversen Musiksparten vom Folksong über Country und Jazz bis zur Blasmusik ergänzen den reichhaltigen Bilderbogen. Bilder sind auch im Restaurant «Seegarten» ein Thema. Jedes Jahr wird ein anderer Künstler ausgestellt. Und für die aktiv Gebliebenen: Jeden ersten Dienstag im Monat von 14 bis 17 Uhr können sich Senioren beim «Thé dansant» amüsieren (→ KINDER, RESTAURANTS).

Roggenburg

Neumühle/Moulin-Neuf Neues Leben zieht in altes Gemäuer ein. In der Neumühle ist ein Kulturzentrum entstanden und befindet sich in einer Phase des Aufbaus. Was im über 300 Jahre alten Bau und im kleinen Saal in der angrenzenden alten Scheune letztlich alles angeboten wird, steht nicht definitiv fest. Sicher gibt es aber Konzerte zu besuchen, drinnen oder auch im Freien, Jazz, Country und vielleicht noch mehr. Auch wechselnde Ausstellungen von Skulpturen und Malerei kommen in der historischen Szenerie in der Abgeschiedenheit des Lüsseltales bestens zur Geltung (→ HOTELS, RESTAURANTS).

KULTURZENTREN

Münchenstein
Kultur in Brüglingen
T 061 335 79 63
Seegarten
Restaurant: Rainstrasse 6
T 061 411 14 48
F 061 411 14 39

Roggenburg
Neumühle/Moulin-Neuf
Route Internationale
T 032 431 13 50
F 032 431 20 50
info@neumuehle.ch
www.neumuehle.ch

KULTURZENTREN

Sissach
KiK (Kultur im Keller)
Bahnhofstrasse
www.kiksissach.ch
Aktuelle Anlässe entnehmen Sie der Tagespresse.
Schloss Ebenrain
T 061 925 50 67
(Kanton, Abt. Kulturelles)

Sissach
KiK (Kultur im Keller) Wohlverstanden: die Kultur ist keineswegs im Keller, sondern dort geht sie über die Bühne. Das Angebot ist sogar sehr reichhaltig und richtet sich an alle Altersstufen. Jeden ersten Donnerstag im Monat findet unter dem Patronat der Lokalzeitung «Volksstimme» das Nachtcafé statt, ein Podiumsgespräch mit einer bekannten Persönlichkeit zu politischen oder anderen aktuellen Themen. Einmal im Monat ist Jazzabend. Musik- und auch Discoabende gibt es sowohl für junge als auch für jung gebliebene Leute. Gelegentlich bringt eine Rockband das Gemäuer zum Erzittern. Am nächsten Abend kann schon ein Liedermacher mit feinen Tönen und geistreichen Worten im Mittelpunkt stehen. Der Raum wird auch für private Zwecke vermietet (→ MUSIK).

Schloss Ebenrain Alljährlich veranstaltet die Abteilung Kulturelles des Kantons im Schloss Konzerte. Solche der Jugendmusikschule können dazukommen. Und seit vielen Jahren kreuzen hier, in der Regel an Sonntagen im Januar und Februar, die «Wintergäste» auf. Es handelt sich dabei um eine Reihe von fünf bis sechs literarischen Lesungen. Interessant ist auch der Park mit zahlreichen Plastiken (→ LITERATUR).

1: KiK Kultur im Keller in Sissach.

Kunst
Plastiken und Fresken

Im öffentlichen Raum im Baselbiet sind viele Kunstwerke von Künstlern aus der Region zu sehen. Lange Zeit handelte es sich um eher traditionelle Schaffensstile. Vermehrt sind jedoch in den letzten Jahren auch moderne Werke dazugekommen, häufig dank Firmen, aber auffällig oft auch als künstlerische Zusatznote im neueren Schulhausbau. Das Baselbiet hat im öffentlichen Raum in einem erstaunlichen Ausmass Künstlern aus der engeren Heimat das «Wort» erteilt. Und da der relativ junge Kanton noch nicht unzählige Kunstepochen durchwandert hat, begegnen uns die Namen der grössten Baselbieter in ihrem Bereich an den verschiedensten Orten wieder.

KUNST

Kunstverein Baselland
Kunsthaus
St. Jakobs-Strasse 170
4132 Muttenz
T 061 312 83 88

Kunstverein Binningen
Weinbergstrasse 25
Manuela Eichenberger
T 061 422 06 60

→ MUSEEN S. 227
→ KULTURZENTREN S. 204
→ MUSIK S. 240
→ LITERATUR S. 223

Kunsthandel
Wir verweisen auf Branchenverzeichnisse oder Telefondatenträger unter dem Stichwort: Galerie

Aesch
Die Kirche birgt Glasmalerei von *Jacques Düblin*, während die Fresken von *Hans Stocker* stammen. Beim Sportzentrum Tennis an der Birs steht für die Kunstfreunde eine Metallplastik von *Jakob Engler*.

Allschwil
Das örtliche Schaffen kommt in Allschwil ausgezeichnet zur Geltung. Vom dort ansässigen Bildhauer *Peter Moilliet* stammen die Metallplastik «Libelle» beim Bettenackerschulhaus und die Plastik «Hirte mit Hund» beim Schulhaus Schönenbuchstrasse. «Törichte und kluge Jungfrauen» stellt die überaus sehenswerte Bronzeplastik beim Calvinhaus dar.
Bei der Tramhaltestelle Gartenstrasse im Park begegnen wir einem weiteren ortsansässigen Künstler: *Francis*

1: Die Libelle in Allschwil.

KUNST

Béboux mit seinem «Welt-Ereignis», einer Weltkugel in glänzendem Metall, aus deren zerrissener Oberfläche an einer Stelle bedrohliche Naturkräfte ausbrechen. Ruhige Ausgeglichenheit strahlt jedoch das Werk «Mandala» aus, das mit nicht weniger Glanz vor der Kapelle auf dem Friedhof steht.

Hinter der Friedhofskapelle deutet ein grün patinierter Bronzevogel mit ausgebreiteten Schwingen und Menschenkopf seinen Abflug in die Lüfte bzw. seine Loslösung von der Erde an. Die Figur stammt vom Basler Künstler *Theo Lauritzen* (1911–1978), einem Meister der Beschränkung auf das Wesentliche.

Arlesheim
Traditionelle Kunst im Schloss Reichenstein: Deckenfries im Turmzimmer, Wandgemälde und Ofenmalerei von *Otto Plattner*.

Biel-Benken
Die bedeutendste künstlerische Note am Schulhaus besteht in einem Steinrelief von *Peter Moilliet*.

Binningen
Taufbecken und Weihwasserbecken der Katholischen Kirche stammen von *Peter Moilliet*. *Jakob Engler* erscheint zweimal mit einer Plastik: beim Schloss Binningen und bei der Bank UBS. Ein farbenfroher Sonnenvogel von *Claire Ochsner*, für Kinder ein Objekt zum Klettern und Rutschen (in erster Linie für die Kinder der Anwohner gedacht), steht im Gorenmattpark in Binningen.

1: Welt-Ereignis in Allschwil.

KUNST

Birsfelden
In der Südwestecke des Hauptplatzes steht eine Kreation in Metall von *Jakob Engler*. *Fritz Bürgin* steuerte ein Zementrelief am Schulhaus Sternenfeld zum bedeutenderen lokalen Kunstbestand bei.

Bottmingen
Ein Glasbild von *Jacques Düblin* schmückt das Schulhaus Hämisgarten. Von drei bunten, im Winde bewegten Stabiles aus Metall, im Jahr 1997 von *Claire Ochsner* in Zusammenarbeit mit Bottminger, Pratteler und Frenkendorfer Schülern und Lehrern des Werkjahres Basel geschaffen, steht heute in jeder der drei Gemeinden eines. Das Bottminger Exemplar ist auf dem Areal des Schulhauses Burggarten zu finden.

Bubendorf
Beim Schulhaus hat die Steinplastik «Fuchs» ihren Standort gefunden. Sie stammt von *Fritz Bürgin*, der über geraume Zeit seines Schaffens hinweg den Kampf um das Leben und Überleben an Tier- und Menschenfiguren zu seinem zentralen Thema gemacht hat.

Diegten
Der Schöpfer des Glasgemäldes und des Sgraffitos an der Pfarrkirche ist *Walter Eglin*.

Diepflingen
Das Schulhaus, 1959 erbaut, ermöglicht Kunstbegegnungen mit Werken von *Ugo Cleis*, *Walter Eglin* und *Emilio Stanzani*.

Dittingen
Hans Stocker schuf die Fenster der Pfarrkirche. Heitere Kunst und ein Kindervergnügen trifft man bei der Firma Zeugin: einen Sonnenvogel von *Claire Ochsner*.

1: Kreation in Metall von Jakob Engler in Birsfelden.

KUNST

Ettingen
Sgraffito und Fenster in der Kirche Peter und Paul gehen auf *Jacques Düblin* zurück.

Frenkendorf
Eine nachdenkliche, in Stein formschön ausgestaltete Frauenfigur mit gekreuzter Beinstellung von *Peter Moilliet* ist auf dem Friedhof Egg anzutreffen.
Am Rüttiweg 7, der Privatadresse von *Claire Ochsner*, ist jeweils freitags von 16 bis 18 Uhr der Skulpturengarten geöffnet. Hier sind etwa 30 ihrer Werke zu besichtigen.
Von den drei Stabiles (Näheres siehe Bottmingen) von Claire Ochsner steht eines beim Schulhaus Egg.

Füllinsdorf
Am Portal der reformierten Kirche befindet sich ein Kupferrelief von *Fritz Bürgin*.
Beim Alters- und Pflegeheim Schönthal befindet sich das 260 Zentimeter hohe Werk «Tanzende Zykaleidas II» von *Claire Ochsner* aus dem Jahr 1999 in Polyester, wetterfest bemalt, die eine Figur dominierend in Blau-grün, die andere in Rot-gelb.

Gelterkinden
Am Realschulhaus hat *Fritz Bürgin* mit seinem Steinrelief das Haus künstlerisch aufgewertet. Mosaik von *Walter Eglin* bei der Basellandschaftlichen Kantonalbank.

1: Skulptur von Claire Ochsner in ihrem Garten, Frenkendorf.

KUNST

Langenbruck
Das ehemalige Kloster Schönthal und sein Umschwung sind heute ein reich bestückter *Skulpturenpark* (→ KIRCHEN).

Läufelfingen
In der Kirche gestaltete *Walter Eglin* drei Glasfenster, während *Fritz Bürgins* Bronzeplastik «Christophorus» den künstlerischen Höhepunkt auf dem Friedhof darstellt.

Laufen
Wandgemälde von *Otto Plattner* am Baseltor, äussere und innere Seite mit der Übergabe des Stadtbriefes durch den Bischof von Basel und dem heiligen Martin, der sich um einen Bettler kümmert. Der Künstler, der dem Liestaler Törli hinsichtlich künstlerischer Gestaltung sein Gepräge gegeben hat, wurde also auch hier mit der Bemalung eines Stadttors beauftragt, als Laufen noch nicht im Entferntesten ahnen konnte, dass es je zum Baselbiet gehören würde.

Lausen
Fritz Bürgin, Steinrelief am Wolfbrunnen und nicht weit davon entfernt die Bronzeplastik «Wolf» beim Rolle-Schulhaus (→ BRUNNEN).

Liestal
Zunächst etwas ausserhalb auf dem Weg nach Munzach ist im Tierpark Weihermatt funktionale Kunst in Form eines Drachens von *Claire Ochsner* zu finden. Den Kindern dient das Objekt zum Klettern und als Rutschbahn. Im

1: Genesende vor dem Kantonsspital Liestal.

Bauch des Ungeheuers ist ein Kinderhaus eingebaut (→ KINDER).

Gegenüber dem Eingang zum Kantonsspital ist die thematisch äusserst passende «Genesende» in grün patinierter Bronze von *Jakob Probst* zu bewundern.

Nur wenige Meter daneben, vor dem Eingang zum Personalamt oder der Denkmalpflege, steht, massig kubisch mit horizontalen, blauen Rillen, ein *Johannes Burla*.

Stadteinwärts stossen wir bei der nächsten Kreuzung links vor der UBS auf «No Stone Unturned» des in London lebenden Bildhauers *Richard Deacon*. Die geneigte Stellung des käfigartigen Werkes deutet den «turn» (das Umstülpen) an und suggeriert mit seiner Form einer vergleichsweise symmetrischen, etwas geschwungenen «Gurke», die Umkehr würde dasselbe Bild ergeben, wie wir es ohne Umkehr auch schon haben. Beruhigend oder kabarettistisch bissig? Der Ist-Zustand ist identisch mit dem Gegenteil. In Worten ausgedrückt: Ein Umsturz bringt dasselbe, was schon da ist.

Das Werk von *Albert Schilling* vor der Basellandschaftlichen Kantonalbank wächst aus einem unbehauen anmutenden Grundstein heraus. Gegen oben werden die Formen zusehends klarer. Zentrales Element ist eine präzise ausgearbeitete Viertelkugel, die ungehinderten Einblick in ein leeres «Innenleben» eröffnet. Von hinten wird dieses Kugelsegment diskret von einem starren, senkrechten Trägerelement gestützt. Dieses Element stützt also gerade einmal einen Viertel des vorstellbaren Einblicks.

Ausserhalb der Innenstadt, gegen Norden, beim Schulhaus des Kaufmännischen Vereins, steht auf dem

1: No Stone Unturned in Liestal.

Schulareal eine Stein/Metall-Plastik ohne Titel des Künstlers **Kersten Käfer**. Sie besteht aus vier falttürartig verbundenen, hohen Tafeln in Tessiner Gneis mit Grauguss.

KUNST

Ein Stück ausserhalb des Zentrums, gegen Nordosten beim Brunnmattschulhaus, steht ein weiterer Rutsch- und Kletterdrache von **Claire Ochsner**.

Auf dem Gemeinschaftsgrab des Friedhofs, beim Platz am Eingang, finden wir eine Plastik in hellem Marmor von **Claudio Magoni**. Der Durchbruch des aus der Erde aufsteigenden Elementes durch eine erhöhte, runde Form lässt sich durchaus als Übergang in die andere Welt empfinden.

Auf dem Rückweg in Richtung Stedtli befindet sich **Carl Spittelers** Geburtshaus mit dem Restaurant Alte Braue. Das Fresko «Die jodelnde Schildwache» im Innern der Wirtschaft wurde von **Otto Plattner** gemalt. Ein paar Schritte weiter begegnet man «dem Maler Liestals» wieder. Die Botenstube im Hotel Engel ist ebenfalls mit seiner Kunst geschmückt und schräg gegenüber ziert sein Konditor die Fassade vom Café Mühleisen.

Bei der Bushaltestelle am Wasserturmplatz stossen wir auf einen Unterstand, der nicht so richtig zeitgemäss erscheint. Bei Regenwetter pferchen sich zahlreiche Wartende in seinen Schutz. Den wenigsten von ihnen ist wohl klar, dass da nicht einfach der kostengünstigsten Offerte für ein «Wartehäuschen» der Zuschlag gegeben wurde, sondern dass sie das Werk «Energiezone» von **Ivo Hartmann** zu profanen Zwecken nutzen.

Bei der Post steht ein Werk ohne Titel von **Raffael Benazzi** aus Zürich, der auch eine Grossplastik für das Sportzentrum in Magglingen geschaffen hat.

Geht man vom Bahnhofplatz links am Gerichtsgebäude vorbei ein paar Schritte stadtwärts, trifft man auf eine Bronzeplastik ohne Titel von **Albert Schilling**. Aus einem

1: Plastik von Kersten Käfer beim KV Liestal.
2: Werk von Albert Schilling vor der BLKB Liestal.

KUNST

streng quadratischen und gleichermassen gehöhlten unteren Ansatz steigt die Figur zu Rundungen auf, gleich einer lockeren Papierrolle.

Beim Abstieg zur Altstadt durch die Parkanlage steht vor dem Eingang zur Lüdin Sofortdruck AG, Schützenstrasse 12, ein bunter Engel in leuchtend blauer Grundfarbe von **Claire Ochsner**. Dieser Künstlerin begegnen wir wieder im Regierungsgebäude mit einem Porträt von Regierungsrat Spitteler.

In der Innenstadt am Nordende des Regierungsgebäudes befindet sich an der Allee das Wehrmannsdenkmal und am Zeughausplatz vor dem Kantonsmuseum der Brunnen zu Ehren von Heinrich Strübin, beide Gedenkstätten geschaffen von **Jakob Probst** (→ BRUNNEN, DENKMÄLER).

Auf dem Weg zwischen den beiden Brunnen stossen wir zweimal auf **Otto Plattner**. Öffentlich sichtbar ist das Schuhmacherbild am Schuhhaus Strübin an der Rathausstrasse. Aber auch die Wandbilder des Landratssaales im Regierungsgebäude stammen von ihm.

Vor der Kirche, an der Südostseite, finden wir ein eindrückliches Werk ohne Titel von **Peter Thommen**. Auf zwei Metallröhren liegt ein Steinblock. Je nach Perspektive gemahnt der Stein an den Kopf eines Sauriers oder sonstigen Fossils. In filigraner Bildhauerarbeit hat Thommen diesen Stein zum Mahnmal der Vergänglichkeit gestaltet mit Menschenschädeln, Skelettteilen, Fischköpfen, die sich in freiliegenden Gräten gegen hinten fortsetzen, und mit anderen tierischen Relikten. Erstaunlich: Ohne genaueres Hinsehen würde man die Details kaum bemerken.

1: Plastik von Claudio Magoni.

KUNST

Verlässt man den Kirchplatz durch die kleine Passage in die Rathausstrasse, steht man gleich vor einem → BRUNNEN, künstlerisch gestaltet von *Sylvia Goeschke*. Das Haus der Bäckerei Strübin an der Rathausstrasse ist mit Motiven von *Otto Plattner* bemalt. An der Hauswand um die Ecke, in der Rosengasse, lässt sich Heinrich Strübin von einer hübschen Frau die Burgunderschale aus einem Krug mit Tranksame füllen, zu Füssen der beiden Personen ein Hund. Auf der Hauptfassade ist der als reich und geizig überlieferte Drechsler Johannes Strübin (1807–1883) beim Goldtalerzählen zu erkennen.

Otto Plattner begegnet man wieder – wohl am auffälligsten und sehr patriotisch – am Törli. Auf der Aussenseite posiert stolz der Patriot mit Fahne. Von den drei Eidgenossen beim Freiheitsschwur auf der Stadtseite weiss der Volksmund zu sagen, am Banntag seien dies die drei einzigen nüchternen Männer in der Stadt.

Auf der südlichen Seite der Rathausstrasse findet sich an der Ecke zur Spitalgasse ein → BRUNNEN von *Fritz Bürgin*. Die Justitia darüber ist künstlerisch nicht zuzuordnen.

Am spätgotischen, 1586 erbauten Rathaus sind Wandmalereien aus verschiedenen Epochen zu erkennen. Im oberen Teil der Erweiterung arbeitete einmal mehr *Otto Plattner*. Der ursprüngliche, untere Bereich geht auf *Wilhelm Balmer* Vater und Sohn zurück, wobei sich ihre Malereien von 1881 bis 1883 möglicherweise zum Teil auf bereits vorhandene Motive stützten. Im Innenhof zeigt ein riesiges Wandbild von *Otto Plattner* den Auszug der Baselbieter zusammen mit den Eidgenossen zur Schlacht von St. Jakob.

1: Werk vor der Stadtkirche Liestal von Peter Thommen.
2: Malerei am Törli.

KUNST

Im Erweiterungsbau des Rathauses, in der Ecke des Informationsschalters, hat **Renée Levi** das grossflächige Werk «Farbraum» geschaffen. Es vermittelt dem Betrachter ein Direkterlebnis, indem dieser nicht dem Werk gegenüber, sondern mittendrin steht. Zwischen zwei im stumpfen Winkel verbundenen grossen Wandflächen führt eine Wendeltreppe mit Zwischenstandflächen zur Betrachtung in die oberen Stockwerke. Die Wände sind provokativ kontradiktorisch. Die kühlere Farbe, das Lila, ist mit einem Wollteppich in warmem Material, die heisse Farbe Rot in scharfkantigem, kaltem Glasmosaikstein aufgezogen. Überdies steht der Raum im Wechselspiel der Gegensätze mit dem Wandbild von Plattner.

Im Dichtermuseum, im Innern neben dem Eingang, aber von aussen sichtbar, grüsst der Kopf des Dichters Carl Spitteler, geschaffen von **Kersten Käfer**. Ebenfalls im Hause befindet sich die persönliche Reverenz von **Jakob Probst** an seinen «Mentor» **Otto Plattner**, der ihn zur künstlerischen Tätigkeit angeregt hat.

Ausgiebig in *Jakob-Probst*-Atmosphäre kann man in Liestal auch ein Bankett oder ein Familienfest durchführen. Im Restaurant Schützenstube sind im Probststübli zehn Entwürfe für Reliefs in die Wände gemauert. Es sind welche dabei, die in ihrer eigentlichen Ausführung am Bahnhof Cornavin in Genf zu bewundern sind (→ RESTAURANTS).

Ausserhalb des Stadtkerns, in der Aula der Realschule Burg, ist ein Zementrelief des Künstlers *Fritz Bürgin* zu sehen.

Münchenstein

Beim Schulhaus Lärchenstrasse hat **Peter Moilliet** eine Spielplastik installiert. Plastiken von **Jakob Engler** begegnen wir bei der Firma Beiersdorf AG und im Areal des Botanischen Gartens Brüglingen. Dort bietet eine ganze Reihe weiterer Skulpturen ein kulturelles Erlebnis im erholsamen Gelände. Weil viele davon Leihgaben sind, besteht keine Gewähr für bleibende Gültigkeit der Standorte, wie z. B. bei einem Werk ohne Titel in Granit und Sandstein von **Lorenz Balmer**, 1976. Weiter finden wir hier: «Bereiche und Nachbarn» aus Kalkstein und Granit von **Tony Cragg**, 1976. «Singular» in Bronze von **Enzo Cucchi**, 1984. «Baumtorso», Holz und Kupfer, von **Franz Eggenschwiler**, 1980. «Sinn für Geometrie, Sinn für Freiheit», Marmor, von **Luciano Fabro**, 1984. «Silberdistel», Granit, von **René Küng**, 1980. «Kopf», Kalkstein, von **Markus Raetz**, 1984.

Muttenz

KUNST

Peter Moilliet, Bronze-Plastik «Kind mit Hund» auf der Schulanlage Gründen. *Fritz Bürgin* → BRUNNEN. Sakrale Kunst weist die katholische Kirche auf. Beginnend bei der Taufkapelle erhellt ein Kreuzweg von **Lukas Düblin** in sieben Stationen in hellem Marmor die düstere Kirchenwand. Sind es Tränen, Blut- oder Schweisstropfen, Blütenblätter? Jedes Symbol lässt sich mit der Geschichte verknüpfen, die das Werk erzählt.

Auch in kirchlichem Zusammenhang steht der «Weg der Hoffnung» in sechs Stationen vom Dorfzentrum bis auf die Höhe des Wartenbergs. Aus Anlass der Jahrtausendwende wurde er gemeinsam von den christlichen Kirchen realisiert. Die künstlerische Gestaltung wurde fünf lokalen Kunstschaffenden übertragen. Die Stationen zum Nachdenken beginnen mit «Schöpfung» von **Rebecca Sala**. Ein schlicht in dunkelgrauen Basaltstein gehauenes, staunendes Gesicht richtet seinen Blick zum Himmel auf. Ein aufgerichtetes Laubblatt mit Klangspiel, eine Holzplastik von **Reinhold Meyer**, verkörpert das Thema «Leben». Ein gutes Wegstück weiter erreicht man die «Trauer», eine Skulptur des Bildhauers **Stefan Mesmer**. Als Metallplastik von **Walter Suter** reckt sich die «Auferstehung» hoch. Zur «Hoffnung» äussert sich **Andreas Spitteler** mit einem Werk aus Beton und Keramik. Den Abschluss des Weges bildet das Kreuz als Gemeinschaftsarbeit aller fünf Beteiligten. Dem Boden verhaftet, liegen vier flache Quader auf der Erde. Die Zwischenräume bilden im Ansatz ein Kreuz, doch gelangt dieses zu keinem begrenzten Abschluss, sondern ist offen in alle Himmelsrichtungen und nach oben.

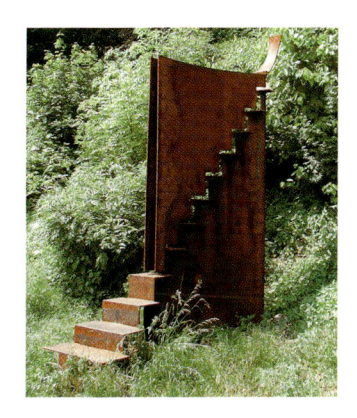

1: Metallplastik von Walter Suter.

KUNST

Oberdorf
Fritz Bürgin, Uli-Schad-Brunnen aus Kalkstein (→ BRUNNEN, DENKMÄLER).

Oberwil
Reich vertreten ist *Jakob Engler* mit Plastiken bei der reformierten Kirche und bei der reformierten Kirchgemeinde im Duubeschlaag sowie beim Schulhaus Hüslimatt, wo auch ein Werk von **Lorenz Balmer** in Schwarzwälder Granit steht.
Für Erwachsene zum Spass, für Kinder zum Gebrauch – aber eigentlich für die Kinder der Wohnsiedlung installiert – befindet sich in der Stallenmatt ein Kletter- und Rutschbahndrache von *Claire Ochsner*.

Pratteln
Ein eindrückliches, 14 Meter langes Relief in Cristallina Marmor, «Kalligraphie in Marmor» von **Lorenz Balmer**, ziert die Betonmauer beim Fröschmattschulhaus. Allein schon die Montage war eine Kunst. Der → BRUNNEN beim Schulhaus stammt von *Fritz Bürgin*. Ebenfalls von ihm ist das Steinrelief «Wachsam und bereit» der Schiessanlage Lachmatt. Auch in Pratteln ist *Jakob Engler* vertreten mit einer Plastik beim Kantonalen Arbeitsamt. Ein Stabile von *Claire Ochsner* (siehe Bottmingen) ist beim Schulhaus Erlimatt zu finden. Von der gleichen Künstlerin findet sich im Jörinpark ein Sonnenvogel zum Klettern (→ KINDER).

Reigoldswil
Verschiedene Werke des Ortsbürgers *Jakob Probst* sind im Dorf aufgestellt: der Taufstein «Mutter und Kind» und das Relief «Ikarus» in der Dorfkirche, je ein Sämann am Friedhofbrunnen und am Rifensteiner Weiher, die Bronzeplastik «David» beim Sekundarschulhaus und jene von «Ikarus» vor dem Gemeindezentrum. Letztlich findet

1: Sämann von Jakob Probst in Reigoldswil.
2: Plastik von Lorenz Balmer in Oberwil.

man noch ein Gipsrelief am Geburtshaus des Bildhauers, **KUNST**
Dorfplatz 15.

Reinach
Wie in drei weiteren Baselbieter Gemeinden steht auch in Reinach (Austrasse) ein Sonnenvogel von *Claire Ochsner*, an dem sich Kinder austoben können. Das Mobile «Begegnung» von 1999 aus der gleichen Hand hat tatsächlich einen Ort der Begegnung gefunden: das Gemeindehaus.

Rümlingen
Die Kirche wurde mitgestaltet von *Walter Eglin* mit drei Deckenmalereien und *Jacques Düblin* mit drei Glasgemälden.

Rünenberg
Die Mehrzweckhalle ziert ein Metallrelief von *Fritz Bürgin*.

Sissach
Der Park beim Schloss und der Landwirtschaftlichen Schule Ebenrain kommt einem Skulpturen-Freilichtmuseum gleich. Bei zwei bedeutenden Vertretern der Baselbieter Bildhauerei kommt das Pferd zu Ehren: bei den Bronzeplastiken «Ross und Reiter» von *Lorenz Balmer* und «Mädchen mit Fohlen» von *Fritz Bürgin*.
Fritz Bürgin schuf den → BRUNNEN mit dem Lucheren Tier bei der Sekundarschule Tannenbrunn und das Kupferrelief am Feuerwehrmagazin, während das Werk bei der Bezirksschreiberei aus der Hand von *René Küng* stammt. Ein Wandgemälde von *Ugo Cleis* finden wir am Gerichtsgebäude.

1: Mädchen mit Fohlen beim Schloss Ebenrain Sissach.

KUNST

Tenniken
Beim Schulhaus steht *Fritz Bürgins* → BRUNNEN «Auffliegende Vögel».

Therwil
In Therwil besonders stark vertreten ist der ortsansässige *Jakob Engler*. Seine Plastiken stehen beim Schulhaus Känelmatt, beim Alters- und Pflegeheim und bei der Basellandschaftlichen Kantonalbank. Gedenkstätte Stephan Gutzwiller (→ DENKMÄLER).

Titterten
Die kleine Kirche verfügt über eine Scheibe von *Jacques Düblin*.

Waldenburg
Von *Walter Eglin* stammen die Malereien auf dem Waldenburger Törli. Im Schulhaus sind Fresken aus dem Jahr 1940 von *Otto Plattner* zu sehen. Die Zementplastik bei der Mehrzweckhalle ist ein Werk von *Fritz Bürgin*.

Ziefen
Ein Mosaik von *Walter Eglin* ist im Schulhaus zu besichtigen. Das Fresko an der Turnhalle malte *Ugo Cleis*.

Zunzgen
Die moderne Stahlfigur von *Ruedi Pfirter* bei der Mehrzweckhalle symbolisiert das «Rägemännli» aus der gleichnamigen Zunzger Sage.

Zwingen
Zur Marienkirche trug *Lukas Düblin* die Fenster bei.

1: Die Sagenfigur «Rägemännli» in Zunzgen.

Literatur
Lesen und Hören

LITERATUR

Sissach
Schloss Ebenrain
T 061 925 50 67
(Kanton, Abt. Kulturelles)

Dichter- und Stadtmuseum Liestal
→ MUSEEN S. 227

Anlässe im Bereich der Literatur sind im Baselbiet überraschend selten, wenn man von der Form des Theaters absieht. Es gibt einen einzigen wirklich geregelten Zyklus in dieser Richtung. Sporadische Dichterlesungen kann man wohl erleben, sei es im Palazzo oder im Dichter- und Stadtmuseum in Liestal, aber auch am Gymnasium in Oberwil oder im Jundt-Huus in Gelterkinden (→ KULTURZENTREN).

Sissach
Schloss Ebenrain
Den einzigen Fixpunkt im Live-Geschehen auf literarischem Feld stellen die **Wintergäste** im Schloss Ebenrain dar. Jeden Winter im Januar und Februar sind das fünf oder sechs Veranstaltungen mit prominenten Vertretern des Geisteslebens zu aktuellen Themen der Zeit. Der Vortrag kann ein Stück weit der Form einer Lesung folgen, muss aber nicht. Die Realisierung ist von unterschiedlichen Gestaltungskonzepten geprägt. Veranstalterin ist die Abteilung Kulturelles der Erziehungs- und Kulturdirektion des Kantons. Mitproduzent ist der Burghof in Lörrach.

Der einheimischen Literatur und ihren Protagonisten begegnet man vor allem an Stätten des Gedenkens, so z. B. im Dichter- und Stadtmuseum in Liestal, allen voran dem Nobelpreisträger Carl Spitteler. Georg Herwegh darf man allen Ehrungen zum Trotz nicht als Einheimischen sehen. Es gab dennoch genug Grosse im Kanton: Jonas Breitenstein, Joseph Viktor Widmann, Hans Gysin, Margarethe Schwab-Plüss oder Traugott Meyer, der in den Museen Aesch und Oltingen ausgiebig geehrt wird.

Auch in den Nachfolgegenerationen haben verschiedene literarisch Schaffende auf sich aufmerksam gemacht: Philipp Alder, Helene Bossert, Robert Dexter, Adelheid Duvanel, Erica Maria Dürrenberger, Georg Felix, Hans Peter Gansner, Martin Henning, Paul Jenni, E. Y. Meyer, Lislott Pfaff, René Regenass, Verena Rentsch, Peter Otto Rentsch, Vreni Weber-Thommen, Heinrich Wiesner oder Marcel Wunderlin.

Die Werke holt man sich am besten im Buchhandel oder in der Bibliothek.

1: Bücherauswahl im Dichter- und Stadtmuseum Liestal.

MÄRKTE

Märkte
Waren und Vieh

Märkte haben eine lange Tradition. Am Markttag kamen einst die Bauern mit dem Rucksack selbst von den entlegenen Höfen ins Zentrum, um sich mit all dem einzudecken, was benötigt wurde. Meist am Morgen besorgte man sich die warmen Socken für den Winter, das Paar Hosenträger und die neuen Schuhe für den Sprössling, der eben übers Jahr schon wieder gewachsen war. Ab Mittag pflegte man eher den gemütlichen Teil und den Gedankenaustausch mit anderen Bauern in einem Gasthof. Längst ist auch der Landwirt mobiler geworden und wäre für den Einkauf nicht mehr unbedingt auf den Markt angewiesen. Die Tradition hat sich aber gehalten und der Markt als ein Teil der ländlichen Lebensform ist überhaupt nicht wegzudenken.

Allschwil
Warenmarkt am letzten Samstag im März, am ersten Samstag im Mai (Neuallschwil), am ersten oder zweiten Samstag im Juni und jeweils am ersten Samstag im September und Dezember.

Arlesheim
Warenmarkt zu allen vier Jahreszeiten.

Binningen
Warenmarkt sehr vielfältig, einmal im Frühling, in der Regel am Samstag vor Muttertag, und zum Winteranfang jeweils auf dem Dorfplatz.

MÄRKTE

Birsfelden
Warenmarkt jeweils am ersten Mittwoch im März, Juli, September und Dezember auf dem Zentrumsplatz.
Chilbi (Kirchweih/Jahrmarkt) am letzten Wochenende vor den Herbstschulferien im Kirchmatt-Areal.
Adventsmarkt im Sternenfeldschulhaus, letzter Samstag im November.
Weihnachtsmarkt auf dem Zentrumsplatz und entlang der Hauptstrasse um Mitte Dezember.

Bottmingen
Weihnachtsmarkt anfangs Dezember.

Ettingen
Weihnachtsmarkt im Guggerhuus,
Dorfweihnacht im Freien, beide Anfang Dezember.

Füllinsdorf
Warenmarkt (Frühling und Herbst) und
Weihnachtsmarkt (Dezember)
im Einkaufszentrum Schönthal

Gelterkinden
Warenmarkt am Mittwoch vor Auffahrt und am zweiten Mittwoch im Oktober.
Flohmarkt im April und September.

Langenbruck
Viehschau am Samstag vor dem Bettag.

Laufen
Monatsmarkt am ersten Dienstag im Monat.

Lausen
Warenmarkt im Frühling vor dem Weissen Sonntag.

MÄRKTE

Liestal
Warenmarkt viermal im Jahr organisiert durch die Stadt Liestal: jeweils an einem Mittwoch im März, Mai, August und Oktober.
Wochenmarkt (Gemüsemarkt) jeden Dienstag- und Samstagvormittag auf dem Fischmarkt.
Bastelmarkt einmal jährlich.
Weihnachtsmarkt im Dezember.

Lupsingen
«*Lupisbärger-Märt*» Warenmarkt, angereichert mit Artikeln aus der Hobby-Produktion der Dorfbevölkerung, einmal im Jahr um Ende Oktober zu Beginn der Basler Herbstmesse.

Münchenstein
Frühlings- und *Herbstmarkt*.

Muttenz
Warenmarkt am ersten Mittwoch im Mai und am letzten Mittwoch im November.

Oberdorf
Frühlings- und *Herbstmarkt*.

Oberwil
Warenmarkt mehrmals im Jahr zu allen vier Jahreszeiten.

Pratteln
Warenmarkt am zweitletzten Wochenende im September.
Flohmarkt jeden ersten Samstag im Monat.

Reigoldswil
Warenmarkt am dritten Maiwochenende und an jenem vor dem ersten Montag im Oktober.

Reinach
Warenmarkt jeweils am letzten Dienstag in den Monaten März bis November.
Weihnachtsmarkt im Dezember.
Gemüse- und Fischmarkt jeden Freitagmorgen auf dem Gemeindehausplatz.
Kinderflohmarkt im Juni und September.

Sissach
Warenmarkt jeweils am vierten Mittwoch im März und Juli sowie am ersten Mittwoch nach Martini.
Weihnachtsmarkt im Dezember beim Zihlmann.

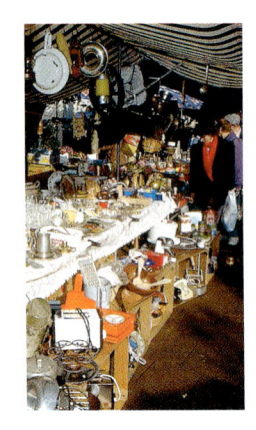

Museen
Staunen und lernen

Orts- und Heimatmuseen sind in ländlichen Gegenden keine Seltenheit. Vornehmlich in der Agglomeration von Basel, wo die Gemeinden selbst der rasanten Verstädterung nicht mehr entgehen können, ist dies oft der einzig gangbare Weg, Lebensbilder der Vergangenheit einigermassen kompakt erhalten und überliefern zu können. Die Baselbieter Sammlungen umfassen jedoch noch sehr viel mehr. Die Kunst ist überall zuhause; auch auf dem Land.

Aesch
Heimatmuseum Neben Exponaten zur örtlichen Ur- und Frühgeschichte, zu Landwirtschaft, Weinbau und Dorfhandwerk finden sich Reminiszenzen an zwei besondere Personen. Einerseits ist eine ethnographische Sammlung zu Dr. Alfred Vogel im Haus untergebracht. Andererseits ist ein Stübchen dem Baselbieter Dichter und Aescher Bürger Traugott Meyer gewidmet, der in den Jahren des Zweiten Weltkriegs auch durch das Radio mit seinen Beiträgen «'s Bottebrächts Miggel verzellt» in weiten Kreisen berühmt wurde.

Allschwil
Heimatmuseum Das Museum befindet sich in einem Sundgauer Fachwerkhaus mit eingerichtetem Wohnteil. Typisch für Allschwil, beherbergt es eine Ziegelausstellung sowie ur- und frühgeschichtliche Funde aus dem Dorf, ergänzt durch die Ausstellung «Streifzüge durch die Allschwiler Geschichte» (ab dem 17. Jh.).
Sammlung Dr. H. Augustin Die Sammlung Dr. Hermann Augustin jun. (1900–1977), Arzt und Schriftsteller, zeigt in zwei Ausstellungsräumen hauptsächlich Bilder, vor allem niederländische, aus dem 16. bis 19. Jh., zu einem guten Teil anonym. Mit Plastiken und Skulpturen, kunsthandwerklichen Gegenständen und alten Gerätschaften, angereichert durch antike Möbelstücke, soll es in erster Linie Einblick in die Wohnkultur eines Gelehrten in der ersten Hälfte des 20. Jh. gewähren.

Arlesheim
Ortsmuseum Trotte Das Ortsmuseum entzieht sich jeglicher Stereotypie durch ein Angebot an Wechselausstellungen zur Ortsgeschichte und Ausstellungen von Kunstschaffenden.

MUSEEN

Oberrheinischer Museums-Pass
Der Pass ist gültig:
Römerstadt Augusta Raurica
Kunsthaus Baselland
Dichter- und Stadtmuseum
Kantonsmuseum Baselland
Kunsthalle Palazzo
Museum für Musikautomaten (Seewen)

Baselbieter Museen:

Aesch
Heimatmuseum
im Schlosshof
Hauptstrasse 27
wenn offen T 061 756 81 05
sonst T 061 756 77 54
Geöffnet: 1. So im Monat,
10–12, 15–17 h, ausser Schulferien; auch auf Anfrage
Tram Nr. 11 oder SBB bis Aesch

Allschwil
Heimatmuseum
Baslerstrasse 48
Geöffnet: 1. So im Monat,
10–12, 14–17 h, ausser Schulferien
Tram Nr. 6, Binningerstrasse
Sammlung Dr. H. Augustin
Schönenbuchstrasse 12
T 061 486 25 25
Geöffnet: nur auf Anfrage
Tram Nr. 6 bis Allschwil

Arlesheim
Ortsmuseum Trotte
Ermitagestrasse 19
wenn offen T 061 706 95 55
sonst T/F 061 701 20 10
Geöffnet: Sa 14–17,
So 15–17 h, ausser Schulferien
Tram Nr. 10 bis Arlesheim

MUSEEN

Bennwil

Dorfmuseum
Hauptstrasse 42
T 061 951 20 71
Geöffnet: auf Anfrage
Waldenburgerbahn bis
Hölstein, Anschlussbus
Nr. 92 bis Bennwil

Binningen

Monteverdi Car Collection
Oberwilerstrasse 20
T 061 421 45 45
F 061 421 45 24
Geöffnet: nur für Gruppen
auf Voranmeldung
Tram Nr. 1, Bus Nr. 34 und
Nr. 61 bis Binningen-Kronenplatz, Tram Nr. 10 und Nr. 17
bis Binningen
Ortsmuseum
Holeerain 20
T 061 425 53 60
Geöffnet:
Nov. bis März So 10–12 h
Tram Nr. 2, Bus Nr. 34 bis
Hohle Gasse, Bus Nr. 36
bis Zoo Dorenbach

Birsfelden

Birsfelder Museum
Schulstrasse 29
T 061 311 48 30
Geöffnet: So 10.30–13,
Mi 17.30–19.30 h während
Wechselausstellungen
Tram Nr. 3 bis Schulstrasse,
Bus Nr. 70 bis Kirchmatt
*Lehrpfad Ausstellung
in der Natur*
frei zugängliches Gelände
beim Kraftwerk
Tram Nr. 3 bis Schulstrasse
näher: Bus Nr. 70 bis
Kirchmatt oder Nr. 31 bis
Allmendstrasse (Rhein-Nordufer), sonst Tram Nr. 3 bis
Schulstrasse

Augst
Römerstadt Augusta Raurica (→ AUGUSTA RAURICA).

Bennwil
Dorfmuseum Das Museum gibt Aufschluss zur Ortsgeschichte von den Römern bis heute. Neben einem Bandwebstuhl finden sich auch Dokumente zur Textiltechnik. Zum Thema Geologie werden Wechselausstellungen veranstaltet. Ein Mitbegründer des Museums war Walter Friedrich Tschudin, der Gründer des Papiermuseums in Basel.

Binningen
Monteverdi Car Collection Das Museum präsentiert für Gruppen nach Voranmeldung auf drei Etagen die vollständige Sammlung der exklusiven Schweizer Automarke. Auch Ferraris, Lamborghinis und Corvettes sind vertreten. Zudem werden ein Design-Studio und zur umfassenden Information eine Tonbildschau gezeigt, ergänzt von 11000 Modell-Autos im Massstab 1:43.
Ortsmuseum Thematisch reichhaltig ist das Binninger Ortsmuseum. Die allenthalben üblichen Reminiszenzen an das Wohnen, die Landwirtschaft, den Rebbau und das Handwerk in vergangenen Zeiten werden ergänzt durch eine Sammlung von Künstlerlarven, je eine Stecknadelfabrik, Druckerei, Schuhmacherei, Sattlerei, Dorfladen und allerhand Trouvaillen. Ein Raum ist sogar dem örtlichen Vereinswesen gewidmet. Zur schier unerschöpflichen Thematik tragen auch eine Bügeleisensammlung und jährliche Sonderausstellungen bei.

Birsfelden
Birsfelder Museum Untergebracht ist das Museum im 1853 erbauten, ältesten Schulhaus von Birsfelden. Es ist in zwei Teile gegliedert. Mit der Ortsgeschichte in Doku-

1: Monteverdi Car Collection in Binningen.

menten, Bildern und Gegenständen setzt sich das historische Archiv auseinander. Der andere Teil wartet mit Wechselausstellungen auf. Gezeigt werden in Einzel- oder Gruppenausstellungen zur Hauptsache Werke von regionalen Kunstschaffenden, aber auch geschichtliche, kulturelle oder ortsbezogene Themen werden behandelt.
Lehrpfad Ausstellung in der Natur Museumsähnlich ist dieser Lehrpfad unter freiem Himmel beim Kraftwerk Birsfelden. Elf Tafeln an acht Standorten vermitteln Wissenswertes über die Geschichte des Kraftwerks, über die Schifffahrt und das Schleusen, das Landschaftsbild und die Architektur, den Lebensraum Rhein und seine Tiere sowie über Produktion und Verwendung des Stroms.

Bottmingen

Dorfmuseum Die Gemeinden in unmittelbarer Stadtnähe haben sich im 20. Jh. so rasant entwickelt, dass der Ortscharakter kaum mehr von einer Generation zur anderen vergleichbar geblieben ist. Der bäuerliche Ursprung wird in Bottmingen anhand der Wohnkultur und von Gerätschaften aus der Landwirtschaft im Museum erhalten. Auch das Handwerk wird mit der alten Schmiedeeinrichtung vermittelt. Ergänzend ist die Sammlung «Wyss» mit ihren Flaschen und Gläsern zu erwähnen.

Bubendorf

Krippen- und Spielzeugmuseum Das Museum ist nach seinem Schwerpunkt benannt: Weihnachtskrippen und Spielzeug. Aber auch Kinderbücher kommen hier zur Geltung und es werden Wechselausstellungen zu Heimatkunde und lokalem Brauchtum gezeigt.
Afghanistan-Museum Aus der Not ist das Museum entstanden, auf Zeit soll es bestehen. Im Zeitpunkt der Millenniumswende ging man von zehn bis zwanzig Jahren aus. Verlust und Bedrohung der afghanischen Kulturgü-

1: Heimatmuseum Birsfelden.

MUSEEN

Bottmingen

Dorfmuseum
Therwilerstrasse 18
T 061 421 54 52
Geöffnet: 2. So im Monat 15–17 h, ausser Jan., Juli und Aug.; sonst auf Anfrage
Tram Nr. 10, 17, Bus Nr. 34, 63 und 64 bis Bottmingen

Bubendorf

Afghanistan-Museum
Hauptstrasse 34
T 061 933 98 77
F 061 933 98 78
www.afghanistan-institut.ch
Geöffnet: Sa 10–12, 14–17 h, Gruppen jederzeit nach Voranmeldung
SBB bis Liestal, Bus Nr. 70 bis Bubendorf-Unterdorf
Krippen- und Spielzeugmuseum
Dorfschulhaus
T 061 931 19 93 oder
061 931 39 51
Geöffnet: 1. So im Monat, ausser Juli/Aug., bei Sonderausstellungen häufiger
SBB bis Liestal, Bus Nr. 70 bis Bubendorf-Zentrum

MUSEEN

Buus
Ständerhaus
Rickenbacherstrasse
T 061 841 29 11
Geöffnet: auf Anfrage
Ab Bahnhof Gelterkinden oder Rheinfelden Anschlussbus Nr. 100 bis Buus-Mehrzweckhalle

Eptingen
August Suter Museum
Friedheim, Hauptstrasse 12
T 062 299 12 62
F 061 299 00 14
Geöffnet: letzter So im Monat 14–16 h, ausgenommen Feiertage
SBB bis Sissach, Bus Nr. 107 bis Eptingen-Endstation

Ettingen
Dorfmuseum
Schanzgasse 1
T 061 721 58 31 oder 061 721 62 76
Geöffnet: 1. So im Monat 10–12 h, ausser Schulferien
Tram Nr. 10 oder Nr. 17 bis Ettingen

ter in der problembehafteten Heimat waren Grund genug, eine Lösung für eine befristete Auslagerung zu suchen. Statt nur eines charakterlosen Zwischenlagers ist hier ein Museum entstanden, nicht nur als kultureller Treff für Exil-Afghanen, sondern für jeden Interessenten zugänglich. Das Ausstellungsgut umfasst schon mehr als 2000 Objekte und der Bestand nimmt stetig zu. Zusätzlich wird an der virtuellen Rekonstruktion zerstörten Kulturgutes gearbeitet.

Buus
Ständerhaus Ein kleines, aber spezielles Museum befindet sich in Buus. Die hauptsächliche Attraktion ist zunächst der Bau an sich, denn es handelt sich um das letzte im Baselbiet erhaltene Ständerhaus (gebietsweise «Hochstudhaus» genannt). Das Besondere an dieser Bauweise liegt darin, dass Dachgebälk und Dach nicht von den Hausmauern gestützt oder mitgetragen werden, sondern allein auf mächtigen, frei stehenden Holzpfählen ruhen. Durch Anreicherung mit Geräten aus Landwirtschaft und Weinbau sowie einer Sammlung kleiner Mark- und Grenzsteine wurde der Bau zu einem lokalen Museum erweitert.

Eptingen
August Suter Museum Mit Plastiken, Reliefs und anderen Lebenszeugnissen würdigt Eptingen im Dachstock des «Friedheims» seinen Bürger August Suter (1887–1965). Der Bildhauer war vor allem in Paris tätig und arbeitete am Denkmal für Carl Spitteler in Liestal mit.

Ettingen
Dorfmuseum Im sorgfältig renovierten «Guggerhuus» präsentiert das Dorfmuseum ortsgeschichtliche Dokumente und Objekte profaner und sakraler Herkunft thematisch gegliedert. Z. B. wird da die Kirchenuhr von 1530 für die Nachwelt erhalten wie auch Hausrat aller Art und

1: Ständerhaus in Buus.

Gerätschaften alter Arbeitstechniken, vor allem aus dem Handwerk und der Forst- und Landwirtschaft. Der Weinbau als einheimischer Produktionszweig hat ebenfalls seinen angemessenen Keller. Ein weiterer Bereich widmet sich dem Thema einstiger Masse und Gewichte. Sporadisch werden Sonderausstellungen gezeigt. Räumlichkeiten im Guggerhuus können zudem für Anlässe gemietet werden.

Frenkendorf
Ortsmuseum Die Sammlung zeigt Gegenstände aus dem Alltags- und Festtagsleben, u. a. einen Bandwebstuhl in Betrieb, aber auch Sonderausstellungen.

Känerkinden
Walter Eglin-Museum Der Oberbaselbieter Bauernsohn Walter Eglin (1895–1966), Holzschneider, Mosaikkünstler und Maler, galt in seiner Kunst als «Apostel» für Echtheit und Einfachheit. Im Museum werden Werke in verschiedenen Techniken gezeigt.

Laufen
Museum Laufental Im Museum im alten Schulhaus an der Stadtmauer neben der Katharinenkirche lassen sich mit bescheidenem Zeitaufwand Abermillionen von Jahren in der Geschichte des Laufentals durchwandern. Ammoniten, Stachelhäuter und Seeigel sind Zeugen aus der Zeit des Jurameers. Aus der Vorgeschichte stammt ein Mammutzahn. Ein rekonstruierter Kopf des ältesten in der Schweiz gefundenen Skeletts aus der Basisgrotte von Nenzlingen, ca. 800 v. Chr., vertritt neben vielen anderen Funden die Steinzeit. Im Zeitvergleich fühlt man

1: Walter Eglins Kunst in Känerkinden.

MUSEEN

Frenkendorf
Ortsmuseum
Schulstrasse 10a
T 079 327 15 66
Geöffnet: 1. So im Monat
10–12, 14–17 h
nähe SBB-Station oder Bus
Nr. 70 bis Schönthal

Känerkinden
Walter Eglin-Museum
Hauptstrasse 35
T 062 299 22 19
Geöffnet: 1. So im Monat
10–12 h oder nach Vereinbarung
SBB bis Sissach oder Buckten, Bus Nr. 108 bis Känerkinden

Laufen
Museum Laufental
Elias Helye-Platz 59
T 061 761 41 89
Geöffnet: 1. und 3. So im
Monat 14–16.30 h, ausser
Juli/Aug.,sowie auf Anfrage
SBB bis Laufen oder
Bus Nr. 111–119a

MUSEEN

Lausen
Ortsmuseum
ehemalige Sigristenscheune
Kirchbergweg 16a
T 061 926 92 60
Geöffnet: 1. So im Monat
10.30–12, 13.30–16.30 h,
ausser Juli/Aug.
SBB oder ab Liestal Bus
Nr. 76 bis Lausen

Liesberg
Dorfmuseum
im ehemaligen Pfarrhaus
T 061 771 07 54
Geöffnet: 1. So im Monat
14–16 h, ausser Juli/Aug.
SBB bis Laufen, Bus Nr. 118
bis Liesberg-Restaurant
Ochsen

sich da im Römerzimmer schon beinahe in der «Moderne». Natürlich sind auch Handwerk und Wohnkultur aus Urgrossmutters Tagen als ein Meilenstein in der Zeitgeschichte reichhaltig vertreten. Ein Raum ist dem Maler Albert Cueni aus Zwingen gewidmet.

Lausen
Ortsmuseum Die alte Sigristenscheune neben der Kirche in Lausen dient seit 1985 als Ortsmuseum. Dem Besucher wird empfohlen, zunächst die Dia-Schau zu betrachten. Das dominante Element bei den Ausstellungsgegenständen bildet das traditionelle Lausener Gewerbe: die Verarbeitung von Tonerde. Eine Besonderheit ist auch eine reichhaltige Steinsammlung. Zudem sorgen Wechselausstellungen für Leben in den Räumlichkeiten (→ KIRCHEN).

Liesberg
Dorfmuseum Hier besuchen Sie ein Museum, das 1997 buchstäblich aus aktuellem Anlass «aus dem Boden gestampft» wurde. Im einstigen Pfarrhaus, später als Schwesternhaus und auch zu anderen Zwecken genutzt, wurden 1996 auf dem Dachboden spektakuläre Gegenstände aus dem sakralen Bereich gefunden. Gönner aus unterschiedlichsten Kreisen haben mit Beiträgen aller Art – auch Fronarbeit – mitgeholfen, dass im gleichen Haus bald darauf das Museum eröffnet werden konnte. Den Schwerpunkt bilden sakrale Exponate, wobei die älteste Statue auf das 12./13. Jh. zurückgehen dürfte.

Liestal
Dichter- und Stadtmuseum In diesem Museum finden wir Erinnerungsstücke an mit Liestal verbundene Poeten. Sicher ist der in Liestal geborene Carl Spitteler (1845–1924) als erster Schweizer Nobelpreisträger für Literatur (1919) die herausragende Figur unter den Baselbieter Dichtern. Neben ihm werden weitere Protagonis-

1: *Heimatmuseum Laufen.*
2: *Im Dichter- und Stadtmuseum Liestal.*

ten des Faches gewürdigt wie u.a. Theodor Opitz (1820–1896), Jonas Breitenstein (1828–1877), Hugo Marti (1893–1937) oder Georg Herwegh (1817–1875), der deutsche «Dichter der Freiheit», der 1848 aktiv am badischen Aufstand beteiligt war. Überdies begegnen Sie dem Erzähler, Reiseschriftsteller und Literaturkritiker Joseph Viktor Widmann (1842–1911), Spittelers Jugendfreund.

Kantonsmuseum Baselland Im imposanten alten Zeughaus mit dem steilen Satteldach befindet sich seit 1982 das Kantonsmuseum mit Exponaten zur Kulturgeschichte der Region. Eine permanente Ausstellung zur Seidenbandherstellung in Industrie und Heimarbeit im 19. und 20. Jh. ruft Erinnerungen wach an die einstige Bedeutung der Posamenterarbeiten als Einkommensquelle für die Bevölkerung in zahlreichen Gemeinden des Baselbiets.

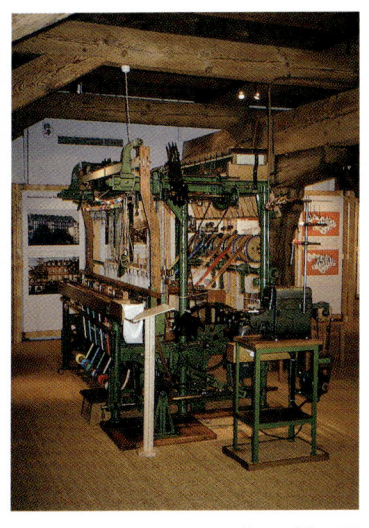

MUSEEN

Liestal

Dichter- und Stadtmuseum
Rathausstrasse 30
T 061 923 70 15
F 061 923 70 16
www.dichtermuseum.ch
Geöffnet: Di–Fr 14–17,
Sa–So 10–16 h
SBB oder Bus Nr. 70 und
Nr. 80 bis Liestal

Kantonsmuseum Baselland
Zeughausplatz 28
T 061 925 50 90 (ab Band)
oder 061 925 59 86
www.kantonsmuseum.bl.ch
Geöffnet: Di–Fr 10–12,
14–17, Sa–So 10–17 h
SBB oder Bus Nr. 70
und Nr. 80 bis Liestal

Harmonium-Museum
Widmannstrasse 9a
T 061 921 64 10
Geöffnet: auf Anfrage
SBB oder Bus Nr. 70 und
Nr. 80 bis Liestal

Zum bunten S
Seltisbergerstrasse 18
T 061 922 23 24 (Tonband)
F 061 922 23 04
www.grauwiller-straub.ch
Geöffnet: auf Anfrage;
sonst unregelmässig;
gültige Zeiten auf dem Telefonbeantworter abrufbar
Ab Bahnhof Liestal Bus
Nr. 72 bis Eglisacker

Eine weitere Dauerausstellung führt Sie auf einen Streifzug durch die Natur der Nordwestschweiz, indem sie Ihnen Steinbruch, Wald und Magerwiese als Lebensraum näher bringt. Leibundleben.ch zeigt in einem begehbaren «Gedankengebäude» verschiedene Vorstellungen des Körpers: so die Säftelehre, die Anatomie, das Modell des Menschen als Maschine und das aktuelle Konzept der Bausteine des Menschen.

Daneben werden regelmässig Sonderausstellungen gezeigt. Den Interessen der Kinder kommt man entgegen durch spezielle Veranstaltungen mit Basteln, Experimentieren oder Erzählen, nachmittags an jedem ersten Mittwoch im Monat (→ KINDER).

1: Traditioneller Seidenbandwebstuhl im Kantonsmuseum.

MUSEEN

Münchenstein

Elektrizitätsmuseum
Weidenstrasse 8
T 061 415 43 86
Geöffnet: Mi+Do 13–17 h
oder auf Anfrage
SBB bis Bahnhof Münchenstein, Tram Nr. 10 bis Elektra Birseck

Froschmuseum
Grabenackerstrasse 8
T 061 415 81 18 oder
061 411 77 41
www.froggy.ch
Geöffnet: 1. So im Monat
14–17 h und auf Anfrage
Tram Nr. 11 bis Gartenstadt

Harmonium-Museum Einzigartig in der Schweiz ist die ansehnliche Sammlung von mehr als 100 noch spielbaren Harmonium-Instrumenten aus zwei Jahrhunderten. Individuell kann sie nur in Ausnahmefällen besucht werden. Das Museum öffnet seine Pforten in der Regel nach Vereinbarung für Gruppen. Die Führungen des Sammlers Dieter Stalder sind verbunden mit musikalischen Kostproben. Auch Konzertveranstaltungen mit dem Harmonium als kompositorischem Schwerpunkt werden zeitweilig geboten.

Zum bunten S Das Museum macht Sie vertraut mit allerlei Spielzeug aus dem Erzgebirge. Auf der Führung durch die Räume erleben Sie Christi Geburt im Weihnachtsberg oder Sie bewundern eine bewegliche, kleine Stadt. Machen Sie sich auf diese und jene Überraschung gefasst! (→BRÄUCHE/FESTE/FEIERN).

Münchenstein

Elektrizitätsmuseum In den Gebäuden der Elektra Birseck lädt das Museum ein zu einem Rundgang durch die faszinierende Welt des Stroms von seiner Erzeugung bis zum Verbrauch. Die unteren Bereiche sind vorrangig dem Thema Stromproduktion gewidmet und technische Einrichtungen zu mannigfaltigen Gewinnungsverfahren werden vorgestellt. Die obersten Etagen vermitteln vermehrt die Welt des Stromanwenders von anno dazumal bis heute, und zwar in den unterschiedlichsten Bereichen. Zahlreiche Geräteveteranen zu allen möglichen Zwecken sind hier zu besichtigen, von Grossmutters erster Waschmaschine und dem elektrischen Kochherd aus Pionierzeiten bis hin zu Telefonapparaten aus verschiedenen Epochen.

1: 10 000 Frösche im Froschmuseum, Münchenstein.

Froschmuseum In Kellerräumen einer Quartierliegenschaft sind hier mehr als 10 000 Froschfiguren ausgestellt. Das Museum will das Thema spielerisch vorstellen in seiner überwältigenden Vielfalt an Formen und Materialien. Als Vermittlerzentrum für kulturelles Schaffen will es sich nicht verstanden wissen. Sie können hier durchaus ansprechende Ausführungen finden, aber auch die allerkitschigsten Frösche, die Ihnen je unter die Augen gekommen sind. Der Frosch kommt auf Sie zu als kuscheliges Stofftier, als billigstes Plastikspielzeug, als Schmuck, falls Ihr Geschmack mitspielt, sowie als Dekor für Wohnung oder Garten. Das Museum zeigt sein Thema in allen denkbaren Erscheinungsformen. Stellen Sie sich ein auf einen Besuch, bei dem sich Staunen und Kopfschütteln von Schritt zu Schritt ablösen können.

MUSEEN

Kutschen-/Schlittensammlung, Brüglingen
in der Museumsscheune auf dem Gelände des botanischen Gartens
T werktags 061 295 86 00
Geöffnet: Mi, Sa, So 14–17 h
Tram Nr. 10, 11 bis Dreispitz, Tram Nr. 14, Bus Nr. 36 bis St. Jakob

Mühlenmuseum, Brüglingen
Brüglingerhof auf dem Gelände des botanischen Gartens
T 061 373 22 80
F 061 373 22 81
Geöffnet: auf Anfrage
Tram Nr. 10, 11 bis Dreispitz, Tram Nr. 14, Bus Nr. 36 bis St. Jakob

Kutschen- und Schlittensammlung, Brüglingen In einem 1905 von J.J. Stehlin erbauten Ökonomiegebäude befindet sich das Museum als Zweigstelle des Historischen Museums der Stadt Basel. Es zeigt Kutschen und Schlitten aus dem alten Basel.

Mühlenmuseum, Brüglingen Auf dem Brüglingerhof, einem stimmungsvollen, alten Landgut der Christoph Merian Stiftung, wird hauptsächlich biologischer Anbau von Gemüse, Obst und Beeren gepflegt. Das integrierte Museum zeigt die Müllereieinrichtung einer Kundenmühle und Geräte zum Thema Mühle und Mehl.

1: Muttenzer Bauernhausmuseum.

MUSEEN

Muttenz

Bauernhausmuseum
Oberdorf 4
T 061 466 62 21
Geöffnet: letzter So in den Monaten April bis Okt. (ausser Juli), 10–12, 14–17 h
SBB bis Bahnhof Muttenz, Bus Nr. 63 bis Mittenza oder Tram Nr. 14 bis Muttenz-Dorf

Kunsthaus Baselland
St. Jakobs-Strasse 170
T 061 312 83 88
F 061 312 83 89
www.kunsthausbaselland.ch
Geöffnet: Di–So 11–17, Do 11–20 h
Tram Nr. 14 bis Schänzli oder Bus Nr. 36 bis St. Jakob

Ortsmuseum und Karl-Jauslin-Stiftung
Schulstrasse 15
T 061 466 62 21
Geöffnet: letzter So im Monat 14–17 h,
ausser Juli und Dez.
SBB bis Bahnhof Muttenz, Bus Nr. 63 bis Mittenza oder Tram Nr. 14 bis Muttenz-Dorf

Niederdorf

Industriemuseum Waldenburgertal
T 061 961 86 05
Sporadische Ausstellungen ohne feste Öffnungszeiten.
Anfrage für Gruppen ab vier Personen.
Waldenburgerbahn bis Niederdorf

Zweiradstiftung Schellhammer
Dorfgasse 12
Auskunft:
Daniel Schellhammer,
Postfach, 4435 Niederdorf
Geöffnet: 3. So im Monat 14–17 h, von April bis Nov.
Waldenburgerbahn bis Niederdorf

Muttenz

Bauernhausmuseum Sie können die Behaglichkeit einer Bauernstube mit vollständiger Einrichtung aus dem 19. Jh. mitempfinden. Regelmässig im Oktober werden Tätigkeiten aus dem einstigen Alltag der Bauern praktisch vorgeführt.

Kunsthaus Baselland Internationale zeitgenössische Kunst und junge Kunst aus der Region vermittelt dieses Museum in wechselnden Ausstellungen. Zwei Kabinetträume bleiben Werken aus der Sammlung BEWE vorbehalten, vornehmlich solchen von Basler Expressionisten der Gruppe Rot-Blau und der Gruppe 33.

Ortsmuseum und Karl-Jauslin-Stiftung Neben den üblichen Beiträgen eines Ortsmuseums zur lokalen Geschichte sowie zu Haushalt, Handwerk und Gewerbe kommt hier auch die Industrie schon zur Geltung. Die künstlerische Seite besteht vorrangig in der Präsentation von Werken des Historienmalers und Illustrators Karl Jauslin (1842–1904).

Niederdorf

Industriemuseum Waldenburgertal Kleines Museum mit unregelmässig stattfindenden Sonderausstellungen seit den Anfängen der Industrialisierung im Waldenburgertal um 1850, vornehmlich mit der Uhrenindustrie, über Metall- und Uhrenzulieferindustrie bis in die moderne Zeit.

Zweiradstiftung Schellhammer Ein Haus für die Töff-Fans! Rund 80 Motorrad-Klassiker aus den Jahren 1906 bis 1980 sind hier ausgestellt, vornehmlich TWN (Triumph Werke Nürnberg) und Zündapp, aber auch Einzelexemplare von anderen namhaften Marken.

Oltingen

Heimatmuseum Oltingen-Wenslingen-Anwil Schwerpunkte des Museums sind ein Bandwebstuhl in Betrieb

1: *Heimatmuseum in Oltingen.*

und die Darstellungen zu den Dichtern Hans Gysin (1882–1969) und Traugott Meyer (1895–1959), geboren im Nachbarort Wenslingen (→ Heimatmuseum Aesch). Werke von Traugott Meyer kann man im Museum käuflich erwerben.

Ormalingen
Ortssammlung Der Verein Ortssammlung Ormalingen wartet im Bürgerhaus jedes Jahr für die Dauer von etwa einem Monat mit einer Ausstellung zu einem Thema auf, das einen speziellen Bezug zum Dorf hat.

Pfeffingen
Wechselausstellungen Aus einem Fundus von museumswürdigen Exponaten sind bei der Gemeindeverwaltung in Vitrinen Wechselausstellungen zu sehen. Thematisch reichen sie von bäuerlichen Geräten über das Handwerk und die Wohnkultur zu Beginn des 20. Jh. bis hin zu sakralen Objekten.

Pratteln
Jacquard-Stübli Die private Sammlung zeigt gewobene Seidenbilder und einen Bandwebstuhl in Betrieb.
Museum im Bürgerhaus Das Museum stellt die Entwicklung vom Bauerndorf zur grossen Industriegemeinde dar. Hier werden Sie vertraut gemacht mit der Ortsgeschichte, der Wohnkultur und dem Brauchtum Prattelns. Eine Bahnanlage der Spur 0 wird auch Kinder faszinieren.
Salzkammer In der 1860 an Stelle des Pumpenhauses über der ersten Soleförderstelle der Nordwestschweiz erbauten Villa wird das Salz, das «Weisse Gold» vergangener Tage, in vielen Zusammenhängen erläutert: Geschichte, Geografie, Geologie, Technik, Chemie und Alchemie, Wirtschaft, Literatur und Religion.

Reigoldswil
Ortsmuseum «Auf dem Feld» Die historische Sammlung der Sekundarschule Reigoldswil in einem Bauernhaus von 1765 baut auf Qualität statt Quantität. Die Stiftung zeigt nicht alles, was sie besitzt, sondern bildet aufschlussreiche Schwerpunkte zum Dorfleben in früheren Zeiten: Wald und Holzerei, Jagd und Fischerei, alte Küche, Hausmetzgerei, Butter- und Käseherstellung, Posamenterarbeiten, Schusterwerkstatt, Uhrmacherei als seinerzeit bedeutende Heimarbeit sowie eine Wagnerwerkstatt. Ein Raum dient jährlichen Wechselausstellungen.

Reinach
Heimatmuseum Behandelt werden die Ortsgeschichte, Rebbau, Landwirtschaft, Handwerk und Hauswirtschaft sowie naturkundliche Objekte. Sammlungen von Keramik, Bügeleisen und Waffen sind nuancenreiche Spezialgebiete. Das Modell der Birslandschaft sollte ebenfalls die allerengsten lokalen Interessen übersteigen. Dazu wird eine Galerie für Sonderausstellungen genutzt.

MUSEEN

Oltingen
Heimatmuseum Oltingen-Wenslingen-Anwil
Ehemalige Pfarrscheune bei der Kirche
T 061 991 08 47
Geöffnet: 1. So im Monat 10–12, 14–17 h, sowie auf Anfrage für Gruppen
Ab Bahnhof Gelterkinden Bus Nr. 103 bis Oltingen-Schulhaus

Ormalingen
Ortssammlung
Bürgerhaus
Farnsburgerstrasse 57
T 061 981 20 18
Geöffnet während Veranstaltungen im Bürgerhaus (auf Anfrage)
Ab Bahnhof Gelterkinden Bus Nr. 101 oder 102 bis Ormalingen-Schulhaus

Pfeffingen
Wechselausstellungen
Hauptstrasse 63
T 061 751 11 20 (Gemeinde)
Ab Bahnhof Dornach-Arlesheim oder Tram Nr. 11 bis Aesch, Bus Nr. 65 bis Pfeffingen-Post

Pratteln
Jacquard-Stübli
Kirschgartenstrasse 4
T 061 821 37 28
Geöffnet:
2. So im Monat 14–17 h
SBB oder Tram Nr. 14 bis Pratteln, Bus Nr. 83 bis Pratteln-Schloss
Museum im Bürgerhaus
Am Schmiedeplatz
T 061 825 21 11
Geöffnet: 1. So im Monat 10–12, 15–17 h, ausser Juli und Aug., bei Sonderausstellungen zudem Mi 17.30–18.30 und Sa 15–17 h
SBB oder Tram Nr. 14 bis Pratteln, Bus Nr. 83 bis Pratteln-Schloss

MUSEEN

Salzkammer
Schweizer Rheinsalinen
Villa von Glenck
Schweizerhalle
T 061 825 51 51
www.salzkammer.ch
Geöffnet: auf Anfrage
Bus Nr. 70 ab Basel
Aeschenplatz oder Bahnhof
Liestal bis Saline

Reigoldswil

*Ortsmuseum
«Auf dem Feld»*
T 061 941 16 85
F 061 941 11 63
Geöffnet: 1. So im Monat,
ausser Schulferien
Bus Nr. 70, ab Basel-
Aeschenplatz/Liestal Bahn-
hof bis Reigoldswil, Bus
Nr. 91 von Waldenburgertal
oder Bretzwil

Reinach

Heimatmuseum
Kirchgasse 9
T 061 711 98 31
Geöffnet: So 14–17 h,
ausser Juni bis Aug. und
Dez.
Tram Nr. 11, Bus Nr. 64 bis
Reinach-Dorf

Sissach

AkkZent
Akkordeonzentrum
Kirchgasse 11
T 062 776 20 86
Geöffnet: auf Vereinbarung
SBB bis Sissach
Heimatmuseum
Zunzgerstrasse 2
T 061 971 32 12
Geöffnet: 1. So im Monat
10–12, 14–17 h,
ausser Juli/Aug.
SBB bis Sissach
Henker-Museum
Kirchgasse 2/Hauptstrasse
T 061 971 12 12
www.henkermuseum.ch
Geöffnet: 1. und 3. So im
Monat 14–17 h
SBB bis Sissach

Sissach

AkkZent Ein Zentrum des Akkordeons; Museum, Archiv, Bibliothek und Werkstatt in einem. Im Museumsteil sind vorerst gut siebzig alte Objekte ausgestellt, verschieden in Bauweise und Herkunft. Das grösste Akkordeon ist eine Dallapee mit sechs Chören, Orgelpunkt, Quintmixtur und 32 Fussregistern im Bass wie im Diskant. Das älteste Instrument wird auf das Jahr 1864 eingeschätzt.

Heimatmuseum Die Verbindung hauptsächlich des Oberbaselbiets mit der städtischen Seidenbandweberei durch die Posamenterarbeit wird im Museum deutlich. Nicht nur Bandwebstühle in Betrieb, sondern auch der Botenwagen sind Zeugen jener Epoche der Vergangenheit. Zur Ortsgeschichte werden Haus- und landwirtschaftliche Geräte, Gebäckmodel, Trachten oder Waffen als Zeugnisse der Vergangenheit zur Schau gestellt. Vervollständigt wird die Ortsvorstellung durch Modelle zur Siedlungsgeschichte.

1: Akkordeons im AkkZent, Sissach.
2: Sissacher Heimatmuseum.

Henker-Museum Zur Nachahmung in der heutigen Zeit nicht empfohlen! Das Henker-Museum befasst sich mit Aspekten aus der Geschichte. Eine Folterkammer und allerlei einschlägige Gerätschaften, ein altes Gefängnis und Instrumente zur Hinrichtung hat Guido Varesi zusammengetragen und stellt sie hier als eindrücklich gruselige Schau vor. Reminiszenzen an den einstigen Entfesselungskünstler Pius Buser runden den Besuch ab.

MUSEEN

Therwil

Dorfmuseum
Kirchrain 14
wenn offen
T 061 722 08 08
sonst 061 723 96 80
F 061 723 96 81
Geöffnet: letzter So im Monat (ausser Jan., Juni, Juli, Dez.)
Tram Nr. 10 oder Bus Nr. 64 bis Therwil-Station

Ziefen

Dorfmuseum
Schulhaus Eien
Eienstrasse 23
T 061 931 27 42
Geöffnet: 1. So im Monat 14–17 h, ausser Juli/Aug., sowie auf Anfrage
Bus Nr. 70, ab Basel-Aeschenplatz/Liestal Bahnhof bis Ziefen-Post oder -Diegmatt

Stiftung

Museen Basel-Landschaft
Postfach 134
4153 Reinach 2
Die Stiftung fördert die Museen im Baselbiet und leistet koordinierende Hilfestellung. Sie unterstützt zudem Organisationen und Personen, die qualifizierte natur- oder kulturhistorische Arbeit auf musealen Gebieten erbringen.

Therwil

Dorfmuseum Einen Schwerpunkt des Museums bildet neben der allgemeinen, lokalen Geschichte insbesondere die Baugeschichte. Therwil hat sich im vergangenen Jahrhundert rapid gewandelt und ist von einem Bauerndorf zu einer typischen Agglomerationsgemeide im städtischen Umfeld geworden. Das Wohnen um die Jahrhundertwende (19./20.Jh.) kann hier nachempfunden werden. Ansonsten kommen neben Exponaten sakraler Prägung auch die Landwirtschaft und das Handwerk der Kamm-Herstellung zur Geltung.

Ziefen

Dorfmuseum In seinem Museum zeigt das Dorf seine Ursprünge auf. Zur Bandweberei finden sich Webstühle aus den Jahren 1750 und 1890, noch immer in Betrieb. Exponate zur Hauswirtschaft in vergangenen Tagen, zur bäuerlichen Wohnkultur und Landwirtschaft sowie zum Gewerbe der Schuhmacherei und Textilien legen Zeugnis ab vom ursprünglichen Leben im Ort.

1: Henkerutensilien in Sissach.

MUSIK

Musik

Wo musiziert und getanzt wird

Aesch

JAP Jazzclub
Hauptstrasse 28
T 061 761 54 74
F 061 753 89 56
www.jap.ch

Augst

Augusta-Konzerte
Vereinigung Pro Augst
Erwin Veith
Minervastrasse 6
T 061 811 66 77

Biel-Benken

Konzertkommission
Barbara Zimmermann
T 061 721 41 92

Birsfelden

Sissys Place
Muttenzerstrasse 17
T 061 312 77 90
sissy@sissys-place.ch
www.sissys-place.ch

Musik an sich kennt keine Grenzen. Trotz enormer Aktivitäten von Institutionen, Vereinen, Gruppen oder Einzelmusikern besteht keinerlei Gewähr, dass jeden Tag im Baselbiet eine öffentliche Veranstaltung auf musikalischem Gebiet stattfindet. So wie man die Feste feiern soll, wie sie fallen, muss man die Konzerte geniessen, wie sie steigen. Eine Anzahl von Anlässen findet allerdings innerhalb eines definierten Zeitrahmens statt, sodass man mit ihnen rechnen kann.

Musikvereine

In den Baselbieter Gemeinden wird gerne und viel musiziert. Nahezu in jeder Gemeinde hat die Einwohnerschaft eine Möglichkeit aktiv zu musizieren, vornehmlich auf Vereinsebene. Bei all diesen Vereinen darf man am Ort ihres Wirkens mindestens mit einem öffentlichen Auftritt im Jahr rechnen. Zudem ist es üblich, dass sie von den Gemeinden für punktuelle Einzelanlässe eingesetzt werden. Überdies finden in den meisten Sparten an wechselnden Schauplätzen auch kantonale, regionale oder überregionale festliche Treffen statt, oft sogar mit Gastvereinen aus dem Ausland.

In der Regel auf **Blasmusik** stützen sich die lokalen Musikgesellschaften. **Chöre**, nach Geschlechtern getrennt oder auch gemischt, bestehen zurzeit ungefähr 70 mit insgesamt 1700 bis 1800 aktiven Sängerinnen und Sängern. Dazu gehören auch die **Kirchenchöre**, die hin und wieder einen Gottesdienst umrahmen oder auch mit eigens anberaumten Kirchenkonzerten aufwarten.

1: Jahreskonzert des Musikvereins Zunzgen.

Klassische und E-Musik

Der Kanton selbst ist, in Erfüllung eines Teils seines Kulturauftrags, Veranstalter zweier klassischer Konzertreihen. Mit der praktischen Durchführung werden geeignete Agenturen beauftragt. Zum einen sind dies vier bis fünf Konzerte im Frühling im Schloss Ebenrain (→ KULTURZENTREN) in **Sissach**. Die andere Serie besteht aus jährlich vier Konzerten in der Kirche zu **Waldenburg**.

Der **Verein Baselbieter Konzerte** ist zu einer kulturellen Institution im kantonalen Musikleben geworden. Jede Saison von September bis Mai veranstaltet er zehn bis zwölf verschiedene Konzerte, einzelne davon zweimal. In erster Linie werden Kammerkonzerte gegeben. Spielorte sind **Liestal** (Stadtkirche, Kantonsmuseum und Saal Hotel Engel) und in der Regel für drei Konzerte **Muttenz** (Kirche St. Arbogast und Kunsthaus Baselland). Für die Besetzung stützen sich die Baselbieter Konzerte auf internationale Künstler und Künstlerinnen, teils arrivierte, teils auch sehr begabte junge Musiker und Musikerinnen, um diesen ein Podium zur Weiterentwicklung zu bieten. Saisonprogramme können beim Vereinssekretariat bezogen werden.

Zeitlich nicht festzulegen, aber erfreulich häufig finden über das ganze Baselbiet verstreut Konzerte der zahlreichen **Jugendmusikschulen** statt.

Eine rund 30-jährige Tradition haben die «Konzerte in der Kirche **Biel-Benken**». In der Regel sind das etwa vier Konzerte jeweils im Wintersemester, die häufig von jungen Musikern, teils auch zusammen mit Persönlichkeiten von internationalem Rang, bestritten werden.

Neben einem Sommerkonzert in der ersten Hälfte Juni in der Rheinparkaula Birsfelden und einem Weihnachtskonzert in der Kirche führt die Jugendmusikschule **Birsfelden** jährlich eine besondere Matinee in der Kirchmatt-

MUSIK

Eptingen
Bölchen Open Air
Verein Bölchä Rock
www.oberbelchen-openair.ch

Läufelfingen
Rosengarten
Hauptstrasse 16
T 062 299 11 21
F 062 299 51 31
info@rosen-garten.ch
www.rosen-garten.ch

Liestal
Verein Baselbieter Konzerte
Sekretariat:
Sichternstrasse 35
T 061 921 16 44
F 061 921 10 81
infobbk@bluewin.ch
www.blkonzerte.ch
(gleiche Adresse für den Beitritt zur Gönnervereinigung)
Kulturscheune
Kasernenstrasse 21a
T 061 923 19 92
www.kulturscheune.ch
Modus
Areal im Schild
Eichenweg 1
T 061 606 97 00
F 061 606 96 95
modus@ruweba.com
www.modus-liestal.ch
Top Star Sportbar
Rheinstrasse 4
T 061 921 58 35
F 061 921 58 33

1: Konzert im Z7, Pratteln.

MUSIK

Münchenstein
Münchensteiner Country-Nights
Marcel Erni
T 061 411 34 48
Nautilus
Online Entertainment GmbH
Leimgrubenweg 10
4053 Basel
www.nautilus2003.ch
bzw. zutreffende Jahreszahl

aula durch. Bei diesem Anlass steht jeweils ein bestimmtes Instrument im Zentrum des Interesses. Sein Bau wird erklärt und deutlich gemacht. Der theoretische Teil wird umrahmt von Musikvorträgen mit ebendiesem Instrument in tragenden Partien.

Als eine lose Interessengemeinschaft sorgen die Ettinger Musikfreunde für klassische Musik in *Ettingen*. Die jährlich drei Konzerte zwischen Spätherbst und Frühling im Schulhaus Hintere Matten sollen gleichzeitig ein Podium zur Förderung junger Leimentaler Musiker darstellen.

Die 2002 neu eröffnete Kulturscheune in *Liestal* veranstaltet im Wechsel mit anderen Musikrichtungen auch klassische Konzerte.

Fünf Konzerte jeden Winter können in *Oberwil* besucht werden, meist in der reformierten oder der katholischen Kirche. Veranstaltet werden sie von der Vereinigung der Oberwiler Musikfreunde. Ungefähr jeden zweiten Winter bringt das Gymnasium Oberwil in kurzer Zeitspanne ein paar wenige Inszenierungen einer Oper auf die Bühne. Es sind Werke, in denen eine tragende Rolle dem Chor zukommt, dem die Schülerinnen und Schüler von der Gymnasiumklasse der Vertiefungsrichtung Musik angehören. Jene mit anderen Schwerpunkten in der Ausbildung – wie auch Ehemalige und Lehrkräfte – können freiwillig mittun. Die Solistenrollen werden meist von Professionellen besetzt.

Fünf klassische Konzerte im Jahr veranstaltet «Kultur in *Reinach*» in der Aula des Schulhauses Bachmatten oder bei adäquater Thematik sporadisch auch in der Kirche.

Jährlich für ein paar Tage im Hochsommer findet das *Festival Rümlingen für Neue Musik* statt. Die Konzerte für zeitgenössische Musik gelangen nicht mehr nur in der Kirche oder im Freien im kleinen Dorf im Homburgertal zur Aufführung, sondern dehnen sich auch auf andere, wechselnde Veranstaltungsorte in der Region aus.

Jazz

Aesch kennt nicht nur die «Jazz Night Aesch», sondern sporadisch können auch vom Jazzclub Aesch-Pfeffingen (JAP) organisierte Konzerte besucht werden.

Jedes zweite Jahr am ersten Samstag in den Sommerferien in *Birsfelden* steht die Veranstaltung «Jazz z'Birsfälde» auf dem Programm (alternierend mit einem Ländlerabend).

Einmal alle zwei oder drei Jahre veranstalten die Ettinger Musikfreunde in Ergänzung zu ihrem klassischen Programm auch ein Jazzkonzert in *Ettingen*.

Das Marabu in *Gelterkinden* veranstaltet hin und wieder einen Jazzabend (→ KULTURZENTREN).

Im Dezember steigt in *Liestal* der «Jazz-Band-Ball» normalerweise im KV-Saal im Beisein von über 400 Personen. Und schon im Januar werden die Steppin Stompers erneut aktiv und geben ein Konzert in der Stadtkirche Liestal mit Jazz verschiedener Stilrichtungen, teilweise mit Tendenz zum Gospel. An diesem Konzert ist auch ein A-cappella-Chor beteiligt. Auch im Kulturhaus Palazzo werden Jazzveranstaltungen durchgeführt (→ KULTURZENTREN). Jazzkonzerte, sporadisch auch Matinees am Sonntagmorgen, veranstaltet auch die Kulturscheune.
Sporadisch ist in *Münchenstein*, am Südende des Botanischen Gartens Brüglingen im Restaurant Seegarten, Jazz live zu hören (→ RESTAURANTS).
«Jazz auf dem Platz» in *Muttenz* hat sich längst etabliert. Am zweiten Samstag der Schulsommerferien treten auf dem Dorfplatz und auf dem Parkplatz des Mittenza fünf bis sechs Bands auf.
Jedes Jahr – meist im Herbst – lädt das Restaurant Rössli *Oberwil* zu einer Matinee mit der Old Jazz Combo. Es stellt sich allerdings die Frage, ob ein unvermittelt auftauchender Interessent überhaupt noch Platz findet. Hingegen sind in der Regel gleich sechs Restaurants in *Biel-Benken, Oberwil* und *Therwil* an einem Freitag Ende Mai Schauplätze der «Leimentaler Jazz Night», die von 12 bis 14 Bands bestritten wird.
In *Reinach* sorgt der JAP (siehe Aesch) in der Regel am letzten Wochenende vor den Sommerferien für Betrieb. Die engagierten Bands spielen an vier bis fünf Plätzen im Freien. Bei schlechtem Wetter ist eine Verlegung in Aulen und Hallen möglich.
Ein Abend im Monat ist im KiK *Sissach* der Jazzmusik gewidmet (→ KULTURZENTREN).

MUSIK

Muttenz

Jazz uf em Platz
Heinz Schmassmann
T 061 461 01 31
oder
OK Jazz uf em Platz
c/o Jürg Honegger
Johann-Brüderlin-Strasse 11
4132 Muttenz

Oberwil

Vereinigung der Oberwiler Musikfreunde
Dr. Elmar Koch
T 061 421 81 77
Leimentaler Jazz Night
Jost Harr
T 061 401 03 16
Jazzveranstaltungen Oberwil
www.oberwil.bl.ch
Old Jazz Combo/Rössli
Paul Libsig
T 061 401 05 08

Pratteln

Galeria Nachtcafé
Rütiweg 9
T 061 823 20 20
F 061 823 20 22
Konzertfabrik Z7
Kraftwerkstrasse 7
T 061 821 48 00
Tante Schuggi
Güterstrasse 9
T 061 821 50 03

1: Konzert der Jazzband Steppin Stompers.

MUSIK

Reinach

Kultur in Reinach
Sekretariat:
Heidy de Lange
T 061 711 19 23
Veranstaltungen im Bürgerhaus
Vreni Schultheiss
T 061 711 48 91

Rümlingen

Festival Rümlingen
Geschäftsstelle
Postfach 207
4410 Liestal
www.neue-musik-ruemlingen.ch

Waldenburg

Open Air Waldenburg
Verein Benefiz Waldenburg
Postfach, 4437 Waldenburg
www.openairwaldenburg.ch

Konzerte

Rock, Blues, Jazz und nahezu alle Richtungen sind freitags in *Birsfelden* im teilweise gewölbten Keller von *Sissys Place* zu hören.
Freunde der volkstümlichen Musik kommen im Landgasthof *Rosengarten* in *Läufelfingen* ausgiebig auf ihre Rechnung. Regelmässig wird dort eine «Stubete» veranstaltet (→ RESTAURANTS).
Musikfreaks jeden Alters begegnen regionalen Bands aller Stilrichtungen von Hip-Hop bis Rock jeweils am Freitag im *Modus* in *Liestal* (→ NACHTLEBEN).
Ein- bis zweimal pro Monat in der Wintersaison präsentiert sich die *Top Star Sportbar* in *Liestal*. Die Schwerpunkte liegen auf Rock und Blues, wo immer möglich mit Bands aus der Region.
In der *Sporthalle St. Jakob*, am Rande von Basel, jedoch zu *Münchenstein* gehörend, geht sporadisch einiges über die Bühne, was in der Musik eher zu den kommerziellen Erscheinungsformen gehört. Konzerte von Stars auf Tournee gehören genauso dazu wie aus dem Fernsehen bekannte Unterhaltungsabende wie z.B. «Musikantenstadl».
Am 2. Samstag im November ist das *KUSPO* (Kultur- und Sportzentrum) *Münchenstein* Schauplatz der Münchensteiner Country-Nights. Dem musikalischen Treiben angepasst ist auch die Szenerie des Umfeldes mit Westernbar und Verkaufsständen mit Kleidern und Accessoires aller Art aus der Heimat der Sheriffs.
Eine Baselbieter «Stubete» steigt jährlich am letzten Sonntag im Mai in *Münchenstein* am Südende des Botanischen Gartens Brüglingen im *Restaurant Seegarten* mit live gespielter Musik. Zeitlich angelehnt an die Münchensteiner Country-Nights geben die dort engagierten Bands in der Regel hier ebenfalls ein Konzert. Und jeden ersten Dienstag im Monat können sich zudem Senioren zum «Thé dansant» von 14 bis 17 Uhr einfinden.
Z 7 in *Pratteln*, eine kleine Konzerthalle, wo jeden Monat acht bis zwölf Bands – jede nur einen Abend – auftreten. Die dominierenden Stilrichtungen liegen im Bereich von Heavy Metal und Hard Rock, zum Teil sind auch deutsche Rap-Gruppen zu sehen. Die Altersstruktur des Publikums reicht von 16 bis überraschenderweise gegen 60.
Auch das *Bistro Tante Schuggi* bereichert *Pratteln* musikalisch immer von Mitte September bis Mitte April jeden Samstag. Die dominierenden Richtungen sind Blues, Rock und Funk.
Sporadisch bringt «*Kultur in Reinach*» auch für Freunde der leichten Muse ein Konzert auf die Bühne. Zudem verfügt die Bürgergemeinde *Reinach* im neuen Bürgerhaus über einen Raum mit Kleinbühne, wo jährlich etwa drei unterhaltende Programme angesetzt werden. Diese können in einer leichten Form musikalisch sein.

MUSIK

Jazz

Gute Informationen über Veranstaltungen finden sich auch unter:
www.jazzandblues.ch
Zeitschrift mit landesweit fast allen Jazzveranstaltungen: Jazztime.
www.jazztime.ch

Literatur

Klang
(Baselbieter Heimatbuch 23) ist dem Musikleben im Kanton gewidmet, diverse Autoren, 2001 Verlag des Kantons Basel-Landschaft

Openairs

Bis das römische Theater saniert ist, müssen die *Augusta-Konzerte* in *Augst*, die meist im August stattfinden, mit der Wiese neben dem Schönbühltempel vorlieb nehmen. Zur Zeit setzen die Veranstalter auf Blasmusik in verschiedenen Stilrichtungen.

Die *Bölchen-Open-Airs* in *Eptingen* hatten im Spätsommer 2000 Premiere. Zur Durchführung dieser Veranstaltung wurde im Jahr darauf der Verein «Bölchä Rock» gegründet. Dieser wird sein Möglichstes unternehmen, ist vielleicht aber trotzdem gezwungen, dann und wann in einem Zwischenjahr mit einem Anlass in der Turnhalle auf einer etwas schmäleren Spur zu fahren.

Für Raverinnen und Raver findet im Sommer unter freiem Himmel die *Nautilus* statt, eine Technoparty im Gartenbad St. Jakob in *Münchenstein* am Rand zur Stadt Basel.

Jazz uf em Platz in *Muttenz*: siehe unter Jazz in diesem Kapitel.

Festival *Neue Musik Rümlingen*: siehe unter klassische und E-Musik.

Zwei Wochen nach den Sommerferien lädt der Benefiz Verein Waldenburg zum *Open Air Waldenburg*. Dort steht solider Rock im Vordergrund, angereichert mit anderen Musikstilen.

Musikmuseen

Folgende drei Institutionen musikalischer Dokumentation sind in anderen Abschnitten beschrieben:
AkkZent Sissach (→ BIBLIOTHEKEN, MUSEEN)
Harmonium-Museum Liestal (→ MUSEEN)
Musikautomatenmuseum Seewen (→ REGION).

1: Die «Nautilus» im Gartenbad St. Jakob.

NACHTLEBEN

Nachleben

Lokale für lange Nächte

Aesch

Jackson's Disco-Dancing,
Hauptstrasse 104
T 061 751 35 34 oder
061 751 66 44
Geöffnet: Mi–Sa 22.30–02,
So 21–02 h

Allschwil

Switch
Binningerstrasse 4
T/F 061 482 11 01
Täglich geöffnet

Gelterkinden

Bärchi's Bar
Rünenbergstrasse 31
T 061 981 66 11
Ruhetag: Mo

Grellingen

Nobby's Dancing
im Chez Georges
Baselstrasse 58
T 061 741 17 00
F 061 741 14 62
Ruhetag: Mo

Laufen

Bistro zur Loki
Güterstrasse 26
T/F 061 761 20 36
Geöffnet: Mo–Fr
Musikclub Reflex
Birscenter
gegenüber Bahnhof
T 061 761 87 57

Das Angebot der abendlichen Vergnügungen ist im Baselbiet zwar vorhanden, aber nicht so kompakt wie in der Stadt. So suchen selbst Einheimische eher Basel auf, wenn sie sich noch keine Bettruhe verordnen wollen. Das Angebot ist dort reichhaltiger und hat den Vorteil der grösseren Anonymität. Dass aber im Baselbiet keine Möglichkeiten zur Gestaltung vorgerückter Stunden vorhanden wären, davon kann keine Rede sein.

Wenn es erst spät ist und nicht bereits wieder früh, läuft vielleicht etwas in einem der → KULTURZENTREN oder auf einem sonstigen Schauplatz der → MUSIK. Auch im Abschnitt → SPORT UND SPIEL finden Sie Anregungen für den abendlichen Zeitvertreib. Die regionale Presse gibt Aufschluss, ob in einem Dorf gerade etwas Spezielles los ist. In den → BARS oder → RESTAURANTS kann ein Abend sehr gemütlich werden. Auch an anderen Adressen bestehen zu später Stunde noch Möglichkeiten für Aktivitäten.

Aesch

Zu Unterhaltungsmusik verschiedenster Stilrichtungen ab Platte wird in *Jackson's Disco-Dancing* täglich ab Mittwoch bis zum Wochenende bis tief in die Nacht hinein getanzt.

1: Jackson's Disco-Dancing, Aesch.

Allschwil
Im *Switch* (→ BARS) sorgt jeden Freitag und Samstag ein Discjockey für die Musik. An jedem ersten Freitag im Monat tut er dies sogar in der Form eines Wunschkonzerts. An den übrigen Tagen Oldie-Musik in dezenter Lautstärke.

Gelterkinden
Bärchi's Bar (→ BARS) wird jeweils von Donnerstag bis Samstag von einem DJ animiert.

Grellingen
Tanzfreudige können im Restaurantt Chez Georges das *Nobby's Dancing* aufsuchen und Spielgelegenheiten sind mit dem Minigolf und dem Schiesskeller auch vorhanden.

Laufen
Im *Bistro zur Loki* bzw. der Loki-Bar sind an den Wochenenden fetzige Partys für Jung und Alt bei toller Stimmung angesagt.
Der *Musikclub Reflex*, ein Lokal der speziellen Art, befindet sich im Birscenter gegenüber dem Bahnhof. Partys mit nationaler Anziehungskraft in gehobener und gemütlicher Ambiance. Zutritt ab 20 Jahren.

Liestal
An Samstagen ist im *Modus* auf dem Areal der Textilfabrik Schild Discobetrieb mit DJs. Zu hören sind alle Variationen elektronischer Musik und Tanzfreaks steht eine Fläche von 120 Quadratmetern zur Verfügung (→ MUSIK).

NACHTLEBEN

Liestal

Modus
Areal im Schild
Eichenweg 1
T 061 606 97 00
F 061 606 96 95
info@modus-liestal.ch
www.modus-liestal.ch

Muttenz

Mittenza
Hauptstrasse 4
T 061 461 06 06
www.mittenza.ch
Piranha Tropical Club
Farnsburgerstrasse 8
T 061 461 16 14
info@disco-piranha.ch
www.disco-piranha.ch
Ruhetage: Mo+Di

Pratteln

Galeria
Rütiweg 9
T 061 823 20 20
F 061 823 20 22
Spotlight
Krummeneichstrasse 17
T 061 821 52 07
Sprisse-Bar
Netzibodenweg 23
T 061 811 63 64
Geöffnet: Mi 20–24,
Do 20–01, Fr+Sa 20–02 h

Sissach

CH
Netzenstrasse 4
T 061 971 84 82
Geöffnet:
Do–So 21.30–02 h

1: Piranha Tropical Club, Muttenz.

NACHTLEBEN

Nightclubs

Augst

Moonlight Night-Club
Hauptstrasse 37
T 061 811 33 10

Duggingen

Restaurant Romantica
Baselstrasse 17
T 061 751 73 00

Lausen

Restaurant Rosenegg
Seville Gaststätten AG
Hauptstrasse 15
T 061 921 10 40
F 061 921 10 71

Zunzgen

Cheval Bleu
Bar Dancing Disco
Hauptstrasse 68
T 061 971 80 98

Muttenz

Einmal pro Sommer (im Juli oder August) findet im grossen Saal des Hotels *Mittenza* ein Sommernachtsball statt (→ HOTELS).
Mit Südsee-Intérieur bietet sich der *Piranha Tropical Club* als Treffpunkt zum Tanzen, Trinken und Plaudern an. Reger Betrieb mit älterem und jüngerem Publikum herrscht am Wochenende.

Pratteln

Wenn nicht ein Konzert mit Live-Orchester über die Bühne geht, präsentiert sich das *Galeria* als Disco in vielen Stilrichtungen. Da können sich Mutter und Tochter sogar gemeinsam vergnügen (→ MUSIK).
Nicht weit davon entfernt, in der Disco Bar *Spotlight*, ist vorwiegend mit spanischer Musik zu rechnen.
Die Disco der *Sprisse-Bar* im Billard-Center entspricht mit ihrer Musikauswahl dem Geschmack jüngerer Zeitgenossen.

Sissach

Mindestens 20 Jahre alt muss sein, wer den Abend in der Discothek *CH* verbringen möchte. Getanzt wird zu verschiedenen kommerziellen Musikstilen.

Nightclubs → siehe Randspalten

1: Tante Schuggi in Pratteln.

Natursehenswürdigkeiten
Unverfälschte Schönheit à discrétion

NATUR-SEHENSWÜRDIGKEITEN

Literatur
Zu besonders bemerkenswerten Naturreservaten des Kantons erscheinen Hefte zu CHF 13.80 pro Stück in der Reihe:
Natur im Baselbiet
Erhältlich sind:
Tal bei Anwil
Wildenstein

Natur, so weit das Auge reicht! Mit ein paar Abstrichen kann man das ganze Baselbiet so umschreiben. Entsprechend zahlreich sind die geschützten Gebiete. Wenige Reservate und ihre Besonderheiten stellen wir Ihnen hier etwas näher vor. Natur prägt aber auch den Genuss besonders schöner Stellen in der Landschaft, ob Einzelheit oder Panorama (→ WANDERN).

Anwil
Das *Naturschutzgebiet Talweiher* unterhalb des Dorfes weist einen imposanten Artenreichtum in der Pflanzen- und Tierwelt auf. Im Wasser und zu Lande mit ausgedehnten Feuchtwiesen werden Lebensräume für bedrohte Gattungen erhalten. Die Jagdgesellschaft Anwil unterhält im Umfeld der zwei Weiher einen informativen Naturlehrpfad. Thementafeln konfrontieren den Besucher mit den Ansprüchen unserer Natur.

Grellingen
Eine ansprechende Partie ist das *Kaltbrunnental*, Mündung beim Chessiloch. Das schattige, enge Waldtal entlang dem Bach weist viele schluchtartige Passagen auf. Der obere Eingang liegt bei der Meltingerbrücke im Solothurnischen.

1: Anwiler Weiher.

NATURSEHENSWÜRDIGKEITEN

Lampenberg
Stellvertretend für viele hervorragende *Panoramapunkte* im Tafeljura mit Sicht auf Jura, Schwarzwald und Vogesen sei die Anhöhe beim Kurhaus Abendsmatt erwähnt.

Liesberg
Der ehemalige Steinbruch Bohlberg ist zu einem *Biotop* von nationaler Bedeutung geworden. Ein Teil des Areals mit einer reichhaltigen Flora und mit Weihern, Tümpeln und Rinnsalen ist zur Naturschutzzone erklärt worden, weil es für viele bedrohte Arten von Amphibien und Libellen hervorragende Lebensbedingungen bietet.
Von nicht minderer Bedeutung ist die Lehmgrube Amthil als Lebensraum für bedrohte Amphibien. Sie ist auch berühmt für ihre reichhaltigen Fossilienvorkommen, insbesondere Ammoniten in vielfältiger Erscheinungsform.

Oberwil
Das *Feuchtbiotop Kuhgraben* in Oberwil ist ein Paradies für Frösche und Libellen. Seerosen vervollständigen die Idylle. Das Gebiet liegt nordwestlich vom Dorf, dort, wo die Verbindungsstrasse nach Allschwil den Knick nach rechts macht, links bei den Wäldchen, nahe beim Reitstall.

Rünenberg
Der romantische *Wasserfall Giessen* im Chrindel ist sehr gut zugänglich, auch von der Sommerau oder vom Dorf Kilchberg aus.

1: Aussicht von Lampenberg auf die Gempenfluh.

Region
Highlights ausserhalb

Dass auch der Nachbar etwas zu bieten hat, ist dem Baselbieter kein Dorn im Auge. Im Gegenteil! Eine interessante Nachbarschaft empfindet er als eine willkommene Bereicherung zu dem, was er selbst auf die Beine gestellt hat. Das Grosse nebenan ergänzt das eigene Angebot. Viele lohnende Ziele liegen nur einen Katzensprung ausserhalb des Kantons.

Städte
Die Möglichkeiten in einer Stadt sind so vielfältig, dass sich ein ausgiebiger Überblick nur durch die Konsultation von spezifischem Informationsmaterial gewinnen lässt. In der Randspalte finden sich Empfehlungen zu bequem erreichbaren grösseren und kleineren Städten:

Basel Der grosse Nachbar mit einem ausgiebigen Angebot in fast allen denkbaren Bereichen.
Rheinfelden Die Bäderstadt mit einer gemütlichen, sehr schmucken Altstadt.
Aarau Mit schöner Altstadt und umfangreichem Kunst- und Kulturangebot.
Olten Der Bahnknotenpunkt an der Aare mit einem kleinen, alten Stadtkern.
Delémont (Delsberg) der Hauptort des jüngsten Kantons der Schweiz.

REGION

Nachbarstädte

Basel
Basel Tourismus
Schifflände 5
T 061 268 68 68
info@baseltourisumus.ch
www.baseltourismus.ch
Geöffnet: Mo–Fr 8.30–18.30,
Sa 10–17, So und Feiertage 10–16 h

City-Info im Bahnhof SBB
T 061 271 36 84
Geöffnet: Okt. bis Mai,
Mo–Fr 8.30–18, Sa 8.30–12 h,
Juni bis Sept., Mo–Fr 8.30–19,
Sa 8.30–12.30, 13.30–18,
So 10–14 h

Diverse Führer im Buchhandel erhältlich, z.B. das städtische Pendant zum vorliegenden Führer:
Basler Stadtführer
Friedrich Reinhardt Verlag
CHF 19.80
Basel – Begleiter für Touristen und Basler 2003
Friedrich Reinhardt Verlag
CHF 5.–

Rheinfelden
Tourismus Rheinfelden
Am Zähringerplatz
4310 Rheinfelden
T 061 833 05 25
tourismus@rheinfelden.ch
www.rheinfelden.ch
Geöffnet: Mo–Fr 9–12, 13.30–17.30 h

1: Basler Altstadt mit Rathaus und Rhein.

REGION

Aarau

Aarau info Verkehrsbüro
Graben 42
5001 Aarau
T 062 824 76 24
mail@aarauinfo.ch
www.aarauinfo.ch
Geöffnet: Mo 13.30–18.30,
Di, Mi, Fr 9–18.30, Do –20,
Sa 9–17 h

Olten

Verein Region Olten Tourismus
Aarburgerstrasse 7
4601 Olten
T 062 296 88 06
F 062 296 88 09
wirtschaftsfoerderung@olten.ch
www.oltentourismus.ch

Delémont (Delsberg)

Jura Tourisme
Place de la Gare 12
2800 Delémont
T 032 422 97 78
F 032 422 87 81
delemont@juratourisme.ch
www.juratourisme.ch

Einzelziele

Kloster Olsberg
an der Buslinie 100a von
Giebenach nach Magden
Parallel zur Achse Augst-
Rheinfelden auf einer
kleinen Verbindungsstrasse
etwas weiter südlich.
Christkatholisches
Kantonalzentrum, Olsberg
T 061 841 29 62

Einzelziele

Kloster Olsberg Von Augst über Giebenach erreicht man das ehemalige Zisterzienserinnenkloster. Die Kirche wurde nach einem Brand 1427 neu gebaut, mehrfach verändert und im 17./18. Jh. barockisiert. Neben Kirche und Konventgebäude umfasst die ganze Anlage verschiedene landwirtschaftliche Nutzgebäude. Seit 1846 ist das ehemalige Kloster ein Erziehungsheim für Knaben. Das Gotteshaus dient als Kirche für Reformierte, Römisch-Katholische und Christkatholiken, wobei Letzteren das prioritäre Benützungsrecht zusteht.

Schloss Wartenfels Mit dem öffentlichen Verkehrsmittel über Olten mit Anschlussbus nach Lostorf zu erreichen, mit dem Privatauto auch auf reizvollem Weg über den hinteren Dorfausgang von Oltingen über die Schafmatt. Im Hang von Lostorf liegt das Schloss, wo Ausstellungen gezeigt werden und zeitweilig andere kulturelle Veranstaltungen stattfinden wie Konzerte, Dichterlesungen usw. Von hier ist es nicht weit nach Aarau oder Olten.

Passwang Mit dem Postauto oder dem Privatwagen erreicht man von Laufen her die Passhöhe, zu Fuss auch über die Wasserfallen bei Reigoldswil. Bis zum beliebten Aussichtspunkt sind es von der Busstation nur wenige Gehminuten. Der Fernblick über Faltenjura und Mittelland auf die Alpenkette lohnt die Mühe. Ein Bergrestaurant befindet sich in der Nähe.

Goetheanum Dornach Das Zentrum der Anthroposophen, in Sichtbeton 1928/29 nach Plänen von Rudolf Steiner errichtet, weist die typische Architektur der Bewegung auf. Der rechte Winkel wird wo immer möglich vermieden. Im näheren Umfeld des Goetheanums haben sich sehr viele Anhänger der Anthroposophie niedergelassen und ihre Häuser nach gleichen Grundsätzen, aber dennoch variantenreich bauen lassen.

1: Passwang.

Ruine Dorneck Die Überreste des Bauwerkes ob Dornach mit bewegter Geschichte lebt nicht einseitig vom nostalgischen Mythos der Ritterromantik. Die barocke Fülle, überschattet von lang anhaltendem Kriegsgeschehen, greift tiefer. 1502 in den Besitz von Solothurn gelangt, wurde Dorneck als Bollwerk gegen Norden und Westen über Jahrhunderte hinweg laufend ergänzt und verändert, bis es 1798 den Franzosen in die Hände fiel, geplündert und später als Steinbruch genutzt wurde. Die historische Bedeutung lässt sich auch daran erahnen, dass der Kanton Solothurn zur Erhaltung der Ruine nahezu eine Viertelmillion Franken aufbrachte. Die Besichtigung der gesamten Anlage ist zu bestimmten Öffnungszeiten möglich.

Museum für Musikautomaten Seewen Das Museum auf der Anhöhe am nördlichen Dorfausgang zeigt eine Sammlung von raffinierten Musikautomaten in ideenreicher Gestaltung. Viele Stücke mussten sorgsam renoviert werden, damit sie nicht nur als tote Materie, sondern auch in Betrieb gezeigt werden konnten. Unter den Exponaten befindet sich Europas grösste pneumatische Orgel mit 1942 Pfeifen.

Kirchenfenster Himmelried Im kleinen solothurnischen Dorf ob Grellingen lohnt sich ein Besuch der Kirche wegen der Fenster des Basler Kunstmalers Max Sulzbachner. Sie sind in ausserordentlich harmonischen, feinen Erdtönen gehalten und unterscheiden sich wesentlich von der meist anzutreffenden Farbenwahl. Wie ein Kuriosum mag es anmuten, dass der Maler dieser Fenster, «Sulzbi», wie er genannt wurde, zu den berühmtesten Laternenmalern der Basler Fasnacht gehörte.

REGION

Schloss Wartenfels
Lostorf SO
Bus Nr. 7 ab Bahnhof Olten Richtung Niedererlinsbach, sonntags im Halbstundentakt.
Schlossbesichtigung jeden Sonntag 11–17 h
Passwang
Bus Nr. 115 ab Laufen
Goetheanum Dornach
Rüttiweg 45
4143 Dornach
T 061 706 42 42
www.goetheanum.ch
Tram Nr. 10 bis Arlesheim Dorf (10 Minuten zu Fuss) oder bis Dornach und Ortsbus Nr. 66 zum Goetheanum
Tägliche Führungen um 10 und 14.30 h
Ruine Dorneck
Im Hang östlich von Dornach gelegen, ist die Ruine immer zugänglich, ausser in den Wintermonaten wegen Unfallgefahr (Eis).
Museum für Musikautomaten
Bollhübel 1, 4206 Seewen
T 061 915 98 80
Geöffnet: Di–So 11–18 h
Kirchenfenster Himmelried
Bus Nr. 111a ab Grellingen oder Nunningen. Die Kirche befindet sich am oberen Ende der Hauptstrasse bei der Gemeindeverwaltung.

1: Rudolf Steiners Goetheanum in Dornach.

REGION

Gutshof Löwenburg
Ederswiler
Museum täglich geöffnet von 9–17 h. Schlüssel in der Wohnung gegenüber abholen.
Mit dem Auto (wie Buslinie 112) von Laufen über Kleinlützel auf die Route Internationale. Bei der Neumühle (Moulin Neuf) Abzweigung nach Ederswiler. Rechtsabzweigung nach ca. 600 m.
Vom Birstal her bei Soyhières nach Norden abbiegen (wie Buslinie Delémont-Ederswiler) über Movelier nach Ederswiler. Busbenutzer erreichen den Gutshof zu Fuss mit Anstieg ab Neumühle oder etwas flacher ab Ederswiler.

Kloster Mariastein
Bus Nr. 69 ab Flüh, Nr. 113 ab Laufen. Von Norden via Flüh, von Laufen über Röschenz-Challhöchi-Metzerlen zu erreichen.
Wallfahrtsleitung
T 061 735 11 00
Gottesdienstzeiten
T 061 735 11 01
kloster-mariastein@bluewin.ch

Gutshof Löwenburg Ederswiler, die einzige noch deutschsprachig gebliebene Gemeinde im Kanton Jura und Nachbarort von Roggenburg im Westzipfel des Baselbiets, hat als grösste Attraktion die Löwenburg. Einerseits ist da noch die Ruine der Burg, andererseits auch deren früherer Sennhof. Letzterer hat die Jahrhunderte überlebt und ist heute als Gutshof im Besitz der Christoph Merian Stiftung. Das heutige Gepräge der befestigten Anlage geht im Wesentlichen auf das 16. Jh. zurück, als das Kloster Lützel Besitzerin war. Die malerische Baugruppe vereinigt Elemente spätmittelalterlicher Architektur für Sakral-, Wohn-, Wehr- und Nutzbauten. Die alte Käserei beherbergt heute ein kleines Museum zur Geschichte der Stätte.

Kloster Mariastein Auf einem Felssporn 1648–55 erbaut, beherrscht die Klosterkirche mit ihrer hohen Barockfassade den kleinen Ort. Mariastein ist – nach Einsiedeln – der meistbesuchte Wallfahrtsort der Schweiz. Die prunkvolle Innenausstattung und die Barockverzierungen der Gewölbe und Wände sind sehenswert. Eigentliches Wallfahrtsziel ist aber die unterirdische Felsenkapelle der Schmerzensmutter. Die Muttergottesfigur in Stein, die dort aufgesucht wird, gehört zu den bekleideten Madonnen und wird abwechselnd in von Gläubigen geschenkte Gewänder gehüllt.

Kurzentrum Rheinfelden Badelandschaft inmitten eines prächtigen Parks; man badet in Natursole. Sauna, orientalischer Hammam (Dampfbad) und ein herrlicher Aussenteil mit raffinierten Extras vervollständigen das erholsame Badevergnügen.

Ruine Landskron (F) Schon bald nach ihrer Entstehung kurz vor 1300 Zankapfel adeliger Machtansprüche, später dem politischen Spannungsfeld in Europa stark aus-

1: Baden und Kuren in Rheinfelden.

REGION

Kurzentrum Rheinfelden
Roberstenstrasse 31
T 061 836 66 11
Geöffnet: Mo+Fr 8–20,
Di–Do bis 21.30,
Sa+So bis 19 h
Ruine Landskron
Tram Nr. 10 bis Flüh
oder Leymen
Europapark
Rust
T 0049 7822 77 66 77
Autobahn A5 Richtung
Karlsruhe, Ausfahrt Ettenheim oder Herbolzheim
Geöffnet:
März bis Nov., 9–18 h
Petite Camargue Alsacienne
Informationen über CINA
T 0033 389 89 78 59
Vitra Design Museum
Charles Eames-Strasse 1
Weil am Rhein
T 0049 7621 702 32 00

gesetzt, stand die Landskron unter häufig wechselnder Herrschaft. Als 1789 durch die Französische Revolution der Adelsherrschaft ein Ende gesetzt wurde, blieb im Leimental die Landskron als einzige Burg verschont. Als Garnison war ihre wirtschaftliche Bedeutung für die Landbevölkerung zu wichtig. 1813 musste sich die nur mässig gerüstete Burg bayrischen und österreichischen Truppen auf deren Feldzug gegen Napoleon ergeben. Die Plünderung und weit gehende Demontage durch die Bevölkerung war nicht aufzuhalten. Ein Jahr später fiel die Landskron einem Brand zum Opfer und wurde danach als Steinbruch genutzt. Ab 1857 wurde der Zerstörung durch die neuen Besitzer Einhalt geboten. Im Jahr 1923 wurde die Ruine von Frankreich zum historischen Denkmal erklärt. Heute ist die Anlage im Besitz der Stiftung «Pro Landskron», welche die Sicherheit der Besucher erhöhen und das Objekt zum grenzüberschreitenden Kulturtreff verwandeln will.

Europapark Rust (D) Der grösste Freizeitpark Deutschlands ist zwar 100 Kilometer von Liestal entfernt, doch sicher einen Ausflug mit Kindern wert, denn die Anlage ist herrlich und das Angebot mit weit über 100 Attraktionen, darunter spektakulären Bahnen, ist gigantisch.

Petite Camargue Alsacienne (F) Die 1982 unter Schutz gestellte Naturlandschaft vor den Toren Basels ist das älteste Naturschutzgebiet im Elsass. Die Petite Camargue ermöglicht mit verschiedenen Rundgängen die Beobachtung einer reichen Flora und Fauna.

Vitra Design Museum (D) Schon das Gebäude des kalifornischen Architekten Fank O. Gehry ist sehenswert. Das Vitra Design Museum gehört zu den weltweit führenden Museen für industrielles Möbeldesign und Architektur. Wechselnde Ausstellungen und Workshops.

1: Vitra Design Museum im deutschen Weil am Rhein.

RESTAURANTS

Restaurants
Prämiert, gut bürgerlich, speziell

Der kantonale Verband des Gastronomie-Gewerbes ist:
Gastro Baselland
Grammetstrasse 18
4410 Liestal
T 061 921 36 96
F 061 921 33 45
wirte.az@gastro-baselland.ch
www.gastro-baselland.ch

Die Abkürzung *PK* in der Auflistung bezieht sich auf die Preisklasse.

Aesch
Landgasthof Klus
Klusstrasse 178
T 061 751 77 33
F 061 751 77 34
PK hoch
Geöffnet: Mi–So

Allschwil
Eintracht
Oberwilerstrasse 8
T 061 481 04 90
woehrle@freesurf.ch
PK tief
Geöffnet: Di–Sa
Landhus
Baslerstrasse 4
T 061 482 19 96
PK tief
Geöffnet: Do–Di

Gutes Essen und Trinken leben zu einem wesentlichen Teil von der Ambiance des Ortes. Und wenn ein Châteaubriand noch so meisterhaft zubereitet ist, es fehlt etwas, wenn man es in der Fabrikkantine zu sich nimmt. Auch im Bereich der Gastronomie ist nie alles nur gut oder alles nur schlecht. Zudem können Wechsel von Wirten oder Köchen leicht ein ganzes Erscheinungsbild verändern.

Aesch
Landgasthof Klus Mitten in den Rebbergen gelegen, befriedigt das Haus die Gelüste der Gourmets, und zwar keineswegs einseitig! Vom Wurstsalat bis zum siebengängigen Lucullus-Mahl ist alles zu haben. Die gepflegte Küche mit Frischprodukten versteht sich auch sehr gut auf Fischspezialitäten. Täglich können Tagesmenüs gewählt werden und nachmittags hat man die Wahl zwischen Kaffee und Kuchen oder einem schmackhaften Zvieri-Plättli – es sei denn, man entscheidet sich gleich für beides.

Allschwil
Eintracht Sehr schönes Restaurant mit Gartenwirtschaft. Sehr gute Küche mit preisgünstigen A-la-carte-Gerichten. Gleichzeitig Pizzeria. Gute, reichhaltige Weinkarte. Einmal im Monat Live-Musik.
Landhus In schönem Sundgauer Haus im malerischen Dorfkern gelegen. In der Wirtsstube mit geselligem Ambiente lässt sich gemütlich bei einem Gläschen ein Jass klopfen. Aber auch das einfache Essen aus der gutbürgerlichen Küche ist empfehlenswert. Stimmungsvoller Treffpunkt für jedermann. Für Anlässe steht ein schönes Säli zur Verfügung.

1: Landgasthof Klus, Aesch.

Taverna Morandi Eine Oase italienischer Gastrokultur im Stil eines Grotto. Täglich zwei Menüs über die Mittagszeit und saisonale Spezialitäten. Die kleine Karte unter dem Motto «Weniger ist mehr» bietet Gerichte mit frischen Zutaten. Zusätzlich können italienische Produkte wie Parmaschinken oder Eingemachtes gekauft werden.
Zic-Zac Rockgarden Das Zic-Zac bietet gute Rockmusik in passendem Ambiente. Elektrische Gitarren und amerikanische Schilder zieren die Wände. Es kann zwischen typisch amerikanischen Gerichten wie Hamburgern und Sandwiches und mexikanischen Spezialitäten gewählt werden. Die schöne Gartenwirtschaft mit Bäumen ist im Sommer sehr gemütlich.

Arlesheim
Domstübli Italienisches Speiserestaurant mit apulischen Spezialitäten.

Augst
Cedro Römerhof Im Herzen von → AUGUSTA RAURICA bietet sich das italienische Restaurant bei einem ausgiebigen Besuch der Römerstadt förmlich an für das Mittag- oder Abendessen. Im Angebot der Küche finden sich Pizza, Pasta und andere italienische Spezialitäten.

Biel-Benken
Heyer Stimmungsvolle Landbeiz in einem traditionellen Bauerngut mit viel Atmosphäre und einer schönen Gartenterrasse. Die Spezialität der gutbürgerlichen Küche heisst «Brutzli», auf Stein gebratenes Fleisch.
Zihlmann Gutbürgerliche Küche in ländlicher Atmosphäre. Wird oft auch von Städtern aufgesucht, die gerne mal auswärts essen gehen.

Binningen
Krone Was zu Grossvaters Zeiten noch eine ziemlich raue Bierbeiz war, ist seit Jahren ein Restaurant mit gepflegter italienischer Küche für Leute mit hohen Ansprüchen. Die

RESTAURANTS

Taverna Morandi
Merkurstrasse 101
T 061 302 83 83
PK mittel
Geöffnet: Di–Sa

Zic-Zac Rockgarden
Baslerstrasse 355
T 061 302 12 20
ziczac-basel@bluewin.ch
www.ziczac.ch
PK tief
Täglich geöffnet

Arlesheim
Domstübli
Kirchgasse 4
T 061 701 75 69
PK mittel
Geöffnet: Di–So

Augst
Cedro Römerhof
Giebenacherstrasse 31
T 061 811 17 67
roemerhof@cedro.ch
www.cedro.ch
PK mittel
Täglich geöffnet

Biel-Benken
Heyer
Mühlegasse 4
T 061 721 34 98
PK mittel
Geöffnet: Do–Mo
Zihlmann
Hauptstrasse 41
T 061 721 10 34
PK mittel
Geöffnet: Mi–So

1: Zic-Zac Rockgarden in Allschwil.

RESTAURANTS

Binningen

Krone
Hauptstrasse 127
T 061 421 20 42
PK mittel
Geöffnet: Di–Sa,
ausser Feiertage

Schloss Binningen
Schlossgasse 5
T 061 421 20 55
wsammann@
schloss-binningen.ch
www.schloss-binningen.ch
PK hoch
Geöffnet: Di–Sa (ausser während Messen und Festen)

The Boomerang
Schmidlihof 3
T 061 421 02 40
PK hoch
Geöffnet: Mo–Sa

The Castle
Hasenrainstrasse 59
T 061 421 24 30
welcome@thecastle.ch
www.thecastle.ch
PK hoch
Geöffnet: Di–Sa

Birsfelden

Waldhaus
In der Hard
T 061 313 00 11
PK hoch
Geöffnet: Di–So

Blauen

Blauen Reben
Nenzlingerweg 57
T 061 763 14 14
PK tief
Geöffnet: Mi–So

Karte bietet italienische Fleisch- und Fischgerichte und – selbstverständlich – hausgemachte Pasta. Ein wunderschönes Gartenrestaurant gehört auch dazu. Reservation empfehlenswert!

Schloss Binningen In der traumhaften Atmosphäre eines romantischen Schlösschens können Feinschmecker eine marktfrische Küche geniessen. Auf Verlangen wird die Infrastruktur für Tagungen bereitgestellt.

The Boomerang Spezialitäten von Down under in einem kleinen Lokal mit gemütlich-lockerer Stimmung. Grilladen und australische Küche mit Känguru- und Emu-Steaks. Australische Biere und Weine. Am Mittag Menüs.

The Castle In der eleganten Atmosphäre eines grosszügigen Landhauses am Binninger Hügel bietet sich eine unvergleichliche Aussicht auf die Stadt Basel und die Umgebung, nachts auf ein imposantes Lichtermeer. Die Küche ist einfallsreich und der Qualität verpflichtet, wofür sie mit 15 Gault-Millau-Punkten ausgezeichnet wurde.

Birsfelden

Waldhaus Wunderschöne Lage im Wald und direkt am Rhein. Besonders reizvoll im Sommer auf der grossen Gartenterrasse. Die Kinder geniessen ihre eigene Idylle auf dem Spielplatz. Küche mit einer reichen Auswahl an Köstlichkeiten von gutbürgerlich bis gediegen (→ HOTELS).

Blauen

Blauen Reben Auf der Anhöhe zwischen Blauen und Nenzlingen gelegene Bergwirtschaft, ideal für die Verpflegung des Wanderers (→ WANDERN). Auch lohnendes Ziel zum Abendessen ab Karte und anschliessendem Geniessen eines lauen Sommerabends auf der grossen Terrasse. Mit dem Auto erreichbar.

1: Restaurant Heyer, Biel-Benken.

Bottmingen
Weiherschloss Bottmingen Das Wasserschloss im Park gibt zu jeder Jahreszeit ein romantisches Bühnenbild für eine kulinarische Inszenierung ab. Die Adresse ist bekannt für leichte Gourmet-Küche und vorzügliche Weine.

Bretzwil
Eintracht Gutes Essen für Feinschmecker, aufmerksamer Service und gediegene, gemütliche Atmosphäre. Spezialität des Hauses ist der Bretzwiler Znacht mit sieben Gängen. Zur angemessenen Jahreszeit auch Betrieb im Garten.

Bubendorf
Bad Bubendorf Gutbürgerliche Küche in historischem Gebäude. Hier fand die Versammlung statt, welche schliesslich zur Trennung von Basel-Stadt führte. Man isst im Saal «zum Bott» oder im ganzjährig benutzbaren Wintergarten; im Sommer draussen in der Gartenwirtschaft. Die Kinder erfreuen sich am Kinderspielplatz (→ HOTELS).
Murenberg Gepflegtes Speiserestaurant. Für Fischliebhaber ist es die Adresse im Baselbiet, die sie am liebsten geheim halten würden. Beeindruckendes Angebot an Meerfischen und Krustentieren. Gartenplätze vorhanden.

Burg i.L.
Gianora's Gasthaus Bad Burg Einer der schönsten Gasthöfe im Baselbiet mit einem Michelin-Stern. Geboten wird Haute Cuisine. Bei sommerlichen Temperaturen ist auch der Aufenthalt im Garten sehr angenehm.

1: Weiherschloss Bottmingen.
2: The Castle, Binningen.

RESTAURANTS

Bottmingen

Weiherschloss Bottmingen
Schlossgasse 9
T 061 421 15 15
gischig@schlossbottmingen.ch
www.schlossbottmingen.ch
PK hoch
Geöffnet: Di–Sa

Bretzwil

Eintracht
Hauptstrasse 48
T 061 941 20 44
gasthofeintracht@bluewin.ch
PK mittel
Geöffnet: Mi–So

Bubendorf

Bad Bubendorf
Kantonsstrasse 3
T 061 935 55 55
info@badbubendorf.ch
www.badbubendorf.ch
PK hoch
Täglich geöffnet

Murenberg
Krummackerstrasse 4
T 061 931 14 54
murenberg@bluewin.ch
www.murenberg.ch
PK hoch
Geöffnet: Fr–Di

Burg i.L.

Gianora's Gasthaus Bad Burg
Biederthalerstrasse 1
T 061 731 21 31
info@bad-burg.ch
www.bad-burg.ch
PK sehr hoch
Geöffnet: Di–So

RESTAURANTS

Buus
Waldgrotte
Aufgent 113
T 061 841 26 52
PK tief
Geöffnet: Mi–So

Diegten
Rebstock gaga-Gastro
Hauptstrasse 23
T 061 971 22 37
F 061 971 24 54
info@gaga-gastro.ch
www.gaga-gastro.ch
PK tief
Geöffnet: Di–So

Buus
Waldgrotte Die Spezialitäten sind der Tatarenhut, Poulet in der Mistgarette oder Sieben-Burger auf dem Holzteller. Mit seiner grossen Gartenterrasse, einem Tierpark und dem Abenteuer-Spielplatz ist es ein beliebtes Ausflugsziel für Eltern mit ihren Kindern.

Diegten
Rebstock gaga-Gastro Was der Gast im Rebstock unbedingt braucht, ist Sinn für Humor. Das Haus verblüfft mit höchst originellen Einfällen. Alle drei Monate wird das Lokal mit einem neuen, thematisch gebundenen Dekor ausgestattet. Zum Thema passende Spezialitäten werden während dieser Zeit angeboten. Die Speisekarte ist in Schweizerdeutsch (mit Übersetzung) abgefasst. Das Fleisch wird auf dem Teller serviert, bei den Beilagen muss man aber mit allem rechnen. Vielleicht werden diese auf einer Kehrichtschaufel kredenzt, natürlich auf einer absolut sauberen. Es kann aber auch ein Gamellendeckel sein, ein Einkaufskörbli oder was immer sich die Betreiber des «gaga»-Gasthofes gerade einfallen lassen. Das Haus verfügt über sieben Gästezimmer (→ HOTELS).

1: Restaurant Bad Bubendorf.
2: Gartenwirtschaft Waldgrotte, Buus.

Eptingen
Bad Eptingen Im Restaurant, der Buurestube oder im Gourmetsäli wird für das leibliche Wohl gesorgt. Vom Wurstsalat über Fischspezialitäten bis zum siebengängigen Überraschungsmenü ist alles zu haben. Im Sommer bereichert eine prächtige Gartenterrasse den erholsamen Aufenthalt (→ BÄDER, HOTELS).

Ettingen
Altane Zu sehr günstigen Preisen bekommt man in diesem Lokal mit italienischem Einschlag diverse Spezialitäten: Moules à la Altane, Röstipfanne oder 30 verschiedene Pizza-Sorten.

Gelterkinden
Rössli Italienische Spezialitäten von Pizze über Gnocchi bis Pasta in familiärer Atmosphäre, auch Fleisch- und Fischgerichte werden angeboten.

Grellingen
Chez Georges Gute, günstige Tagesmenüs, aber auch Gourmet-Spezialitäten. Zur jeweiligen Saison sind Wild und Spargeln die grossen Renner. Der gemütliche Treffpunkt kann genauso für eine Tasse Kaffe mit Kuchen aufgesucht werden. Ein Besuch muss keineswegs nur kulinarisch geprägt sein. Seine ruhige Hand kann man beim Minigolf oder im Schiesskeller unter Beweis stellen. Auch im Dancing lassen sich angenehme Stunden verbringen.

Langenbruck
Dürstel Die Bergwirtschaft mit vielen Aussenplätzen liegt am Bergweg zwei Kilometer ausserhalb des Dorfes. Die bürgerliche Küche bereitet saisonale Spezialitäten zu. Eine beliebte Besonderheit im Winter ist das Schneeschuhwandern.

RESTAURANTS

Eptingen
Bad Eptingen
Hauptstrasse 25
T 062 285 20 10
badeptingen@swissonline.ch
www.badeptingen.ch
PK mittel
Täglich geöffnet

Ettingen
Altane
Hauptstrasse 64
T 061 721 19 10
PK tief
Geöffnet: Di–So

Gelterkinden
Rössli
Rössligasse 20
T 061 983 07 60
PK tief
Geöffnet: Mi–So

Grellingen
Chez Georges
Baselstrasse 58
T 061 741 17 00
schindelholz-immobilien@bluewin.ch
PK mittel
Geöffnet: Di–So

Langenbruck
Dürstel
T 062 390 11 15
PK tief
Geöffnet: Mi–So

1: Chez Georges in Grellingen.

RESTAURANTS

Läufelfingen

Bad Ramsach
T 062 299 23 23
bad-ramsach@datacomm.ch
www.bad-ramsach.ch
PK hoch
Täglich geöffnet

Rosengarten
Hauptstrasse 16
T 062 299 11 21
info@rosen-garten.ch
www.rosen-garten.ch
PK tief
Geöffnet: Mi–So

Laufen

Hirschen
Baselstrasse 10
T 061 761 62 43
arichterich@bluewin.ch
PK tief
Geöffnet: Mi–So

Lauwil

Vogelberg
T 061 941 10 84
PK tief
Geöffnet: Mi–So

Läufelfingen

Bad Ramsach Monats-Spezialitäten und A-la-carte-Gerichte im gediegenen Panoramarestaurant mit wunderschöner Aussicht bis nach Liestal (→ BÄDER, KINDER, HOTELS).

Rosengarten Mit ausgezeichneter Küche und gediegenem Ambiente präsentiert sich das gastronomische Juwel am Nordfuss des Unteren Hauensteins. Zubereitet werden traditionelle Gerichte und Saisonspezialitäten. Regelmässig findet die «Rosengarten-Stubete» für Freunde der volkstümlichen Musik statt. Bei entsprechendem Wetter ist auch die Gartenwirtschaft offen (→ MUSIK).

Laufen

Hirschen Gutbürgerlich ist hier die Küche, sie bereitet aber nicht nur Alltägliches zu. Ausser dem Cordon bleu sind auch das Pferde-Entrecôte und das Straussenfilet des Hauses sehr bekannt. Am Sonntag wird ein günstiges Menü mit Dessert offeriert. Speise- und Weinkarte sind reichhaltig.

Lauwil

Vogelberg Auf 1107 m ü. d. M. das am höchsten gelegene Restaurant im Baselbiet. Die Bergwirtschaft mit vielen Plätzen in der freien Natur ist ab Bretzwil über Ramstein und den Geitenberg zu Fuss in neunzig Minuten zu erreichen. Das Haus ist von typisch regionalem Stil (→ WANDERN).

Liestal

Alte Braue Im Geburtshaus von Carl Spitteler trifft man sich und isst im Szenelokal. Auch die Gartenplätze sind ein beliebter Treffpunkt. Neben der gutbürgerlichen Küche bietet das Haus auch italienische Spezialitäten. Von der Zeitschrift Facts wurde die Alte Braue als eines der 100 sympathischsten Restaurants der Schweiz bezeichnet.

1: *Restaurant im Kurhotel Bad Ramsach, Läufelfingen.*
2: *Restaurant Hirschen, Laufen.*

Bad Schauenburg In der renommierten Küche «Cuisine du marché» werden nur frische, marktgerechte Produkte verarbeitet. Der Gastroführer «guide-bleu» hat dem Team die Auszeichnung «Gastgeberteam des Jahres 2002» verliehen (→ HOTELS).
Gitterli Vielfältiges Angebot für den grossen oder kleinen Hunger zu moderaten Preisen. Hauseigene Pizzeria und Gartenrestaurant unter Kastanienbäumen. Die Adresse ist ein idealer Etappenort für Velotouren oder Wanderungen (→ HOTELS).
Lindenhof Heimeliges Restaurant, verteilt über zwei ehemals unabhängige, alte Häuser. Schon dadurch bedingt, ist das Lokal in verschiedene, kleinere Räume aufgeteilt für 8, 16 oder 24 Gäste. Irgendwie sind da alle Zimmer zu einem einzigen Restaurant verkettet, durch Türen und über Treppchen und um Ecken herum verbunden. Die Räume sind schlicht und haben den Charakter von vergangenen Zeiten bewahrt. Das Lokal vermag alle zu befriedigen, die einen unkomplizierten Ausflug in die Vergangenheit unternehmen möchten. Die gute Küche mit Angeboten an Fleisch, Fisch und vegetarisch richtet sich nach den regionalen Gewohnheiten.
Schleifenberg Bergrestaurant, auf 614 m ü.d.M. oberhalb von Liestal, in 45 Minuten zu Fuss erreichbar. Ganzjährig geöffnet, aber nur samstags und sonntags. Ein Kinderparadies mit Spielplatz, Schlittelweg und Gartenwirtschaft.
Schützenstube Typische Behaglichkeit einer historischen Bürgerstube mit entsprechender, sehr guter Küche südländischen Einschlags. Jeden Monat neue Karte mit speziellen Angeboten aus bestimmten Regionen. Täglich Menüs und Tellerservice mit Fleisch, Fisch und vegetarisch, tagsüber und abends erhältlich. Weine aus der Schweiz, Frankreich und Italien. Restaurant und

RESTAURANTS

Liestal

Alte Braue
Kasernenstrasse 22
T 061 921 20 67
PK mittel
Geöffnet: Mo–Fr

Bad Schauenburg
T 061 906 27 27
hotel@badschauenburg.ch
www.badschauenburg.ch
PK hoch
Täglich geöffnet

Gitterli
Kasernenstrasse 51
T 061 921 41 88
PK mittel
Geöffnet: Di–So

Lindenhof
Lindenstrasse 5
T 061 922 28 22
PK mittel
Geöffnet: Mo–Fr

Schleifenberg
T 061 921 13 38
PK mittel
Geöffnet: Sa+So

Schützenstube
Rathausstrasse 14
T 061 921 08 08
PK mittel
Geöffnet: Di–Sa

Stadtmühle
Mühlegasse 22
T 061 921 29 33
PK mittel
Geöffnet: Mi–So

Ziegelhof
Zeughausplatz 15
T 061 921 30 61
PK mittel
Geöffnet: Mo–Fr

1: Restaurant Schützenhaus im «Stedtli».

RESTAURANTS

Münchenstein

Griechische Taverne
Hauptstrasse 31
T 061 411 08 01
PK mittel
Geöffnet: Mo–Sa

Hofmatt
Baselstrasse 88
T 061 416 08 48
www.hotelhofmatt.ch
PK mittel
Täglich geöffnet

Muttenz

Römerburg
T 061 461 07 70
PK tief
Geöffnet: Mo–So,
Ruhetag Winter: Mi

Nenzlingen

Linde
Hauptstrasse 16
T 061 741 12 68
PK tief
Geöffnet: Do–Mo

Oberdorf

Rössli
Hauptstrasse 70
T 061 961 03 91
PK mittel
Geöffnet: Di–So
(ausser letzter So im
Monat Ruhetag)

Speisesaal sind ausstaffiert mit wechselndem Kunstdekor. Ein Tipp für einschlägig interessierte Gesellschaften (→ KUNST).

Stadtmühle Allerlei Maschinen und Gerätschaften erinnern noch immer daran, welches Handwerk einst im Hause ausgeübt wurde. Entsprechend dezent museal präsentiert sich der Speisesaal. Küche gutbürgerlich.

Ziegelhof Etabliertes, traditionelles Speiserestaurant mit gemütlichem Ambiente, inmitten der malerischen Altstadt gelegen. Die ernährungsbewusste Küche wartet mit bekömmlichen Tagesmenüs sowie mit beliebten Haus- und Saisonspezialitäten auf. Unter gestandenen, alten Bäumen lässt es sich auch in der Gartenwirtschaft gut ergehen. Das frische Bier aus der Brauerei Ziegelhof wird hier nicht ausgehen.

Münchenstein

Griechische Taverne Wie der Name verrät: hellenische Spezialitäten. Ein lukullischer Genuss ist das Degustationsmenü.

Hofmatt Wechselnde Ambiance, je nach den Wünschen des Augenblicks, bieten ein Grotto mit italienischen Spezialitäten und Holzofenpizze, das Restaurant mit vielfältigem Angebot, ein gediegenes Speisesäli, auch geeignet für Anlässe in geschlossener Gesellschaft, die Bar für Snacks und Spitzenweine im Offenausschank oder im Sommer der Garten unter Kastanienbäumen für kalte Tellergerichte oder die grosse Auswahl an Glace und anderen Desserts (→ HOTELS).

Muttenz

Römerburg An waldigem Abhang sehr schön gelegen, mit Terrasse, eignet sich das Restaurant als Ausgangspunkt zur nahe gelegenen Römerburg. Gepflegte, gutbürgerliche Küche.

Nenzlingen

Linde Die Dorfbeiz mit einer grossen Gartenwirtschaft ist trefflich gerüstet für den Empfang zahlreicher Wanderer aus dem Blauen-Gebiet. Auf einer Geländeterrasse abseits vom pulsierenden Verkehr bietet sie sich aber für alle an, die einen geruhsamen, entspannenden Aufenthalt zu schätzen wissen.

Oberdorf

Rössli Das Lokal ist ein lockerer Treffpunkt in ungezwungenem Geist. Die Speisekarte ist nicht sehr umfangreich, aber täglich wird ein Fleisch- und/oder Fischgericht mit frischen, marktgerechten Beilagen angeboten.

Oberwil

Ochsen Gepflegter Landgasthof in gutbürgerlichem Stil mit adäquatem Gourmet-Angebot.

Zum Rössli Ein Gourmet-Lokal zum Wohlfühlen. Auch das Detail wird gepflegt. Besonderer Wert wird auf die mit Liebe und Fantasie abwechslungsreich gestaltete Tischdekoration gelegt. Auch die marktfrische Küche lebt von saisonalen Veränderungen.

Ormalingen

Farnsburg Gediegener Landgasthof mit hofeigenen Produkten wie Jung- und Weideschwein, Galloway-Rind oder im Januar auch Bison. Im Sommer herrliche Rund- und Fernsicht von der Terrasse aus (→ KINDER).

Pfeffingen

Blume (Witwe Bolte-Stube) Gemütliche Einrichtung im nicht ganz alltäglichen Max-und-Moritz-Dekor. Erstklassige Küche mit hochqualitativem Fleisch. Dauerangebote auf der Basis von schmackhaften Fleisch- und Fischsaucen, aber auch wechselnde Saisonspezialitäten und zeitweilig Spezialitätenwochen.

Pratteln

Grotto Gianini Typisches Tessiner Grotto mit Tessiner Wirtefamilie und entsprechendem Angebot. Die Spezialitäten: Risotto ai Funghi, Coniglio (Kaninchen) mit Polenta und natürlich verschiedene Pasta-Gerichte. Original Tessiner Formaggini und Salametti. Der Merlot del Ticino wird stilgerecht im Boccalino serviert. Im Sommer lädt die schattige Pergola zu einem Besuch.

Höfli Überaus gastliches Restaurant mit einem Gewölbekeller aus dem 16. Jh. Saisonale Gourmet-Küche mit regionalen Spezialitäten und ausgesuchten Weinen.

RESTAURANTS

Oberwil

Ochsen
Hauptstrasse 12
T 061 401 26 19
PK mittel
Geöffnet: Di–So

Zum Rössli
Hauptstrasse 30
T 061 401 18 81
roessli.oberwil@datacomm.ch
PK hoch
Geöffnet: Fr–Di

Ormalingen

Farnsburg
T 061 981 11 10
landgasthof@farnsburg.ch
www.farnsburg.ch
PK hoch
Geöffnet: Mi–So

Pfeffingen

Blume (Witwe Bolte-Stube)
Hauptstrasse 46
T 061 751 49 55
bolte@witwe-bolte.ch
www.witwe-bolte.ch
PK hoch
Geöffnet: Di–Do

Pratteln

Grotto Gianini
Bahnhofstrasse 9
T 061 821 21 90
PK mittel
Geöffnet: Mo, Di, Do–Sa

Höfli
Schauenburgerstrasse 1
T 061 821 32 40
rest@hoefli.ch
www.hoefli.ch
PK hoch
Geöffnet: Di–Sa

Kentucky Saloon
Gallenweg 22
T 061 821 21 21
PK tief
Geöffnet: Mi–Sa

1: Restaurant Höfli in Pratteln.

RESTAURANTS

Kentucky Saloon Liebhaber der Wildwestromantik essen im Trapperstübli, im Postbüro, im Drugstore oder in einer anderen Nische. Frühzeitige Reservierung für Gruppen erforderlich. Animierende, leichte Unterhaltungsbeiträge, wie Live-Musik und Line Dance. Küche in währschaftem American Style mit Spare-Ribs und Burgern.

Reigoldswil
Rössli Restaurant und Pizzeria für jedermann mitten im Dorf. Die Mahlzeiten sind rustikale, normale Saisongerichte. Zu seiner Zeit wird auch Käsefondue zubereitet. Das Haus ist auch für Zwischenmahlzeiten bestens gewappnet und empfängt gerne Gäste zu Kaffee und Kuchen.

Reinach
Rynacherheid Häxehüüsli Holzhaus am Waldrand nahe der Birs, umgeben von einem grosszügigen Garten mit Biotop und Flora aller Gattungen, auch viele Küchenkräuter. Plastiken von zahlreichen Gegenwartskünstlern im Skulpturengarten. Hinter dem Haus ein origineller verschlag- und schleusenartig angelegter Hexenladen, wo die «Schutzpatronin» des Hauses in unterschiedlichsten Ausführungen und mit allerlei Details aus ihrem Umfeld zum Kauf angeboten wird. Gemütliches Restaurant mit mehr als 50 verschiedenen Spiessli von milder bis feurig scharfer Zusammensetzung. Im Winter offener Kamin. In der Weihnachtszeit ist das Haus mit 30 000 Lichtern stimmungsvoll dekoriert. Vorreservation notwendig! Gruppen von mehr als sechs Personen werden zur Wahrung der Idylle nicht angenommen.

Reigoldswil
Rössli
Dorfplatz 3
T 061 941 22 44
PK mittel
Täglich geöffnet

Reinach
Rynacherheid Häxehüüsli
Heideweg 2
T 061 711 99 91
hexenhaus@tiscalinet.ch
PK mittel
Geöffnet: Di–So
Schlüssel
Hauptstrasse 29
T 061 712 33 00
PK hoch
Geöffnet: Mi–So
Wacker
Fleischbachstrasse 25
T 061 711 53 20
j.fimmler@swissonline.ch
www.restaurant-wacker.ch
PK hoch
Geöffnet: Di–So

1: Westernatmosphäre im Kentucky Saloon.
2: Häxehüüsli in Reinach.

Schlüssel Gemütliche Gaststube in einem typischen Bau des behäbigen Baselbieter Stils mitten im Ortszentrum. Im gediegenen A-la-carte-Restaurant, im Dorfsäli oder im Sommer unter den Lindenbäumen werden köstliche, saisonale Gerichte zu einem Tropfen aus dem reichhaltigen Keller aufgetragen. Leichte, marktorientierte Frischküche.
Wacker Wunderschönes Speiserestaurant mit beheiztem Wintergarten und attraktivem Gartenrestaurant. Saisonale Küche. Als Spezialität des Hauses ist die «Charbonnade» am Donnerstagabend zu einem Spezialpreis erhältlich.

RESTAURANTS

Roggenburg

Neumühle/Moulin-Neuf
Route Internationale
T 032 431 13 50
www.neumuehle.ch
PK mittel
Geöffnet: Di+Mi

Rothenfluh

Asphof
T 061 995 90 90
PK mittel
Geöffnet: Mi–So

Roggenburg
Neumühle/Moulin-Neuf In der ehemaligen klösterlichen Getreidemühle St. Peter ist das Restaurant im alten Stil eingerichtet. Serviert werden Gerichte nach Grossmutterart aus ganz Europa mit Schwergewicht auf der französischen Küche. Neben dem Gehöft erkennt man die eigene Fischzucht, was natürlich das Angebot der Küche um eine grosse Spezialität erweitert. Ein besonderes Angebot ist ein Wochenende mit siebengängigem Lucullus-Mahl inklusive Getränke und Übernachtung zu einem wahren Spottpreis (→ HOTELS, KULTURZENTREN).

Rothenfluh
Asphof Als typisches Baselbieter Bauernhaus mitten in der Juralandschaft gelegen, wo auch der Wanderer zur Rast gerne einkehrt. Die sympathische Bauernwirtschaft verfügt über eine helle Gaststube mit Kachelofen. Die ländliche Atmosphäre hat ihre Parallele im währschaften Bauernangebot der Küche: Fleisch vom Hof, Salate aus dem Garten, selbst gebackenes Bauernbrot, einheimische Weine und Eigenbrände. Im Herbst Metzgete.

1: Wirtschaft Asphof in Rothenfluh.

RESTAURANTS

Schönenbuch

Bad Schönenbuch
Brunngasse 2
T 061 481 13 63
PK hoch
Geöffnet: Sa–Mi

Sissach

Sissacherfluh
T 061 971 13 71
www.sissacherfluh.ch
PK tief
Geöffnet: Fr–Mi

Therwil

Schüre
Bahnhofstrasse 1a
T 061 721 33 11
PK mittel
Geöffnet: Mo–Sa

Titterten

Sodhus
Hauptstrasse 52
T 061 941 17 76
www.sodhus.ch
PK mittel
Geöffnet: Do–Mo

Waldenburg

Löwen
Hauptstrasse 81
T 061 961 01 21
PK tief
Geöffnet: Di–So

Schönenbuch
Bad Schönenbuch Das alte Badhaus mit behaglichem, traditionellem Ambiente ist bekannt für seine ausgezeichnete Küche. Das Gourmetlokal bietet solide, frische Regionalküche, und auch Vegetarier finden eine reiche Auswahl. Gartenplätze vorhanden.

Sissach
Sissacherfluh Bergwirtschaft mit entsprechender, guter Küche von einfach bis währschaft, auf 699 m ü.d.M. oberhalb von Sissach gelegen. Wird als Ort fern vom hektischen Alltagstreiben oft am Wochenende aufgesucht. Sonntags ist die Zufahrt mit dem Auto nur bis zur Wintersingerhöhe erlaubt.

Therwil
Schüre Das Restaurant ist in einem authentischen alten Stall untergebracht, was am Gebälk und den hölzernen Trägersäulen leicht erkennbar ist. Natürlich ist dieser Stall renoviert und umgebaut worden, aber entstanden ist dabei kein Produkt aus der Retorte. Die Küche bietet Diverses, vom Snack über Pasta, Käseschnitten und Fisch bis zu kompletten gutbürgerlichen Menüs.

Titterten
Sodhus Traditioneller Bau und dennoch helle Räume. Das Angebot ist bürgerlich, umfasst u.a. viele Röstispezialitäten und zahlreiche kalifornische Weine. Bei passendem Wetter lädt der Garten zum Verweilen oder zu einer Wanderrast.

Waldenburg
Mit einer Erlebnisküche der besonderen Art überrascht das Hotel-Restaurant *Löwen* seine Gäste. Gerichte aus aller Welt, gutbürgerlich wie auch vegetarisch.

1: Bergwirtschaft Sissacherfluh.

Sehenswürdigkeiten
Ortsbilder und Einzelobjekte

SEHENSWÜRDIGKEITEN

Binningen

Sternwarte
Astronomisches Institut der
Universität Basel
Venusstrasse 7
Info über Besichtigungen:
T 061 205 54 54
Für Donnerstag sind
Anmeldungen nicht nötig.
Im Zweifelsfalle (Witterung)
T 160 ab 18 h

Von der Neumühle am äussersten Westzipfel des Baselbiets bis zum Dorfbrunnen von Anwil am Ostende bietet sich dem Besucher mancher Anblick für bleibende Erinnerungen. Hier eine Auswahl:

Allschwil
Sehr gepflegtes *Ortsbild* mit Sundgauer Riegelbauten. *Hostienmühle* aus dem 17. Jh. (→ RESTAURANTS) und die *Schmiede* als markanter Fachwerkbau.

Arlesheim
Kleiner, alter *Dorfkern* auf dem Weg zur Eremitage, *Stiftskirche* (→ KIRCHEN) und *Domherrenhäuser* am Domplatz, angelegt 1679–87 nach Entwürfen des Misoxer Baumeisters Jakob Engel.

Binningen
Der Mensch soll angeblich nicht nach den Sternen greifen, aber wenigstens nach ihnen sehen darf er schon. Auf der *Sternwarte* des Astronomischen Vereins und des Astronomischen Instituts der Universität Basel bietet sich bei klarem Himmel die Gelegenheit dazu an Donnerstagabenden oder nach Vereinbarung.
Schloss (→ RESTAURANTS)

1: Hostienmühle in Allschwil.

SEHENSWÜRDIGKEITEN

Bottmingen
Weiherschloss
Schlossgasse 9

Bubendorf
Schloss Wildenstein
T 061 931 10 90

Bottmingen

Das wahrscheinlich am häufigsten im Bild publizierte Motiv des Baselbiets ist das **Weiherschloss Bottmingen**. Seine Anfänge liegen im 13. Jh. Erstmals urkundlich erwähnt wurde das Schloss 1363. Durch verschiedene Umbauten und eine anspruchsvolle Ausstattung des Inneren wurde der Bau in einen Landsitz nach französischem Muster verwandelt. 1938 wurde das Schloss unter Denkmalschutz gestellt. Seit 1957 gehört es dem Kanton und dient als überaus renommiertes Restaurant (→ RESTAURANTS).

Bubendorf

Im *Pfarrhaus*, entstanden in verschiedenen Bauperioden ab dem 16. Jh., ist die Decke des Pfarrsaals in 36 rechteckige Felder unterteilt. 1695 wurden diese von Matthis Faust mit biblischen Szenen bemalt. Barocke Rankenmalereien zieren die Holzbalkendecke der Eingangspartie zum Wohntrakt. Die meisten Zimmer haben Stuckdecken.

Der *Dinghof* im Dorfzentrum mit seinem steilen Satteldach und den seitlichen Treppengiebeln gehörte der Domprobstei Basel. Er diente als Richtstätte und war auch Wohnsitz der eingesetzten Meier. Diese hatten die Aufgabe, den Zehnten bei der Bevölkerung einzuziehen. Der Bubendorfer Dinghof war ein Oberhof, also ein Appellationshof für andere Dinghöfe der Domprobstei.

Schloss Wildenstein, erbaut von den Eptingern, war mit Sicherheit einst Sitz der Edlen von Bubendorf. Ab 1388

1: Sternwarte Binningen.

gehörte es Henman Sevogel bis zu dessen Heldentod 1444 als Anführer in der Schlacht von St. Jakob. Nach verschiedenen Besitzerwechseln wurden 1792 Schlossgebäude, Pächterhaus, Scheunen und Ställe gründlich instand gestellt. Ein weiterer Umbau geht auf den Beginn des 20. Jh. zurück. Seit 1995 ist es im Besitz des Kantons und die schön renovierten Räume können für Kurse, Tagungen, Feste oder andere Veranstaltungen gemietet werden.

SEHENSWÜRDIGKEITEN

Itingen
Die kompakten Häuserzeilen mit den typisch alemannischen Schirmdächern entlang beider Strassenseiten machen das *Ortsbild* von Itingen zu einem der schönsten im Kanton.

Laufen
Noch vor dem Obertor, beim Vorstadtplatz, ist das *Stadthaus* als einstiger barocker Adelssitz zu beachten. Neben dem *Tor* auf Stadtseite die klassizistische Fassade des *alten Rathauses*. Durch die geschlossenen Häuserreihen mit steilen Giebeln blickt man durch die Hauptgasse zum Unter- oder *Baslertor*, bemalt mit Fresken von Otto Plattner (→ KUNST). Der Helyeplatz in der Fortsetzung bei der *Kirche St. Katharinen* (→ KIRCHEN) ist geprägt vom Bau des *Heimatmuseums* (→ MUSEEN) und einer Bronzestatue. Am östlichen Rand der Innenstadt steht der *Stahlsche Hof* als einfacher Renaissancebau, heute Amtshaus. Das *Wassertor* gehört in seinem unteren Bereich (um 1300) zur *Stadtmauer*, welche noch über eine Länge von ca. 400 Meter erhalten ist. In einer Seitengasse befindet sich der letzte noch betriebene Bauernhof innerhalb der Stadtmauer.

1: Schloss Wildenstein, Bubendorf.
2: St. Katharinenkirche in Laufen.

SEHENSWÜRDIGKEITEN

Lausen
Ein sehenswertes Einzelobjekt in Lausen ist die *spätgotische Papiermühle* mit reichhaltigen Schnitzereien.

Liestal
Das «Stedtli» (die Altstadt) ist angelegt auf einem Terrassensporn. Die breite Hauptgasse wird von zwei Nebengassen gesäumt. Der Grundriss der Altstadt blieb weitgehend erhalten, wie auch die Plätze und grosse Teile der Strassenzüge noch ein geschlossenes Bild abgeben. Von der mittelalterlichen Stadtbefestigung sieht man noch das *Obere Tor* aus dem 13. Jh. mit Ergänzungen aus späteren Bauetappen sowie ganz in der Nähe den *Thomasturm* von 1509 als letzten erhaltenen Wehrturm der Stadtmauer.

Die Bauten von kunsthistorischer Bedeutung befinden sich fast alle im mittelalterlichen Bereich der Altstadt, die meisten davon mit spätgotischen, barocken und klassizistischen Fassaden. Von einem geschlossenen Häuserquadrat umgeben, erhebt sich an der höchsten Stelle der Altstadt die reformierte *Stadtkirche* (→ KIRCHEN). An der Rathausstrasse, der Hauptverkehrsader der Altstadt, befindet sich das spätgotische *Rathaus* mit Stufengiebel. Innenausbau und Ausstattung gehen auf das späte 16. Jh. zurück. Das Erdgeschoss diente früher als Fleischhalle. Noch im 18. Jh. standen dort 18 Fleischerbänke.

Weitere herausragende Gebäude: der *Olsbergerhof*, das *alte Zeughaus*, das spätklassizistische *Amtshaus* am Zeughausplatz, die *Stadtmühle*, das einstige *Spital* oder das *Pfarrhaus* von 1743 an der Kanonengasse.

Zeugen der Römerzeit sind die konservierten Mauerzüge des *Gutshofes Munzach* und die teilweise noch sicht- und auf einem Stück begehbare *Wasserleitung* nach Augusta Raurica am Weideliweg und an der Heidenlochstrasse nördlich der Ergolz.

Eine ausgedehnte *Burganlage* findet sich auf dem Bergsporn Burghalden. Urkundlich kann deren Geschichte nicht verfolgt werden. Man vermutet, es handle sich um eine frühe Grafenburg aus der Zeit um 900 bis 1100. Sichtbar sind Teile der Umfassungsmauer sowie die Grundmauern einer kleinen Saalkirche mit Halbrundapsis und Altarsockel.

1: Gutshof Munzach.

Ormalingen

Um 1330 wurde die *Farnsburg* ob Ormalingen durch die Grafen von Thierstein erbaut. 1461 kaufte die Stadt Basel das Schloss samt der Grafschaft Sisgau. Im Zusammenhang mit der Französischen Revolution wurde die Burg im Januar 1798 von der aufgebrachten Landbevölkerung in Brand gesteckt. Erhalten geblieben sind Überreste der Kapelle und eines Palas mit Mauer und Nebenbauten. Bemerkenswertes Panorama.

Pratteln

Gut erhaltener alter *Dorfkern*. Das *Schloss*, eine ehemalige Wasserburg aus dem 13. Jh., wurde verschiedentlich umgebaut und dient heute als Standesamt. Ref. *Pfarrkirche* St. Leodegar (→ KIRCHEN). An die Anfänge der Industrialisierung erinnern die *Bohrtürme* der 1837 eröffneten Saline Schweizerhalle (→ MUSEEN).

Wittinsburg

Vor allem im Oberdorf der Gemeinde auf dem Plateau über dem Homburgertal zeigt sich das Bild einer unverfälschten, intakten Bauerngemeinde. Die gepflegte, kompakte Kette von *Bauernhäusern* auf beiden Strassenseiten versetzt den Besucher in ein vergangenes Jahrhundert.

Ziefen

Wesentliche Teile im historischen Kern des *typischen Strassenzeilendorfes* entlang dem Bach sind sehr gut erhalten, sehr kompakt auch im Unterdorf. Die Mehrzahl der Häuser stammt aus dem 18., einige aber schon aus dem 16./17. Jh. Eindrücklich die Ansätze zur Kirchgasse (Häuser Nr. 4 und 6) und Mühlegasse mit den Häusern Nr. 3 (Spittel) und 4 (Mühle), dem ältesten noch bestehenden Haus im Dorf.

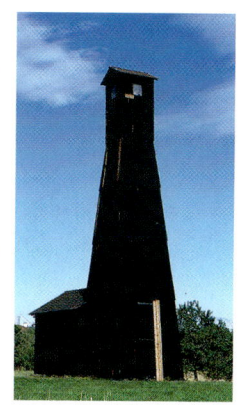

SEHENSWÜRDIGKEITEN

Pratteln

Schloss
Oberemattstrasse

1: *Ruine Farnsburg ob Ormalingen.*

2: *Salzbohrtürme in Pratteln.*

SPORT UND SPIEL

Sport und Spiel
Aktiv sein und den Aktiven zusehen

Sportamt Baselland
Eine detaillierte Übersicht über die Sportveranstaltungen im Kanton und die Daten der Durchführung ist im Internet abrufbar unter www.baselland.ch mit Link auf das Sportamt.

Behinderten-Sport Basel
Tulpenweg 7
4123 Allschwil
T 061 481 59 40

Billard
Allschwil
Billard Club zur Ziegelei
Baslerstrasse 46
T 061 481 55 66
Augst
Cedro Römerhof
Giebenacherstrasse 31
T 061 811 17 67
F 061 811 45 53
Liestal
Spielsalon Escape
Lausenerstrasse 22
T 061 921 14 84
Niederdorf
Hotel Station
Hauptstrasse 51
T/F 061 961 01 26
Pratteln
Bowling/Billard-Center
Netzibodenweg 23
T 061 811 63 64

Es gibt kaum eine Sportart, die man im Baselbiet nicht betreiben kann. Ob Jogging, Tennis, Golf oder Basketball – Sport hat im Kanton einen grossen Stellenwert. Der Sport wird von staatlicher Seite gefördert. Grundlage dafür ist das Sportkonzept vom 7. März 1991. Es umfasst die Förderung und die Koordination des Sportangebots für alle Altersgruppen, Altersstufen und Sportarten.

Sportzentren
In verschiedenen Gemeinden bestehen Sportzentren, Anlagen und Hallen für unterschiedliche Sportarten. Tennis als eine der verbreitetsten Einzelsportarten lässt sich bei vielen von ihnen spielen. Die Kontaktnummern der Zentren sind in der Randspalte vermerkt.

Beach-Volleyball kann in einzelnen Freibädern gespielt werden (→ BÄDER).
Billard-Lokale und -Centers ermöglichen Karambolage und Bandenspiel in Allschwil, im Cedro Römerhof Augst, im Spielsalon Escape in Liestal, in Niederdorf im Hotel Station und im Bowling-Center in Pratteln.
Für *Bowling* und/oder *Kegeln* befinden sich Bahnen bei Van der Merwe in Allschwil, in Münchenstein und Muttenz in Reize's Weinstube sowie im Hotel Station in Niederdorf und im Bowling-Center in Pratteln.
Eislauf bietet sich an auf den Kunsteisbahnen in Binningen-St. Margarethen (betrieben durch die Stadt Basel) oder in Sissach. Natureisbahnen werden in Pratteln gepflegt bei den Schulhäusern Grossmatt und Längi. Eine Eishalle steht in Laufen.

1: Bowling in der Weinstube in Muttenz.

SPORT UND SPIEL

Finnenbahnen in Birsfelden, Bottmingen (ob Talholzstrasse), Laufen (mehr als 1 km), Liestal, Ormalingen, Pratteln-Erli und in Zunzgen-Zunzgerhard.
Wer sich in **Golf** versuchen will, kann dies in Allschwil im Freien oder unter Dach, oder aber draussen in Pratteln. Eine Golfschule findet man in Anwil.
Kegeln: siehe unter Bowling.
Für Freunde des **Minigolf** stehen Anlagen in Aesch, den Sportanlagen Gitterli in Liestal, im Seegarten Münchenstein-Brüglingen und Pratteln zur Verfügung. Draussen und drinnen spielt man in Allschwil.
Liestal unterhält eine **Skateboardanlage** an der Kasinostrasse. Eine ziemlich neue Piste findet sich im Ortskern von Grellingen.
Skisport Zwei Skigebiete mit der erforderlichen Infrastruktur liegen im Baselbiet. In Langenbruck bestehen mehrere Skilifte, eine Langlaufloipe und sogar eine Sprungschanze. Das andere liegt am Juranordfuss bei den Wasserfallen ob Reigoldswil.
Die meisten Möglichkeiten haben die Freunde des **Squash** in Allschwil mit Vitis, Paradies und Van der Merwe, aber auch im Bächliacker in Frenkendorf oder im Carnivals in Liestal lässt es sich spielen.
Den **Rodelspass** erlebt man durch das ganze Jahr in Langenbruck, wo eine über 1000 m lange Strecke – einzigartig in Europa – alle Altersgruppen zu einer rasanten Fahrt einlädt. Der Lift wird umweltfreundlich mit selbst gewonnener Sonnenenergie angetrieben.

Bowling

Allschwil
Van der Merwe Center
Gewerbestrasse 30/
Bachgraben
T 061 487 98 98
Münchenstein
Bowling-Center Ruchfeld
Emil Frey-Strasse 70
T 061 331 24 45
Muttenz
Reize's Weinstube
Rössligasse 1
T 061 461 60 11
Pratteln
Bowling/Billard-Center
Netzibodenweg 23
T 061 811 63 64

Kunsteisbahnen

Binningen-St. Margrethen
Margrethenpark
T 061 361 95 95
Geöffnet: Sept.–März
Laufen
Eissport- und Freizeithalle
Naustrasse 83
T 061 761 34 18
Geöffnet: Okt.–März
Sissach
Renggenweg 12
T 061 971 45 85
Geöffnet: Okt.–März

Golf

Allschwil
Hegenheimermattweg 123
T 061 481 13 25
Anwil
Golfschule Topscore
Dorfstrasse 3
T 061 993 13 18
Pratteln
Netzibodenstrasse 23c
T 061 811 77 66

1: Skisport in Langenbruck.

SPORT UND SPIEL

Minigolf

Aesch
Birspark
Dornacherstrasse 180
T 061 701 97 97
Allschwil
Mini-Golf Halle
Bachgraben
Lachenstrasse 18
T 061 481 08 00
Liestal
Gitterli
Militärstrasse 14/18
T 061 921 36 01
Münchenstein-Brüglingen
im *«Park im Grünen»*
Pratteln
Ergolz
Giebenacherstrasse 101
T 061 811 44 88

Skisport

Langenbruck
Obere Wanne
Schneebericht
T 062 390 16 66
Untere Wanne
Schneebericht
T 062 390 16 67
www.langenbruck.ch
Reigoldswil
Luftseilbahn Wasserfallen
Talstation Oberbiel 62
T 061 941 18 20
Autom. Wetter- und Infodienst T 061 941 18 81

Der Gesundheit zuträglich ist auch die Bewegung auf dem *Vita-Parcours*: Aesch-Schwang, Binningen-Holeeholz, Birsfelden-Hardwald, Füllinsdorf-Elbisberg, Gelterkinden-Lachmatt, Laufen-Reben, Lausen-Stockhalde, Liestal-Sichtern, Münchenstein-Auwald, Muttenz-Rütihard, Pratteln-Erli, Reinach-Käppeli, Therwil.

Sport für Zuschauer:

Dittinger Flugtage
Meist auf Ende August kommen die Dittinger Flugtage zur Durchführung. Trägerin dieses Schaufliegens ist die örtliche Segelfluggruppe. Sie selbst nimmt nur einen kleinen Teil der Demonstrationszeit in Anspruch, die sich samstags und sonntags von 13 bis 17 oder 18 Uhr erstreckt. Der grössere Teil des Programmes besteht in Motorenflug mit Beteiligung von auswärtigen, oft auch ausländischen Teams. Das Meeting lockt auf beide Tage verteilt etwa 20 000 Zuschauer an. An schönen Wochenenden im Sommer ist es am Flugplatz Dittingen auch möglich, den Segelflugbetrieb mit einem Passagierflug etwas näher kennen zu lernen.

1: Rodelspass in Langenbruck.
2: Flugtage in Dittingen.

Motocross
Diese Sportart wird in **Roggenburg** gepflegt, wo von Zeit zu Zeit auch Rennen ausgetragen werden.

Radrennen
Jeden Herbst findet in **Ettingen** das Blauen Bike-Race statt, organisiert vom örtlichen Mountain-Bike-Club. Schon so gut wie etabliert ist der «Swiss Power Cup» für Biker in **Reinach**. Der Name nimmt Bezug auf den Hauptsponsor. Das Rennen findet jeweils frühestens gegen Ende August, spätestens Anfang Oktober statt. Teilnehmer sind Nachwuchsfahrer aus der gesamten Schweiz. 2002 fand die 7. Auflage des Cups mit einem Feld von 750 Fahrern statt. Mit Start beim Schulhaus Fiechten führt das Rennen durch Feld und Wald zwischen Reinach, Aesch, Ettingen und Therwil.

Schwingen
Die Liebhaber dieses urchigen Nationalsports kommen jährlich am ersten Sonntag im September in **Reinach** auf der Anhöhe Bruderholz beim **Predigerhofschwingen** auf ihre Rechnung. Das Teilnehmerfeld setzt sich hauptsächlich aus Sportlern des Baselbiets sowie aus dem Kanton Solothurn und aus dem Fricktal zusammen. Es können aber auch Gastclubs beteiligt sein. Veranstalter ist der Schwingclub Oberwil.

SPORT UND SPIEL

Squash
Allschwil
Vitis
Hegenheimermattweg 121
T 061 487 11 11
Sportcenter Paradies
Bettenstrasse 73
T 061 485 95 80
Van der Merwe Center
Gewerbestrasse 30/
Bachgraben
T 061 487 98 98
Frenkendorf
Zentrum Bächliacker
Schützenstrasse 2
T 061 901 76 64
Liestal
Carnivals
Lausenerstrasse 5
T 061 921 30 91

Rodelspass
Langenbruck
www.solarbob.ch
Geöffnet: Mo–Fr 13–17h, Sa, So und Feiertage 10–17h, im Winter 1 Std. weniger

Flugtage
Dittingen
Flugplatz Dittingen
T 061 761 68 06
www.sg-dittingen.ch

1: Biketouren im Wald.

THEATER

Theater

Von Klassik bis zum Schwank

Birsfelden
Roxy Theater
Muttenzerstrasse 6
T 061 313 60 98

Gelterkinden
Marabu
Schulgasse 5
www.4460.ch/marabu
Aktuelle Anlässe entnehmen Sie der Tagespresse.

Ein Theater wie in den Städten, wo man täglich die Gewissheit hat, dass abends eine Aufführung stattfindet, gibt es im Baselbiet nicht. Hingegen wird rege die ländliche Tradition hochgehalten, dass viele Dorfvereine an ihrem Vereinsabend in der Wintersaison mit einem Volkstheaterstück aufwarten. Meist – aber nicht unbedingt immer – handelt es sich dabei um einen Schwank, gespielt von Vereinsmitgliedern. Termin und Spielort erfährt man durch die Lokalpresse, Aushänge oder die Vereine selbst. Vergleichbar gehen die verschiedenen Laien-Theatergruppen vor. Diese Art von Theaterabend geht meist in Gemeindesälen, Turn- oder Mehrzweckhallen über die Bühne.

Birsfelden
Im Kulturzentrum *Roxy* wurde das einstige Kino in den 1990er-Jahren zum Theater umgebaut. Unter den jährlich etwa 100 Vorstellungen sind Theaterstücke genauso vertreten wie andere Darbietungen des Bühnenfachs: Tanz, Cabaret, Konzerte, Performances usw. Das Programm erscheint im Birsfelder Anzeiger, in der Tagespresse sowie auf Plakataushängen. Auch der Trägerverein gibt Informationen dazu ab (→ KULTURZENTREN).

Gelterkinden
Von Zeit zu Zeit setzt auch das *Marabu* auf Theater. In seinem Fall sind es Schwänke (→ KULTURZENTREN).

1: Laientheateraufführung.

Laufen

Im *Alten Schlachthaus* gelangen Theaterstücke zur Aufführung, die keine übermässige Bühnentechnik erfordern. Kinder können häufig Puppentheater erleben (→ ARCHITEKTUR, KINDER, KULTURZENTREN).

Liestal

Laienbühne Liestal Ein bis zwei Stücke pro Winter werden mehrmals aufgeführt. Spielort ist meist die Aula der Gewerbeschule oder der Veranstaltungsraum im Kantonsmuseum.

Kleintheater Liestal Der Verein organisiert Auftritte von Kleinkünstlern wie Cabarettisten, Chansonniers usw. aus dem In- und Ausland.

Kulturhaus Palazzo Hinsichtlich Theater kommen hier die Freunde des avantgardistischen und des Alternativtheaters auf ihre Rechnung. Auch dem Kindertheater räumt man viel Platz ein (→ KULTURZENTREN).

Tournee-Theatergruppen machen dann und wann auch in Liestal Halt. Über Termine und Spielorte geben die Tagespresse oder das «Amtliche Mitteilungsblatt» Aufschluss.

Münchenstein-Brüglingen

Hohen Ansprüchen will man in Brüglingen gerecht werden. Die *Freilichtaufführungen* werden oftmals von Profischauspielern bestritten. Auch Laien- und Lehrertheater kommen zum Einsatz. Die Veranstaltungen dauern jeden Sommer einen Monat lang im August/September mit zwei bis drei Aufführungen pro Woche. Zum gesellschaftlichen Teil kann man sich schon zwei Stunden früher im improvisierten Theaterrestaurant auf dem Platz vor der Museumsscheune zu einem auf das Stück zugeschnittenen Essen einfinden.

THEATER

Laufen

Altes Schlachthaus
Seidenweg
Programminfo:
www.wochenblatt.ch
www.laufen-bl.ch

Liestal

Kleintheater
Aufführungen im Kantonsmuseum Baselland
Zeughausplatz 28
T 061 925 50 90 (ab Band)
oder 061 925 59 86
Aktuelle Aufführungen entnehmen Sie der Tagespresse

Kulturhaus Palazzo
Bahnhofplatz
T 061 921 14 01
F 061 922 05 48
www.palazzo.ch
Reservation und Vorverkauf:
Buchhandlung Rapunzel im Palazzo, T 061 921 56 70

1: Kulturzentrum Roxy, Birsfelden.

Top/Rekorde
Was nicht alle haben

Arboldswil

Lamafarming
Heinz Räuftlin
Winkel 4
T 061 931 33 61 oder
079 246 26 48
www.wasserfallen.ch

Arboldswil
Im Baselbiet lassen sich Dinge finden, von denen viele nur träumen können. Als Vertreter einer exotischen Tierwelt leben *Lamas* auf einem Hof mitten im Dorf. Im Sommer halten sie sich auf der Wasserfallen ob Reigoldswil auf. Ihre Weide befindet sich unterhalb der Bergstation der Gondelbahn. Dort oben im Hochjura ist auch ihr praktisches Einsatzgebiet. Sie arbeiten als Gepäckträger beim Lama-Trecking in Tagestouren von bis zu fünf Stunden. In Absprache mit dem Veranstalter sind auch mehrtägige Touren möglich.

Biel-Benken
Die älteste *Kirchenglocke* des Kantons stammt aus der Kirche des verschwundenen Dorfes Munzach bei Liestal und hängt seit 1622 im Turm der Kirche in Benken.

Ettingen
Die *Solarstromproduktion* in Ettingen ist in absoluten Zahlen sicher nicht die grösste. Stellt man aber die Jahresleistung von 52 675 KWh (Jahr 2000) in Beziehung zur Einwohnerzahl von 4800 bis 4900, so ergibt das eine

1: Die Lamas in Arboldswil.

> **TOP/REKORDE**
>
> **Läufelfingen**
>
> *Tierfriedhof*
> Förderverein
> Brunngasse 8
> 4463 Buus
> T 061 841 13 13
> info@tier-friedhof.ch
> www.tier-friedhof.ch
>
> **Lauwil**
>
> *Brennerei Hof Holle*
> Ernst Bader
> T 061 941 15 41

jährliche Produktion von mehr als 10 KWh pro Kopf. Verbürgt ist es nicht, aber das könnte einen Weltrekord darstellen. Die Anlage befindet sich auf den Dächern des Schulhauskomplexes Hintere Matten und ein weiterer Ausbau ist geplant.

Läufelfingen

Am oberen Dorfausgang, auf der Ostseite, auf einem 15 000 Quadratmeter grossen Gelände findet man den bisher einzigen *Tierfriedhof* der Schweiz. Eröffnet wurde er im August 2001. Er umfasst Gräber von Stubenvögeln, Zwerghasen und anderen Kleintieren aller Gattungen über Katzen bis zu Hunden. An Gestaltung der Gräber ist eine stilistische Fülle bis hin zu Kitsch vertreten. Der Ort ist ein Anziehungspunkt für Besucher aus der ganzen Schweiz und dem benachbarten Ausland, auch für Menschen, die kein eigenes Tier hier liegen haben. Es soll Stätte der Begegnung sein, wo das Lachen genauso erlaubt ist wie die Trauer. Zur Lektüre ausgehängt sind Geschichten, welche die Menschen über ihre Tiere aufgeschrieben haben. Es ist vorgesehen, daraus einen «Geschichtenweg» zu gestalten. Aus einem Legat seitens der Erfinderin von Hundemänteln wird eine Ausstellungsvitrine für diese Tiermode gestaltet.

Lauwil

Ernst Bader vom Hof Holle (vor der Dorfeinfahrt Abzweigung rechts) trat im Sommer 1999 als Brenner des ersten *Schweizer Whiskeys* in Erscheinung. Inzwischen haben ihm das landesweit ein paar wenige nachgemacht. Jährlich, solange Vorrat, kann man den Whiskey nebst anderen gebrannten Wassern direkt ab Hof beziehen.

1: Der Tierfriedhof in Läufelfingen.

TOP/REKORDE

Liedertswil
Schiessstand
Peter Minder
T 061 963 96 97

Waldenburg
Dampffahrten
Waldenburgerbahn AG
Hauptstrasse 12
T 061 965 94 94
F 061 965 94 99

Liedertswil

Ein einziger Baselbieter *Schiessstand* ist noch immer **ohne Elektrizität**, jener von Liedertswil oder «Tschoppehof», wie der Einheimische das Dorf nennt. Gesellschaften mit bis zu 60 Personen können dort bei Gaslicht ihre Anlässe abhalten (→ BRÄUCHE/FESTE/FEIERN).

Liesberg

Die bis anhin älteste bekannte Wohnstätte der Region ist die **altsteinzeitliche Höhle** bei der Station Liesberg. Beim Bau der Bahnlinie von Basel nach Delsberg wurde sie 1874 entdeckt und als Werkzeugschuppen und Schmiede für den Bahnbau eingerichtet. Die Bedeutung der Stätte wurde erst durch spätere Funde bekannt. Die Fundgegenstände aus Feuerstein und Knochen wurden durch städtische Museen käuflich erworben. Die ältesten Lager reichen bis in die frühe Altsteinzeit zurück (500 000 bis 100 000 v. Chr.), die meisten Funde auf die späte Altsteinzeit (40 000 bis 5000 v. Chr.) Zur Zeit des Ersten Weltkriegs bot die Höhle fahrenden Scherenschleifern und Korbmachern notdürftig Unterschlupf.

Titterten

Die höchstwahrscheinlich älteste *Holzkanzel* im Baselbiet findet sich in Titterten in der Kapelle St. Martin. 1537 soll sie dorthin gelangt sein und gemäss Urkunden ursprünglich von St. Peter in Oberdorf stammen.

Waldenburg

Die *Waldenburgerbahn* ist unter allen konzessionierten Eisenbahnen der ganzen Schweiz jene mit der geringsten Spurweite. Diese misst gerade mal 75 Zentimeter. Die heutigen Züge haben weit reichende Ähnlichkeit mit städtischen Strassenbahnen. An drei Sonntagen im Jahr, normalerweise im Juni, August und September, werden öffentliche Dampffahrten in einer Zugskomposition mit verschiedenen nostalgischen Wagen angeboten. Vorgespannt ist die Original-Dampflokomotive «Gedeon Thommen» aus dem Jahr 1902. Die Fahrt mit einem umfangreichen Angebot an Apéros dauert eine gute Stunde. Sonderfahrten für Gesellschaften mit bis zu 100 Personen können gebucht werden (→ BRÄUCHE/FESTE/FEIERN).

1: Holzkanzel in Titterten.

Versteckt
Abgelegen oder unauffällig

VERSTECKT

Fast wie Understatement mutet es an, wie viele Dinge ihren tatsächlichen Gehalt bescheiden verstecken, sei es, weil sie nicht so eklatant daherkommen oder weil sie abseits der grossen «Heerstrasse» liegen.

Bennwil
Taufbecken aus dem einstigen Kloster Schönthal bei Langenbruck. Gefertigt wurde es vermutlich im 15. Jh. in Nürnberg.

Bubendorf
Die mehrstufige, halbrunde *Sitzgruppe* auf der Südseite der Kirche ist aufgebaut aus Quadersteinen der alten Kirche.

Gelterkinden
«Versteckt», wenn überhaupt noch teilweise erkennbar, sind die einstigen *Dorfetter*. Ein Dorfetter ist die ländliche Entsprechung einer Stadtmauer, also die Einfassung des Dorfgebietes. Meist wurde diese Grenze mit Hecken oder geflochtenen Zäunen markiert. Die Entdeckung einer künstlichen Aufschüttung bei Grabungsarbeiten und später eines weiteren Walls mit vorgelagertem Graben war in Gelterkinden Anlass, den früheren Dorfetter nachzuvollziehen. Wo klare, schlüssige Nachweise fehlten, wurde der Verlauf mit logisch anmutenden Nachempfindungen ergänzt. Heute führt ein Rundgang in absolut unbeschwerlichem Gelände «im Etter noo ...» (dem Etter nach). Der Weg zieht sich so nahe als möglich entlang dem teils sicheren, teils höchst wahrscheinlichen Verlauf des einstigen Etters. Zugleich begegnet man auf diesem

1: Bennwiler Taufbecken.

VERSTECKT

Läufelfingen
Trochebluemestube
Naef Martin und Claudia
T 062 299 22 34

Parcours einer ganzen Anzahl ortsgeschichtlich bedeutender Bauten. Der Faltprospekt mit Anleitung zu diesem Rundgang ist erhältlich beim Verkehrs- und Verschönerungsverein oder bei der Stiftung Ortssammlung.

Läufelfingen
Hoch über dem Dorf am Südosthang des Wisenberges nahe der Kantonsgrenze, mit dem Auto über das solothurnische Wisen zu erreichen, liegt die «*Trochebluemestube*» Obere Hupp von Claudia und Martin Naeff, die eine Trockenblumen-Kultur pflegen. Kaufen kann man diese dekorativen Kunstwerke der Natur über das ganze Jahr hinweg. Jeweils in der zweiten Oktoberhälfte wird eigens eine Ausstellung veranstaltet.

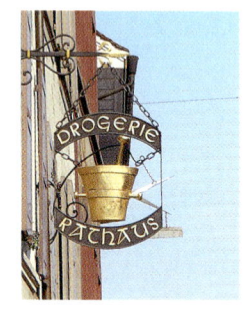

Liestal
Ihr Geläut hört man normalerweise an einem einzigen Tag im Jahr. Die «*Banntagsglocke*» im Dachreiter auf dem Törli ist über 500 Jahre alt. Sie ist eine der seltenen Ave-Maria-Glocken, gegossen im Jahr 1500 für ein Gotteshaus, wie sich aus der Inschrift schliessen lässt (→ BRÄUCHE/FESTE/FEIERN).
Sehenswerte Details im Hauptort sind auch die prächtigen *Wirtshausschilder* an der Rathausstrasse oder die *Teekanne* der Herberia am Fischmarkt.
Wer fesselnde Personen aus der Liestaler Vergangenheit kennen lernen möchte, kann kostenlos an einer der sporadischen *Friedhofsführungen* teilnehmen. Im Auftrag des Verkehrs- und Verschönerungsvereins stellt Claudia Senn auf einem Rundgang von ca. 90 Minuten etwa ein halbes Dutzend interessante verstorbene Einheimische vor.

Oberdorf
Ein ausserordentlich wertvolles Kleinod der Baugeschichte ist die Türe zum Haus Nr. 54 an der Hauptstrasse, einst eine Schlosserwerkstatt. Es ist ein *Portal* in einem Mischstil aus gotischen Elementen und beginnender Renaissance in der Türeinfassung. Die Holztür selbst stammt aus dem Jahr 1581, einer Zeit, wo andernorts bereits der barocke Baustil Einzug gehalten hatte.

Rümlingen
Im Pfarrgarten steht ein *Taufstein* von 1514 mit gotischer Inschrift.

1: Detailreiches Schild im Liestaler Stedtli.
2: Portal an der Hauptstrasse 54 in Oberdorf.

VERSTECKT

Titterten
Die Kapelle St. Martin, mit Dachreiter, einer Scheibe von Jacques Düblin und einer schönen, neuen Orgel ausgestattet, trägt auf der Westseite als besonderes Detail einen *goldenen Baslerstab* aus dem beginnenden 16. Jh. Dass er in der Zeit der Wiedereinschwärzung der goldenen Stäbe heil davongekommen ist, fällt nicht sofort auf, denn er ist schon ziemlich verwittert. Im Falle einer Renovation würde er aber mit Gewissheit wieder in prächtigem Gold erstrahlen.

Wahlen
Ein Ort für private Andacht: die *Lourdes-Grotte*. Sie befindet sich an der Ausfahrt Richtung Grindel auf der rechten Strassenseite, ca. 100 m nach den letzten Häusern.

Wenslingen
Auf einer waldigen Höhenzunge versteckt, in Richtung Nordausgang des Hauensteintunnels, liegt die Ruine der im 12. Jh. verlassenen Anlage *Ödenburg*. Davor der *Jungfernstein*, eine mächtige Platte, möglicherweise ein keltisches Heiligtum.

Ziefen
Im Dorf sind gleich zwei «*Buuchhüsli*» erhalten. Das sind Häuschen, die der Allgemeinheit für bestimmte Arbeitsgänge dienten. Das Waschhäuschen steht im Unterdorf beim Bach, das Backhäuschen nicht weit davon entfernt in Richtung Kirchgasse.

1: Ödenburg Wenslingen.
2: Goldener Baselstab in Titterten.

WANDERN

Wandern
Nicht allzu hoch hinaus

Wanderwege beider Basel
Schanzenstrasse 8a
4410 Liestal
T 061 922 19 44

Bücher

Wanderungen im Baselbiet – 9 Wanderungen
Verkehrsverein Basel-Landschaft/Gesundheitsförderung Baselland, CHF 6.50
Wandern mit dem U-Abo
fünf Bände mit verschiedenen Themenschwerpunkten
Friedrich Reinhardt Verlag
CHF 19.80 pro Band
Wandern im Jura
Friedrich Reinhardt Verlag
CHF 19.80
Das grosse Abenteuer – Familienwanderung
von Sabina Droll
Friedrich Reinhardt Verlag
CHF 19.80
Berggasthöfe und Ausflugsziele in der Nordwestschweiz
von Paul Jenni
Verlag Dietschi AG
CHF 29.50

Das Baselbiet ist für Wanderer ein ausgesprochenes Paradies, weil die Strecken mit Leichtigkeit ganz nach persönlichen Bedürfnissen und individueller Leistungsfähigkeit festgelegt werden können. Ein zusätzlicher «Joker»: Selbst vom abgelegensten Punkt aus ist in längstens 1–1$^1/_2$ Wegstunden eine Station des öffentlichen Verkehrs zu erreichen. Bei gewissen Nebenlinien ist allerdings auf eventuelle Tücken des Fahrplans zu achten (siehe Randspalte).

Die Höhen- und Bergwelt des Baselbiets zeichnet sich besonders durch kompakte, längere Ketten aus, die viele Varianten für die Wahl des Ein- oder Ausstiegsortes anbieten. Je nach Tagesform lässt sich auf einer Wanderung mit Leichtigkeit noch ein Stück zulegen oder früher abbrechen als ursprünglich beabsichtigt. Die Wanderwege sind durchwegs sehr gut markiert.

Das grosse Wandergebiet im Westen ist die **Blauenkette**, die sich das Baselbiet mit dem Kanton Solothurn teilt. Von Kleinlützel bis Aesch sind es etwa 18 Kilometer, wobei nach erreichter Höhe der grösste Teil des waldigen Weges auf dem Blauenkamm nur wenig Gefälle aufweist. Die gesamte Strecke nimmt eine Marschzeit von ca. 5 Stunden in Anspruch. Sehr bemerkenswert ist auf dieser Wanderung der Ausblick vom Blattenpass ob Pfeffingen zum Schwarzwald und den Vogesen. Für Teilstrecken bieten sich auf beiden Seiten der Kette verschiedene Dörfer als Ein- oder Ausstieg an. Kräftesparend ist der Aufstieg mit dem Bus Nr. 113 bis zur Challhöhe ab Flüh/Mariastein oder Laufen, der aber nur mit wenigen Einsätzen sonntags sowie an besonderen Markt- oder

1: Eines der vielen Wanderwegschilder im Kanton.

Messetagen verkehrt. Von der Challhöhe beträgt die Marschzeit 35 Minuten zum Metzerlenkreuz, $3^{1}/_{4}$ Stunden bis Aesch oder bei einem Seitenausstieg Richtung Birstal $1^{1}/_{4}$ Stunden bis ins Dorf Blauen und von dort eventuelle weitere $1^{1}/_{2}$ Stunden via Berggasthof Blauen Reben (→ RESTAURANTS) bis nach Grellingen.

Besonders reizvolle Verbindungen zum Tal bestehen für den Ein- oder Ausstieg zu Fuss. Z.B. zwischen Challhöhe und Burg im Leimental (ca. $^{1}/_{2}$ Std.) vorbei am romantisch im Wald gelegenen Friedhof von Burg oder zwischen dem Metzerlenkreuz und Laufen (oberster Teil steil) durch das sehenswerte Tälchen «Schachlete» mit dem Gasthof Bergmatten am Wege (Di/Mi geschlossen). Stimmungsvoll ist auch der Weg über die ebenfalls «Bergmatten» genannten Weiden ob Hofstetten (mit Bergrestaurant, Mo/Di geschlossen) und die Chälengrabenschlucht. Wer mag, kann von den Bergmatten aus statt nach Hofstetten den etwas längeren Abstieg vorbei an der Ruine Fürstenstein nach Ettingen wählen.

Die Baselbieter *Jurakette* im Süden erstreckt sich ungefähr vom Geitenberg ob Bretzwil/Lauwil bis zum Unteren

WANDERN

Karten

1:25 000 der Schweizerischen Landestopographie
Blätter:
1047 Basel
1048 Rheinfelden
1066 Rodersdorf
1067 Arlesheim
1068 Sissach
1069 Frick
1086 Delémont
1087 Passwang
1088 Hauenstein
1089 Aarau
oder die Zusammensetzung
2505 Basel und Umgebung
CHF 13.50 pro Blatt

1:50 000 der Schweizerischen Landestopographie
Blätter:
213 T Basel
214 T Liestal
223 T Delémont
224 T Olten
CHF 22.50 pro Blatt

1:60 000 Wanderkarte von Kümmerly + Frey
Aargau-Basel-Stadt-Basel-land-Olten
CHF 24.80

1: Challhöhe zwischen Eptingen und Läufelfingen.
2: Rast am Gelterkinder Dorfbrunnen.

WANDERN

Panoramakarte
der Nordwestschweiz
Basel südwärts
Herausgeber: Waldschule
Regio Basel
Friedrich Reinhardt Verlag
CHF 9.80

Tücken im Fahrplan
Natürlich peilt der Wanderer einen Zielort an, an dem er mit einem Anschluss des öffentlichen Verkehrs zum Wohn- oder Aufenthaltsort rechnet. Es gibt diverse Linien, die an gewissen Tagen nicht verkehren. In vielen Fällen kommt man dank einer anderen Linie trotzdem weiter.

Wir beschränken uns hier auf die Aufzählung jener möglichen Wanderziele im Baselbiet und in unmittelbarer Nähe, wo im Zeitraum bis 19 Uhr mit dem öffentlichen Verkehr kein Weiterkommen mehr zu erwarten ist.

(Stand: Januar 2003)

Bennwil
letzter Bus:
Sa 12.03 h,
So kein Busbetrieb
Blauen (Dorf)
letzter Bus:
Mo–Fr 18.57 h,
Sa 12.56 h,
So 17.40 h
Burg im Leimental
letzter Bus:
Mo–Fr 18.25 h,
Sa 16.34 h,
So 18.47 h

Hauenstein. Am Westende lässt sich Höhe mit Transportmitteln gewinnen. Eine lohnende Variante ist die Fahrt auf den solothurnischen Passwang (Bus Nr. 115 ab Laufen oder Zwingen). Auf dem Weg zum Übergang ins Baselbiet öffnet sich ein grandioser Blick über das Mittelland auf die Alpenkette. Noch vor dem Wander- und Skigebiet Wasserfallen (→ SPORT UND SPIEL) liegen die am höchsten gelegene Bergwirtschaft «Vogelberg» im Kanton (→ RESTAURANTS) und das Gehöft Bürtenhof mit Pferdepension und einer stattlichen Anzahl anderer Tiere. Auf dem schnellsten Weg auf die Wasserfallen führt die Seilbahn ab Reigoldswil.

Der Grat des Kettenjuras im Baselbiet führt weiter über den Helfenberg zum Oberen Hauenstein bei Langenbruck (Bus Nr. 94 ab Waldenburg). Im Ferienort Langenbruck bieten sich diverse Extras an (z. B. Römerstrasse, Rodelbahn → SPORT UND SPIEL). Zum Chilchzimmersattel, mit 991 m ü. d. M. der höchste befahrbare Pass im Kanton, führt der Weg über den Dürstelberg (Berggasthof Dürstel → RESTAURANTS). Wer jedoch das Kloster Schönthal (→ KIRCHEN) in die Wanderung einbeziehen will (1$^1/_2$ km vom Dorfkern Langenbruck), wählt nicht die Dürstelbergroute, sondern folgt der Fahrtrasse nach Eptingen bis zur Passhöhe. Bei dieser Lösung nimmt man 4 km asphaltierter Strasse in Kauf. Vom Chilchzimmersattel aus ist in 20 Minuten die Belchenfluh zu erreichen. Weiter zieht sich der Weg entlang dem Ifleter Berg zum Unteren Hauenstein. Vom Übergang Challhöchi aus kann man auch bequem nach Eptingen oder Läufelfingen absteigen.

Die gesamte Strecke vom Passwang bis zum Hauenstein oder Läufelfingen nimmt je nach Variante etwa 6$^1/_2$ bis 7$^1/_2$ Stunden in Anspruch. Die Gratwege der Jurakette erfordern stellenweise Trittsicherheit. Es ist jedoch

1: Reigoldswiler Seilbahn.

möglich, auf Wegen um den Berg herum den grösseren Anforderungen auszuweichen. Auf der gesamten Achse bestehen auch mehrere Möglichkeiten, gleich ganz hinunter in eines der Nord-Süd-Täler abzusteigen oder seine Wanderung vor dem endgültigen Abstieg auf dem Tafeljura noch etwas auszudehnen. So z. B.:
- beim Vogelberg vorbei am Geitenberg nach Bretzwil, Lauwil oder Reigoldswil oder auf die Höhenwege zwischen Oristal und Reigoldswilertal.
- von der Wasserfallen nach Reigoldswil oder durch den Wald, vorbei an Liedertswil auf die Nord-Süd-Zunge im Gebiet von Titterten, Arboldswil, Arxhof, Schloss Wildenstein nach Bubendorf oder via Abendsmatt (→ NATURSEHENSWÜRDIGKEITEN) nach Lampenberg.
- Vordere und Hintere Egg bieten Abstiegsmöglichkeiten nach Waldenburg oder Oberdorf.

- vom Oberen Hauenstein lassen sich kürzere oder längere Fusswege nach Waldenburg einschlagen.
- vom Chilchzimmersattel führt der Weg ins Tal nach Eptingen oder auf den Tafeljura zwischen Waldenburger- und Diegtertal, beide Varianten vorbei am Berggasthof Oberbölchen.
- die Challhöhe (Bergwirtschaft Chall etwas unterhalb) ist verbunden mit den Talgemeinden Eptingen oder Läufelfingen, aber auch mit der Zunge des Tafeljura zwischen Diegter- und Homburgertal.
- wer am Unteren Hauenstein noch nicht zu Tal steigen möchte, kann seinen Höhenweg nach Osten über solothurnisches Gebiet fortsetzen hinüber zur Schafmatt ob Oltingen.

Sanftere Wanderwege und schon eigentliche Spazierwege zeichnen den *Tafeljura* aus. Da kann man in jedes

WANDERN

Challhöchi
am Blauen
Der Busverkehr über die Challhöhe ist nicht sehr dicht und gilt vorrangig speziellen Anlässen wie Markt in Laufen oder Messen in Mariastein
Markt in Laufen, jeweils am 1. Werk-Dienstag im Monat
letzter Bus:
Richtung Laufen 15.48 h,
nach Metzerlen 16.10 h
Messe in Mariastein, jeweils am 1. Mittwoch im Monat
letzter Bus:
Richtung Laufen 16.30 h,
nach Mariastein 16.10 h
letzter Bus, Sonntag:
Richtung Laufen 16.32 h,
nach Mariastein 15.44 h
Dittingen
letzter Bus:
Mo–Fr 18.54 h,
Sa 16.54 h,
So 17.22 h
Ederswiler (Kanton Jura)
letzter Bus:
Mo–Fr 19.08 h,
Sa/So 18.08 h
Ab Ederswiler verkehrt zudem eine Postautolinie nach Delsberg (nicht im TNW-Verbund)
Häfelfingen
letzter Bus:
Mo–Fr ausserhalb Schulferienzeit: 17.43 h
Sa/So und Schulferien kein Busbetrieb

1: Wandern am Belchen.

2: Wasserfall Wildenstein.

WANDERN

Lauwil
letzter Bus:
Mo–Fr 19.35 h,
Sa 18.31 h,
So 19.31 h
Nenzlingen
letzter Bus:
Sa 12.16 h,
So 17.33 h
Olsberg
letzter Bus:
Sa 15.59 h nach Magden,
16.22 h nach Giebenach,
So kein Busbetrieb
Passwang
letzter Bus:
1. April bis 31. Oktober bei
gutem Strassenzustand
täglich 17.38 h
Ansonsten die Wanderung
auf das unten im Lüsseltal
gelegene Neuhüsli ob
Beinwil ausrichten
letzter Bus:
So–Fr 19.27 h, Sa 19.14 h
Roggenburg
letzter Bus:
Mo–Fr 19.11 h,
Sa/So 18.11 h

beliebige Seitental bis zuhinterst fahren, von dort die moderate Höhe zu Fuss gewinnen und ohne besondere Anforderungen auf der Anhöhe bis zu deren Südende wandern. Ausstiege unterwegs sind auf beiden Seiten zahlreich möglich. In jedem Fall führt auch eine Wanderung auf dem Tafeljura immer wieder zu Punkten mit besonders schöner Aussicht auf Jura, Schwarzwald und Vogesen. Die längste dieser Süd-Nord-Anhöhen zwischen Waldenburger- und Diegtertal ist von Eptingen bis Liestal in $3^1/_2$ bis 4 Stunden zu schaffen.

Ein thematisch gestalteter Wanderweg ist der *Planetenweg* von *Laufen* über rund 14 km zur Station *Liesberg*. Im Massstab 1:1 Mia. lässt sich unser Sonnensystem durchwandern. Das Grössenverhältnis gilt sowohl für das Ausmass der auf Stangen und Sockeln dargestellten Planeten als auch für ihre Distanz zur Erde. Zu Beginn zeigen sich die Gestirne in leicht zu bewältigenden Abständen. Wer aber das All bis zum Pluto durchwandern will, muss zwischen $3^1/_2$ und 4 Marschstunden einrechnen.

Laufen lädt zu einer weiteren lehrreichen Wanderung ein. Ungefähr 5 Stunden nimmt der *Jubiläumsweg* in Anspruch, angelegt 1995 zur 700-Jahr-Feier des Städtchens. Er führt ungefähr den Gemeindegrenzen entlang und auf jedem Rastplatz informiert eine Tafel über die Geschichte aus einem der sieben Jahrhunderte.

1: Mittagsrast.
2: Ruine Homburg.

s Baselbiet geniessen · Ausflüge für jeden Geschmack

FÜR AKTIVE

Für Aktive
Eigenleistung ist gefragt

Bäder → S. 138

Botanische Gärten
→ S. 149

Bräuche/Feste/Feiern
→ S. 150

Fasnacht → S. 176

Natursehenswürdigkeiten
→ S. 249

Sport und Spiel → S. 274

Versteckt → S. 283

Wandern → S. 286

Manche möchten nicht nur konsumieren und passiv besichtigen, sondern in irgendeiner Weise selbst tätig sein oder einen Beitrag leisten. Einwohnern stehen da allein schon durch das vielfältige Vereinswesen Möglichkeiten für alle denkbaren Aktivitäten offen. Gar so einfach hat es der Besucher von auswärts nicht, aber auch er kann sich betätigen.

Sport und Spiel
Sicher sind → SPORT UND SPIEL die Gebiete mit den weitaus meisten Möglichkeiten, selbst aktiv zu sein. Vom Vita-Parcours über eine Biketour, das Schwimmen (→ BÄDER) bis hin zum Ski- und Eislauf wird dem Besucher vieles geboten. Kegeln kann er genauso wie Billard oder Minigolf spielen. Ist die Sommerrodelbahn in Langenbruck Sport oder Spiel? Hauptsache, sie ist Erlebnis.

Aktive Naturbegegnung
Das → WANDERN an sich stellt schon eine Aktivität dar. Es kann aber auch verbunden werden mit einer zweiten: dem aktiven, bewussten Lernen. Wird in die Wanderung z.B. der Naturlehrpfad Talweiher (→ NATURSEHENSWÜRDIGKEITEN) in Anwil einbezogen oder einer von vielen Waldlehrpfaden, so trifft man wohl zwei Fliegen auf einen Streich. Lehrreich ist auch der Spaziergang «im Etter noo» in Gelterkinden (→ VERSTECKT). Aktiv sein in der Natur kann man genauso im Botanischen Garten

1: Baden am Birsköpfli.

FÜR AKTIVE

in Münchenstein-Brüglingen (→ BOTANISCHE GÄRTEN). Dort besteht ein Bestimmungslabyrinth, aus dem man durch die richtige Beantwortung von Fragen zu Pflanzen auf kürzestem Wege aus dem Labyrinth herausfindet, anderenfalls aber etwas längere Zeit im Dschungel der Hecken verweilen muss. Am Südende des Parks befindet sich zudem ein See.

Bräuche
Beim Feuerbrauch des Scheibenschlagens (→ BRÄUCHE/FESTE/FEIERN), oder wie der lokale Name für den Vorgang immer lauten mag, steht auch Auswärtigen nichts im Wege, sich am Schleudern der brennenden Scheiben zu beteiligen. An der → FASNACHT kostümieren sich viele Leute, die nicht im Rahmen einer Clique eigentliche Aktive sind. Auch das ist eine Form von Aktivbeitrag.

1: «Em Etter noo» in Gelterkinden.

FÜR EILIGE

Architektur → S. 130

Bäder → S. 138

Hotels → S. 186/187

Kinder → S. 192

Kirchen → S. 199

Restaurants → S. 261/262

Für Eilige
Schnell, aber typisch

Mit dem Auto

Die Fülle und Diversität des Baselbiets erfasst man nur, wenn man die Landschaft erlebt, ein Dorf mit regionalem Gepräge gesehen und sich in einem der kleinen Zentren bewegt hat. Wer ein Auto zur Verfügung hat, kann diese Elemente in Kürze kombinieren und mit dem Besuch von sehenswerten Details anreichern.

Von Liestal wählt man zunächst die Talstrasse Richtung Waldenburg und zweigt beim Bad Bubendorf ins gleichnamige Dorf ab. Hinter Bubendorf folgt man dem Wegweiser nach Arboldswil durch das enge, romantische Tal des Fluebachs.

In Arboldswil sollte man sich einen Blick auf die Erdhäuser (→ ARCHITEKTUR) nicht entgehen lassen. Im verträumt gelegenen Titterten wählt man die südliche Dorfausfahrt. Auf der Anhöhe über dem Ort empfiehlt sich ein kurzer Halt. Der Blick über die sanften Anhöhen des Tafeljuras hinüber auf den Schwarzwald und den Kettenjura im Süden vermittelt schon einen gültigen Eindruck, wie der grösste Teil des Kantons in die Natur eingebettet ist (→ NATURSEHENSWÜRDIGKEITEN). Die Weiterfahrt führt über Oberdorf nach Waldenburg. Im alten Städtchen am Oberen Hauenstein kann man sich auf einem kleinen Rundgang die Füsse etwas vertreten, indem man durch gut erhaltene Häuserzeilen schlendert.

Über den Pass erreicht man Langenbruck und biegt in der Ortsmitte in die Ausfahrt nach Eptingen ein. Nach knapp zwei Kilometern Fahrt kommt man vor der grossen Rechtskurve zum ehemaligen Kloster Schönthal (→ KIRCHEN). Hier beginnt die Anfahrt zum höchsten

1: Eptingen.

befahrbaren Bergübergang im Kanton, dem Chilchzimmersattel (991 m ü. d. M.). Auf der Passhöhe am Fuss der Belchenflue sollte man sich eine kurze Rast gönnen. Hier lässt sich das Ineinanderfliessen der beiden Juratypen besonders eindrücklich erleben.

FÜR EILIGE

Für eine Zwischenverpflegung bietet sich auf der Weiterfahrt nach Eptingen der typische Berggasthof Oberbölchen an oder aber unten im Tal in gehobener Preisklasse das Hotel-Landgasthof Bad Eptingen (→ BÄDER, HOTELS, RESTAURANTS). Die östliche Dorfausfahrt führt über eine nächste Süd/Nordzunge des Tafeljuras nach Läufelfingen, wo man auf der Hauptstrasse nach wenigen Metern talwärts in die Strasse nach Bad Ramsach einbiegt, dem einzigen noch aktiven Heilbad des Baselbiets (→ BÄDER, HOTELS, KINDER, RESTAURANTS). Wer nicht von der gesunden Erfrischung Gebrauch machen will, kann auch hier einfach den herrlichen Ausblick geniessen. Auf der Weiterfahrt nach Norden gelangt man zur Abzweigung nach Zeglingen und auf den rasanten Wiederanstieg in Richtung Oltingen. Über Anwil (Ostende des Kantons) gelangt man durch das Tal der Ergolz zurück nach Liestal, wo die Erkundungstour mit einem Bummel durch das malerische «Stedtli» ihren Abschluss findet.

Mit öffentlichen Verkehrsmitteln

Ganz so beweglich wie mit dem Privatwagen ist man trotz bemerkenswerter Liniendichte mit dem öffentlichen Verkehrsmittel nicht, weil nicht überall Querverbindungen zwischen den Tälern bestehen. Bei diversen Buslinien kann man vom Endpunkt aus nur auf dem gleichen Wege wieder zurückfahren. Dennoch gibt es kurzweilige Strecken, auf denen viel vom Gepräge des Baselbiets in Erscheinung tritt.

Für einen ausgiebigen Tagesausflug besorgt man sich am besten die TNW-Tageskarte (Preis 2. Klasse im Jahr 2003: Erwachsene CHF 19.–, Kinder bis 16 Jahre CHF 9.50). Je nach Länge der Reise schwankt dabei die Ersparnis. In jedem Fall aber hat man damit die Bequem-

1: Zwischenverpflegung im Bad Eptingen.

FÜR EILIGE

Augusta Raurica → S. 135

Museen → S. 230

Region → S. 251

Restaurants → S. 256

Sehenswürdigkeiten
→ S. 269

lichkeit, sich nicht stets von neuem eine Teilstreckenkarte besorgen zu müssen. Zudem ist man ausgerüstet, falls man sich unterwegs plötzlich für eine andere Fahrtroute entscheidet. Einheimische Inhaber von TNW-U-Abos benötigen überhaupt keine zusätzlichen Fahrkarten. Achtung! Fahrpläne können von Zeit zu Zeit Änderungen unterworfen sein.

Tagesausflug Mit der SBB bis Bahnhof Gelterkinden. Buslinie 103 nach Oltingen (→ SEHENSWÜRDIGKEITEN). Das Hochplateau zwischen Wenslingen und Oltingen ist eine typische Tafeljuralandschaft. Wer den Ausflug am Sonntag unternimmt, kann sich in Oltingen bei Voranmeldung einen «Buurezmorge» gönnen. Der Rückweg nach Gelterkinden entspricht dem Hinweg.

Von Gelterkinden führt die Buslinie 100 über die Buuseregg durch eine herrliche Landschaft. In Buus beachte man wenigstens von aussen auf der Vorbeifahrt linkerhand bei der Einfahrt in den Dorfkern das alte Ständerhaus (→ MUSEEN). Endstation der Linie ist das aargauische Rheinfelden (→ REGION). Falls jetzt gerade Essenszeit sein sollte oder uns der Sinn nach einer Erfrischung steht: In der malerischen Altstadt finden sich zahlreiche Restaurants.

Mit dem Regionalzug erreicht man in ein paar Minuten Kaiseraugst, von wo man bequem zu Fuss zur Römerstadt → AUGUSTA RAURICA gelangt. Von Augst führt die Buslinie 70 nach Liestal (auch Basel), wo sich jedem, der noch mag, ein Bummel durch die Stadt anbietet.

Andere Variante Um 10.30 Uhr in Basel sein. Ab Bahnhof SBB Tram Nr. 1/14 bis Brausebad, umsteigen auf Linie 6 nach Allschwil Endstation (→ SEHENSWÜRDIGKEITEN). Bummel im gut erhaltenen Dorfkern mit vielen Sundgauer Riegelbauten. Essen in einem der → RESTAURANTS. Ungefähr 13.45 Uhr Tram zurück bis Station Brausebad, dort wieder auf Bahnhofslinie umsteigen. SBB nach Laufen (→ SEHENSWÜRDIGKEITEN). Die Weiterfahrt mit Buslinie 111 führt durch Solothurner Gebiet nach Nunningen mit Anschluss an Linie 116 nach Bretzwil. Das Landschaftserlebnis setzt sich fort dank dem Kleinbus der Linie 91 nach Reigoldswil. Am Wochenende bedient die Linie auch Lauwil, ein verstecktes Dorf im Abhang vom Ketten- zum Tafeljura, wo man normalerweise nur hingelangt, wenn man gezielt dorthin will.

In Reigoldswil direkter Anschluss an die Buslinie 70 nach Liestal. Wer unterwegs in Ziefen (→ SEHENSWÜRDIGKEITEN) das typische Baselbieter Strassenzeilendorf genauer unter die Lupe nehmen möchte, kann hier problemlos einen Aufenthalt machen. Die Linie zurück nach Liestal (→ SEHENSWÜRDIGKEITEN) zu einem abendlichen Stadtbummel ist gut bedient.

1: Stadtbummel in Liestal.

Für Familien
Was Kindern gefällt

FÜR FAMILIEN

Bäder → S. 137/138

Botanische Gärten → S. 148

Kinder → S. 192

Museen → S. 227

Region → S. 253

Sehenswürdigkeiten → S. 270

Sport und Spiel → S. 275/276

Top/Rekorde → S. 281/282

Spiel und Spass
Kindern zu einem Erlebnis zu verhelfen, ist im Baselbiet kein besonderes Kunststück. Neben vielen Robinsonspielplätzen, kinderfreundlichen Parks und Schwimmbädern (→ BÄDER) steht auch die Rodelbahn in Langenbruck für spassige Erlebnisse zur Verfügung (→ SPORT UND SPIEL). Punktuelle Veranstaltungen ergänzen das Angebot wie z. B. der Drachenflugtag im Seegarten von Münchenstein-Brüglingen,
der Kinderplausch in Bad Ramsach oder Programme für Kinder in verschiedenen Kulturzentren (→ KINDER).

Ausflüge
Bei den Kindern sehr beliebt sind die Höhlenwege in der Arlesheimer *Eremitage* (→ BOTANISCHE GÄRTEN). Eine besondere Faszination geht auch von den *Flugtagen* in Dittingen (→ SPORT UND SPIEL) aus. Ritterromantik kommt im Gemäuer der *Burgen* auf: Farnsburg und das Schloss Wildenstein (→ SEHENSWÜRDIGKEITEN), die Ruine Dorneck (→ REGION) oder Homburg bei Buckten/Läufelfingen, gut zu kombinieren mit dem *Tierfriedhof* (→ TOP/REKORDE) und Bad Ramsach (→ BÄDER, RESTAURANTS). Im Sommer bietet sich auch eine der nostalgischen *Dampffahrten* mit der Waldenburgerbahn (→ TOP/REKORDE) an.

Museen
Besonders angesprochen sind Kinder von folgenden → MUSEEN: Zum bunten S in Liestal, Krippen- und Spielzeugmuseum Bubendorf oder Froschmuseum in Münchenstein.

1: Eremitage Arlesheim.

FÜR FAMILIEN

Augusta Raurica → S. 136

Bräuche/Feste/Feiern
→ S. 150

Fasnacht → S. 176

Kinder → S. 191

Kunst → S. 213

Top/Rekorde → S. 280

Wandern → S. 286

Feste und Bräuche
Unter → BRÄUCHE/FESTE/FEIERN gibt es viele Anlässe, die auch Kindern grosses Vergnügen bereiten. Namentlich sei hingewiesen auf: Eierleset, 1. Augustfeuer, Räbeliechtliumzug, St. Nikolaus, Nüünichlingle und besonders → FASNACHT.

Tiere
Gross und Klein sind immer wieder fasziniert von Begegnungen mit Tieren. Möglich sind solche im *römischen Haustierpark* von → AUGUSTA RAURICA. Dieser liegt ausserhalb des Römerzentrums in Richtung Giebenach. Für den Tierpark muss kein Eintritt bezahlt werden.
Tiere gehen auch im *Weihermattpark* in Liestal um, wo den Kindern gleichzeitig eine Rutschbahn von Claire Ochsner (→ KUNST) zur Verfügung steht. Wanderer können auch über Lauwil, Bretzwil oder den Passwang dorthin gelangen, wo man nicht nur das wundervolle Panorama geniessen, sondern auch in Kontakt kommen kann mit zahlreichen Pferden. Auch Gänse, Hühner, Hunde, Schweine und andere Hoftiere findet man hier (→ WANDERN). Wer über die Wasserfallen kommt, begegnet vielleicht den Lamas, die dort im Einsatz zum Trecking stehen und in Arboldswil ihren Heimathof haben (→ TOP/REKORDE).

1: Kinder beim Banntagsbaum.
2: Tierpark Weihermatt in Liestal.

Für Frühaufsteher
Morgenstund im Wiesengrund

FÜR FRÜHAUFSTEHER

Fasnacht → S. 176

Märkte → S. 224

Natursehenswürdigkeiten → S. 249

Erwachen der Natur
Gerade für gestresste Städter liegt ein Erlebnis der «anderen Art» in einer Naturbegegnung frühmorgens. Man begebe sich im Morgengrauen – wer mag, bricht noch in der Dunkelheit auf – zum Talweiher in Anwil (→ NATURSEHENSWÜRDIGKEITEN) oder einfach in einen Wald, möglichst ein gutes Stück ausserhalb bewohnten Gebietes, und lausche der erwachenden Natur. Die stetig anwachsenden Geräusche aus der Tierwelt, noch ungestört von jenen der Zivilisation, kommen einer Symphonie gleich. Es besteht auch die Chance, Wild beim Äsen zu begegnen. Dem Liebhaber von derlei Erlebnissen ist klar, dass er sich äusserst zurückhaltend und diskret verhält, um die natürlichen Abläufe der Tierwelt nicht zu stören.

Landwirtschaftliche Impressionen
Wenn viele noch schlafen, sieht der Bauer bereits nach seinem Vieh. Einen solchen Tagesanfang aus der Nähe zu verfolgen, hat für viele einen ungewohnten Reiz, besonders wenn parallel dazu noch der Anbruch des neuen Tages beobachtet werden kann. So ist ein früher Ausflug zu einem abgelegenen Bauernhof beinahe schon ein Geheimtipp. Es empfiehlt sich aber vorher mit dem Bauern Kontakt aufzunehmen, denn als unbekannter Zaungast kann man auch als störend empfunden werden.

Märkte
An den Markttagen beginnt der Aufbaubetrieb von Ort zu Ort unterschiedlich früh. Hier spricht nichts gegen ein Beobachten aus dem Hintergrund, denn auch der Marktfahrer tritt dem «Publikum» gegenüber in Erscheinung. Vielleicht ergibt sich auch die Gelegenheit, ein paar Worte auszutauschen (→ MÄRKTE).

Fasnacht
Ganz klar terminabhängig sind jene Frühaufsteher, die den fasnächtlichen Morgenstreich nicht verpassen wollen (→ FASNACHT).

1: Frühmorgens auf dem Bauernhof.

FÜR LEBENSKÜNSTLER

Für Lebenskünstler
Leben, wie es kommt

Einkaufen → S. 167

Hotels → S. 184

Restaurants → S. 260

Morgenstunden
Der gewiefte Lebenskünstler erkundigt sich bereits am Vorabend im → HOTEL, ob ihm jemand das Frühstück ans Bett servieren kann. Sollte er aber aus irgendwelchen Gründen schon viel früher an die frische Luft gelangt sein, so geht er der Nase nach und sammelt Impressionen, die er geniesst. Solche können sich einstellen, wenn er die Schaufenster (→ EINKAUFEN) abklappert. Einen Designer-Toilettendeckel mit eingearbeiteten Stoffbären z.B. hat er nie zuvor gesehen. Und neben allem Alltäglichen findet er Ästhetisches genauso wie Fantasievolles und Witziges. Auch der Besuch in der Boutique für Geschenkartikel und Mitbringsel ringt ihm gar manches Schmunzeln ab.

Guten Appetit!
Essen ist zwar eine Notwendigkeit. Aber wenn man Spezielles oder Ausgefallenes haben kann, freut sich der Lebenskünstler. Wenn ihm im Restaurant die Beilagen z.B. auf der Kehrichtschaufel vorgesetzt werden, so ist dies für ihn nicht ein Skandal, sondern ein Gag. Und wenn er dann noch merkt, dass das Restaurant heute noch nicht weiss, ob es morgen vielleicht breite Nudeln gelocht und in einem Büroordner abgelegt aufträgt, oder was immer ihm an Schrecklichem einfallen wird, so akzeptiert er dies als witzige Überraschung. Er fühlt sich wohl mit der Philosophie vom Rebstock in Diegten (→ RESTAURANTS).

1: Einkaufen in Liestal.

FÜR LEBENSKÜNSTLER

Bäder → S. 137

Bars → S. 141

Botanische Gärten → S. 148

Kirchen → S. 196

Kulturzentren → S. 207

Kunst → S. 209

Museen → S. 227

Nachtleben → S. 246

Natursehenswürdigkeiten → S. 249

Restaurants → S. 258/267

Gedankenfreiheit
Sich treiben lassen und die Eindrücke auf sich wirken lassen, kann der Lebenskünstler an verschiedensten Stätten: → BOTANISCHE GÄRTEN, KIRCHEN, KUNST, MUSEEN. Auch beim Aufenthalt im Bad (→ BÄDER) oder in der Natur kann er das Leben geniessen (→ NATURSEHENSWÜRDIGKEITEN). Einen geruhsamen Nachmittag kann er auf der Terrasse im Waldhaus (→ RESTAURANTS) in der Hard von Birsfelden verbringen. Gedankenaustausch und -freiheit sind zudem das A und O für ihn, deshalb schätzt er lockere Treffs (→ BARS). In der Alten Braue in Liestal z.B. (→ RESTAURANTS) kann er Lebensanschauungen aller Färbung begegnen. Und vielleicht schätzt er auch einen Besuch in einem Nachtclub (→ NACHTLEBEN).

Besondere Details
Das nicht Alltägliche spricht den Lebenskünstler an: zum Beispiel eine Übernachtung auf dem Weingut bei der Domaine Nussbaumer in Aesch (→ RESTAURANTS) oder ein Wochenende mit siebengängigem Lucullus-Mahl zu einem Preis für Tiefstapler in der Neumühle in Roggenburg (→ KULTURZENTREN, RESTAURANTS).

1: Ref. Stadtkirche Liestal.

FÜR MUSISCHE

Für Musische
Tour de culture

Botanische Gärten
→ S. 148

Hotels → S. 185

Kirchen → S. 197/199

Kulturzentren → S. 204

Museen → S. 236

Musik → S. 240

Sehenswürdigkeiten
→ S. 271

Theater → S. 278

Wandern → S. 290

Musisch Interessierte müssen im Baselbiet gezielt für ein Konzert (→ KULTURZENTREN, MUSIK) oder eine Vorstellung im → THEATER anreisen, weil nicht täglich in jedem Sektor etwas stattfindet. Wer aber in der Zeit seines Aufenthaltes gar keine Veranstaltung nach seinem Geschmack findet, wird für die Abendgestaltung bestimmt in den Programmen der Stadt Basel fündig. Den Tag kann er sich dennoch im Baselbiet musisch reichhaltig gestalten, je nachdem, wo er sich aufhält oder in welche Ecke des Kantons es ihn am meisten hinzieht.

Unmittelbare Umgebung von Basel
Am frühen Vormittag in der Eremitage in Arlesheim (→ BOTANISCHE GÄRTEN) kann man noch allein vor sich hinwandeln. Man spürt es: Jeden Augenblick wird hier der Poet sinnend auf dem Fussweg aus dem Wäldchen auftauchen. Hier ist seine Welt, seine Inspirationsquelle. Hingegen möge niemand auf diesem Rundgang so sehr ins Träumen geraten, dass er die Uhrzeit vergisst. Vorne im Dorf wartet doch mit einigen Freunden bereits ein Engel: der Jakob Engel. Unter ihm als Architekt ist der Dom (→ KIRCHEN) entstanden mit dem Domplatz als stilvolle Umgebung. Mehrere Künstler waren am Bau beteiligt. Im Ochsen (→ HOTELS) im alten Dorfteil sollte man allerdings auch an einem musischen Tag nicht bloss ein Mus essen. Der Verdauungsspaziergang folgt hinterher. Mit Tramlinie 10 stadtwärts fährt man bis Neue Welt. Dort hat man Zutritt zum → BOTANISCHEN GARTEN Brüglingen (Münchenstein) mit zahlreichen Skulpturen. Beim Ausgang am gegenüberliegenden Ende gelangt man nach Basel-St. Jakob. Wenige Schritte weiter steht man in Muttenz vor dem Kunsthaus (→ MUSEEN).

Laufental
Auch wer nicht gerade Zeit für eine Weltraumfahrt hat, ja nicht einmal für eine längere Wanderung, kann trotzdem einmal in Laufen kurz bei Urania vorbeischauen, der Muse der Astronomie. Am südlichen Ortsausgang, auf der Ostseite der Birs, setzt der Planetenweg an (→ WANDERN). Jeder gehe so weit, wie er mag oder dafür Zeit hat. Im Städtchen selbst (→ SEHENSWÜRDIGKEITEN) lohnt sich ein Besuch schon aus gesamtbaulicher Sicht,

1: Schloss Ebenrain in Sissach.

FÜR MUSISCHE

Bibliotheken → S. 145

Denkmäler → S. 164

Kunst → S. 213

Literatur → S. 223

Region → S. 254

Restaurants → S. 267

aber auch für die Details der Katharinenkirche (→ KIRCHEN) und die Malereien von Otto Plattner am Tor gleich nebenan (→ KUNST). Danach verlässt man Laufen auf der Strasse entlang der Birs Richtung Delémont (→ REGION). Bei Soyhières (vor Delémont) empfehlen wir die Abzweigung nach Westen, hinan über die Höhen bis nach Ederswiler. Hinter dem Dorf liegt die sehenswerte Löwenburg (→ REGION). Von hier aus geht es noch ein paar wenige Meter hinunter ins Tal der Lüssel, wo wir das absolute «Westend» des Kantons bei der Neumühle/Moulin Neuf (→ KULTURZENTREN, RESTAURANTS) erreichen. Ein Aufenthalt bei den historischen Häusern mit Fischteichen in der waldigen Umgebung wirkt sicher inspirierend.

Oberes Baselbiet

Liestal (→ SEHENSWÜRDIGKEITEN) als «Poetennest» hält für den musisch Interessierten mit Bestimmtheit einiges bereit. Äussere Reminiszenzen wie Spittelers Geburtshaus oder → DENKMÄLER für Poeten sind begleitet vom Angebot, vermehrt in die Tiefe zu gehen. Unabhängig vom Wetter kann man bei der Kantonsbibliothek (→ BIBLIOTHEKEN) lesen. Die reichhaltige einheimische Literatur ist hier greifbar. Nach einem Besuch im Dichter- und Stadtmuseum (→ MUSEEN) kann man sich den vielen Skulpturen in Liestal (→ KUNST) widmen. Auch im nahen Sissach ist dies möglich, im Park des Schlosses Ebenrain (→ LITERATUR, KULTURZENTREN) oder beim Kloster Schönthal in Langenbruck (→ KIRCHEN).

1: Vernissage im Kloster Schönthal.
2: Skulptur im Schlosspark Ebenrain.

FÜR NEUGIERIGE

Denkmäler → S. 162

Kirchen → S. 202

Kulturzentren → S. 207

Museen → S. 228/231

Top/Rekorde → S. 282

Für Neugierige
In den Nebentälern

Es gibt viel zu entdecken

Wer geografische Neugier kennt, kann oft nicht widerstehen: Da steht ein Name auf einem Wegweiser, und man kann sich überhaupt nichts darunter vorstellen. Auch im Baselbiet findet man solche Dörfer. Sie fallen kaum auf, dafür weisen viele noch eine gewisse Urtümlichkeit auf, häufig aber auch gepaart mit neueren Überbauungen.

Detailimpressionen wird der Neugierige auch dort einfangen können wie z. B. die harmonischen Häuserreihen an der Dorfstrasse in Lauwil. In Liedertswil befindet sich der einzige Schiessstand ohne Strom (→ TOP/REKORDE). Schnuppert man über das Tal der Vorderen Frenke hinweg in ein kleines Zwischentälchen, so stösst man auf Bennwil. Der kleine Ortskern zeigt sich jedoch äusserst malerisch. Für den Ortsbürger Carl Spitteler wurde ein Denkmal errichtet, und man kann auch ein Ortsmuseum besuchen (→ DENKMÄLER, MUSEEN). Im Restaurant lässt sich zu reellen Preisen gemütlich essen. Die zwei Gemeinden weiter unten in den Hängen zum Waldenburgertal sind Lampenberg mit vielen typischen Bauten für die Region und Ramlinsburg mit einer bemerkenswerten → KIRCHE oder der Millenniumslinde (→ DENKMÄLER).

1: Kath. Kirche in Kilchberg.

FÜR NEUGIERIGE

Auf der westlichen Anhöhe über dem Homburgertal liegt Känerkinden. Dort erwartet uns ein Museum zu Ehren des Künstlers Walter Eglin (→ MUSEEN). Das Nachbardorf Wittinsburg fällt auf durch sein vorbildlich erhaltenes Oberdorf, wo sich auch Renovationen um Umbauten in seltener Harmonie ins Bild der alten Bausubstanz einfügen. Am Hang gegenüber liegt Häfelfingen mit einer ganzen Reihe alter Bauernhäuser im Ortskern. In Rünenberg stehen auch stattliche Häuser und ein Denkmal für den nicht weniger stattlichen General Sutter (→ DENKMÄLER). Kilchberg überrascht durch eine Kirche mit englischen Elementen, während Zeglingen mit dem offenen Dorfbach über ein nicht eigentlich historisches, aber gut erhaltenes Ortsbild verfügt. Verträumt und unverfälscht liegt der Flecken Nusshof wie die Kulisse zu einem alten Film in der Natur. Hersberg daneben mutet an wie ein Ort ohne eigentlichen Kern. Weiter unten in Giebenach trifft man auf ein paar wenige Häuser mit Tradition, umgeben von zahlreichen Bauten aus neuerer Zeit. Auch im Laufental gibt es Unbekanntes zu erforschen. Duggingen hat alte Bausubstanz bewahrt, genauso wie auf der anderen Talseite weiter oben Nenzlingen. Jeweils an der Grenze zu Frankreich liegen in der Abgeschiedenheit Burg i. L. mit dem gleichnamigen Schloss und einem malerischen, kleinen Friedhof am Waldeingang sowie Roggenburg mit der Neumühle/Moulin-Neuf (→ KULTURZENTREN).

1: Zeglingen.

FÜR TRENDIGE

Architektur → S. 131/132

Bars → S. 141

Kulturzentren → S. 204

Kunst → S. 219

Nachtleben → S. 246

Restaurants → S. 257/266

Für Trendige
Auf der Höhe der Zeit

Kunst
Für Trendige ist hinsichtlich → KUNST Muttenz eines der Highlights. Abgesehen vom Kunsthaus findet man hier, falls man einen kleinen Fussmarsch nicht scheut, den «Weg der Hoffnung», von Gegenwartskünstlerinnen und -künstlern zu Fragen des Lebens und des Glaubens gestaltet.

Architektur
Ein Trend, dem man etwas mehr Nachahmer wünschen würde: fantasievolle Industriebauten. Unter dem Kostendruck in der Wirtschaft achten noch zu wenig Unternehmen darauf. Versöhnliche Beispiele sind das Vitra-Center in Birsfelden oder das Lagerhaus von Ricola in Laufen, wo auch benachbarte Gebäude der Firma durch bemerkenswerte Gestaltungselemente auffallen (→ ARCHITEKTUR).

Kultur
Auf der Höhe trendiger kultureller Anforderungen bewähren sich besonders das Palazzo in Liestal und eng mit diesem zusammenarbeitende Zentren wie das Roxy in Birsfelden oder das Marabu in Gelterkinden (→ KULTURZENTREN). Musikalisch läuft auch viel, jedoch nicht täglich (→ MUSIK).

Treffpunkte
Die Beliebtheit von Treffpunkten hängt immer etwas von der Flexibilität des Veranstalters ab. Den Zeitgeist recht gut treffen die Loki-Bar in Laufen, das Galeria in Pratteln oder Bärchi's Bar in Gelterkinden (→ BARS, NACHTLEBEN).

Essen
Solange Amerika das Mass aller Dinge oder das Ding aller Masse ist, soll man sein Nachtessen unbedingt in Pratteln im Kentucky Saloon bei Animation geniessen oder im Zic-Zac in Allschwil zu Rockmusik (→ RESTAURANTS).

1: Zic-Zac Rockgarden, Allschwil.

Im Frühling
Neues Leben erwacht

IM FRÜHLING

Botanische Gärten
→ S. 149

Kirschblütenpracht
Über Land im April! Wo? Gar so wichtig ist dies nicht, denn das ganze Baselbiet ist ein einziger Baumgarten in Blüte. Bekannt für seinen grossen Bestand an Obstbäumen ist das Dorf Rickenbach. Eine Busfahrt von Gelterkinden nach Rheinfelden durch die baumreiche Landschaft vermittelt ohne Zweifel ein besonderes Frühlingserlebnis.

Botanischer Garten Brüglingen
Die grösste öffentlich zugängliche Iris-Sammlung in Europa mit mehr als 1500 verschiedenen Arten befindet sich auf einer grossen Rasenfläche hinter dem Kutschen- und Schlittenmuseum in Brüglingen. Am eindrücklichsten ist die Blütenpracht in der ersten Maihälfte. Der Pflanzenreichtum des Gartens verspricht viele weitere Blütenerlebnisse. Auch ein Gang durch das Rhododendrental sei empfohlen, wobei die prächtigste Blütezeit dort auf die zweite Maihälfte fällt (→ BOTANISCHE GÄRTEN).

Frühlingsernte
Nicht eben bekannt als Erntezeit! Oder doch? Wer im Baselbiet oder in der nahen Stadt einen Haushalt führt, kann sich früh im April eindecken mit einer Pflanze, die in der Speisezubereitung und sogar in der Nahrungsmittelproduktion seit ein paar Jahren unaufhaltsam im Vormarsch ist: dem Bärlauch. An schattigen Plätzen auf locker-feuchtem Grund wuchert er zu dieser Zeit förmlich. Das Vorkommen des «wilden Knoblauchs», wie der Bärlauch auch heisst, ist im Baselbiet ausgedehnt. Achtung! Bärlauch ist sehr heikel und welkt ausserordentlich schnell. Der Pflücker sollte ihn also feucht verpackt transportieren, möglichst unterstützt durch ein Kühlaggregat. Zuhause gleich in kaltes Wasser einlegen. Wer einen Langzeitvorrat geerntet hat, sollte möglichst bald mit den konservierenden Massnahmen beginnen. Die verbreitetste Form des Haltbarmachens ist das Einlegen in Öl, sodass eine mit Pesto vergleichbare Paste entsteht.

1: Kirschblütenpracht im Baselbiet.
2: Iris im Botanischen Garten Brüglingen.

IM SOMMER

Bäder → S. 138

Musik → S. 245

Restaurants → S. 258

Im Sommer

Heisse Tage, laue Nächte

Wasser und Schattenpartien

An heissen Sommertagen reizt nichts mehr als das kühle Wasser in den Schwimmbädern (→ BÄDER.) An den Rhein stösst das Baselbiet nur auf einem kurzen Abschnitt, sodass kaum Gelegenheit besteht, darin zu schwimmen. Beim Birskopf in Birsfelden ist dies allerdings möglich.

Das Baselbiet ist reich an Wäldern. Zu einem grossen Teil sind sie aber nur mit Fussmarsch zu erreichen. Ausgiebige Waldpartien ohne erheblichen Anstieg findet man in der topfebenen Hard bei Birsfelden mit dem Waldhaus (→ RESTAURANTS), im Allschwilerwald oder am Blauen, sofern die Challhöhe von einem Bus bedient wird (→ WANDERN). Auch bei Rünenberg ist ein Wald mit wenig Gefälle fast ohne Anstrengung zu erreichen.

In Gesellschaft

Der Sommer ist bekanntlich auch die Zeit, in der sich die ganze Schweiz – ergo auch das Baselbiet – in eine einzige Festhütte verwandelt. Hier ein Dorffest, da ein Männerchorkonzert, dazwischen noch der Nationalfeiertag. Es ist etwas los. Über Ort und Anlass orientiert man sich am besten in der Lokal- oder Tagespresse. Nicht zuletzt ist der Sommer auch die Saison der Openairs (→ MUSIK).

1: *Festen und Feiern im Baselbiet.*
2: *Kühle Erfrischung.*

Im Herbst
Gaumen- und Augenweide

IM HERBST

Märkte → S. 224

Märkte
Besonders reich mit frischem Obst und Gemüse ausgestattet sind die Marktstände im Herbst. Es gibt zahlreiche grössere und kleinere → MÄRKTE im Baselbiet. Stattlich ist der Monatsmarkt in Laufen, der jedoch nicht nur die Ernte der Landwirtschaft feil bietet, sondern als Warenmarkt mit breit gefächertem Angebot abgehalten wird.

Wanderungen und Spaziergänge
Wanderungen und Spaziergänge sind im Herbst besonders eindrücklich. Einerseits sind die Tage mit den unerträglich hohen Temperaturen nun überstanden, andererseits ist der Gang durch die Natur gerade jetzt eine

1: Frische Waren am Markt.
2: Die Sissacher Flue im Herbstkleid.

IM HERBST

Wandern → S. 286

Augenweide. Wo immer sich die Laubwälder mehr und mehr verfärben, wird der Tag zum Erlebnis. In den oberen Bereichen, im Kettenjura oder im Gefälle, wo dieser in den Tafeljura übergeht, lässt sich gut in einer Bergwirtschaft Rast machen, z.B. Dürstel ob Langenbruck oder Chall ob Eptingen. Auch am Blauen ausserhalb des gleichnamigen Dorfes bei einem Aufenthalt auf der Terrasse der Blauen Reben schweift der Blick über eine nuancenreiche Farbenpracht (→ WANDERN).

Wein
Dem Bordelais oder Burgund kann das Baselbiet nicht die Stange halten, aber tatsächlich hat manches Baselbieter Dorf seine Reben). In der Klus bei Aesch, im Leimental in Ettingen oder Biel-Benken gedeiht der Tropfen genauso wie in Wintersingen, Buus, Maisprach und weiteren Orten. Es liegt etwas in der Luft, wenn man im Herbst beim Weinbauern oder an einer Brennerei vorbeispaziert. Zuweilen war die Kirschenernte so reich, dass man sich neue Anwendungen hat einfallen lassen. So wird zum Teil im Baselbiet, aber auch in angrenzenden Solothurner Gemeinden Kirschwein produziert.

1: Traditioneller Rebgang in Maisprach.

Im Winter
Von Weihnachten, Sport und Narren

IM WINTER

Bräuche/Feste/Feiern
→ S. 150

Fasnacht → S. 176

Märkte → S. 224

Sport und Spiel → S. 275

O du fröhliche ...
Festlich ist es in der Vorweihnachtszeit und an den eigentlichen Festtagen auch im Baselbiet, und dies nicht nur dank der öffentlichen Lichterketten z. B. in **Liestal**, **Laufen** und anderen grösseren Orten. Zur feierlichen Gesamtstimmung trägt auch die Summe der privaten, individuellen Dekorationen an Fenstern, Fassaden und Bäumen bei. Es ist auch die Zeit der Weihnachtsmärkte (→ MÄRKTE), wo an den Ständen auch allerlei originelles Bastelwerk aufliegt und der Duft von Glühwein in der Luft liegt. Manche alten Bräuche (→ BRÄUCHE/FESTE/FEIERN) versetzen die Orte in eine beinahe unwirkliche Stimmung wie z. B. Nüünichlingle oder Sternsingen.

Wintersport
Eisbahnen und die Skigebiete Langenbruck und Wasserfallen (→ SPORT UND SPIEL) stellen sicher, dass keiner während der kalten Jahreszeit einrosten muss. Wer sich lieber auf das Zuschauen beschränkt, kann mitfiebern bei den Spielen des EHC Zunzgen-Sissach, des Erstligisten, der seit Jahren der höchste eingestufte Baselbieter Eishockeyclub.

Fasnacht
Der Virus namens → FASNACHT geistert in manchen Köpfen das ganze Jahr hindurch herum. Nur rund ein Viertel aller Gemeinden macht zu Fasnacht gar nichts. Teils sind die Aktivitäten geringfügig, an gewissen Orten aber verteilen sich verschiedene Anlässe über etwa zwei Wochen hinweg. Die Baselbieter Fasnacht ist nicht so gross wie die Basler Schwester, aber zum Teil nimmt sie auch hier ein beachtliches Ausmass an, und Angefressene gibt es auch auf dem Land zu Genüge.

1: Skisport in Langenbruck.
2: Schlitteln bei der Sissacher Flue.

Orts- und Sachregister

Aarau	251
Afghanistan-Museum	229
Altes Schlachthaus	205
Antiquitäten	167
Apfelhauet	152
Apotheken	167
Augustfeuer	152
August Suter Museum	230
Bad Bubendorf	15,138
Bad Ramsach	137
Banntag	151
Banntagsglocke	284
Basel	251
Basellandschaftliche Zeitung	28
Baselland Tourismus	12
Baslerstab Titterten	285
Birs	21
Birsig	21
Blauenkette	286
Blumen	167
Botanischer Garten Brüglingen	149
Briefmarken	167
Bücher	168
Butz	182
Buuchhüsli	285
Chienbäse	180
Chluri	183
Clique	177
Dampffahrten	154
Dancing	246
Delémont	251
Dichter- und Stadtmuseum	232
Dom	197
Dorfetter Gelterkinden	283
Drogerien	168
Eierleset	151
Einrahmungen	168
Einrichtungen/Dekor	169
Elektrizitätsmuseum	234
Elektrogeräte	169
Eremitage	148
Ergolz	21
Europapark Rust	255

Fachhochschule beider Basel	36
Ferienpass	191
Feuerbräuche	150
Flugtage	276
Freibäder	138
Friedhofsführungen	284
Froschmuseum	235
Galerien	23
Geschenkartikel	171
Goetheanum Dornach	252
Gugge(musig)	179
Gutshof Löwenburg	254
Hallenbäder	139
Heilbäder	137
Heische-Umzüge	182
Henker-Museum	239
Hülftenschanze	15, 163
Hutzgüri	182
Jazz	242
Jubiläumsweg	290
Jugendhäuser	190
Jundt-Huus	204
Jungfernstein	285
Jurakette	287
Kaltbrunnental	249
Kantonsbibliothek	145
Kantonsmuseum Baselland	233
Kettenjura	25
KiK Kultur im Keller	208
Kino Oris	194
Kino Palace	195
Kirchenfenster Himmelried	253
Klassische und E-Musik	241
Kloster Mariastein	254
Kloster Olsberg	252
Kloster Schönthal	199
Konzerte	244
Kraftwerk Birsfelden	20
Krippen- und Spielzeugmuseum	229
Kunsthaus Baselland	236
Kunsthandel	209
Kunstverein Baselland	209
Kurzentrum Rheinfelden	254
Kutschen- und Schlittensammlung Brüglingen	235
Lamafarming	280
Landeskirchen	198
Landkino	194
Lederwaren	171
Lourdes-Grotte	285
Magdener Bach	21

Maibräuche	151
Marabu	207
Maskenball	179
Milleniumslinde	165
Mode	172
Monteverdi Car Collection	228
Morgenstreich	179
Motocross	277
Mühlenmuseum	235
Museums-Pass	227
Musikgeschäfte	173
Nähmaterial/Mercerie	173
Neumühle/Moulin-Neuf	208
Nightclubs	248
Nüünichlingle	153
Ödenburg	285
Olten	251
Openairs	245
Optik	173
Ortssammlung Trotte	227
Palazzo	206
Papeterien	173
Passwang	252
Petite Camargue Alsacienne	255
Pfingstblütter	152
Pflanzen	30
Planetenweg	290
Posamenterei	27
Räbeliechtli	153
Radio Edelweiss	28
Radrennen	277
Regierung	32
RegioTriRhena	33
Rheinfelden	251
Römermuseum	135
Römischer Haustierpark	136
Rotstab-Cabaret	180
Roxy	204
Ruine Dorneck	253
Ruine Landskron	254
Salzkammer	237
Sammlung Dr. H. Augustin	227
Schloss Ebenrain	208
Schloss Wartenfels	252
Schloss Wildenstein	270
Schnitzelbank	180
Schuhe	174
Schwingen	277
Skisport	275
Sportgeschäfte	174

Sputnik	195
Staatsarchiv	146
Ständerhaus	230
Sternwarte	269
St. Nikolaus	153
Sundgau	26
Tabak	174
Tafeljura	25
Talweiher	249
Taufstein Bennwil	283
Taufstein Rümlingen	284
Tiere	30
Tierfriedhof	281
Trochebluemestube	284
Uhren und Schmuck	174
Verkauf ab Hof	174
Verlag des Kantons Basel-Landschaft	28
Vitra-Center	132
Vitra Design Museum	255
Volksstimme	28
Walter Eglin-Museum	231
Wappen	38
Wappenfelsanlage	163
Warenhäuser	175
Wasserfall Giessen	250
Weihnachtssingen	153
Wintergäste	223
Wirtschaftskammer	35
Wohnbevölkerung	12
Zentrum Engel	133
Z7	244

Personenregister

Balmer, Lorenz	218, 220, 221
Balmer, Wilhelm	217
Banga, Benedikt	28
Baron Robert von Hirsch	149
Baur, Herrmann	198
Béboux, Francis	210
Benazzi, Rafael	215
Bider, Oskar	120
Bischof Humbert von Neuenburg	16
Bischof Ragnacharius	16
Bowe, Isaak	17, 156, 163
Breitenstein, Jonas	233
Brem, Rolf	164
Bürgin, Fritz	156 ff., 165, 211 ff., 215, 217, 219 ff.
Burla, Johannes	214
Castiglione, Albin	159,
Cleis, Ugo	211, 221, 222
Cragg, Tony	218
Cucchi, Enzo	218
Cueni, Albert	232
Deacon, Richard	214
Düblin, Jacques	209, 211, 212, 219, 221, 222
Düblin, Lukas	222
Eggenschwiler, Franz	218
Eglin, Walter	211 ff., 221, 222, 231
Engler, Jakob	209, 210 211, 218, 220, 222
Erdmann, Niklaus	155
Fabro, Luciano	218
Frey-Kloss, Emil	18
Gehry, Frank O.	132
Goeschke, Sylvia	157, 217
Grieder, Heinrich	166
Gutzwiller, Stephan	15, 166
Gysin, Hans	223, 237
Gysin, Hans Rudolf	9
Hamm, Wilhelm	29
Hartmann, Ivo	215
Helye, Helias	164
Herwegh, Georg	164, 223, 233
Herzog & de Meuron	132
Käfer, Kersten	215, 218
König Rudolf III.	16
Königin Victoria von England	95
Küng, René	218, 221
Lauritzen, Theo	210

Levi, Renée	218
Ludwig XV.	17
Magoni, Claudio	215
Marti, Hugo	233
Mesmer, Stefan	219
Meyer, Jakob	198
Meyer, Reinhold	219
Meyer, Traugott	159, 166, 227, 237
Meschberger, Cécile	9
Moilliet, Peter	209, 210, 212, 218, 219
Napoleon	17
Nyffeler, Paul	8
Ochsner, Claire	193, 210, 211, 212, 213, 215, 216, 220, 221
Opitz, Theodor	233
Oser, Friedrich	162
Pfirter, Ruedi	222
Plancus, Munatius	16
Platter, Felix	139
Plattner, Otto	164, 210, 213, 215 ff., 222
Probst, Jakob	156, 158, 164, 165, 214, 216, 218, 220
Raetz, Markus	218
Richier, Germaine	158
Rolle, Christoph	18
Rudolf, Robert	164
Ryff, Andreas	16
Sala, Rebecca	219
Schad, Uli	158, 165
Schilling, Albert	214, 216
Schneider-Kenel, Elisabeth	8
Sevogel, Henman	271
Spitteler, Andreas	219
Spitteler, Carl	114, 162, 164, 215, 223, 232
Stanzani, Emilio	211
Steiner, Rudolf	42, 252
Stocker, Hans	209, 211
Strübin, Heinrich	157, 164
Suter, August	117, 230
Suter, Paul	38
Suter, Walter	219
Sutter, Johann August	103, 164, 166
Tasso, Torquato	97
Thommen, Peter	216
Tschäni, Hans	17
Tschudi, Walter Friedrich	228
von Andlau-Staal, Balbina	148
von Blarer, Anton	15
von Blarer, Jakob	15
von Ligertz, Heinrich	148
Widmann, Josef Victor	164, 223, 233
Zegliger Peter	111
Zwinger, Theodor	117

Textquellen und Bildnachweis

TEXTQUELLEN
Alle Sagen bei den Gemeinden (ausser Bezirk Laufen) stammen aus dem Buch: **Baselbieter Sagen** von Paul Suter und Eduard Strübin, Verlag des Kantons Basel-Landschaft, 4. Aufl. 1992
Nah dran, weit weg. Geschichte des Kantons Basel-Landschaft, sechs Bände, Verlag des Kantons Basel-Landschaft, Liestal
Baselbieter Heimatbücher, Verlag des Kantons Basel-Landschaft, Liestal
S Baselbiet, Verlag des Kantons Basel-Landschaft, Liestal
Augen-Blicke, Bilder zum Landschaftswandel im Baselbiet, Karl Martin Tanner, Verlag Dietschi, Waldenburg
Grüsse aus dem Baselbiet, Eugen Schwarz, Verlag Dietschi, Waldenburg
Vo hinge füre, Eine Gebrauchsanweisung für das Leimental, Verkehrsverein Leimental
Führer durch Augusta Raurica, Ludwig Berger
Architekturführer Basel 1980–2000, Birkhäuser Verlag, Basel
Auszeichnung Guter Bauten 1997, Kanton Basel-Stadt, Kanton Basel-Landschaft, Hrsg. Baudepartement Basel-Stadt, Hochbau- und Planungsamt; Bau- und Umweltschutzdirektion des Kantons Basel-Landschaft
Schweizer Architekturführer, Band 2, Verlag Werk AG

BILDNACHWEIS
Nachweis der Fotografien und Abbildungen (ausgenommen Icons und Prospekt-Abbildungen): einzelne Seiten jeweils von oben nach unten und von links nach rechts, angegeben als Ziffer (1 = Bild 1, 2 = Bild 2 usf.).

Basel Tourismus: S. 251

Edith Belser: S. 3; S. 11; S. 16; S. 23; S. 24; S. 36; S. 57: 3; S. 71: 1-3; S. 72: 2-3; S. 73: 1-4; S. 74: 2-3; S. 75: 1; S. 77: 2; S. 78; S. 82: 1-3; S. 84: 1+3; S. 86: 1-3; S. 88: 2-3; S. 89: 2; S. 90: 2-3; S. 91: 1-3; S. 92: 1-3; S. 93: 1-3; S. 94: 1+3; S. 95: 3; S. 97: 1-3; S. 98: 1; S. 100: 1-3; S. 101: 1-3; S. 103: 2; S. 104: 1; S. 105: 1-2; S. 106: 3; S. 107: 1-4; S. 108: 1-2; S. 110: 1; S. 111: 1+3; S. 112: 1; S. 114: 1; S. 122: 3; S. 137; S. 139: 1; 145; S. 147; S. 149; S. 152; S. 156; S. 157; S. 159: 1-2; S. 161: 1; S. 162; S. 168: 3; S. 169; S. 173;

S. 174; S. 178; S. 186; S. 189; S. 192; S. 193: 1; S. 194; S. 195: 2; S. 201; S. 206; S. 213; S. 215: 1; S. 216; S. 217: 1; S. 221; S. 222; S. 223; S. 224: 1; S. 225: 1-2; S. 226: 1; S. 231; S. 232: 2; S. 233; S. 236; S. 238: 2; S. 240; S. 249; S. 260: 2; S. 263; S. 267; S. 268; S. 278; S. 284: 1; S. 285: 1; S. 287: 1-2; S. 290: 2; S. 291; S. 293; S. 294; S. 295; S. 298: 2; S. 302; S. 303: 2; S. 304; S. 309: 2

Klaus Brodhage: S. 193: 2

Fachhochschule beider Basel: S. 36: 1

Werner Getzmann/Gemeinde Reinach: S. 52: 1

Serge Hasenböhler: S. 32: 1; S. 34; S. 35; S. 253; S. 254; S. 255; S. 307: 2

Werner Mayr: Umschlag; S. 56: 2-4; S. 58: 3; S. 63: 1-3; S. 64: 1-3; S. 66: 1+3; S. 133; S. 205; S. 252; S. 262: 2; S. 271: 2

Gianluca Petrini: S. 12; S. 20; S. 21; S. 26; S. 27: 1; S. 30; S. 42: 1; S. 48; S. 50: 3; S. 52: 3; S. 54: 2; S. 58: 2; S. 61; S. 67: 1; S. 68: 1-2; S. 69: 1+3; S. 70: 1; S. 80: 1; S. 87: 1; S. 110: 2; S. 114: 3; S. 125: 1-2; S. 127: 3; S. 135: 1-2; S. 136: 1; S. 143; S. 153: 1; S. 175: 1; S. 176; S. 177: 1-2; S. 179: 1-2; S. 180; S. 181: 1-2; S. 182: 1-2; S. 183: 1-2; S. 226: 2; S. 271: 1; S. 273: 1; S. 296; S. 300; S. 309: 1

Hans Plattner: S. 25; S. 27: 2; S. 87: 2; S. 96: 1-3; S. 109: 3; S. 191: 2; S. 224: 2; S. 230; S. 286; S. 299; S. 305; S. 310

Hans-Jürgen Siegert: S. 14; S. 15; S. 22; S. 32: 2; S. 40: 1–3; S. 41: 1; S. 42: 2-3; S. 43: 1-3; S. 44: 1-2; S. 45: 1-3; S. 46: 1-2; S. 47: 1-2; S. 49: 1-2; S. 50: 1-2; S. 51: 1-3; S. 52: 1-2; S. 53: 1-2; S. 54: 1; S. 55: 1-3; S. 56: 1; S. 57: 1-2; S. 58: 1; S. 59: 1-3; S. 60: 1-3; S. 62: 1-3; S. 65: 1-3; S. 66: 2; S. 67: 2; S. 68: 3; S. 69: 2; S. 70: 2-3; S. 72: 1; S. 74: 1; S. 75: 2; S. 76: 1-2; S. 77: 1; S. 79: 1-3; S. 80: 2; S. 81: 1-3; S. 83: 1-3; S. 84: 2; S. 85: 1-3; S. 88: 1; S. 89: 1; S. 90: 1; S. 94: 2; S. 95: 1-2; S. 98: 2-3; S. 99: 1-2; S. 102: 1-3; S. 103: 1; S. 104: 2; S. 106: 1-2; S. 109: 1-2; S. 111: 2; S. 112: 2; S. 113: 2; S. 114: 2; S. 115: 2; S. 116: 1-2; S. 117: 1-2; S. 126: 1; S. 130; S. 131; S. 134; S. 136: 2; S. 138; S. 141; S. 142; S. 144: 1-2; S. 148; S. 158; S. 160; S. 161: 2; S. 163; S. 164: 1-3; S. 166; S. 167; S. 168: 1-2; S. 170: 1-2; S. 171; S. 172; S. 175: 2; S. 184; S. 185; S. 188; S. 190; S. 196; S. 197; S.198; S. 199; S. 200; S. 202: 1-2; S. 203: 1-2; S. 204; S. 209; S. 210; S. 211; S. 212; S. 214; S. 215:

2; S. 217: 2; S. 219; S. 220: 2; S. 228; S. 229; S. 232: 1;
S. 234; S. 235; S. 241; S. 246; S. 247; S. 248; S. 256;
S. 257; S. 258; S. 259: 1-2; S. 260: 1; S. 261; S. 265;
S. 266: 1-2; S. 269; S. 270; S. 272; S. 273: 2; S. 274;
S. 276: 2; S. 279; S. 281; S. 283; S. 292; S. 297; S. 298:
1; S. 301; S. 306; S. 308: 1-2

Herr Schmutz, Bad Ramsach: S. 187; S. 262:

Foto Team Schwarz: S. 31; S. 104: 3; S. 113: 1+3; S. 115: 1;
S. 118: 1-2; S. 119: 1-4; S. 120: 1-3; S. 121: 1-2; S. 122: 1-2;
S. 123: 1-2; S. 124: 1-2; S. 126: 2-3; S. 127: 1-2; S. 129; S.
139: 2; S. 150; S. 151; S. 153: 2; S. 155; S. 165; S. 191: 1;
S. 195: 1; S. 208; S. 220: 1; S. 238: 1; S. 239; S. 242; S.
243; S. 250; S. 275; S. 276: 1; S. 277; S. 280; S. 282; S.
284: 2; S. 285: 2; S. 288; S. 289: 1-2; S. 290: 1; S. 303: 1;
S. 307: 1; S. 311: 1-2

TNW-Linienplan mit freundlicher Genehmigung der BLT
Baselland Transport AG.

TNW-Linienplan

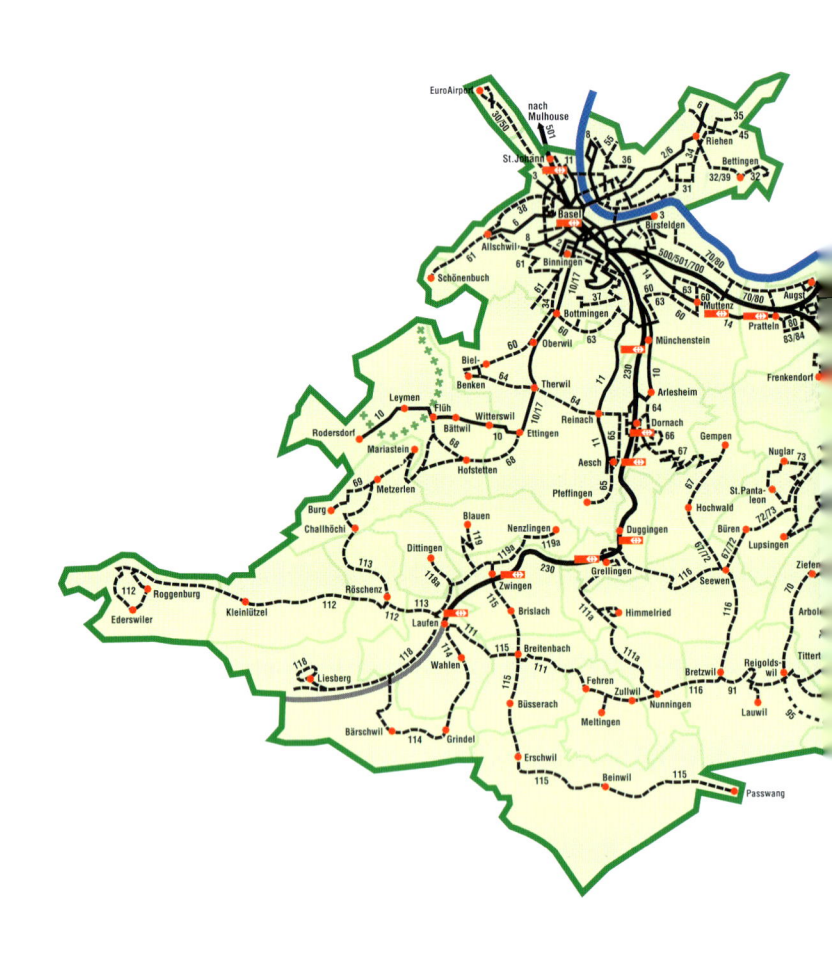

Möhlin
Wallbach
Rhein-
felden
Zeiningen
Mumpf
Sisseln
Stein
Säckingen
Münchwilen
Eiken
Laufenburg
Rhein-
sulz
Kaisten
Sulz
Obersulz
Schwader-
loch
Etzgen
Mettau
Wil
Oberhofen
Gansingen
Hottwil
Olsberg
Magden
Maisprach
Zuzgen
Ober-
mumpf
Schupfart
Hellikon
Oeschgen
Ittenthal
Elfingen
Hornussen
Bözen
Effingen
Frick
Gipf-Oberfrick
Buus
Wegenstetten
Wintersingen
Nusshof
Rickenbach
Hemmiken
Wittnau
Ueken
Herznach
Zeihen
Lausen
Itingen
Sissach
Böckten
Ormalingen
Rothenfluh
Wölflinswil
Densbüren
Gelter-
kinden
Thürnen
Zunzgen
Diepflingen
Tecknau
Anwil
Oberhof
Sommerau
Wenslingen
Kienberg
Oltingen
Salhöchi
Benkerjoch
Staffelegg
Tenniken
Rümlingen
Rünen-
berg
Kilchberg
Wittins-
burg
Häfelfingen
Buckten
Käner-
kinden
Zeglingen
Diegten
Bennwil
Läufelfingen
Eptingen
Langenbruck